U0510681

博士论文
出版项目

论魏斯曼对"中期"维特根斯坦语言哲学的阐释与发展

On Fredrich Waismann's Interpretation and Development of "Middle" Wittgenstein's Philosophy of Language

徐　强　著

中国社会科学出版社

图书在版编目(CIP)数据

论魏斯曼对"中期"维特根斯坦语言哲学的阐释与发展/徐强著. —北京：
中国社会科学出版社，2020.7
ISBN 978 – 7 –5203 –6107 –1

Ⅰ. ①论… Ⅱ. ①徐… Ⅲ. ①维特根斯坦(Wittgenstein, Ludwig 1889 –
1951)—语言哲学—哲学思想—研究 Ⅳ. ①B561.59②H0

中国版本图书馆 CIP 数据核字（2020）第 040728 号

出 版 人 赵剑英
责任编辑 刘亚楠
责任校对 张爱华
责任印制 张雪娇

出 版 中国社会科学出版社
社 址 北京鼓楼西大街甲 158 号
邮 编 100720
网 址 http://www.csspw.cn
发 行 部 010 – 84083685
门 市 部 010 – 84029450
经 销 新华书店及其他书店

印 刷 北京君升印刷有限公司
装 订 廊坊市广阳区广增装订厂
版 次 2020 年 7 月第 1 版
印 次 2020 年 7 月第 1 次印刷

开 本 710×1000 1/16
印 张 33
插 页 2
字 数 458 千字
定 价 198.00 元

凡购买中国社会科学出版社图书，如有质量问题请与本社营销中心联系调换
电话：010 – 84083683
版权所有 侵权必究

出 版 说 明

为进一步加大对哲学社会科学领域青年人才扶持力度，促进优秀青年学者更快更好成长，国家社科基金设立博士论文出版项目，重点资助学术基础扎实、具有创新意识和发展潜力的青年学者。2019 年经组织申报、专家评审、社会公示，评选出首批博士论文项目。按照"统一标识、统一封面、统一版式、统一标准"的总体要求，现予出版，以飨读者。

全国哲学社会科学工作办公室

2020 年 7 月

序

维特根斯坦是一座高山，登山者成群结队，蜂拥而至。或在山麓，或在山腰，或在山顶。或寻寻觅觅，如乐于寻宝，如喜于开采；或流连忘返，如赏美景，如携侣同游；或越过山巅，奔向下一座高峰。

学界喜谈维特根斯坦早期和后期。这样说似乎很有道理。拿《逻辑哲学论》与《哲学研究》做对比，写作风格、论说方式、素材题材、基本论点，都有巨大的变化和强烈的反差。

佛曰不可说，维特根斯坦的不可说也不少。

《逻辑哲学论》的结论是："凡是不能说的，我们必须沉默。"（TLP 7）《逻辑哲学论》的宗旨，是在可说与不可说之间划一条界限，而这条界限只能划在语言中。界限的一边是可说的，另一边是不可说的。可说的是自然科学的命题或陈述，而必须保持沉默的是形而上学的命题。形而上学的命题没有意义，形而上学的问题是假冒的问题。

可说与不可说之外，还有另外一类事情，它们不可说，但可显示，这就是命题的逻辑形式和逻辑关系。"命题显示实在的逻辑形式，它们将它呈现出来。"（TLP 4.121）"能够显示的东西，是不能说的。"（TLP 4.1212）"命题显示它们所说的；重言式和矛盾式显示它们什么都没有说。重言式没有真值条件，因为它无条件地真：而矛盾式在任何条件下都不真。重言式和矛盾式缺少意义。"（TLP 4.461）

看起来维特根斯坦早期主张真值条件语义学（语句的意义就是

事态），而后期主张用法语义学（意义在于用法）。但不论是早期还是后期，维特根斯坦都不追求任何语义学。《逻辑哲学论》强调命题的逻辑形式如何显示出来，而后期则通过各类实例的铺陈，让"用法"显示出来。"把一切都摆在面前就行了，既不做任何说明也不做任何推理。——因为一切事情都摆在眼前，没有什么要说明的。例如，对于隐藏的东西，我们没有兴趣。"（PI §126）于是，维特根斯坦告诫我们："不要想，好好看。"（PI §66）

在我看来，维特根斯坦想要做的，就是制作一架梯子，让人们爬上梯子后正确地看世界。而在获得了看世界的恰当的立足点后，梯子就可以扔掉了。"我的命题是要说明，只要懂得我，通过它们爬上去、爬过去之后，最后都会认识到那些命题是无意义的（可以说，爬过梯子之后必须扔掉梯子）。必须越过这些命题，然后就会正确地看世界。"（TLP 6.54）这段对自己的《逻辑哲学论》的总评，也适合于全部的维特根斯坦。正是在这个意义上，正如本书作者徐强力图说明的，只有一个维特根斯坦。

不论对维特根斯坦如何解释，可以肯定的是，维特根斯坦深深地影响了后世的哲学，而这种影响至少向两个不同方向发展：一个方向是逻辑经验主义运动；另一个方向是日常语言哲学。逻辑经验主义将形而上学归之于日常语言的混乱，致力于通过逻辑分析建立精致的人工语言，将这种逻辑分析方法运用到自然科学的语言上，即它的科学哲学。

说怪也不怪，维也纳学派创立了逻辑经验主义哲学，但它的成员们同维特根斯坦的交流并不多。要说交流，石里克、魏斯曼同维特根斯坦之间比较多一些。而这个时期正是维特根斯坦哲学的转变期。

如果说对维特根斯坦哲学的研究已经成为一个巨大的哲学产业，那么在这个巨大的产业链中，魏斯曼应该是重要的一环。与诸多维特根斯坦的解释者不同的是，魏斯曼与维特根斯坦中期有过比较深入的交谈，而面对面的交谈是澄清彼此观点和相互理解的最好方式。

魏斯曼对维特根斯坦的解释以及他在此基础上形成的哲学见解，无疑是维特根斯坦"博物馆"中的珍贵展品。

徐强这本著作，正是通过研究魏斯曼来研究维特根斯坦。对哲学有兴趣，尤其对维特根斯坦哲学有兴趣的学者，阅读这本著作，必会受益良多。

对魏斯曼的语言层次概念，我还想说几句。这种语言层次，不同于塔斯基的对象语言与元语言的分层，而更类似于在不同时期、因不同的运动、由不同物质沉积下来的地层。魏斯曼的语言层次的复杂性，也就如同地质学的地层的复杂性，会给我们的理解造成一些困难。徐强这本著作即将出版，将对读者理解魏斯曼的语言层次概念提供较大的帮助。

而对于维特根斯坦哲学的反思，我倒是认为塔斯基的语言层次说更有帮助。维特根斯坦规定了太多的不可说——形而上学不可说，伦理美学的事情不可说，语言的形式不可说，哲学语法（词语的用法）不可说。事实上，哲学家们对不可说的事情说了很多，且还会继续说下去。我想问题在于，对于语言的功能，维特根斯坦看到的并不全面。语言不仅可以用来描述世界（早期维特根斯坦），而且可以用来问候、提问、下命令、恐吓、警告、开玩笑、虚构故事（后期维特根斯坦），还可以用来说语言本身。毕竟，在他看来只能显示而不能说的事情，他本人就说了很多。

也许，维特根斯坦所说的不可说，并不是真的不可说。所谓可说的，是可以像自然科学的语言那样去说的，所说的话有真假。而所谓不可说的话，是那些没有真假的语句。而所谓没有意义，是说没有认识内容，而不是没有任何意义。

毕竟，哲学不只是方法。只要我们还关心真理、艺术、正义和道德，哲学就还会继续说下去。

朱志方

2019 年 12 月 31 日于武汉大学

本书所使用的文献名简写表

TLP　　　Wittgenstein Ludwig, *Tractatus Logico-Philosophicus*, Joseph A. Marc, ed. Toronto: Broadview Press, 2014.

［奥］路德维希·维特根斯坦:《逻辑哲学论》, 贺绍甲译, 商务印书馆1996年版。

PI　　　Wittgenstein Ludwig, *Philosophical Investigations*, West Sussex: Blackwell Publishing Ltd. , 2009.

［奥］路德维希·维特根斯坦:《哲学研究》, 李步楼译, 商务印书馆2010年版。

BT　　　Wittgenstein Ludwig, *The Big Typescripts*: *TS 213*, Grant Luckhardt and Maximilian Aue, eds. , Oxford: Blackwell Publishing, 2005.

PG　　　Wittgenstein Ludwig, *Philosophical Grammar*, Rush Rhees, ed. , Oxford: Blackwell, 1974.

［奥］路德维希·维特根斯坦:《哲学语法》, 韩林合译, 商务印书馆2012年版。

LS　　　Waismann Fredrich, "Language Strata", in Harre Rom, ed. , *How I See Philosophy*, New York: St. Martin's Press, 1968, pp. 91 –118.

［奥］弗里德里希·魏斯曼:《语言层次》, 李真译, 载洪谦主编《逻辑经验主义》（上卷）, 商务印书馆1982年版, 第211—233页。

HISP　　Waismann Fredrich, "How I See Philosophy", in Rom Harre, ed., *How I See Philosophy*, New York: St. Martin's Press, 1968, pp. 1 –38.

LSP　　Waismann Fredrich, *Logik Sprache, Philosophie*, Herstellung: Recalm Stuttgart, 1976.

PLP　　Waismann Fredrich, *The Principle of Linguistic Philosophy*, Rom Harre, ed., Glasgow: The University Press, 1965.

PP　　*Fredrich Waismann: Philosophical Papers*, Brain F. McGuiness, ed., Dordrecht: D. Reidle Publishing Company, 1977.

VW　　*The Voices of Wittgenstein: The Vienna Circle: Ludwig Wittgenstein and Friedrich Waismann*, Gordon P. Baker, ed., London and New York: Routledge, 2003.

WWK　　*Ludwig Wittgenstein and the Vienna Circle: Conversations Recorded by Friedrich Waismann*, Brian F. McGuinness, ed., Oxford: Blackwell, 1979.

［奥］路德维希·维特根斯坦:《维特根斯坦与维也纳学派》,徐为民译,同济大学出版社2005年版。

摘　　要

本书旨在为魏斯曼在分析哲学史中所具有的重要性辩护。为此，本书提出三条主线："中期"维特根斯坦哲学发展延续性的论证是重估魏斯曼哲学重要性的理论背景；对维特根斯坦、魏斯曼和维也纳小组成员互动的考察是对魏斯曼哲学重要性辩护的哲学史背景；魏斯曼对"中期"维特根斯坦具体哲学的阐释与发展是魏斯曼哲学重要性的具体体现。

首先，本书提出从"整体"视角理解维特根斯坦哲学，其论点在于维特根斯坦整个哲学生涯哲学观点的发展是动态延续的。"中期"维特根斯坦哲学延续性的论证有多种路径，其中魏斯曼对"中期"维特根斯坦语言哲学的阐释是本书提出的第三条路径。

其次，魏斯曼在分析哲学史中所遭受的误解和低估，是由于维也纳小组和跟维特根斯坦对话过程中，魏斯曼所处的特殊角色、维特根斯坦和小组成员的争论以及小组"左右"两翼对垒的结果。

第三，本书论证了魏斯曼对分析哲学的两个具体贡献：他对"中期"维特根斯坦有关语言哲学以及元哲学观点的阐释，对于现今阐释者对这些观念的理解有重要参考价值；他对"中期"维特根斯坦哲学的发展体现在"语言层次"观念和元哲学观点。

第四，对魏斯曼有关"中期"维特根斯坦对"假设"和"证实"思考的阐释的考察揭示了维特根斯坦"证实主义阶段"的发展历程；对魏斯曼有关维特根斯坦对"实指定义"阐释的考察澄清了"中期"维特根斯坦语义观点的发展：他从批判心理主义和逻辑主义语义理论开始，接着在《哲学研究》中提出语词的意义在于具体使用的观点，这体现出了维特根斯坦从心理主义和逻辑主义语义理论，到关注语词具体使用的延续性发展。在关注语词具体使用过程时，我们还要考虑到众多非语言因素，这也表明维特根斯坦从询问语词的具体使用到对具体动作的明晰性的考察的过渡。

第五，对魏斯曼有关"中期"维特根斯坦元哲学阐释的研究表明，"中期"维特根斯坦仍坚持认为哲学问题源于语言混淆和误解：他在《逻辑哲学论》时期激烈地指出哲学研究是对日常语言的批判，其核心是语言分析方法；在《大打字稿》中提出了语言分析作为"治疗型"哲学的核心方法论；在《哲学研究》中，他逐渐过渡到以对日常语言的用法为考察焦点的语法研究。

最后，本书基于文本考察，初步回应了学界有关魏斯曼、"中期"维特根斯坦"治疗型"元哲学观点跟精神分析关联的有关争论。

关键词："中期"维特根斯坦；维也纳小组；魏斯曼；语言哲学；元哲学

Abstract

The present book is a vindication of Friedrich Waismann's signifi-cance in the history of analytic philosophy: Waismann's texts can provide the scholars of logical empiricism much help in re-understanding the devel-opment of Vienna Circle and the specific stances of the group members in their conversations and debates with Ludwig Wittgenstein during the 1930s; the philosophical interaction between Waismann and Wittgenstein, and Waismann's interpretation of Wittgenstein's thoughts provide us with a different perspective in understanding the "Middle" Wittgenstein.

Three threads are imbedded: the construction of the continuity of "Middle" Wittgenstein's philosophy is the theoretical background for re-e-valuating Waismann's significance; the investigation of the interaction a-mong Wittgenstein, Waismann and Vienna Circle during the 1930s is the historical background for the justification and refutation of Waismann's be-ing neglected and underestimated; Waismann's interpretation and develop-ment of "Middle" Wittgenstein's philosophy are the proof of Waismann's significance. The first and last threads are closely interrelated.

First, the author argues that we would investigate Wittgenstein's phi-losophy from the "holistic" perspective so as to demonstrate Waismann's significance. The "holistic" perspective lies essentially in the point that there is not only a dynamic transformation but a continuous development of Wittgenstein's thought throughout his whole career: there is no essential change in his meta-philosophy, ways of thinking and writing style in different periods. The author regards *Tractatus* and *Philosophical Investigations* as two "poles" of Wittgenstein's philosophy, taking *The Big Typescripts* as the representative of "Middle" Wittgenstein's philosophy. The author argues that there are three approaches in constructing the continuity of "Middle" Wittgenstein's philosophy: his critic and giving up of "logical atomism"; his transformation of his semantics; Waismann's witness of "Middle" Wittgenstein's philosophy development and his interpretation of "Middle" Wittgenstein's relevant thoughts is the third approach.

Second, Waismann's beingunderestimated and neglected in the analytic philosophy was due to his unique role which he had played in the conversations and interactions between Wittgenstein and Vienna Circle members, it is the consequence of the debates between Wittgenstein and the group members, and the confrontation between the "left" and "right" wings of the Circle during the 1930s.

Third, based on the present investigation, the book shows that Waismann's contribution in analytic philosophy lies in two perspectives: his understanding and interpretation of "Middle" Wittgenstein's thoughts on "hypothesis" and "verification", the "ostensive definition" and the meta-philosophy can provide the present interpreters new insights and referential value; Moreover, hisd evelopment of "Middle" Wittgenstein's philosophy is crystalized in "language strata" and his meta-philosophy in his later career.

Fourth, with regard to Waismann's *Language Strata*, there are five key notions in "language strata": logic, the completeness in description, *open texture*, verification and truth. The author argues that "language strata" is deeply influenced and inspired by his interaction with Wittgenstein during the 1930s: it is through Wittgenstein's view on "verification" that Waismann formed that idea step-by-step.

Waismann inherits "Middle" Wittgenstein's following ideas of meta-philosophy: he still insists the method of linguistic analysis in philosophizing; he still believes that philosophical problems are philosopher's "intellectual disquiet", and he suggests that we should take a "survey" perspective in philosophizing; we should change our view from explanation to description. Furthermore, Waismann also criticizes and goes beyond "Middle" Wittgenstein: he does not agree with Wittgenstein completely that philosophical problems are dissolved rather than solved; that the meaning of a word lies at its actual use. In contrast, later Waismann believes that the core of philosophizing lies at a deep "insight" of the problem itself; the purpose of linguistic analysis method is to remove the philosopher's disquiet, to change their perspective in looking at philosophical problems, it is not merely a pursuit of clarity. The essence of philosophy is freedom.

Fifth, through Waismann's interpretation of "Middle" Wittgenstein's thoughts on "hypothesis" and "verification", we can have a better understanding of the "verificationism period" in "Middle" Wittgenstein: Wittgenstein's thoughts on "verification" is not only different from logical positivism, it also inspires *language strata*; by investigating Waismann's interpretation of Wittgenstein's view on "ostensive definition", the book traces the development of "Middle" Wittgenstein's semantic views: he criticized the mentalism and logicism semantic theories in the *Big Typescripts* at the very beginning, then he proposed that the meaning of a word lies at its actual use in daily life in the *Philosophical Investigations*, which proves that there is a continuity in "Middle" Wittgenstein's philosophy: he transformed from the mentalistic and logistic semantic theories to the focus of the actual use of language. Wittgenstein's focus on word's actual use is exhibited in his discussion of "ostensive definition", in which he illustrates many language games. When we are concerned with word's actual use, we should take many non-linguistic elements into consideration, which also demonstrates that Wittgenstein's continuity and transformation from the inquiry of word's actual application to the focus of the clarity of the actual acts of human being's in communicating by their languages.

Finally, there are many differences between Waismann and Wittgenstein regarding to "ostensive definition"; By investigating Waismann's interpretation of "Middle" Wittgenstein's nature of philosophy, the book proves that the "Middle" Wittgenstein still insists that philosophical problems arise from philosophers confusion and misunderstanding of ordinary language being applied in expressing the propositions, no matter semantically or pragmatically. In the *Tractatelian* period, Wittgenstein forcefully points out that philosophical investigation is the critic of language, its fundermental approach is linguistic analysis. In *Big Typescript*, Wittgenstein continually forms the linguistic analysis method with psycho-analysis feature: linguistic analysis is the gist of "therapeutic" philosophy. In the *Philosophical Investigations*, Wittgenstein progressively transforms from the linguistic analysis method with psycho-analysis feature to the grammatical investigation which taking pragmatics as the essence of philosophical investigation.

Key Words: "Middle" Wittgenstein; continuity; Waismann; hypothesis; verification; *ostensive definition*; *Language Strata*; meta-philosophy

目　　录

Content

Section 3   Waismann's Critic against "Middle" Wittgenstein's

                Philosophy and Logic Empiricism ···················· (318)

Section 4   Beyond Analytic Philosophy ························· (320)

    1   What is Philosophy? ······························· (321)

    2   The Nature of A Philosophical Problem ················· (322)

    3   The Significance of Linguistic Method in Philosophical

          Investigation ·································· (327)

    4   The Significance of Vision in Philosophy ··············· (329)

    5   Waismann's Thoughts on the Nature of Philosophy ······ (331)

Section 5   The Connection between Later Waismann's and

                "Middle" Wittgenstein's Thoughts on the Nature

                of Philosophy ······························· (333)

Section 6   A Brief Summary of Chapter Five ················· (336)

Chapter 6   **Response and General Conclusion** ················· (338)

Section 1   Two Interpretations of "Middle" Wittgenstein's

                "Therapeutic" Philosophy ······················· (338)

    1   The "Psychoanalytic" Explanation of the

          "Therapeutic" Philosophy ······················· (339)

    2   The "Orthodox" Explanation of the "Therapeutic"

          Philosophy ································· (356)

    3   "Middle" Wittgenstein's Philosophy: *The Big

          Typescripts*: 213 and "Our Method" ················· (371)

    4   A Response to the Debates toward the Two Readings

          of the "Therapeutic" Philosophy ················· (375)

Section 2   A Discussion on Waismann's Method in Interpreting

                "Middle" Wittgenstein Philosophy ················· (378)

    1   "Hypothese" and "Verification" ··················· (379)

第 一 章

绪　论

引　言

在 20 世纪西方分析哲学史上，路德维希·维特根斯坦（Ludwig Wittgenstein）始终是位有富有争议的人物。他既是实现当代哲学"语言转向"的第一人，也是完成这种"转向"的终结者。学界普遍认为，维特根斯坦在 1930 年代的哲学思想经历了激烈"过渡"，其间他与维也纳小组成员有过广泛深入的哲学互动，尤其是弗里德里希·魏斯曼（Friedrich Waismann）。维特根斯坦阐释者戈登·贝克（Gordon P. Baker）曾指出，除了"中期"维特根斯坦本人的文稿外，魏斯曼所记录的文本不仅是维特根斯坦在其"过渡"期哲学，还是维也纳小组和维特根斯坦互动史研究的重要文献来源，且魏斯曼和维特根斯坦哲学存在互相影响。[①] 但目前，他的这些贡献尚未得到国内学界的足够重视与研究。

基于维特根斯坦哲学存在根本转变的理解，维特根斯坦哲学阐

[①]　Baker P. Gordon, "Verehrung und Verkehrung Waismann and Wittgenstein", in C. G. Luckhardt, ed., *Wittgenstein Sources and Perspectives*, Ithaca: Cornell University Press, 1979, pp. 243 - 286. Baker P. Gordon, "Friedrich Waismann: A Vision of Philosophy", *Philosophy*, No. 783, 2003（a）, pp. 163 - 179.

释者把维特根斯坦在《逻辑哲学论》（简称 TLP）中的思想称为
"早期" 哲学，把他在《哲学研究》（简称 PI）中的思想称为 "后
期" 哲学。介于这两个时期之间的被称为 "过渡期" 或 "中期" 哲
学。八十多年的阐释工作已取得了丰硕成果，主要集中在 "前期"
和 "后期" 哲学。相反，"中期" 哲学并没有受到阐释者广泛和深
入的研究。在 21 世纪维特根斯坦研究中，越来越多阐释者意识到了
传统三分法所存在的局限，他们呼吁将维特根斯坦哲学 "整体" 对
待。"整体" 视角的核心要点在于整体考察维特根斯坦哲学：不能武
断地把他的哲学硬生生地分为三部分，笃定其每个阶段有不同哲学
方法和视角，实际上维特根斯坦哲学发展具有 "连续性"。"整体"
阐释视角核心论点就是维特根斯坦哲学发展具有 "连续性"。然而，
当前要实现和论证其哲学 "延续性"，最大的困难在于如何理解
"中期" 哲学。

从历史角度出发，维特根斯坦在 1930 年代的哲学 "过渡期"
中，他和维也纳小组成员有过富有成效的哲学对话。这一互动主要
发生在维特根斯坦、维也纳小组 "右翼" 成员莫里兹·石里克
（Moritz Schlick）及魏斯曼之间。根据历史文献，维特根斯坦和魏斯
曼的互动更多更深入。然而由于种种原因，魏斯曼哲学及其对维特
根斯坦哲学传播、阐释和发展所做的工作，在分析哲学史中遭受到
了不同程度的忽视与低估。

维也纳大学维也纳小组研究中心从 20 世纪 80 年代开始致力于
维也纳小组哲学复兴的研究，它所取得的成果逐步在国际学术界中
受到关注。当代分析哲学研究学者逐渐开始反思维也纳小组的逻辑
经验主义哲学，这一趋势体现在学者分别开展小组成员具体哲学思
想的研究。作为小组重要成员，魏斯曼哲学自然而然地受到了国际
学界的关注，具体体现在维也纳研究中心于 2011 年和 2016 年举办
的两次魏斯曼国际学术会议。分析哲学界对魏斯曼哲学的关注和
"中期" 维特根斯坦哲学的回归被巧妙地联合在了一起。研究魏斯曼
和维特根斯坦在 1930 年间的哲学互动，极为有助于维特根斯坦阐释

者从整体视角出发，通过研究"中期"维特根斯坦，来论证其哲学的"延续性"。这样一来，本书有关维特根斯坦与魏斯曼哲学互动历史研究就应运而生了。在维特根斯坦哲学延续性视角中，探究"中期"维特根斯坦哲学具体发展是该视角主要任务；在对逻辑经验主义哲学的回归中，尤其是对维也纳小组成员个体式研究的趋势下，研究魏斯曼的哲学思想顺理成章。本书拟研究维特根斯坦与魏斯曼的哲学互动，就是对上述两个方面的综合。

第一节　研究问题

　　探讨魏斯曼对"中期"维特根斯坦哲学的阐释与发展，涉及维也纳小组、魏斯曼以及维特根斯坦。根据文献考察，当前亟须研究以下方面：

　　首先，对维也纳小组而言，到目前为止，小组学者和维特根斯坦阐释者中存在争议。小组成员是否"剽窃"了维特根斯坦有关思想？小组"左""右"两翼成员与维特根斯坦哲学争论具体体现在哪些地方？小组主要成员在1930年代对维特根斯坦哲学观点的具体看法有哪些？其次，在小组内部、小组成员和维特根斯坦互动过程、魏斯曼与维特根斯合作过程中，魏斯曼扮演了什么样的角色？再次，如何根据史料来为魏斯曼的工作及其哲学思想所具有的重要价值辩护？假如本书成功地论证了魏斯曼的哲学价值，那么，后续工作就是具体研究魏斯曼哲学以及魏斯曼有关维特根斯坦思想阐释的文本；基于魏斯曼文稿，本书考察魏斯曼对"中期"维特根斯坦哲学的阐释和发展。复次，魏斯曼哲学主题同样有很多问题需要探讨。如何初步系统研究魏斯曼哲学遗作？魏斯曼具体发展了维特根斯坦哪些哲学观点？他是如何发展的？最后，对维特根斯坦研究而言，需思考的问题有以下方面：为什么要强调维特根斯坦哲学整体性和"延续性"？对维特根斯坦哲学"延续性"论证有哪些方式？本书引入的论证方法是什么？如何从魏斯曼的角度来论证？

总的来说，本书研究的问题分为哲学史和哲学方面。有关维特根斯坦和维也纳小组在1930年代哲学互动和魏斯曼对维特根斯坦思想的传播属于哲学史，它是讨论哲学问题的前提；哲学问题包括维特根斯坦跟维也纳小组成员存在哪些争论？双方观点是什么？魏斯曼是如何阐释"中期"维特根斯坦思想的？魏斯曼又是如何发展了"中期"维特根斯坦哲学的？

鉴于维特根斯坦和维也纳小组互动文本数量大，讨论主题众多。本书将考察学界所重视和经常忽视的方面。在维特根斯坦与维也纳哲学互动和争论中，本书考察争论最激烈、最普遍的主题，包括"假设"和"证实"；魏斯曼对"中期"维特根斯坦哲学的阐释，本书也选择了维特根斯坦阐释者多普遍关心，同时也存在异议的主题，包括"实指定义"以及"元哲学"；本书以"后期"魏斯曼哲学文本为研究对象，从语言哲学和元哲学两方面来考察魏斯曼对"中期"维特根斯坦思想的具体发展；最后，本书尝试基于研究结果，回应有关魏斯曼、"中期"维特根斯坦哲学理解的争论。

第二节　研究现状

关于维也纳小组、魏斯曼和维特根斯坦诸多问题，是基于本书对上述主体研究历史发展脉络的理解。国内外研究现状及趋势的论述，本书同样从上述角度展开。

一　国内外维也纳小组研究现状

此处从三方面考察：维也纳小组历史、逻辑经验主义和国内外研究趋势。

(一) 维也纳小组发展历史概述

维也纳小组的主要哲学观点是逻辑经验主义①，它的发展分为六个阶段。建构期：1918 年到 1924 年；非公共期：1924 年到 1929 年；公共期：1929 年到 1936 年；衰退期：1936 年到 1938 年；国际化：1930 年到 1940 年；融合与扩散期：1940 年至今。②

维也纳小组从"非公共阶段"走向"公共阶段"的标志是《科学的世界观念：维也纳小组》（1929）的公开发表，它被认为是逻辑经验主义哲学诞生的《宣言》。③《宣言》中指出，"维也纳小组成员"共有 14 位，包括 11 位同情和支持逻辑经验主义哲学学者；3 位"科学世界观代表"：阿尔伯特·爱因斯坦（Albert Einstein）、伯特兰·罗素（Bertrand Russell）和维特根斯坦（里面涉及的学者本人并不一定赞同该分类）。小组的"公共期"指在 1929 年到 1936 年间小组所举行的几次国际会议，还包括小组成员和维特根斯坦的互动；石里克在 1936 年的遇害是小组走向衰落的直接原因。当时国际反犹主义和纳粹主义政治背景也迫使学派走向衰落；学派"国际化时期"指小组成员因政治原因被迫移民到英语世界国家，这也是逻辑经验主义"国际化"的主要缘由。例如，鲁道夫·卡尔纳普（Rudolf Carnap）和奥图·纽拉特（Otto Neurath）移民到美国芝加哥大学，他们把逻辑经验主义和美国实用主义哲学融合在一起。

---

① 在很多情况下，"维也纳小组"和"逻辑经验主义"可互换，区别主要在于："维也纳小组"突出了该小组的发源地，"逻辑经验主义"突出了该小组的代表思想。也有学者把维也纳小组哲学称为"逻辑实证主义"，例如费格。本书按照维也纳小组中国成员洪谦的一贯用法，把维也纳小组的哲学称为"逻辑经验主义"。Blumberg A. E. and Feigl Herbert, "Logical Positivism—A New Movement in European Philosophy", *The Journal of Philosophy*, Vol. 28, No. 11, 1931, pp. 281 – 296. 洪谦：《论逻辑经验主义》，商务印书馆 2014 年版。

② Stadler Friedrich, *The Vienna Circle: Studies in the Origins, Development, and Influence of Logical Empiricism*, Cham/Heidelberg/New York/Dordrecht/London: Springer, 2015, pp. 577 – 588.

③ Neurath Marie and Cohen S. Robert, eds., *Otto Neurath: Empiricism and Sociology*, Boston: D. Reidel Publishing Company, 1973.

1940 年以降，在逻辑经验主义与其他哲学流派融合与扩散后，还发生着另一趋势：逻辑经验主义往源头回归，主要发生在维也纳研究中心。维也纳研究中心从 1991 年起开始出版维也纳小组研究年鉴，到 2016 年已出版 18 卷。维也纳研究中心的目的是呼吁分析哲学学者重新审视和研究维也纳小组每位成员的哲学。

（二）对逻辑经验主义的批评与回应

大部分分析哲学家认为逻辑经验主义哲学是过时的哲学，已有很多人从不同角度批判了逻辑经验主义。[①] 在 20 世纪中叶的分析哲学中，卡尔·亨普尔（Carl G. Hempel）批判了逻辑经验主义的"证实"观点；[②] 威拉德·蒯因（Willard V. O. Quine）提出了逻辑经验主义的两个"教条"，指出他们由于坚持把"分析命题"和"综合命题"二分，进而犯了教条主义错误。[③] 根据学者考证，除了上述批评，逻辑经验主义还在以下方面遭到批评：理论和观察的二分、工具主义立场以及物理主义等。总之，分析哲学主流学者认为逻辑经验主义哲学是站不住脚的，应该予以抛弃。

面临众多批判，维也纳小组是否有所回应呢？卡尔纳普和赫伯特·费格尔（Herbert Feigl）曾作过零星回应，但大部分成员都缄默不语，好像根本不在乎。后来有学者为维也纳小组发声，认为分析哲学主流学者有关批判是对逻辑经验主义的曲解，如麦克尔·弗里德曼（Michael Friedman）。[④] 假如我们真的误解了逻辑经验主义，那么它的真实观点是什么呢？

[①] "哲理庐"："逻辑经验主义是一种存在主义"，https：//mp. weixin. qq. com/s/Vyp8v6SDhU932iY9MD8ptA，2019 年 12 月 12 日。

[②] ［美］卡尔·亨普尔：《关于认知意义的经验主义标准：问题与变化》，载马蒂尼奇《语言哲学》，商务印书馆 1998 年版，第 16—39 页。

[③] ［美］威拉德·蒯因：《经验主义的两个教条》，载马蒂尼奇《语言哲学》，商务印书馆 1998 年版，第 39—66 页。

[④] Michael Friedman, "The Re-evaluation of Logical Positivism", *The Journal of Philosophy*, Vol. 88, No. 10, 1991, p. 507.

逻辑经验主义哲学观点可以通过其《宣言》得到解释。在《宣言》中，其起草人卡尔纳普、纽拉特以及魏斯曼等人明确指出：首先，他们不是哲学派别，他们不提出任何哲学观点；其次，他们也不会对任何哲学问题做出解答，相反，他们反对任何哲学问题，无论是形而上学、伦理还是认识论的；最后，他们关注的焦点在于科学中的逻辑，也就是对科学术语和陈述的逻辑分析。① 逻辑经验主义者对有关批评早就作了回应：维也纳小组关注的焦点不是传统哲学问题，而是科学的世界观念。

如何理解逻辑经验主义有关科学术语的逻辑分析呢？通常来说，面临科学难题时，逻辑经验主义者认为哲学研究任务不在于像科学家那样来解决这个科学难题，而是运用逻辑来澄清科学家在解决这个科学难题的过程中所使用的方法、概念和定理等。由于受到 TLP 中有关哲学本质的影响，逻辑经验主义提倡哲学是一种活动而非理论，也就是对科学中有关命题和概念的澄清。

（三）国内有关逻辑经验主义研究概述

国内研究分为两类：原创性讨论和译介。国内基础研究归功于洪谦和江天骥。洪谦对维也纳小组在中国的传播和发展做了两方面工作：对逻辑经验主义主要代表人物哲学著作和思想的翻译和介绍工作，介绍石里克的哲学思想；② 对逻辑经验主义核心思想和概念的阐述，同时也发表个人看法。③ 洪谦早于 1949 年和 1985 年分别在国际哲学期刊上发表了逻辑经验主义论文。洪谦作为维也纳小组在中

---

① Carnap Rudolf, *The Unity of Science*, London: Kegan Paul Trench and Teubner Company, 1934, pp. 21 - 22.

② 江怡：《维也纳小组在中国的命运》，《世界哲学》2009 年第 6 期。

③ 洪谦：《艾耶尔和逻辑经验主义》，《哲学研究》1991 年第 1 期；洪谦、还学文：《关于逻辑经验主义——我的个人见解》，《哲学译丛》1978 年第 5 期；洪谦、纪树立：《论"断定"》，《哲学研究》1986 年第 4 期；洪谦：《关于逻辑经验论的几个问题》，《自然辩证法通讯》1989 年第 1 期。

国的嫡传是国际哲学同人公认的。①

　　国内对逻辑经验主义引介的另一位有重要影响力的学者是江天骥。他早在1950年代就出版了《逻辑经验主义的认识论》，以及主要介绍维也纳小组的沿起和石里克的《普通认识论》。此外，江天骥还发表了多篇论文，论述有关维也纳小组的哲学观点，同时也提出了自己的看法。改革开放后著《当代西方科学哲学》，系统地讨论了逻辑经验主义的科学哲学。② 他全面真实地把维也纳小组有关科学哲学思想介绍给了国内学者，在国内最早关注到了逻辑经验主义与美国实用主义哲学的融合与关联。

　　当前国内有关逻辑经验主义的探讨集中在以下主题：为逻辑经验主义生命力辩护，反对"波普尔传奇"；小组其他成员的研究，包括纽拉特、亨普尔、汉斯·莱辛巴哈（Hans Reichbach）、卡尔纳普以及路德维希·玻尔兹曼（Ludwig Boltzmann）；维也纳小组与数学哲学以及现代逻辑的关联；小组和维特根斯坦的关联；对国外最新研究成果的译介。其中，陈荣虽探讨了维特根斯坦对石里克思想的影响，但她未涉及维特根斯坦与魏斯曼的互动。③

　　总之，国内学者对维也纳小组哲学有了清晰认识，特别是其代表人物的思想。不足在于：缺乏对小组其他成员思想的研究；对维

---

① Stadler Friedrich, *The Vienna Circle: Studies in the Origins, Development, and Influences of Logical Positivism*, Wien: Springer-Verlag, 2001, p. 226. Kraft Victor, *The Vienna Circle*, New York: Philosophical Library, 1953, p. 9.

② 江天骥：《五十年来的科学哲学——从逻辑经验主义到历史主义》，《江汉论坛》1989年第4期；江天骥：《五十年来的科学哲学——从逻辑经验主义到历史主义》，《江汉论》1989年第5期；江天骥、段秀芳：《可证伪性、可批评性和科学方法》，《世界哲学》2007年第2期；江天骥：《西方科学哲学的新趋向——最近几十年来的科学哲学（1951—现在）》，《自然辩证法通讯》2000年第4期；江天骥：《语言用法与意义、理论的证实或反驳、观察和科学基础》，《自然辩证法通讯》1999年第4期；江天骥：《论逻辑经验主义的认识论》，武汉大学出版社2009年版；江天骥：《当代西方科学哲学》，武汉大学出版社2009年版，第108—142页。

③ 陈荣：《维特根斯坦对石里克哲学思想的影响分析》，《内蒙古农业大学学报》（社会科学版）2011年第6期。

特根斯坦和小组哲学互动研究处于初级阶段。目前学界对逻辑经验主义的理解仅在于对维也纳小组的理解（尤其是石里克和卡尔纳普），而对其他小组并无深入研究；国内对维特根斯坦与维也纳小组的交流，尤其是维特根斯坦与魏斯曼哲学互动缺乏足够关注。国内有关研究跟国际存在差距：国内学者较少关注维也纳研究中心成果，他们仍持有对维也纳小组的"集体式"同质理解。

二 国内外维特根斯坦研究现状

维特根斯坦研究文献浩如烟海，仅在 1986 年就多达 5868 种。①要对国际维特根斯坦研究作详尽文献综述几乎不可能。本书对国际维特根斯坦研究现状综述从维特根斯坦哲学文稿编辑史、不同流派阐释者阐释视角和方法的争论以及最新研究动态入手。

维特根斯坦研究可分为以下方面：对维特根斯坦著作逐字逐句解读诠释；对其哲学思想的阐释，主要集中在 PI 关键概念，比如"遵守规则悖论"和"私人语言"等。诠释方法从 1950 年代到 21 世纪初较为盛行，国际上以伊丽莎白·安斯康姆（Gertrude Elizabeth Margaret Anscombe）、彼得·哈克（Peter M. S. Hacker）和贝克为代表，国内以韩林合为代表。

当前国际维特根斯坦研究存在三个学派和三种阐释方式抗衡的局面。三个阐释维特根斯坦哲学学派："老美式维特根斯坦"，如艾丽斯·安布罗斯（Alice Ambrose）；"新美式维特根斯坦"，如康拉·戴梦德（Cora Diamond）；"标准阐释"派，如哈克及贝克等人。三种阐释维特根斯坦哲学的方法："教条式""阐明式"和"治疗型"。"教条式"方法指"标准"解读派成员，"阐明式"读者指美国维特根斯坦研究派。

---

① V. A. and Shanker S. G. , eds. , *Ludwig Wittgenstein：Critical Assessments. Volume Five：A Wittgenstein Bibliography*, London/Sydney/Wolfeboro/New Hampshire：Croom Helm, 1986, pp. 31－345.

正因为存在着上述不同理解视角，当前存在着 "三个维特根斯坦"① 和 "过度解释维特根斯坦" 现象。② 该现象的背后是阐释者在玩 "数维特根斯坦的游戏"。③ 不同的见解是基于阐释者从自己的角度来理解维特根斯坦。"多个维特根斯坦" 观念不仅对客观理解维特根斯坦思想没有帮助，而且加剧了维特根斯坦哲学研究中已存在的问题，这是 "过度解释维特根斯坦" 的后果。

由于立场不同，三个学派难免发生争论。第一个争论发生在 "标准阐释者" 和 "老美维特根斯坦" 阐释者间，争论核心是如何理解 TLP 最后一个命题；第二个是有关 PI 的三种阐释。菲尔·哈奇森（Phil Hutchinson）的 "治疗型" 解读认为："教条式解释法……最大困难在于难以和原文保持一致。阐明式（标准）解释法看似忠于文本，实际上它暗示了维特根斯坦许多并不成功的承诺，同时面临着所谓 '动机' 问题。"④ 哈奇森指出："治疗型解释法是唯一方法，它不仅能完满地将维特根斯坦文本作为整体而赋予其意义，而且对其个别元哲学评论的理解同样有效。"⑤

对目前阐释中诸多问题的解决要回到根本问题：维特根斯坦思想是否经历了根本转变？本书认为回答此问题需要转变视角：从三个维特根斯坦转变为 "一个维特根斯坦"。哈克最近提出 "一个维特根斯坦"，指出维特根斯坦哲学具有延续性。他指出当前维特根斯坦哲学阐释存在多个数维特根斯坦理念共存的现象，这背后运转着

---

① Moyal-Sharrock Danièle, "Introduction：The Idea of A Third Wittgenstein", in Moyal-Sharrock Danièle, ed., *The Third Wittgenstein：the Post-Investigation Works*, Hampshire：Ashgate, 2004, pp. 1 - 13.

② Biletzki Anat, (*Over*) *interpreting Wittgenstein*, Dordrecht：Kluwer Academic Publishers, 2003.

③ Hacker M. S. Peter, "Wittgenstein on Grammar, Theses and Dogmatism", *Philosophical Investigations*, Vol. 35, 2012, pp. 1 - 17.

④ Hutchinson Phil, "What's the Point of Elucidation?" *Metaphilosophy*, Vol. 38, 2007, p. 691.

⑤ Ibid. .

"数维特根斯坦"游戏。接着他提出了"一个维特根斯坦"理念：只存在一个维特根斯坦及其哲学，维特根斯坦哲学是个延续性发展的整体，而后，他用"哲学语法"作为论据，论证了他的观点。

国内学者普遍接受"三个维特根斯坦"及其哲学划分和理解。近五年文献研究主题分为三方面：早期研究，研究者将焦点集中在TLP中；后期研究，研究者关注PI、《论确定性》（简称OC）以及维特根斯坦有关颜色的评论；维特根斯坦与其他哲学家思想的对比，如马丁·海德格尔（Martin Heidegger）、卡尔·马克思（Karl Marx）、弗迪南·德·索绪尔（Ferdinand de Saussure）以及儒家。国内学者有关研究方法和趋势在总体上与国际学者相似，都强调阐释TLP和PI有关观点。

张学广认为国内维特根斯坦研究主要分为三个派别：维特根斯坦哲学文本的诠释，其中以韩林合为代表；从分析哲学历史和当代分析哲学研究语境出发，来考察维特根斯坦与其他分析哲学家哲学的关联，其中以江怡为代表；把维特根斯坦哲学方法运用到具体哲学研究中，其中以陈嘉映为代表。① 此外，本书认为还有第四个类别，那就是师从国际维特根斯坦专家、以英语为工作语言，积极参与国际对话的中青年学者，其中以唐浩为代表。

三 国内外魏斯曼研究现状

魏斯曼（1896—1959），奥地利哲学家，维也纳小组重要成员。魏斯曼的重要性体现在：他是维特根斯坦哲学发展和研究中的关键哲学家，尤其是"中期"哲学；作为维也纳小组重要成员，他对逻辑经验主义哲学发展产生过重要影响；他在元哲学、语言哲学和数学哲学等方面有杰出贡献。维特根斯坦在1927年到1936年间与维也纳小组成员有过广泛深入哲学互动，尤其是与魏斯曼。维特根斯

---

① Zhang Xueguang, "Wittgenstein in China", *Philosophical Investigations*, Vol. 38, No. 3, 2015, pp. 199 – 226.

坦哲学研究权威贝克曾指出，除了"中期"维特根斯坦本人文稿外，魏斯曼有关文本不仅是研究维特根斯坦在其"过渡期"最重要文献来源，也是维也纳小组和维特根斯坦互动史研究重要文献来源。① 自魏斯曼逝世到 21 世纪初期，有关研究并不多见。自 2010 年来，情况有所改观，国际哲学界对魏斯曼及其哲学重要性给予了相当程度的重视，这体现在维也纳小组研究中心于 2010 年和 2016 年召开的魏斯曼国际学术研讨会。

本节有关魏斯曼研究现状分析主要针对国外研究。此外，本节的分析分为两部分：早期研究问题及其争论、最近研究问题及发展方向。

（一）早期魏斯曼哲学研究问题史梳理

魏斯曼的哲学涉及多方面，包括元哲学、数学哲学、伦理学以及美学等。首先，就语言哲学方面来说，学界尚未重视魏斯曼语言哲学观点中的元哲学根基，他们往往将二者分开考察。学界普遍认为"语言层次"（language strata）观念是魏斯曼对分析哲学的重要贡献。"开放质地"（open texture）理念被当作其核心论点。第一，学界在 1950 年到 1970 年曾出现过有关"语言层次"的激烈讨论。其中绝大部分学者对"语言层次"观念提出了很多批评，包括罗纳德·巴特勒（Ronald J. Butler）② 和巴克黑尔（Bakhale S. W.）③。巴特勒怀疑是否存在不同意义的"逻辑"观念。巴克黑尔则对"开放质地"提出质疑，认为该理念很难理解；第二，学界对"开放质地"理念的研究集中在法律哲学核心概念探讨中。日常语词由于存

---

① Baker P. Gordon, "Verehrung und Verkehrung: Waismann and Wittgenstein", in C. G. Luckhardt, ed., *Wittgenstein: Sources and Perspectives*, Ithaca: Cornell University Press, 1979, pp. 243 – 286. Baker P. Gordon, "Friedrich Waismann: A Vision of Philosophy", *Philosophy*, Vol. 783, 2003, pp. 163 – 179.

② Butler J. Ronald, "Language Strata and Alternative Logics", *Australasian Journal of Philosophy*, Vol. 33, No. 2, 1955, pp. 77 – 87.

③ Bakhale S. W., "Relation of Body-mind statements", *Indian Philosophical Quarterly*, Vol. 1, 1974, pp. 154 – 160.

在"开放质地"，在命题实际证实以及对该过程的描述中存在着不完全性。与魏斯曼类似，赫伯特·哈特（H. L. A. Hart）在《论法的概念》中提出了法律语言的"空缺结构"特征。① 布莱恩·比克斯（Brian Bix）指出哈特这一思想基于语言的开放质地理论，且源于魏斯曼。魏斯曼的理念又源于维特根斯坦在 1930 年代早期提出的建构主义语言观。② 大多数批评者仅关注《语言层次》一文，他们忽略了两点："语言层次"观念在魏斯曼其他著作中还多有论述；魏斯曼的"语言层次"是基于他的元哲学，而且曾受到了维特根斯坦有关思想的启发。③

其次，魏斯曼语言观的其他思想还凝聚在《语言分析哲学原理》中（简称 PLP）。学界对该书的具体内容尚缺乏深度认识和系统研究。但学界普遍承认该书不仅是魏斯曼语言思想的结晶，也是"中期"维特根斯坦语言哲学的重要阐明。有学者对魏斯曼在该书中的英语措辞以及某些地方的论证及其有效性存有质疑。具体来说，魏斯曼在该书中所使用的许多英语单词的意义是任意的，如史蒂芬·戴维斯（Steven Davis）④。至于该书价值，罗姆·哈勒令（Rom Harre）认为它是《哲学研究》的教科书⑤，但戴维斯并不赞同。

最后，学界对魏斯曼元哲学的理解经历了从批判到接受的转变。魏斯曼在《我如何看待哲学》（简称 HISP）中指出："哲学最重要的是不断进行突破，以达到某种深刻洞察……哲学论证……的目的

---

① Hart H. L. A. , *The Concept of Law*, Oxford：Clarendon Press, 1961. ［英］哈特：《法律的概念》，许家馨等译，法律出版社 2011 年版。

② Brian Bix, "H. L. A. Hart and the 'Open Texture' of Language", *Law and Philosophy*, Vol. 10, No. 1, 1991, pp. 51－72.

③ McGuinness F. Brian, ed. , *Friedrich Waismann-Causality and Logical Positivism*, Springer/Dordrecht/Heidelberg/London/New York：Springer, 2011.

④ Davis Steven, Book Review of "Principles of Linguistic Philosophy", *Dialogue*, Vol. 6, 1968, pp. 596－603.

⑤ Harre Rom, ed. , *The Principle of Linguistic Philosophy*, Glasgow/London：The University Press, 1965, p. xi.

是要让我们……从新角度看待事物……哲学精髓在于其自由。"①
(《我如何看待哲学》中译文请参阅本书附录六) 魏斯曼的元哲学观
点自身存在商榷之处,它不够系统也不够融贯。第一,学界在 1950
年到 1960 年有关理解与回应大部分是消极的。主要代表人物包括亚
瑟·普莱尔 (Arthur N. Prior)② 和西里·吉哈 (Shri Anirudha
Jha)③。普莱尔认为魏斯曼在该文中的思想具有高度原创性,但他的
很多观点缺乏有效论证,同时其适用范围也非常狭隘。对于 1950 年
代分析哲学正逐渐走向衰落的西方哲学界来说,魏斯曼的元哲学观
点很难被接受。吉哈认为这种哲学为自己竖立起了语言牢墙,从而
禁锢了自己,也将其研究视野变得异常狭窄,他甚至认为这是破产
的哲学;第二,从 1970 年代开始,有学者接受并为其元哲学辩护。
在众多学者中,贝克是坚定的捍卫者。贝克从四个角度阐释了魏斯
曼的元哲学,并指出其哲学的方法意义在于把每个哲学家从自己的
思维牢笼中解放出来。另一位正统阐释者哈克持有异见:魏斯曼元
哲学跟维特根斯坦有本质区别,魏斯曼的阐释有可能误导读者对维
特根斯坦哲学的理解。哈克认为贝克从 1980 年代以后有关维特根斯
坦的理解很大程度上受到了魏斯曼文本的影响。④

　　贝克和哈克有关魏斯曼元哲学的理解截然相反。本书将做进一步
的文本研究,并指出:不应将魏斯曼元哲学观点孤立研究,应该考虑
到其他有关文本以及他跟"中期"维特根斯坦元哲学观点的关联;哈
克与贝克的争论应分解为以下方面:哈克对魏斯曼元哲学观点的理解

---

① Waismann Fredrich, "How I See Philosophy", in Harre Rom, ed., *How I See Philosophy*, New York: St. Martin's Press, 1968, p. 21.

② Prior N. Arthur, "Contemporary British Philosophy", *Philosophy*, Vol. 33, No. 127, 1958, pp. 361 – 364.

③ Jha Shri Anirudha, "Linguistic Analysis—A Bankrupt Philosophy", *The Philosophical Quarterly*, 1960, pp. 49 – 57.

④ Hacker M. S. Peter, "*Gordon Baker's Later Interpretation of Wittgenstein*", in Kahane Guy, Kanterian Edward and Kuusela Oskari, eds., *Wittgenstein and His Interpreters: Essays in Memory of Gordon Baker*, Oxford: Blackwell Publishing Ltd., 2007, p. 93.

跟贝克有关理解的差别、魏斯曼和"中期"维特根斯坦元哲学观点的差别、哈克和贝克有关维特根斯坦元哲学观点的差别。考虑到贝克和哈克是维特根斯坦哲学阐释中的正统，研究这些方面不仅必要，而且能增进我们对魏斯曼和"中期"维特根斯坦哲学的理解。

由上文可见，20 世纪魏斯曼研究主要成果包括初步考察了魏斯曼哲学文本，并对魏斯曼语言哲学和元哲学观点做了研究。大部分学者对"语言层次"和元哲学观都持有批判性观点，他们几乎很少对魏斯曼有关观点给予正面评价；大部分学者都孤立地看待魏斯曼哲学，并没有从分析历史角度来考察魏斯曼哲学所具有的重要价值；学界对有关观点存在争论。

（二）新世纪魏斯曼研究

21 世纪分析哲学研究呈现出了多样性研究趋势，其中就是有关分析哲学历史的回顾与反思。正是在分析哲学历史的回顾和反思中，以魏斯曼为代表的逻辑经验主义研究，以及"中期"维特根斯坦哲学逐渐进入了研究者的视野。21 世纪的魏斯曼研究有两个新特点：对魏斯曼哲学文本有了更广、更深入的研究，研究者开始把魏斯曼有关观点跟当今分析哲学关注点相结合；研究者逐渐关注魏斯曼与维特根斯坦哲学合作历史，期望从魏斯曼角度考察"中期"维特根斯坦哲学具体发展和演变。上述成果集中体现在《弗里德里希·魏斯曼——因果关系和逻辑经验主义》（简称 CLP）和《弗里德里希·魏斯曼——分析哲学的开放质地》（简称 OTAP）之中。

首先，CLP 的成书基于 2010 年在维也纳大学召开的国际魏斯曼哲学会议主题，其成就体现在三方面：该文集初步理清了魏斯曼生平，包括魏斯曼的友人有关回忆录以及他们对魏斯曼哲学的评价与印象。具体现在：魏斯曼颠沛流离的人生，他"徘徊"在不同国度中；① 该文集初步定位了魏斯曼哲学角色和地位：魏斯曼作为维特根

① McGuinness F. Brian, "Waismann: The Wandering Scholar", in McGuinness F. Brian, ed., *Friedrich Waismann-Causality and Logical Positivism*, Springer/Dordrecht/Heidelberg/London/New York: Springer, 2011, pp. 9–17.

斯坦哲学发言人,有自己独特的阐释维特根斯坦哲学范式;① 魏斯曼还被当作维特根斯坦在 1930 年代早期哲学转变历史的见证者;② 该书还出版了魏斯曼的四篇遗作,主题包括"因果关系""表达式逻辑效力"以及"虚构"。总之,CLP 出版了魏斯曼的部分遗作、回顾了他的生平,还初步考察了魏斯曼的部分哲学。

其次,OTAP 的成书基于 2016 年在维也纳大学召开的国际魏斯曼会议主题,代表了当今国际分析哲学界对魏斯曼哲学的最新趋势。OTAP 是第一部纯粹研究魏斯曼哲学的专著,收录了有关魏斯曼不同哲学主题最新研究成果。该书从三个角度考察了魏斯曼哲学:分析哲学史的考察,主要集中在魏斯曼与维也纳小组哲学主题方面,比如伦理学和科学的关系、③ 数学哲学、④ 信念与知识、⑤ 元哲学;⑥ 魏斯曼的语言哲学研究,集中讨论了后期魏斯曼的"语言层次""分析和综合"等主题;⑦ 魏斯曼与法律哲学、行动哲学和分析美学相关文本的研究,比如,比克斯探讨了魏斯曼、维特根斯坦以及哈

---

① Schulte Joachim, "Waismann as Spokesman for Wittgenstein", in McGuinness F. Brian, ed., *Friedrich Waismann-Causality and Logical Positivism*, Springer/Dordrecht/Heidelberg/London/New York: Springer, 2011, pp. 223 – 241.

② Manninen Juha, "Waismann's Testimony of Wittgenstein's Fresh Starts in 1931 – 1935", in McGuinness F. Brian, ed., *Friedrich Waismann-Causality and Logical Positivism*, Springer/Dordrecht/Heidelberg/London/New York: Springer, 2011, pp. 243 – 265.

③ Sandis Constantine, "Producing A Justification: Waismann on Ethics and Science", in Makovec Dejan and Shapiro Stewart, eds., *Friedrich Waismann: The Open Texture of Analytic Philosophy*, Cham: Palgrave Macmillan, 2019, pp. 47 – 67.

④ Schroeder Severin and Tomany Harry, "Friedrich Waismann's Philosophy of Mathematics", in Makovec Dejan and Shapiro Stewart, eds., *Friedrich Waismann: The Open Texture of Analytic Philosophy*, Cham: Palgrave Macmillan, 2019, pp. 67 – 88.

⑤ Coliva Annalisa, "Waismann on Belief and Knowledge", in Makovec Dejan and Shapiro Stewart, eds., *Friedrich Waismann: The Open Texture of Analytic Philosophy*, Cham: Palgrave Macmillan, 2019, pp. 89 – 106.

⑥ Morris J. Katherine, "'How I See Philosophy': An Apple of Discord Among Wittgenstein Scholars", in Makovec Dejan and Shapiro Stewart, eds., *Friedrich Waismann: The Open Texture of Analytic Philosophy*, Cham: Palgrave Macmillan, 2019, pp. 107 – 131.

⑦ Makovec Dejan and Shapiro Stewart, eds., *Friedrich Waismann: The Open Texture of Analytic Philosophy*, Cham: Palgrave Macmillan, 2019, pp. 131 – 211.

特有关"开放质地"（法律中为"空缺结构"）理念的关联。① 另外，从分析美学角度探讨魏斯曼有关文本也是 OTAP 一大亮点，包括魏斯曼论电影②、虚构。③ 考虑到本书视角，此处梳理魏斯曼语言哲学、元哲学以及哲学史的研究文献。

（三）21 世纪魏斯曼研究相关问题综览

从哲学问题出发，21 世纪有关研究主要关注以下方面：第一，"语言层次"观念不仅得到了重视，同时也得到了发展。早期学者对"语言层次"存在激烈讨论，大部分都持有批判性观点。其主要原因在于，魏斯曼在"语言层次"观念中从五个关键视角来阐释他的观念。魏斯曼并没有阐明他把那五个概念放在一起的主要理由，因而有学者认为魏斯曼的论证不充分。早期学者把"语言层次"关键理念孤立思考，同时没有考虑到"语言层次"背后的元哲学；概念的"开放质地"理念没有被给予重视。"开放质地"是"语言次"观念中最核心、最值得研究的方面。21 世纪以降，分析哲学学者陆续对"开放质地"展开了讨论，具体包括提莫西·威廉姆森（Timothy Williamson）④、斯图亚特·夏皮诺（Stewart Shapiro）⑤、马克·威尔森（Mark Wilson）⑥、斯蒂芬·雅布罗（Stephen Yablo）⑦、大卫·查

---

① Bix Brian, "Waismann, Wittgenstein, Hart, and Beyond: The Developing Idea of 'Open Texture' of Language and Law", in Makovec Dejan and Shapiro Stewart, eds., *Friedrich Waismann: The Open Texture of Analytic Philosophy*, Cham: Palgrave Macmillan, 2019, pp. 245 – 261.

② Heuer Ulrike, "Motives and Interpretations", in Makovec Dejan and Shapiro Stewart, eds., *Friedrich Waismann: The Open Texture of Analytic Philosophy*, Cham: Palgrave Macmillan, 2019, pp. 279 – 295.

③ Priest Graham, "Waismann on Fiction and Its Objects", in Makovec Dejan and Shapiro Stewart, eds., *Friedrich Waismann: The Open Texture of Analytic Philosophy*, Cham: Palgrave Macmillan, 2019, pp. 295 – 314.

④ Williamson Timothy, *Vagueness*, London: Routledge, 1994.

⑤ Shapiro Stewart, *Vagueness in Context*, Oxford: Oxford University Press, 2006.

⑥ Wilson Mark, *Wandering Significance*, Oxford: Oxford University Press, 2006.

⑦ Yablo Stephen, *Thoughts: Papers on Mind, Meaning, and Modality*, Oxford: Oxford University Press, 2008.

尔莫斯（David Chalmers）[1] 以及爱德华·马西瑞（Edouard Machery）[2]。

　　第二，重新阐释和理解"语言层次"观念。这牵涉到重新反思和理解魏斯曼"语言层次"的具体论证，以及该观念中提出的五个论据跟"语言层次"的关系和解释力。早期学者不理解"语言层次"具体论证，主要有两点原因：缺乏足够文献；没有考虑到魏斯曼观点与其他同辈哲学家思想的观念。21 世纪研究中，陆续有学者考虑到了这个问题。迪坚·马克维克（Dejan Makovec）基于牛津大学博德莱图书馆馆藏魏斯曼遗作文本，重新考察了"语言层次"的来龙去脉。他首次指出，魏斯曼的"语言层次"观念类似于莱尔在牛津大学 1945 年提出的把哲学作为地理绘图学的观点，并且两者存在联系。[3]（有关讨论请参阅本书第五章第 1.5 节）

　　第三，重新理解魏斯曼元哲学观点。魏斯曼有关哲学本质的观点在不同时期有差异，其集中表述体现在 HISP 中。前文指出，学界对魏斯曼元哲学的理解经历了从批判到接受的转变。21 世纪研究者集中考察了 HISP 文本，他们有两个新论点：HISP 中的元哲学观点曾受到维特根斯坦启示，然而其哲学方法论跟维特根斯坦方法论存在差异；他们都敏锐地发现了有关 HISP 元哲学观点在维特根斯坦阐释者中存在不同理解和差异，尤其体现在"正统"阐释者哈克和贝克之间，主要代表是凯瑟琳·莫里斯（Katherine J. Morris）[4] 和尤

---

　　[1]　Chalmers David, *Constructing the World*, Oxford：Oxford University Press, 2012.

　　[2]　Machery Edouard, *Philosophy Within Its Proper Bounds*, Oxford：Oxford University Press, 2017.

　　[3]　Makovec Dejan, "Introduction：Waismann's Rocky Strata", in Makovec Dejan and Shapiro Stewart, eds., *Friedrich Waismann：The Open Texture of Analytic Philosophy*, Cham：Palgrave Macmillan, 2019, pp. 8 – 9.

　　[4]　Morris J. Katherine, "'How I See Philosophy'：An Apple of Discord Among Wittgenstein Scholars", in Makovec Dejan and Shapiro Stewart, eds., *Friedrich Waismann：The Open Texture of Analytic Philosophy*, Cham：Palgrave Macmillan, 2019, pp. 107 – 131.

金·费舍尔（Eugen Fischer）①。

最后，21世纪研究者考虑到了小组和维特根斯坦在1930年代哲学互动的遗留问题。早期阐释者大部分没有关注到这一史实。有的学者在对外宣传维也纳小组逻辑经验主义哲学的时候，眉毛胡子一把抓，对小组哲学采取"同质"理解；有学者忽视了小组内部哲学观点的对抗与争论，尤其是小组内部成员哲学观点的两翼分化现象；有学者没有仔细研究维特根斯坦与具体小组成员哲学争论内容和具体观点。克里斯托弗·林贝克-里列劳（Christoph Limbeck-Lilienau）从魏斯曼遗作、卡尔纳普回忆录和遗作、维也纳小组文献角度重新考察了小组两翼分化现象，他发现了魏斯曼和卡尔纳普两人分别是小组两翼的主要代表，同时他们在1930年代维也纳小组内部哲学讨论会议和小组发展历程中所产生的影响也最大。②

（四）国内魏斯曼研究简述

国内魏斯曼研究始于洪谦，他在论述维也纳小组各成员以及小组哲学思想中提及了魏斯曼。洪谦有关魏斯曼哲学研究最重要的贡献在于，在他的组织下翻译了《语言层次》。③其他学者在以下方面也涉及了魏斯曼：早期有关逻辑经验主义哲学的介绍，如洪谦；有关维特根斯坦与维也纳小组互动与争论的考察，如王晓阳④，他在考察双方有关"私人语言"的争论中提及了魏斯曼；有关"中期"维

---

① Eugen Fischer, "Linguistic Legislation and Psycholinguistic Experience: Redeveloping Waismann's Approach", in Makovec Dejan and Shapiro Stewart, eds., *Friedrich Waismann: The Open Texture of Analytic Philosophy*, Cham: Palgrave Macmillan, 2019, pp. 211–245.

② Limbeck-Lilienau Christoph, "Waismann in the Vienna Circle", in Makovec Dejan and Shapiro Stewart, eds., *Friedrich Waismann: The Open Texture of Analytic Philosophy*, Cham: Palgrave Macmillan, 2019, pp. 29–46.

③ ［奥］弗里德里希·魏斯曼：《语言层次》，李真译，载洪谦主编《逻辑经验主义》（上卷），商务印书馆1982年版，第211—233页。

④ 王晓阳：《从私人语言论证到物理主义纲领：维特根斯坦与维也纳学派》，《学术月刊》2014年第11期。

特根斯坦哲学的考察：韩林合在《维特根斯坦〈哲学研究〉解读》中提及并参阅了魏斯曼部分遗作，如 PLP[①]；有关"中期"维特根斯坦"现象学"时期的考察：徐英谨考察了"1929 年初维特根斯坦与经验论的短暂蜜月"[②]，他重点引用了魏斯曼记录的《维特根斯坦与维也纳学派》（简称 WWK）的内容，没有涉及魏斯曼的其他文本。目前，魏斯曼哲学文本中的译文只有《语言层次》以及 WWK（2004）[③]。

　　国内学界有关魏斯曼"语言层次"和"开放质地"的讨论较为缺乏。第一，学界广泛讨论的"语言层次"（如塔尔斯基）概念，跟魏斯曼的"语言层次"观念不是同一观念，这些讨论既包括分析哲学关于人工语言的语言层次理论[④]，也包括汉语的"自然语言层次理论"[⑤]。第二，国内法哲学界近几年的关注焦点在于哈特的法官自由裁量权理论[⑥]、法律的规范性解释[⑦]以及哈特的新分析法学哲学特质[⑧]。国内学界有关哈特法律概念中的"开放质地"、有关哈特与魏斯曼思想关联的研究较为少见。因此，目前亟待发掘魏斯曼、"中期"维特根斯坦、哈特等有关"开放质地"的思想及其形成与发展史。

---

① 韩林合：《维特根斯坦〈哲学研究〉解读》（上、下册），商务印书馆 2010 年版。
② 徐英谨：《维特根斯坦哲学转型期中的"现象学"之谜》，复旦大学出版社 2005 年版。
③ ［奥］路德维希·维特根斯坦：《维特根斯坦与维也纳小组》，徐为民等译，同济大学出版社 2005 年版。
④ 王健平：《语言层次理论与现代逻辑和科学的发展》，《学术研究》2006 年第 8 期。
⑤ 王堃：《自然语言层次的伦理政治效应：荀子"正名"伦理学的元语言研究》，中国文联出版社 2018 年版。
⑥ 林孝文：《语言、法律与非确定性——哈特的法官自由裁量权理论研究》，《中南民族大学学报》（人文社会科学版）2015 年第 2 期。
⑦ 李晓飞：《法律的规范性解析》，《东南大学学报》（哲学社会科学版）2015 年第 S1 期。
⑧ 胡欣诣：《反证实主义的"证实主义"——新分析法学哲学品格辨析》，《哲学分析》2017 年第 8 期。

第三节　本书研究方法、创新与局限

本书研究方法与研究问题以及研究现状密不可分。

一　研究方法

首先，在维也纳小组研究方面，本书关注维也纳小组成员内部会议中有关维特根斯坦哲学的讨论以及魏斯曼在这些讨论中所发挥的作用。为了实现这个目标，作者将参考已出版的有关资料。基于学派内部会议记录，本书把赞同和反对维特根斯坦有关意见的成员及其理解进行归类和分析。本书还基于史料来考证魏斯曼在这些争论中所扮演的角色，发掘魏斯曼是如何对维特根斯坦哲学观点进行阐释、传播和辩护的。

其次，在维特根斯坦研究方面，本书的目的在于为维特根斯坦哲学的"延续性"进行辩护和论证，方式是从魏斯曼角度来研究"中期"维特根斯坦哲学。由于维特根斯坦有许多遗作和手稿尚未出版，就算是目前已经以电子版本形式出版，这些材料都是德文。由于本书作者的外语为英语背景，因此更多关注已出版的英文维特根斯坦"著作"。本书把 TLP 和 PI 前 137 节内容当作两个端点，把维特根斯坦的其他著作当作他从 TLP 到 PI 的演变，尤其是《大打字稿》（简称 BT）。按照正统阐释者，维特根斯坦在 PI 前 137 节中对他在 TLP 中的观点进行了系统批评，逐渐过渡到后期哲学视野。本书对两个端点的划分是从维特根斯坦哲学内容出发的，不是基于时间的先后顺序。

本书对维特根斯坦文本的理解集中在 TLP、BT 和 PI 中，关注维特根斯坦论"假设"与"证实""实指定义"以及元哲学。有关上述观点的阐释文献，本书依据正统阐释者的理解。具体而言，TLP

的阐释是依据安斯康姆①、麦克斯·布莱克（Max Black）② 和韩林合③的理解。PI 阐释基于玛丽·麦金（Marine McGinn）、布莱恩·麦吉尼斯（Brian McGuiness）、韩林合的有关文献。BT 阐释文献基于韩林合④的理解。

　　最后，关于魏斯曼对 "中期" 维特根斯坦哲学的阐释和发展，本书将从魏斯曼的阐释和发展两个角度来论证。在有关魏斯曼对 "中期" 维特根斯坦哲学阐释的考察方面，本书使用的文本是魏斯曼所记录和完成的。有关魏斯曼对维特根斯坦阐释工作的考察，乔吉姆·舒尔特（Joachim Schulte）和尤哈·马里恩（Juha Manninen）做了开创工作，本书将参考他们的方法：舒尔特首先基于维特根斯坦文本来论述和考察维特根斯坦对 "意义体" 概念的思考，然后基于魏斯曼的记录和文本，论述和考察魏斯曼是如何对维特根斯坦的思考进行阐释，最后他把两者的观点进行对比，发现他们的异同。从对比之中发掘出魏斯曼在阐释维特根斯坦哲学过程中所体现的具体阐释特色以及他所做的增添和删改之处。⑤

二　创新之处

本书创新点体现在以下三方面：

　　第一，基于维也纳小组内部讨论会议记录，本书首次从文本角度阐明魏斯曼是如何在小组内部对维特根斯坦最新哲学思想进行阐

---

　　①　Anscombe G. Elizabeth, *An Introduction to Wittgenstein's Tractatus*, London: Hutchinson University Library, 1959.

　　②　Black Max, *A Companion to Wittgenstein's Tractatus*, Ithaca NY: Cornell University Press, 1964.

　　③　韩林合：《〈逻辑哲学论〉研究》，商务印书馆 2007 年版。

　　④　韩林合：《维特根斯坦〈哲学研究〉解读》（上、下册），商务印书馆 2010 年版。

　　⑤　Schulte Joachim, "Waismann As Spokesman for Wittgenstein", in McGuinness F. Brian, ed., *Friedrich Waismann—Causality and Logical Positivism*, Springer/Dordrecht/Heidelberg/London/New York: Springer, 2011, pp. 223 –241.

释、传播和辩护的。斯塔德勒虽把这些文本整理出来，但他没有具体关注某个成员的工作。通过参阅本书，读者可以对维特根斯坦和维也纳小组互动历史和纠葛有更清楚认识，包括维也纳小组"左右"两翼在小组内部哲学发展和讨论方向的影响以及他们对"中期"维特根斯坦具体观点的不同态度；魏斯曼在维特根斯坦和维也纳小组成员互动历史中所扮演角色及其转换。

第二，本书初步指出维特根斯坦哲学"延续性"的重要性及其三种论证方式。本书把魏斯曼的阐释作为第三种论证是本书的主要创新之处。具体来说，本书从三个方面来论证魏斯曼是如何阐释"中期"维特根斯坦哲学的："实指定义""假设和证实"以及元哲学。这三方面不仅可以清晰展示出"中期"维特根斯坦所存在的短暂"证实主义阶段"，还可以论证"中期"维特根斯坦哲学延续性："中期"维特根斯坦通过对"实指定义"的思考，体现了他语义观点的发展与演变；"中期"维特根斯坦对元哲学的思考，体现了他元哲学思想的发展与演变。

当前对魏斯曼在分析哲学史中具有重要作用的论证，最贴切的视角就是在有关维特根斯坦哲学延续性的论证中。只有厘清魏斯曼和"中期"维特根斯坦的复杂合作历史，才能理解魏斯曼后期提出的"语言层次"观念，以及哲学研究作为一种"视野"和"洞察"的观点。

第三，本书是对舒尔特和马里恩研究成果的延续和发展。本书不仅发掘出魏斯曼对"中期"维特根斯坦思想阐释中所具有的贡献，还将考察他对"中期"维特根斯坦哲学的发展。本书从三个方面为魏斯曼的重要性辩护：魏斯曼在"中期"维特根斯坦哲学延续性论证工作中所具有的重要性；魏斯曼对理解维特根斯坦和维也纳小组在1930年间的哲学交流和争论的具体内容和后世对这些争论的评判，提供了重要视角和参考；魏斯曼的思想不仅源自"中期"维特根斯坦，他的后期思想还体现出了与"中期"维特根斯坦和逻辑经验主义的诸多不同。

最后，基于对魏斯曼和"中期"维特根斯坦哲学的考察，本书初步对当前维特根斯坦阐释者有关"中期"维特根斯坦元哲学的不同解读与争论，以及有关魏斯曼哲学的误解与误读提出回应和辩护。

第四节　本书展开思路

本书分为六个部分。第一步是绪论：作者对研究问题、现状、方法和创新处进行论述，这是整个研究的大背景。研究主体是从第二步开始，到第六步结束。在第二步中，本书把 TLP 和 PI 当作维特根斯坦哲学两个端点。在论述了维特根斯坦哲学两端点后，本书指出这两个端点存在的隔阂。接着作者论证"中期"维特根斯坦哲学的重要性，为了论证这点，作者引入维特根斯坦哲学"延续性"理念及其不同论证途径。在这个背景中，本书将论证"中期"维特根斯坦哲学的重要性：它对维特根斯坦哲学延续性的论证有重要帮助。正是在维特根斯坦哲学延续性的建构和论证以及"中期"维特根斯坦哲学重要性的背景之下，本书才引出魏斯曼的研究。在第三步中，本书将反思维特根斯坦和魏斯曼的哲学互动历史，包括维特根斯坦和维也纳小组成员的对话与争论。在这个背景下，本书将过渡到维特根斯坦与魏斯曼的哲学互动。为了让读者接受魏斯曼的重要性，本书将反驳和纠正魏斯曼在分析哲学史研究中所遭受的忽视与低估。

在完成了魏斯曼、维也纳小组和维特根斯坦历史互动和合作诸多争论考察以后，作者开始第四步——魏斯曼对"中期"维特根斯坦哲学的阐释。在这步中，作者研究魏斯曼对"中期"维特根斯坦三个重要观念的阐释的考察："假设和证实""实指定义"以及元哲学。在第五步中，本书将关注魏斯曼对"中期"维特根斯坦哲学的发展，包括他对"中期"维特根斯坦具体哲学思想、元哲学的发展以及魏斯曼的主要代表性语言哲学观点。最后是总结和回应。其中，在回应部分，本书将基于研究发现，对当前对魏斯曼和维特根斯坦哲学理解的争论进行回应。

第五节　本章小结

本章是本书整体内容的导言，探讨了研究主题文献综述、研究问题和研究框架。有关维特根斯坦和魏斯曼哲学互动研究应该考虑到三个主体：维特根斯坦哲学研究、维也纳小组研究、魏斯曼研究工作重要性和必要性。本书指出，当前从延续性视角考察维特根斯坦哲学是项艰巨而又具有重要意义的工程。正是在延续性视角中，"中期"维特根斯坦哲学的重要性得到了凸显；"中期"维特根斯坦哲学研究的重要方面就是维特根斯坦与维也纳小组成员的互动；从维也纳小组研究来说，对逻辑经验主义源头的回归和"个体式"研究视角转变为魏斯曼的研究提供了理据和视角。因此，本书从魏斯曼角度来考察"中期"维特根斯坦哲学，不仅顺应了上述研究主题研究趋势，同时也是对上述研究工作的进一步拓展与深化。

第 二 章

维特根斯坦哲学延续性
及其与魏斯曼的关联

本书分别把 TLP 和 PI 当作维特根斯坦哲学的两个端点①，其理由如下：当前绝大多数阐释者都认为维特根斯坦哲学著作中最重要的就是 TLP 和 PI，而且 TLP 是"早期"哲学代表，PI 是"后期"哲学代表；在"正统"阐释者中，他们对维特根斯坦哲学二分法也支持上述论点；本书虽提出维特根斯坦哲学整体性，但为了论证整体性，首先要提出的问题是两阶段维特根斯坦哲学的鸿沟。"正统"阐释者的理解跟论证维特根斯坦哲学延续性是融贯的，并不矛盾。

第一节　早期维特根斯坦哲学
——《逻辑哲学论》

TLP 是维特根斯坦在 1930 年代以前最重要的著作，由"七大命题"构成：1. 世界是一切发生的事情；2. 发生的事情即事实，是原子事实的存在；3. 事实的逻辑图像就是思想；4. 思想是有意义的命

---

① 本书不否定在《哲学研究》以后，维特根斯坦有关哲学"著作"的重要性，如《论确定性》。

题；5. 命题是基本命题的真值函项；6. 真值函项的一般形式是 $[\bar{p}, \bar{\xi}, N\,(\bar{\xi})\,]$，这是命题的一般形式；7. 不可说的，只可不说。汉斯 – 约翰·格洛克（Hans-Johann Glock）[①] 把该书分为八部分：本体建构：1—2.063；主要内容的叙述：2.1—3.5；元哲学：4—4.2；逻辑理论，分散在两处：4.21—5.641 和 6.1—6.13；数学的讨论：6—6.031 和 6.2—6.241；科学的讨论：6.3—6.372 小节；神秘主义：6.373—6.522；抛弃梯子：6.53。

　　本书视角在于语言哲学与元哲学，因而后续讨论围绕上述方面展开。为了阐明维特根斯坦哲学延续性理念，本书首先解释其两端点思想。作者采取"综览式"考察，具体来说：TLP 的"逻辑原子主义""图像论"以及哲学本质。[②] TLP 难懂的原因有四方面：其内容极度浓缩，"在大多数情况下，维特根斯坦只是给出了结论，并没有给出论证"[③]；维特根斯坦在批评某哲学观点时没有指出其具体出处；TLP 的组织形式和表达方式并不令人满意；[④] 最根本原因在于维

[①]　Glock Hans-Johann，*A Wittgenstein Dictionary*，Oxford：Blackwell，1996，p.364.

[②]　大部分阐释者使用佩尔斯—麦吉尼斯英译本（PMT），很少有人使用奥格登—兰姆西英译本（OT）。然而，不管是从历史上还是翻译质量上，PMT 并不比 OT 优越，尤其是有关"事态"的翻译。PMT 翻译为"原子事实"，OT 为"原子事态"。OT 的翻译才是维特根斯坦的原意。只有少数学者关注到这点，如约翰·尼尔森（Nelson）。本书使用的 TLP 英译本是约瑟夫修订版 OT，中文版是张金言译本。Ludwig Wittgenstein，*Tractatus Logico-Philosophicus*，London and New York：Routledge and Kegan Paul，1974. Ludwig Wittgenstein，*Tractatus Logico-Philosophicus*，London and New York：Routledge，2001. Ludwig Wittgenstein，*Tractatus Logico-Philosophicus*. Joseph A. Marc，ed. Toronto：Broadview Press，2014. Nelson O. John，"Is the Pears-McGuinness Translation of the Tractatus Really Superior to Ogden's and Ramsey's?" *Philosophical Investigations*，Vol. 22，No. 2，1999，pp. 165 – 175. ［奥］维特根斯坦：《逻辑哲学论》，张金言译，中国社会科学出版社 2009 年版。

[③]　韩林合：《〈逻辑哲学论〉研究》，商务印书馆 2007 年版，第 817 页。

[④]　维特根斯坦以独特数字系统来展示他的思想。在"数字化"研究背景下，第四点影响越来越小。我们可以编写出 TLP 的"超文本"数字编码系统来展示该书结构。Bazzocchi Luciano，"On Butterfly Feelers：Some Examples of Surfing on Wittgenstein's Tractatus"，in Pichler Alois and Hrachovec Herbert，eds.，*Wittgenstein and the Philosophy of Information*，Francfurt/Paris/Lancaster/New Brunswick：Ontos Verlag，2008，pp. 125 – 141.

特根斯坦的思想"异乎寻常地艰深"。

一　逻辑原子主义

TLP哲学大厦的根基是"逻辑原子主义",这是对世界、实体和命题等逻辑关系的阐明,后续所有讨论都基于上述本体论。TLP是基于罗素和维特根斯坦共同发明的"逻辑原子主义"。TLP系统的核心论证是有关简单对象存在的必然性,该论证从对人们说话和理解语言的观察开始,逐步得出语言必须被分析为基本命题。"逻辑原子主义"包括方法论和本体论:在方法论上,存在着对命题的逻辑分析;在本体论上,逻辑分析解揭示了实在的本质。据张锦青(Leo C. Cheung)[1]的理解,"逻辑原子主义"主要内容如下:

首先,在TLP构建的世界中,名称(符号)、命题、事物、原子事实和世界的关系是确定的。"命题有一个并且只有一个彻底的分析。"(3.25)维特根斯坦的意思是说,每个命题都可被完全分析为基本命题的真值含函项。(5)基本命题由"简单标记"或"名称"构成。(3.202)基本命题由名称组成。(4.221)命题中的名称指谓对象,这些对象就是名称的指谓。(3.203)原子事实[2]是诸对象(实体、事物)的结合。(2.01)发生的事情就是原子事实的存在。(2)原子事实的存在和不存在构成了实在。(2.06)实在的总和、诸原子事实以及诸事实的总和就是世界。(2.06:原子事实的存在和不存在即是实在;2.063:全部的实在即世界)上述论述主要关注语言与世界的关系:从语言角度出发,命题由语言构成,而且可以被

---

[1]　Cheung C. Leo, "Logical Atomism", in Glock Hans-Johann and Hyman John, eds. , *A Companion to Wittgenstein*, Oxford: Wiley Blackwell, 2019, pp. 127 – 141.

[2]　张锦青用的是"事态",本书遵循OT版本译文,用"原子事实"。佩尔斯等人的译文把德语原文"Sachverhalt"翻译为"state of affairs"(事态)。本书作者曾探讨了两版本翻译理解和优劣性问题,指出"atomic facts"(原子事实)更符合维特根斯坦在《逻辑哲学论》中的观点。徐强:《〈逻辑哲学论〉两英译本翻译优劣性考察——兼评马克·约瑟夫修订版》,《翻译教育与研究》2018年第3辑,第48页。

完全分析。被完全分析后的命题只剩下诸基本命题。基本命题由简单标记构成；从世界角度出发，世界由实在构成；实在由原子事实的存在和不存在构成；原子事实就是诸对象的结合。最后，语言与世界的关联在于：命题中的名称跟实在中的对象一一对应。

其次，"对象"是简单的，它不是复合物。（2.02，2.021）由于缺乏内部复杂性，因此对象只有可被用来相互连接诸方式的可能性。这也可被理解为原子事实的结构，也即自身形式。（2.032—2.033）这也是使得一对象跟另一对象不同的原因。"两个具有相同逻辑形式的对象——除了外在性质不同——唯一使它们相互区分开来的就是：它们是不同的。"（2.0233）造成两对象的差异在于它们的个体性（individuality）①。进一步说，对象不仅存在，且固定不变。（2.027—2.0271）对象诸形式和内容构成实体。此外，世界不变的形式也是实在的实体。（2.021，2.024—2.025）也就是说，世界由对象构成，对象由形式和内容构成。"实体"不仅包括构成世界对象的形式和内容，还包括对象。因为"只有对象的存在，才能有一个固定形式的世界的存在"（2.026）。因而实体不仅存在，而且不可变。事物必须是必然存在的简单物。既然事物是逻辑分析的最终产物，逻辑分析最终产物是构成那些产物成分的意义，那么，它们就是TLP所宣称的世界的逻辑原子。这样一来，逻辑分析揭示出实在本质。

最后，为了构造TLP的逻辑世界，维特根斯坦做了一系列论证。TLP首先论证了对世界完全分析的可能性。为了论证对世界完全分析的可能性，维特根斯坦同时论证了完全分析最终产物的成分是简单符号，而且它们是必然存在的事物。这些事物的联结表明世界有实体存在或存在必要的简单物。

维特根斯坦"最终分析"的论证：

前提　1. 如果存在必要的简单物，那么命题就有完全分析；

---

① Cheung C. Leo, "Logical Atomism", in Glock Hans-Johann and Hyman John, eds., *A Companion to Wittgenstein*, Oxford：Wiley Blackwell, 2019, p. 127.

2. 存在必要简单物（或世界有实体）；

结论　3. 命题有完全分析（假言推理）。

有关最终分析论证的其中一个前提是实体存在。参见 2.0211—2.0212 的"实体论证"：

前提　1. 如果世界没有实体，那么一命题是否有意义就依赖于另一命题是否为真；

2. 如果一命题是否有意义依赖于另一命题是否为真，那么就不可能勾画出世界的图像；

结论　3. 世界有实体。

"实体论证"具体过程请参考该书其他部分。①

二　意义的"图像论"

维特根斯坦把"逻辑原子主义"作为 TLP 的哲学体系基础。在此基础上，他提出了"图像论"。在 TLP 中，"图像论"是一种有关命题意义的理论，其表述集中在 2.1—2.225 节。"图像论"最早源于维特根斯坦在 1914 年 9 月 29 日的笔记，他提到了在巴黎的法庭上，法官用玩具车和人物来模拟再现汽车事故的现场，并以此来断案。受该模拟模型启示，维特根斯坦认为图片及命题可被当作特殊表现②情形。进一步说，不同表现模式跟表现事物内容间必须存在共同特征。"表现可以为真也可以为假，还必须有意义，并且其意义必须独立于其真假。就算它表现的不是某真实事物的配置，它必须表现事物间某可能的配置。"③

---

①　Cheung C. Leo, "Logical Atomism", in Glock Hans-Johann and Hyman John, eds., *A Companion to Wittgenstein*, Oxford: Wiley Blackwell, 2019, pp. 133 – 139.

②　英文用"representation"，可翻译为"表现""陈述"和"代表"等。在此处最为贴切的翻译应该为"表现"，在音乐哲学中表示"再现"以及"再现主义"（representationalism）。

③　Hacker M. S. Peter, *Insight and Illusion: Themes in the Philosophy of Wittgenstein*, Oxford: Clarendon Press, 1986, p. 56.

"图像论"基于"逻辑原子主义"的命题意义理论，其根本在于命题的两极性（bipolarity）。一命题指涉一事实，关键之处在于命题是其所对应事实的行事标准。世界中的事物要么与命题吻合，要么不吻合。使命题"p"为真和"–p"为假都是同一事实。理解一名称就是了解它指称的事物，这点必须向我们说明。"简单标记（词）的指称，必须向我们说明。这样我们才能理解它们。"（4.026）另外，命题好比箭头，它们有方向或意义，而且能通过否定运算变成相反方向或意思。名称如果没有与之对应的事物，它就无意义；但假如世界中的事物并非如命题所说那般，那么这就不是无意义而是错误的。理解命题在于，知道当命题为真时，事情必须如何（例如它所描绘的事态）。因为要理解命题"p"，我们不但要知道"p"隐含"p是真的"，而且还要知道"–p"隐含"p是假的"。每个命题都把逻辑空间一分为二，它刻画了满足和不满足命题世界的诸可能性。图像论解释了两极性的可能性，还表明就算在实在中没有与之对应事物，命题也有意义。"如果已知构成命题成分的意义及其构造形式，就算从来没有遇到过该命题，我们也能理解它。"[1] "命题能够给人传达一种新的意义，这就是命题的本质。"（4.027）

　　除了"两极性"，"分析"理念对图像论也至关重要。分析的基本要求是意义的确定性，这是维特根斯坦从弗雷格那里学到的。戈特洛布·弗雷格（Gottlob Frege）致力于建构一门逻辑准确的语言，其中每个专名必须有明确指称，每个概念文字有清晰界限。基于这一理念，维特根斯坦也认为，任何可能语言中句子的意思必须确定。因此，那些意义含混的命题必须被分析为诸可能意义的析取。命题要表达的意义必须由其意义决定；命题意义在其成分组合过程中由其组合形式决定。分析概念和意义确定性观念结合就清楚地表明，

---

　　[1]　Hacker M. S. Peter, *Insight and Illusion: Themes in the Philosophy of Wittgenstein*, Oxford: Clarendon Press, 1986, p. 57.

分析的最终产物是相互独立的基本命题，所有蕴含仿佛是内部复杂性的结果。基本命题由简单名称根据逻辑句法结合起来，简单名称的意义是构造世界"实体"的简单持存物，名称在命题逻辑句法中的并列代表着事物在原子事实中的联结及其满足的可能性。

任何图像跟它表现的内容同构（isomorphic）。图像必须是复合的，必需含有多个成分，并且代表所表现对象的成分。图像必须同时有形式和结构，其结构就是使其成为图像的成分被规定的组成方式。维特根斯坦把结构可能性称为"图像形式"（比如透视画的三维空间）。同一原子事实（事态）的不同表现形式可以分享相同逻辑形式，有图像形式的事物同时也应有逻辑形式。任何表现都分享了它所表现对象的逻辑—图像形式（logico-pictorial form），依靠"图像关系"，图像成分跟它所表现对象的成分产生联系。图像表现内容不是它包含的杂多，而是这些事物是如此那般组合的事实，只有事实能表现状态。要知道图像是否为真，必须把它拿来跟实在相比，在经验中证实，光靠图像中并不能知道事实是否如此。图像只决定事物在逻辑空间中要么如此，要么不如此。

简言之，意义"图像论"是有关命题表征本质的概括性阐释，其核心是有关逻辑独立的基本命题的陈述，根本在于表现和表现对象的同构观念。正是从同构论视角出发，命题错误然而有意义的可能性才得到解释。命题刻画可能原子事实，假如该原子事实不能被满足，命题就是假的。即便命题为假，如其所是，它也描绘了事情如何不是那般。同构论和"分析"理念是图像论的重要部分。此外，以下观点也重要：所有原初命题是基本命题的真值涵项；所有蕴含都是内部复杂性的结果；所有必然性都可用同言反复解释；存在"普遍命题形式"。

三 《逻辑哲学论》的元哲学

有关哲学本质的讨论在《逻辑哲学论》中占据重要地位：维特根斯坦元哲学是建构其哲学延续性理念的重要维度。元哲学指对哲学研究的本体论考察，包括哲学研究对象是什么？哲学问题如何产生？如何解决这些问题？哲学方法是什么？哲学最终目的是什么？TLP 有关论述集中在第 4.1—4.116 节和第 6.53—7 节两部分。

维特根斯坦从"逻辑原子主义"开始构建 TLP 的逻辑世界。在这个逻辑世界中，命题由基本命题构造，基本命题就是简单命题；简单命题与事态对应。在这个过程中，维特根斯坦发现命题的日常句法和命题的逻辑句法存在巨大差异：命题的日常句法掩盖了命题的逻辑句法，从而导致哲学中的混淆和误解。维特根斯坦从而开始了"语言的批判"，其最终目的是通过"逻辑原子主义"来构建他的逻辑世界，从而达到对哲学的"划界"。

TLP 是按照"世界—原子事实—思想—命题—真值函项—真值函项的一般形式"来运思的。这一主线是由命题形式构造的封闭逻辑空间：凡是在该空间里面的就是可说的，而在该空间之外的就是不可说的；这种空间的构造又是由语言（命题）作为外部材料建筑而成；语言又与人类思想、世界密不可分。这个空间好比"语言的球（囚）笼"①。

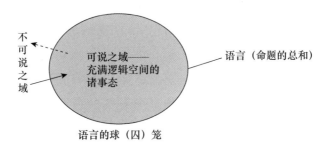

语言的球（囚）笼

注：阴影部分表示可说领域，即充满逻辑空间的诸原子事实。诸原子事实由命题的总和构成。这个逻辑空间的边缘就是界限，即"语言的界限"。在这个界限以内就是可说的，之外就是不可说的。

---

① 楼巍：《轴心命题与知识——第三阶段的维特根斯坦与知识论重塑》，《哲学研究》2012 年第 1 期。

（一）哲学问题源于哲学家对语言的日常语法与逻辑句法的混淆

语词在日常语言中经常以两种不同方式出现，比如："Green is green"（格林是不成熟的）。"green"以两种不同方式出现：在主词中，"Green"指人名；在谓词中，"green"表示"不成熟"。第一个是专名，第二个是谓词。同一语词出现在同一语句中有两种工作方式，人们在使用语词的时候往往忽略了两者的区分，因此就造成了混淆。3.324："这样就容易发生最根本的混淆（整个哲学充满了这种混淆）。"这种哲学混淆由日常语言形式上的相似性造成，维特根斯坦的主要工作在于设计一种符号语言，他使用的是逻辑句法。逻辑句法以逻辑算子为工具，通过不同逻辑成分的配置来构造命题，从而表达思想。

哲学家没有理解语言的真正逻辑，他们按照传统语言学中的语法来表达他们的哲学问题，而这样做只能产生一些无意义命题。忽视语言的逻辑句法就导致哲学混乱："这种混淆的根源在于我们对日常语言的理解，当使用日常语言来表达思想的时候，我们就走错了方向。"① 厘清哲学问题首先要厘清语言日常语法与逻辑句法的关系。3.325认为哲学家需要关注语言更深层次的逻辑句法。命题3表明了事实的逻辑图像就是思想，逻辑图像由逻辑句法表达。没有注意到日常语言的逻辑图像就无法对发生的事实有正确理解，因此我们也不能理解语言表达的真正思想。命题3的许多小命题阐述了逻辑图像概念，目的就是为了指出，哲学问题的根源在于混淆了语言的日常语法和逻辑句法。这一问题的解决在于我们要清楚地看到语言真实的逻辑图像。

（二）日常语言掩饰了思想，哲学就是"语言批判"

命题3.5表明在"逻辑图像"中使用的命题符号是一种思想。

---

① Black Max, *A Companion to Wittgenstein's Tractatus*, Ithaca NY: Cornell University Press, 1964, p. 138.

接着命题 4 指出思想是有意义的命题。如何将思想和命题联系起来呢？4.001 指出命题的总体就是语言。这与 1.1 类似（世界是事实的总和，而非事物的总和）。命题的总和是语言。日常语言有缺陷："日常语言是人的机体的一部分，而且也并不比它简单；人们不可能直接就从日常语言中得知语言的逻辑；语言掩盖着思想。"（4.002）语言使用的过程极其复杂，好比人身体机能的运作。

　　日常语言的语法和语言的逻辑句法不同，不可能直接知道语言的逻辑。语言和思想的关系好比人的体形和衣服的外形："因为衣服的外形是为了完全不同的目的而设计的，并非为了揭示身体的形状。"（4.002）语言掩盖思想的后果就是，如果忽略了语言真正的逻辑句法，我们有可能表达无意义的思想。"哲学家们的大多数命题和问题，都是由于我们不懂得我们的语言逻辑而产生的。"（4.003）

　　为了揭示出思想，首先要审查日常语言。维特根斯坦在 4.0031 中指出，所有哲学都是"语言批判"（但绝不是毛特纳意义上的）。弗里兹·毛特纳（Fritz Mauthner）曾写出三卷本《语言批判论》，在他那里，语言批判是作为一门新科学出现的，其主旨在于分析和研究人类语言，找到它们的相似之处，并且摧毁人们关于它们的诸多偏见和神话。[①] 毛特纳语言批判观与维特根斯坦最明显区别在于，毛特纳拒绝承认有语言的逻辑形式，而这恰是 TLP 倡导的。[②]

　　（三）通过命题逻辑句法的分析从而划出"有意义"与"无意义"的界限

　　维特根斯坦通过对命题进行逻辑句法的分析发现了日常语法的缺陷，从而开始了"划界工作"。在前言中，维特根斯坦已论述了他的目的是为思想或是思想的表达划界，而这只能在语言中进行。"划界"的工作是区分"有意义"命题和"无意义"命题。对维特根斯

---

　　① 韩林合：《〈逻辑哲学论〉研究》，商务印书馆 2007 年版，第 802 页。

　　② Black Max, *A Companion to Wittgenstein's Tractatus*, Ithaca NY: Cornell University Press, 1964, p. 161.

坦而言，所有哲学命题都是无意义的。对"有意义"和"无意义"的理解必须要引起注意。有无意义不是单从语词字面意思上来理解的。"无意义"和"缺乏意义"存在区别："逻辑命题是"是"无意义"的，但它们并非"缺乏意义"。如重言式命题不违反逻辑句法，只能说它们"缺乏意义"，因为它们没有对外部世界有所言说，没有给我们增添新知识。表达式"我和你要"由于不是完整语句，并且没有完整语法，所以它"无意义"。命题"这里存在一个圆的方"是缺乏意义的，因为它违背了欧几里得定理，但这句话却是有意义的，它并没有违反日常语言的语法。

维特根斯坦在命题 4 中做了两件事。一是解释命题的本质，即 4.01："命题是实在的图像"。二是通过命题与实在的关系划分命题范围。命题的意义与实在联系，命题与实在相符合，而假命题则不。4.022："命题表明其意义。当命题为真的时候，命题表明事情是怎样的，而且说事情就是这样。"4.023："命题确定实在达到这种程度"，即为了实在，人们只需说出"是"或"不是"。维特根斯坦将真值赋予命题，同时指出真命题在于命题所描述的图像与实在相符合，假命题是命题所描述的图像与实在不符合。至于具体符合方式，维特根斯坦在第 5 个命题中对真值进行了阐述。按照以上设想，他的"划界"工作就在此过程中展开了。既然命题真值表达了命题与世界的关系，而命题是由语言逻辑句法构造，那也就是属于"可说"范围。这里的"可说"是指可以表达，因为命题是语言的表达式。命题真值在于与客观世界是否符合，而这是语言不可表达的，也就是"不可说的"。"不可说"指不可对其进行思维。

维特根斯坦的表面工作是在为命题的表达划定界限，而他更重要的目的是在为思想可以表达的范围划定界限。因为之前维特根斯坦发现了哲学混乱在于误解了语言日常语法与逻辑句法的区别，那么一旦掌握了语言的逻辑句法，我们就可以合乎逻辑地表达与思考；一旦采用了这种方法，哲学"伪问题"就会消失。

（四）哲学研究的本质

维特根斯坦通过命题逻辑图像来对命题表达范围"划界"，与此同时，哲学本质也逐渐显现。有关哲学本质内容集中在第 4.1—4.116 节和第 6.53 节到命题 7 两部分。另外，第 4—7 节间还提到了哲学与科学、数学的关系以及"不可说"之域。

第一，哲学研究在于先"划界"，然后分别"阐明"。第一部分主题可分为三方面：哲学与其他学科的关系。4.111："哲学不是自然科学之一"，因为"自然科学就是真命题的总和"。4.1121："心理学与哲学的关系并不比其他任何自然科学更为接近……认识论是心理学的哲学。"哲学的目的就是对思想的逻辑澄清，这不是为了提出某种理论，它是某种活动。4.112："哲学工作本质在于澄清。"对语言逻辑句法分析的活动就是命题的澄清活动，这从另一方面来看就属于"划界"。问题一旦得到清楚阐明，笼罩在哲学问题上的那种"迷雾"就会自动消失。"哲学应该把那些没有哲学就会模糊不清的思想弄清楚，并为之划定明确的界限……哲学应该澄清思想并划出其明晰的界限，否则思想就是晦暗模糊的。"（4.112）哲学研究内容是对可思考的与不可思考的划界。4.113："哲学为自然科学中存在争论的范围划出界限。"4.114："哲学应该为可思考的东西划出界限，从而也为不可思考的东西划出界限。"

"划界"过程主要从命题逻辑句法内部构造展开。命题逻辑是显示出来的，属"不可说"的，哲学是澄清意义的"活动"，而不是任何命题本身。对"不可说"之物而言，哲学则是要通过清楚表达可以说的东西来"显示"。这种逻辑分析过程的结果就是，凡可以思考的东西都可以清楚地思考，凡可以说的东西都可以清楚地说出。TLP 序言也强调了此观点。这些看法跟维特根斯坦的研究命题与思想、命题真值所得出的结果密不可分。

维特根斯坦在命题 6 中完成了逻辑大厦的建构。回到前面"语言的囚笼"的观点，这个"囚笼"是由逻辑句法间的链接形成的。不同命题由不同逻辑句法的运算联合成为"语言囚笼"（可以想象建筑工地上未完成的建筑物外面所包围的一层用钢管和脚手架构造的框架）。这个囚笼将"可说"与"不可说"分开。在完成了上述建构之后，维特根斯坦现在让我们换个角度对这个"语言囚笼"进行思考。语言的囚笼显示了可说之域，不可说的神秘之域通过可说之域得以显示，其建构这个"逻辑囚笼"的目的就是要我们看清楚哪些可说、哪些不可说。当我们认识真正的逻辑世界之后，我们就知道该怎样去"做"哲学。

　　第二，哲学研究是对语词意义的分析活动。第二组命题的目的在于给出从事哲学研究的正确方法，以及应怎样正确理解 TLP 主题。6.53："哲学的正确方法就在于此：除了可以表述的，如自然科学的命题——跟哲学没有关系的东西之外，没什么可说的。并且，每当别人想说一些形而上学的东西时就向他指明：他对他的命题中某些记号没有给出意义。"根据上文，"哲学正确的方法"在于时刻提醒自己远离正面的哲学评论，通过指出每种尝试"说一些形而上学"的努力都是"无意义"的并以此来得到满足。[①]因为"他对他的命题中的某些记号没有给出意义"，所以他的命题就是无意义的。如果他的命题无意义，那么我们就不用再继续思考，这样就会导致沉默。

　　在 6.54 中，维特根斯坦将该书的全部命题比作梯子，任何理解了 TLP 的人，都可以把这些命题作为梯子，当他运用这些梯子爬越这些命题的时候，最后会认识到这些命题的无意义。就好比用梯子登上高处之后，就把梯子扔掉了一样。维特根斯坦在这里表达了否定形而上学的观点。逻辑梯子在 TLP 中是构建该书逻辑大厦的重要工具，如果没有这些梯子，这个大厦也无法建构。同时，我们在登上高处之后不必把梯子扔掉。当然，我们要看清楚世界，就必须超越这些命题。

---

　　① Black Max, *A Companion to Wittgenstein's Tractatus*, Ithaca NY: Cornell University Press, 1964, p. 376.

（五）对《逻辑哲学论》元哲学观念的评论

早期维特根斯坦认为哲学问题是由于混淆了语言的日常语法和逻辑句法。哲学中正确的方法是通过逻辑句法来言说命题意义；另外，既然找到了哲学问题的原因，那么哲学的工作就是对日常语言逻辑句法的分析。对语言的分析工作包括两部分：对语句逻辑句法的分析、通过对逻辑句法的分析从而来分析语词意义。这种分析是对语言的批判，它从语言的角度来阐明哲学本质。对语言的批判工作需要重新理解哲学本质。哲学不是某种学说，是对语句逻辑句法分析和意义的阐明活动。对命题分析的主要结果表明了命题的"有意义"和"无意义"。这种区分只能从命题入手，"不可言说的"只能通过"可说的"来显示。该书中的哲学观点对后来英美分析哲学发展有消极和积极影响。

消极影响在于，按照维特根斯坦的想法，这样的哲学最后归于沉默。哲学是阐释活动，最后却沉默。维特根斯坦认为他已解决所有问题，且坚持认为该书结构和内容如水晶般清晰透彻。这种对哲学的消极态度首先体现在维特根斯坦的生活态度上：该书写成后，他便暂时放弃了哲学研究，转而到奥地利乡村做老师。该书的写作风格也受到了其他哲学家的批评。弗雷格、罗素认为这本书充满了结论，缺乏具体论证，维特根斯坦"发展了一种奇怪的逻辑神秘主义"[①]。

TLP 对哲学的积极影响在以下几点：首先，该书许多富有创建的观点启迪了后世哲学。"逻辑图像论"对语言逻辑句法的分析深深地影响了以石里克为首的维也纳小组逻辑经验主义哲学的兴起。维也纳小组的"反形而上学"、提倡"逻辑经验论"的观点就是直接受到 TLP 的启发。其次，TLP 对 20 世纪初期形成的"语言转向"起到了决定性作用。这种"语言转向"导致了"分析哲学"运动的兴

---

① ［英］伯特兰·罗素：《我的哲学发展》，杨洋译，江苏文艺出版社 2010 年版，第 74 页。

起。英美哲学家逐渐关注日常语言的逻辑句法,重视对日常语言的研究。最后,TLP 是早期维特根斯坦思想结晶,而 1929 年自维特根斯坦返回剑桥后开始激烈批判该书有关思想,后期哲学始于对 TLP 哲学观点的反叛。PI 主题与 TLP 有连续性和关联:如维特根斯坦所言,只有将 PI 和 TLP 相对比才能更好理解 PI。在本书的维特根斯坦哲学延续性视角下,TLP 与 PI 主题和内容连续性的考察意义非凡。①

四 《逻辑哲学论》元哲学的不同阐释与争论

从 1920 年代开始到 21 世纪初期,TLP 以及 "早期" 维特根斯坦哲学研究有如下视角:早期阐释和评论工作。阐释者逐条解释 TLP 中的具体评论,比如安斯康姆、布莱克等人,这个阶段主要集中在 20 世纪五六十年代;20 世纪 70 年代的对比研究:把前后哲学对比,根据维特根斯坦在 PI 中所说的,考察 PI 是如何系统地批判 TLP 中的哲学观念。此外,对比研究还提出了前后维特根斯坦哲学的延续性主题,比如安东尼·肯尼(Anthony Kenny)。

最早研究维特根斯坦的学者普遍意识到 TLP 和 PI 存在显著差异,他们认为维特根斯在 TLP 和 PI 中分别持有相反的哲学观念。随着维特根斯坦的哲学遗作陆续面世,阐释者逐渐发现维特根斯坦哲学并非跳跃式发展,而是逐步过渡的过程。"尽管如此,阐释者仍坚持认为维特根斯坦哲学分为早期和后期。后期阐释仍存在的主题就是,维特根斯坦通往后期思想路径的本质以及如何准确理解前后期哲学的关系。"②

当前阐释者对 TLP 元哲学的不同阐释和争论跟 PI 元哲学的阐释和争论问题密不可分。绝大多数阐释者并不仅仅关注维特根斯坦某

---

① 徐强:《论〈逻辑哲学论〉中的哲学观》,《延安大学学报》(社会科学版) 2015 年第 3 期。

② Kahane Guy, Kanterian Edward and Kuusela Oskari, eds. , *Wittgenstein and His Interpreters*:*Essays in Memory of Gordon Baker*, Oxford:Blackwell Publishing Ltd. , 2007, p. 4.

一方面或某一阶段的哲学思想，他们的研究兴趣分布在维特根斯坦哲学的方方面面。对 TLP 元哲学的不同理解和争论的原因包括阐释者从不同视角来看待 TLP 文本。总的来说，TLP 元哲学的理解和阐释有两个代表视角："正统阐释" 和 "新阐释"。

（一）《逻辑哲学论》元哲学的 "正统" 阐释

"正统" 阐释源于 20 世纪 50 年代，在 80 年代以哈克和贝克四卷本阐释专著相继出版时达到顶峰，在 70—90 年代在维特根斯坦哲学阐释中占据主导。"正统" 解释基于对维特根斯坦文本的细读，包括已发表纸质和电子版遗作。① 他们被归为 "正统" 是因为他们在维特根斯坦主要哲学观点理解原则上一致。该概念是由反对者给予的，如 "新维特根斯坦" 阐释者。② 为了达到对文本有关思想的系统阐释和理解，"正统" 阐释者往往从这些评论的前后文本中找出关联，从事发生学研究；他们往往把这些论证当作维特根斯坦跟其他哲学家的争论，如弗雷格、罗素及摩尔。

"正统" 阐释者认为 TLP 的意义图像论不仅是对主导欧洲哲学数世纪以来有关语言和世界关系的表征观念的回应与总结，也是对罗素和弗雷格有关模型的提炼。在 "图像论" 中，语言是世界的镜子，命题就是对诸原子事实的描述，原子事实由代表世界中的物体的名称构成。因此，语言通过心理动作把名称及其意义相连，从而跟实在联系。"因此，TLP 可被理解为提出了精巧的表征模型。该模型提出了任何可能语言本质的理论、世界的形而上学结构以及它们

---

① Kahane Guy, Kanterian Edward and Kuusela Oskari, eds. , *Wittgenstein and His Interpreters*：*Essays in Memory of Gordon Baker*, Oxford：Blackwell Publishing Ltd. , 2007, pp. 4 – 5. 国内维特根斯坦哲学阐释代表人物有陈嘉映、翰林合、江怡、唐浩、徐英瑾、张学广以及张锦青等。笔者尚未对上述学者的阐释路径归类。有关 BEE 研究介绍，请参阅徐强《卑尔根大学维氏档案馆的研究：历程及影响》，《自然辩证法研究》2017 年第 6 期。

② Crary Alice and Read Rupert, eds. , *The New Wittgenstein*, New York：Routledge, 2000.

的关联。"① 上述理论为可说之物和不可说但可被显示之物划界。

"正统"阐释者认为 TLP 有如下矛盾：既然 TLP 中命题的目的在于尝试言说那些不可被言说但只能被显示之物，那么这些命题必须无意义。这基于 6.54："理解我的人，当他用这些命题作为阶梯，并爬越它们的时候，最后会认识到它们是无意义的。"这个矛盾揭示出 TLP 存在语言概念的扭曲，"正统"阐释者不认为该书内容应该被全盘抛弃，很多内容应保留下来，比如维特根斯坦对弗雷格和罗素逻辑概念的批评。"逻辑命题并非无意义，而是缺乏意义。"② "TLP 为未来非认知的、有阐明规则的哲学规划对维特根斯坦后期哲学意义重大，而且这还是联系前后期哲学的纽带。"③ 进一步说，"正统"阐释者赞同 TLP 最后一个命题：对于那些不可说之物，我们必须保持沉默，这被称为 TLP 的"沉默式"不可说视角。

（二）《逻辑哲学论》元哲学的"新阐释"

有关 TLP 元哲学不同阐释的核心包括对 6.25 小节提出的"无意义"以及最后有关沉默的理解。"正统"阐释者指出，尽管 TLP 表明该书中的命题"无意义"，但他们却认为该书中的许多命题是"有意义"的。从 20 世纪 80 年代开始，越来越多学者重新思考这个主题，提出了新理解，他们自称为"新维特根斯坦"阐释者。

"新"维特根斯坦主要特点在于对维特根斯坦著作采取"治疗型"以及"非正统"阅读："将本书集文章连接在一起的东西在于，

①　Kahane Guy, Kanterian Edward and Kuusela Oskari, eds., *Wittgenstein and His Interpreters: Essays in Memory of Gordon Baker*, Oxford: Blackwell Publishing Ltd., 2007, p. 5.

②　Hacker M. S. Peter, *Insight and Illusion: Themes in the Philosophy of Wittgenstein*, Oxford: Clarendon Press, 1986, p. 25.

③　Kahane Guy, Kanterian Edward and Kuusela Oskari, eds., *Wittgenstein and His Interpreters: Essays in Memory of Gordon Baker*, Oxford: Blackwell Publishing Ltd., 2007, p. 5.

它们对维特根斯坦早期和后期思想同时都有某种非正统的描绘。"① 他们分别采取两个策略：将维特根斯坦后期著作当作某外部立场的虚幻慰藉；把 TLP 视为后期著作的先驱。"新"维特根斯坦并不对维特根斯坦哲学分期感兴趣，其关注维特根斯坦哲学具体内容。他们对待维特根斯坦哲学的理解不是局部的，而是整体的。"新"阐释或多或少是针对"正统"解释，他们采取"治疗型"解读视角。

以康拉德和戴梦德为代表的"新解释"反对"正统"阐释者对 TLP 的"沉默"式解读；相反，他们提出"果决式"解读。② "果决式"读者认为 TLP 提出的不可说观点是在从事治疗活动，其目的在于让读者远离哲学理论构建。为了达到反理论建构目的，维特根斯坦在 TLP 中尝试提出新哲学方法。在这种方法中，很多原则看似有意义，但经过仔细检查，这些原理就会崩塌，从而变得无意义。"把 TLP 理解为用无意义理论或一系列无意义论证来为语言划界的看法是错误的。TLP 确实致力于划定上述界限，但它只凭读者对何为有意义的前理论式理解就可达到目标。"③ "果决式"解读旨在反对"正统"读者提出的对 TLP 的固定阅读方式，有关 TLP 文本内容，读者可以有自己的理解和思考。

"果决式"解读的优势在于避免让读者把 TLP 描述为直白的自我破坏（self-undermining）。按照"正统"解读，TLP 中的陈述有时被维特根斯坦描述为真的（如前言）、无意义的（6.54），有时又被描述为尝试去言说那些不可说只可显示之物，然而同时，维特根斯坦又坚信那些事物不可言说。"果决式"解读同样认为 TLP 未能提

---

① Crary Alice and Read Rupert, eds., *The New Wittgenstein*, New York：Routledge, 2000, p. 1.

② Conant James and Bronzo Silver, "Resolute Readings of the Tractatus", in Glock Hans-Johann and Hyman John, eds., *A Companion to Wittgenstein*, Oxford：Wiley Black-well, 2017, pp. 175 – 194.

③ Kahane Guy, Kanterian Edward and Kuusela Oskari, eds., *Wittgenstein and His Interpreters：Essays in Memory of Gordon Baker*, Oxford：Blackwell Publishing Ltd., 2007, p. 7.

出一种无原理的哲学。跟"正统"解读相比,"果决式"解读把这种失败理解得不那么直白。"TLP 工程失败原因在于,该书倡导的逻辑分析作为哲学澄清的方法变成了有关语言本质原理的组成部分。"①

(三)《逻辑哲学论》元哲学的争论

如上文所言,"正统"和"新维特根斯坦"阐释者的不同和争论在于对维特根斯坦整个哲学的不同理解。双方在有关 TLP 的理解中,存在着如下争论:如何理解 TLP 的最后一个命题。命题 7 表明凡是能够言说的都可以言说,而不能够言说的必须保持沉默。读者到底是要严肃地对待维特根斯坦的静寂主义,还是应该有自己的理解?"正统"阐释者严格对待 TLP 原文,提出了"沉默式"解读,而"果决式"阐释者强调读者的主观能动性,认为读者不应该保持沉默。有关 TLP 的文本解读,双方争论的焦点在于是否应该加入读者的主观理解,不要那么死板地理解原文。

TLP 的不同理解是受到读者对维特根斯坦哲学不同理解的影响。"正统"阐释者强调维特根斯坦哲学的前后之分,强调不同时期维特根斯坦哲学存在根本差异,因此他们在阐释 TLP 的时候,没有考虑到前后哲学的联系。相反,"果决式"解读不仅注意到了前后维特根斯坦的哲学关联,同时他们还提出了维特根斯坦哲学的延续性。这个主题将在本章后续小节中进行详细讨论。哲学研究作为对哲学家的治疗是"果决式"读者对 TLP 提出的新理解。在 TLP 中,治疗型解读的论点就是维特根斯坦所致力的反哲学理论的建构方法。治疗型哲学通过逻辑分析方法指出哲学中存在的概念混淆和伪理论,让哲学家从哲学问题中解放出来,让他们更好地看待哲学问题。此外,治疗型哲学跟维特根斯坦哲学整体性以及维特根斯坦哲学发展延续

① Kahane Guy, Kanterian Edward and Kuusela Oskari, eds., *Wittgenstein and His Interpreters: Essays in Memory of Gordon Baker*, Oxford: Blackwell Publishing Ltd., 2007, p. 8.

性理念密不可分。

第二节　"后期"维特根斯坦哲学
——《哲学研究》

　　PI 由两部分组成：第一部分包括 693 个数字编码的评论；第二部分是由编者加上去的，在新版本（2009 年第四版）中冠以"心理学哲学——一个未完成稿"。① 正统阐释者倾向于把第一部分 693 小节切分成不同主题，然后再阐释，比如哈克和贝克、哈列特②、格洛克③以及麦金④。综合格洛克和麦金的划分，PI 第一部分分为八个主题：对"奥古斯丁语言图像"的批判（§1—§64）；对意义决定论的批判（§65—§88）；对哲学本质的思考（元哲学）（§89—§133）；规则和遵守规则的讨论（§138—§242）；私人语言的论证（§243—§275）；"内部"与"外部"的讨论（§281—§315）；意向性：对思考、想象和相信概念的讨论（§316—§427）；意向性：对思考、期待和意图概念的讨论（§428—§693）。绝大部分后期哲学的阐释和争论都集中在上述主题中。本书有关 PI 的阐述集中在两

---

　　①　目前 PI 的最新中文版是韩林合依据德国祖尔坎普出版社于 2003 年出版的德文版而译成的译本。韩林合译本在 2013 年出版，该版本的德文版本由舒尔特编辑，他删掉了第二部分。韩林合也遵循舒尔特的做法，只保留了第一部分。本书使用的是李步楼译本。[奥] 路德维希·维特根斯坦：《哲学研究》，李步楼译，商务印书馆 2010 年版。[奥] 路德维希·维特根斯坦：《哲学研究》，韩林合译，商务印书馆 2015 年版。Ludwig Wittgenstein, *Philosophical Investigations*, West Sussex：Blackwell Publishing Ltd. , 2009.

　　②　Hallett Garth, *A Companion to Wittgenstein's Philosophical Investigations*, Ithaca, NY：Cornell University Press, 1977.

　　③　Glock Hans-Johann, *A Wittgenstein Dictionary*, Oxford：Blackwell, 1996, p. 364.

　　④　McGinn Marie, *The Routledge Guidebook to Wittgenstein's Philosophical Investigations*, New York：Routledge, 2013. ［英］玛丽·麦金：《维特根斯坦与〈哲学研究〉》，李国山译，广西师范大学出版社 2007 年版。

方面：结构、内容以及元哲学观点。PI 是"后期"哲学的集中体现。PI 前 138 节是对维特根斯坦早期思想，尤其是对 TLP 中逻辑原子主义的系统批判，从而为后期哲学的主要方法和关注视角过渡做了铺垫。①

一　对《哲学研究》前 138 节中主要观点的梳理

维特根斯坦从"奥古斯丁语言图像"出发进行哲学研究。PI 开篇引用了奥古斯丁在《忏悔录》中有关他幼年时学习母语场景的回顾。"上面这些话给我们提供了关于人类语言的本质的一幅特殊的画……语言中的单词是对对象的命名——语句就是这些名称的组合。"（PI §1）这个语言图像不可能被作为某种形而上学、认识论或语言学的基础。尽管它是有效的，但这种把语言还原为陈述的做法，没有公平地对待人类语言。就算把它当作人类语言所具有的陈述功能的图像，这也是差劲的图像，这种语言图像就是整个传统哲学的思维基础。对维特根斯坦而言，为了达到对语言和哲学思考的新视角，必须避免这种语言图像。

（一）《哲学研究》的语义学——语词意义在于具体使用

"在我们使用'意义'这个词的各种情况中有数量**极大**的一类——虽然不是**全部**——，对之我们可以这样来说明它：一个词的意义就是它在语言中的使用。而一个名称的**意义**有时是通过指向他的**承担者**来说明的。"②（PI §43）这个陈述展现了维特根斯坦后期哲学视角转变的最典型特征：从把意义作为陈述的观点，转变到把语词具体使用作为语义研究的重点。传统意义理论试图从命题外部找出某种给予其意义的东西。这种"东西"要么存在于客观空间中，要么在大脑中以心理表现形式存在。维特根斯坦早在 1933 年的《绿

---

① 当然这并不是贬低"中期"哲学重要性。

② 原文为了表示对某个语词的强调，一般采用斜体、加下划线或打黑点。本书一律用黑体加粗表示。

皮书》中就开始挑战这个观念，他认为："如果我们要给任何构成符号生命的东西命名，我们就必须说那种东西就是符号的用法。"①TLP 表明对语词或命题用法的考察不属于任何理论的建构。相反，后来维特根斯坦认为，当考察意义的时候，哲学家必须要仔细考察语词诸多不同的使用场景。词语与工具箱中工具的类比能为理解语词的本质提供启示：在思考工具箱中工具的时候，我们清楚地看到了它们的区别。"词的功能就像这些东西的功能一样，是多种多样的（而两者又都有相似性）。"（PI §11）在构建意义理论时，我们被语词表面形式的齐一性误导："因为，词的**应用**并没有清楚地在我们面前呈现，特别是在我们搞哲学的时候！"（PI §11）

维特根斯坦反复强调其新哲学视角："不要去想，而是要去看！"（PI §66）这种"看"是通过个别事例而非概括实现。在语词意义的赋予过程中，任何解释性概括都应让位于使用的描述。传统观念——命题具有内容以及有限的弗雷格式语力（如断定、提问和命令）——应让位于命题的多元使用。为了突出语词的多重使用、不固定性以及属于人类活动部分，维特根斯坦引入"语言游戏"概念。与早期"图像论"相反，维特根斯坦从未详细解释过"语言游戏"概念。"语言游戏"是为了描述和展示语言的变动不居、多元使用和以多种活动为导向等特征。

（二）"语言游戏"和"家族象似性"

对原初语言游戏（"奥古斯丁语言图像"）的深究会带来有关语言特质不同视角的洞察。在"建筑工人传递石块"语言游戏中（PI §2），建筑工人和助手使用了四个词（石块、柱子、石板、横梁），这个语言游戏被用来阐述"奥古斯丁语言图像"的部分内容。该游戏可能被认为是正确的，然而它的有效性非常有限。"常规"语言游

---

① ［奥］路德维希·维特根斯坦：《维特根斯坦全集》（第 6 卷），涂纪亮等译，河北教育出版社 2003 年版，第 7—8 页。Ludwig Wittgenstein, *The Blue and Brown Books*, Oxford：Basil Blackwell, 1960.

戏，例如第 23 节的一长串例子（下达命令、根据外观来描述一个对象、按照一个描述制造一个对象等）揭示出人们在具体使用和描述语言的过程中存在的诸多可能性。

首先，语言游戏概念被放在有关生活形式更广阔语境中讨论；其次，语言游戏概念表示了语言以规则为指导的特征。这种特征并不蕴含每个语言游戏具体和严格的规则，而是指那种具有惯例的人类行为。因此，正如我们不能对"游戏"给出最终和本质的定义，我们也不能找到"所有这些活动中共同的东西，是什么东西使它们成为语言或语言的一部分的"（PI §65）。恰好就是在这点上，维特根斯坦对一致性的解释和充要条件式定义的反对才被最好地表达出来。跟哲学家对"一致性的渴望"症状相比，维特根斯坦把"家族象似性"看作联结同一语词不同用法更合理的解释。与传统语义独断论相比，维特根斯坦认为，我们没有理由找出一核心意义来解释语词的所有意义。取而代之的是，"我没有提出某种对于所有我们称之为语言的东西为共同的东西，我说的是，这些现象中没有一种共同的东西能够使我把同一个词用于全体，——但这些现象以许多不同的方式彼此**关联**。而正是由于这种或这些关系，我们才把它们全称之'语言'。"（PI §65）"家族象似性"可以用来显示同一概念不同使用之间的模糊边界，同时也是对那种刻画该语词不同使用的精确性追求的疏离。这种边界和精确性就是确定性的形式特质，不管是柏拉图形式、亚里士多德形式、还是 TLP 中命题的一般形式我们都可以从其中推导出概念的应用，这恰恰是维特根斯坦目前极力要远离的：他用"家族象似性"描画这些类似之处。

（三）"哲学语法"和"生活形式"

常规语言教材认为语法包括语句的若干正确使用规则。在 PI 中，维特根斯坦扩宽了语法概念的外延：语法是网状规则，它决定哪些语言使用有意义，哪些无意义。这种语法概念替代了 TLP 中更严格纯粹的逻辑概念。逻辑概念在 TLP 中有极其重要的地位，因为它给语言和世界提供了脚手架。"**本质**就表达在语法之中。"（PI

§371）"语法告诉人们某种事物属于哪个对象种类。"（PI §373）
语法"规则"不仅是对语词正确使用的技术指导，它们也表达了有
意义的语言的规范。跟经验陈述相反，语法规则描述我们如何使用
语词，以此来为具体言语辩护。跟语法书中的规则相反，它们不是
被理想化地作为可参考的某外部系统。语法规则不能被任何规则清
晰描述，当语言误导我们进入错误幻觉时，语法规则能澄清幻觉。
因此，"我能知道别人在想什么，而不能知道我在想什么。说'我知
道你在想什么'是正确的，说'我知道我在想什么'是错误的（整
块哲学云团凝结成语法的一滴水①）"。（PPF：339）

　　语法不是抽象的，它处于跟语言游戏交织在一起的常规活动中。
"'语言游戏'一词的用意在于突出下列这个事实，即语词的**述说**乃
是一种活动，或是一种生活形式的一个部分。"（PI §23）使得语言
功能能得以正常运行，因此也是必须被接受的"给予"，就是生活形
式。"为要通过语言进行沟通，那就不仅要有定义的一致而且还要
有……判断上的一致。"（PI §242）而且，"这不是意见上的一致而
是生活形式的一致"（PI §241）。维特根斯坦对"生活形式"概念
的使用非常谨慎，它在 PI 中总共出现过五次。"生活形式"可被理
解为某变幻和偶然的东西，依赖于文化、语境和历史因素。这种理
解基于对维特根斯坦哲学的相对性解读。另外，"人类共同的行为方
式乃是我们据以解释陌生语言的参考系"（PI §206）。这种理解可
被视为普遍化转向："生活形式"使语言使用成为可能。

二　《哲学研究》中的元哲学

　　第89—133节主要探讨了哲学的本质，这通常被称为"有关哲
学的章节"。维特根斯坦在 PI 中的元哲学观点可以概括为：哲学研
究作为语法的考察；哲学困惑的解除需要思维方式之根本转变；哲

---

　　①　原译文是"哲学的一整片云凝结成了语法的一滴水"。本书作者参考了朱志方
教授的译法。

学研究作为智性治疗。

（一）哲学研究作为语法的考察

如上文所言，PI 以对"奥古斯丁语言图像"的反驳为开头。维特根斯坦批判"奥古斯丁语言图像"的目的不仅在于批判以奥古斯丁为代表的传统语言观念，同时也系统批判了 TLP 的语义"图像论"。语词的意义在于其在语言中的具体使用，具体使用指具体的语言游戏。语词意义的多样性在于语言游戏种类的多样性，这基于人类生活形式的多样性。从"意义的使用"视角出发，PI 提出要从不同使用中考察语言的意义。语言的具体使用复杂多变，这点只有仔细考察语言的实际运作、了解语言不同概念实际如何发挥作用才能掌握。

PI 第 90 节清楚地表明哲学研究作为一种语言的考察：通过澄清语言的用法来解决哲学问题。也就是说，在"奥古斯丁语言图像"反驳中，维特根斯坦首先提出语言意义在于具体使用。因此，哲学研究视角应从静态转变到动态的考察：考察语言活生生的使用。语法和用法的关系在于，对同一语词不同用法的考察属于语法考察范畴。对语词具体用法的考察越丰富，我们对语词语法的理解就越透彻。哲学研究作为语法研究观念在后期哲学中居于核心地位，是理解 PI 的关键。"PI 可视作特殊语法研究的大汇总，其中的每一项研究，都考察我们语言的某个区域的详细运作情况，这个区域一度称为哲学神话和混乱的聚集点。"①

哲学中的语法考察跟语言学的语法考察是不同的。"我们的考察是一种语法的考察。这种考察通过消除误解来澄清我们的问题……它们是有关诸语词的用法的，部分来说是由于我们的语言的诸不同的领域中的表达形式之间的某些相似性而引起的。它们中的一些可以通过如下方式来清除：用一种表达形式来取代另一种表达形式……"

---

① ［英］玛丽·麦金：《维特根斯坦与〈哲学研究〉》，李国山译，广西师范大学出版社 2007 年版，第 15 页。

（PI §90）语言学中的语法通常包括传统语法、规定语法和描写语法。传统语法不仅把单词分类，同时也研究时态、语态、人称等。语言学的三种分类虽存在差异，但是其核心在于为语言恰当、得体的使用给出具体规则或论据，目的在于让说话者合乎句法地使用语言。反观哲学语法，我们"不应将这种研究理解为，仅仅是对何为合乎句法构造的句子感兴趣；就此而言，维特根斯坦是在与传统不同的意义上使用'语法'这一概念的。他对'语法'概念的使用，无关乎我们对语词的使用，以及我们使用语言的实践结构"①。哲学语法的研究方法在于"我们据之提醒自己注意那些个别的用法型式的细节"②。PI 所描绘的哲学语法的具体研究方法多种多样，比如设想我们使用某一表达式的多种可能情况、在设想在许多特殊情况中我们会怎样说等。总之，"他运用这些技法并不是想将主导语词使用的规则系统化，而是要唤起那些表征着我们对规则的使用的独特用法型式；正是通过意识到这些各别的用法型式，我们才得以澄清概念的语法"③。

（二）哲学困惑的解除需要思维方式之根本转变

PI 从反对语词意义的传统理解出发，逐步讨论语词在不同情况中的具体使用，最后提出以用法为核心的观点。在语言游戏讨论中，维特根斯坦逐步为读者展示了他对哲学本质的理解：哲学本质首先在于语法考察。语法考察的方法中又体现了 PI 元哲学本质另一重要方面：哲学困惑需要哲学家思维方式的根本转变。

PI 推崇的语法研究主要反对传统哲学本质的如下方面：反对哲学研究中的科学化趋势。维特根斯坦并不是反对科学本身，他反对的是哲学研究所受到的科学影响，比如科学的目的是要寻求某种本

---

① ［英］玛丽·麦金：《维特根斯坦与〈哲学研究〉》，李国山译，广西师范大学出版社 2007 年版，第 15 页。

② 同上书，第 16 页。

③ 同上。

质、理论。哲学的科学化显著特征就是哲学研究的提问、回答方式以及哲学研究目的在于创造理论。由于受到科学主义的诱导，哲学家问"什么是意义？""什么是思想？"这些问题的动机就是科学主义模式：存在着事物的本质、某个理论。"当我们把这些问题阐释为对解释的要求。或者阐释为需要像回答'黄金分割的比例是多少？'这类问题那样，去发现问题是，我们就走上了一条不是通向这些现象的理解，而是同时'完全的黑暗'的道路。"① 科学强调解释世界本质，这种科学姿态一旦在哲学中使用，就会导致严重后果。哲学中的解释姿态会使哲学研究变得神秘莫测，最后只能将哲学引入失望的哲学混乱状态。"在此可以说不垂头丧气是困难的，——看到如下之点是困难的：我们必须停留在日常思维的事物之上，而不是走上这样的歧路，在那里我们似乎必须描述最为精细之处，但是，借助于我们的手段，我们又根本不能描述它们。好像我们应当用我们的手指来修理好一张破坏了的蜘蛛网一样。"（PI §106）

　　PI 从不同角度分析了哲学研究中科学主义盛行的后果。在此基础上，维特根斯坦逐渐提出，哲学研究要反对科学主义的侵蚀，要转变看待哲学问题、思考问题的方式和视角。具体来说，PI 提出的新哲学在于以下方面：哲学问题源于哲学家对语言的误解和误用。"语言不仅是导致哲学混乱的根源，也是导致人类的各种心理失调和各种原始思想风格的根源。由语言引起的问题是深层的问题，它们产生于去反思或欲推出人类生活实践的情景。"② 哲学研究首要的任务就是关注语言的具体使用，对语言进行语法考察。对语言具体考察表明哲学家需要视角的转变：从解释到描述。解释是科学主义的体现，而描述是语法考察的特征。当我们考虑到语言具体使用、语言不同游戏和具体生活实践的时候，我们获得了原本以为只能通过

　　① ［英］玛丽·麦金：《维特根斯坦与〈哲学研究〉》，李国山译，广西师范大学出版社 2007 年版，第 20 页。

　　② 同上书，第 24—25 页。

理论建构才能获得的那种理解；PI 强调的新哲学是反本质主义，维特根斯坦不承认有任何本质或理论的存在。比如通过哲学语法的考察，我们对语词的具体使用有了综览式理解。"哲学恰恰只是将一切摆放在那里，它不解释任何东西而且不推导出任何东西——因为一切均已经公开地摆放在那里了，也没有什么要解释的……人们也可以将这样的东西称为'哲学'：在所有新的发现和发明之前就已经是可能的东西。"(PI §126)

（三）哲学研究作为智性治疗

为了阐明哲学研究作为语法研究，转变哲学家看待哲学问题的视角，PI 提出了哲学研究作为治疗。"治疗型哲学"理念散落在 PI 中，比如 133 节："不存在一种哲学的方法——但是或许存在诸方法——可以说诸不同的疗法。"第 254 节："哲学家处理一个问题；有如处理一种疾病一样。""治疗型"哲学可以从三方面理解。首先，"治疗型"哲学指出哲学家对理论构建或解释的关注构成了哲学前进的障碍，束缚了哲学家。其次，这种哲学方法不提出新颖结论，而是督促哲学家转变对待哲学问题的视角。"疗法这个概念强调的是，维特根斯坦的哲学方法，旨在促使读者参与到说服自己的主动过程中；它还突出了这样的事实：读者对维特根斯坦关于哲学错误的诊断的认可，那是他的方法所不可或缺的一部分。"[1] 读者要想从哲学混乱和错误的图像中解脱，他首先要承认维特根斯坦发现了他的错误思想的源泉。最后，哲学治疗的过程漫长。"哲学治疗本质上是一个缓慢的过程，病人一点点地形成对困扰他的问题的性质的一种新的理解，这种理解让他得以认识到，他一直在用错误的方式寻求满足，从而令他平静下来。"[2]

治疗型哲学的主要方法是"谈话疗法"：这并非实际医生和病人

---

① ［英］玛丽·麦金：《维特根斯坦与〈哲学研究〉》，李国山译，广西师范大学出版社 2007 年版，第 26 页。

② 同上书，第 27 页。

的对话，而是哲学家的内心对话。"在这种对话中，维特根斯坦既表达出我们的语言带给我们的那些导向误解的诱惑，又奋力抵制这些误解。于是，对话者的声音（这种声音，要么在以'我们想说……'，'我们会说……'开头的评论中，间接地引入；要么就用双引号直接引入）表达出我们进行解释的愿望，并且落入我们语言的陷阱，而治疗的声音则通过考察具体事例来反对这些倾向，这种考察乃是获取新的看事物方式的一种手段。"①

三 《哲学研究》元哲学的不同阐释与争论

（一）《哲学研究》元哲学的"正统"解读

针对 PI 提出的哲学观念，不同阐释者有不同的理解。此处有关 PI 元哲学的阐释与争论仍遵循 TLP 元哲学阐释与争论的写作思路。根据"正统"阐释者观点，PI 是对 TLP 建构的语言和世界关系模式的反驳。具体来说，PI 在以下方面与 TLP 的论点存在差异：

首先，在语言和世界关系方面，PI 是反形而上学的。哲学研究并不在于对语言和世界潜在的永恒结构的探索。诚然，PI 认为语言有诸多本质特征，但那是显而易见的。我们可通过对语词具体使用的刻画性描述或罗列出诸语言规则来刻画。此外，语言特征并非一成不变，它们因变动不居的语言实践的变化而变化。

其次，PI 不再认为世界是哲学思考的先验对象，它只跟实证科学研究相关。这样一来，语言的逻辑句法不再反映世界的潜在结构，语言只是表征世界的一种方式。因此，语言研究不会揭示世界的任何本质特征，因为本来不存在有关特征。

再次，PI 指出，以 TLP 为代表的有关哲学传统观念是误解语言跟世界关系的结果，包括把语言本质崇高化、混淆了有关世界的语

---

① ［英］玛丽·麦金：《维特根斯坦与〈哲学研究〉》，李国山译，广西师范大学出版社 2007 年版，第 27 页。

言表征特征和有关世界的特征。"以往哲学家做的所谓实在本质的诸形而上学真理，实际上只是语法的投影。"①

最后，为了消解哲学问题，需要抛弃理想语言模型，转而系统描述诸语言游戏。正是在语言游戏中，诸概念的意义才得到清楚解释。正因如此，我们的概念框架变得清楚明了。"我们将语词从形而上学的运用中再次地引导回其日常的运用中来。"（PI §116）

按照上述理解，PI 哲学研究有两个任务：积极的和消极的。积极任务：PI 通过对语词所处不同语言游戏的描述罗列出了语词的意义；PI 还通过描述不同概念的具体使用，发现了诸概念间的关联，比如意义、规则、理解、知识以及思维等。消极任务：PI 通过语法研究祛除了诸多哲学困惑，最后可能导致没有哲学问题，哲学研究可能就不存在了。

（二）《哲学研究》元哲学的"治疗型"解读

从维特根斯坦哲学阐释历史而言，"治疗型"解读源于维特根斯坦的学生，如约翰·温斯顿（John Wisdom）、鲍斯玛（Oets K. Bouwsma）。盖伊·卡恒（Guy Kahane）等人认为，"治疗型"解读还源于维特根斯坦在 1930 年代的哲学合作者魏斯曼。20 世纪 80 年代开始，"治疗型"解读在美国陆续出现，比如斯坦利·卡维尔（Stanley Cavell）、伯顿·德莱本（Burton Dreben），同时在英国出现了贝克；21 世纪初，陆续有阐释者提倡此方法，如大卫·斯特恩（David Stern）。

从 20 世纪 80 年代开始，逐渐有阐释者挑战"正统"阐释者对 PI 元哲学的理解，他们关注后期维特根斯坦元哲学的治疗方面。后来这种阐释被称为"治疗型"阐释，其论点在于：后期维特根斯坦哲学不能被理解为维特根斯坦是在运用论证或有关日常语言使用的事实，以此尝试让哲学家或者虚构的哲学对话者信服。相反，维特

---

① Baker P. Gordon and Hacker M. S. Peter, *Wittgenstein：Understanding and Meaning*, Oxford：Blackwell, p. 97.

根斯坦的真正目的在于让哲学家从哲学思考中的不安和困惑中解脱出来,"给捕蝇瓶中的苍蝇指出一条出路"。哲学中的不安和困惑由哲学家在从事哲学研究时所采取的哲学图像和看待问题的视角造成,哲学研究本质在于"治疗"这些不安的哲学家。虽然"治疗型"阐释者众多,但并不存在标准解读方法和论点。"与提出哲学论断相比,维特根斯坦被认为是把类比和规则用到比较中的事物,以此来对语言使用的各个方面做刻画性描述。因此,这种解读更关注维特根斯坦写作文本的风格细节。"①

卡恒等人还列举了三个主要"治疗型"阐释者。以德莱本为代表的"治疗型"阐释认为,维特根斯坦哲学研究验证了"哲学就是垃圾,然而垃圾的历史就是哲学"②。德莱本的"治疗型"解读更多源于 TLP:维特根斯坦哲学研究表明哲学并不存在积极进步。TLP 的元哲学指出,哲学研究剩下的只是对经典哲学文本的剖析,哲学研究目的是对有意和无意义语言的划分。以卡维尔为代表的"治疗型"解读主要从现代主义视角解读维特根斯坦文本,同时他还把维特根斯坦哲学运用到伦理学、文学和美学领域。"卡维尔对 PI 的美学阐释核心主题在于,他指出人类对日常和普通之物的深层需求与这种追求的徒劳存在张力。"③ "治疗型"阐释的第三个代表是贝克。贝克从 20 世纪 80 年代逐渐对他之前和哈克合著中有关 PI 的理解感到不满,于是他逐步提出"治疗型"解读。根据卡恒等人的理解,后期贝克的"治疗型"解读的主要特征在于,他把维特根斯坦的"治疗型"哲学拿来跟精神分析方法相比。尽管在大多数时候,"治疗型"解读跟 TLP 的"果决式"解读密切相关,卡恒等人还是敏锐地指出贝克的"治疗型"解读跟"果决式"解并不相关,贝克

---

① Kahane Guy, Kanterian Edward and Kuusela Oskari, eds., *Wittgenstein and His Interpreters*: *Essays in Memory of Gordon Baker*, Oxford: Blackwell Publishing Ltd., 2007, p. 9.

② Ibid..

③ Ibid..

多少带有"正统"解读特质。

(三)《哲学研究》元哲学不同解读的争论

基于对 PI 元哲学的理解,"正统"解读和"治疗型"解读有重要差异。第一,在"正统"阐释者视角中,PI 和 TLP 的元哲学是截然相反的:PI 就是对 TLP 元哲学系统和彻底的批判与颠覆——语言和世界的关系、哲学问题是消解而非解决的等,"治疗型"读者并没有明确表明 TLP 和 PI 存在本质的不同;第二,两种解读关注的后期维特根斯坦哲学方面也不同:"治疗型"解读更多关注维特根斯坦哲学文本风格方面,"正统"阐释者更多关注维特根斯坦哲学内容方面;第三,与"正统"阐释者对 TLP 和 PI 具有本质差异的融贯式解读相比,"治疗型"解读不存在标准阐释方法,因此是不融贯的。

在有关 PI 元哲学两种理解视角的争论方面,目前最为显著的就是"正统"阐释者哈克和贝克有关后期维特根斯坦"治疗型"哲学理念的争论。双方争论主要包括维特根斯坦"治疗型"哲学跟弗洛伊德的"精神分析"方法是"形似"还是"神似";魏斯曼对后期维特根斯坦元哲学的阐释是否可以被归入"治疗型"阐释;贝克和哈克是否都误解了魏斯曼的有关阐释。有关双方的具体争论,本书将在第六章中基于已有研究结果尝试回应。

四　对《逻辑哲学论》和《哲学研究》元哲学阐释有关争论的小结

维特根斯坦哲学两个端点主要包括具体语言哲学和元哲学思想,本书分别考察了维特根斯坦前后哲学不同阐释视角:TLP 的"正统"阐释和"果决式"解释、PI 的"正统"阐释和"治疗型"理解。"果决式"和"治疗型"解读属于"非正统"阐释,它虽未成为主流,但是从发展趋势可以看出,"非正统"阐释阵营正在逐步壮大。从上述考察中可以发现,无论是对早期,还是后期维特根斯坦哲学研究,当前阐释都从不同角度反思和批判了"正统"阐释。本书考察魏斯曼对"中期"维特根斯坦哲学的阐释与发展同样属于"非正统"阐释范畴。

维特根斯坦哲学的"非正统"解释为维特根斯坦哲学研究提出了如下新问题：维特根斯坦前后哲学是否存在根本转变？这一问题源于两个思考：后期维特根斯坦是否依然保留了早期图像论？假如图像论在后期哲学中得到保留，那么前后维特根斯坦哲学并不存在根本转变；后期维特根斯坦有关元哲学思想是否存在根本改变？假如不存在根本改变，这就表明前后维特根斯坦哲学并不存在根本改变，其哲学发展具有延续性。

按照上述论述，绪论中提出的研究本体和视角现在能够更好地理解："非正统"阐释提出了维特根斯坦哲学发展的延续性。因此，本书不仅遵循该路线，还更进一步地推动该路线：如何论证维特根斯坦哲学的延续性理念？要论证维特根斯坦哲学发展的延续性，需要考察前后维特根斯坦哲学到底存在哪些鸿沟？在考察有关鸿沟以后，本书提出"中期"维特根斯坦哲学对论证维特根斯坦哲学延续性的重要性。不仅如此，本书既然遵照"非正统"阐释，那么，就要仔细考察"非正统"阐释视角。根据有关研究，"非正统"阐释视角急需解决的问题包括"非正统"和"正统"阐释者有关魏斯曼的有关文本理解的争论、维特根斯坦的"治疗型"哲学发展历史以及"治疗型"哲学和"精神分析"是否存在关联。因此，本书考察魏斯曼文本，不仅能为"中期"维特根斯坦哲学发展的延续性理念建构提供重要帮助，同时也能为"正统"阐释者和"非正统"阐释者有关维特根斯坦和魏斯曼哲学有关争论提供新的材料和新见解。

第三节　《逻辑哲学论》和《哲学研究》之间的鸿沟

在维特根斯坦遗作只有少部分面世以前，大部分阐释者倾向于采取"两个维特根斯坦"观念。"通常'早期'维特根斯坦被视为是对早期分析哲学的部分发展。维特根斯坦主要观点源于弗雷格和罗素，同时其思想也给维也纳小组的工作带来启示，因此可被视为分析哲学的主流；'后期'维特根斯坦被视为边缘人物，他的哲学对于理解上世纪中叶分析哲学的发展史有重要性……"① "两个维特根斯坦"好比本书维特根斯坦哲学的两个端点：它宣称维特根斯坦在这两个端点中的哲学观点截然不同，甚至矛盾。基于这种理解，大部分阐释者将 TLP 和 PI 独立进行研究，好像它们的作者不是同一个人似的。

一　维特根斯坦哲学"正统"阐释存在的问题

正如上文所言，"正统"阐释者坚持认为 TLP 和 PI 不管在具体哲学观点，还是在元哲学方面都存在重大区别。因此，"正统"阐释者通常把维特根斯坦哲学分为两个阶段，他们宣称存在着"两个维特根斯坦"。假如"两个维特根斯坦"理解正确，那么需要论证的就是维特根斯坦哲学两个端点之间存在差异。然而，"正统"阐释者的理解不一定可信。

维特根斯坦哲学考察对象存在差异吗？答案是部分否定的。在 TLP 中，维特根斯坦关注命题、命题的具体构成以及命题与思想和世界的关系。构成命题的是单个符号，语言就是一种符号，在 PI 中，维特根斯坦思考了日常语言、语言游戏、语法、语言的意义、私人语言、思想以及语言和世界的关系等。从这些角度来说，维特根斯坦在 TLP 和 PI 中的考察对象的确有变化：他在 TLP 中认为，日常语言会误导哲学家对哲学问题的理解，所以他要寻求形式语言来避免哲学问题，然而维特根斯坦在 TLP 中并没有真正创造出某种形式语言。另外，维特根斯坦在 TLP 中也表明日常语言本身没有瑕疵，只有当哲学家使用日常语言进行哲学思考的时候，语词表面形式的

---

① Stern David, "How Many Wittgensteins?", in Pichler Alois and Simo Säätelä, eds., *Wittgenstein：The philosopher and his works*, Frankfurt：Ontos, 2006, p. 208.

齐一性才会误导哲学家。而他在 PI 中不再谈论形式语言,转而谈论日常语言:哲学家要通过对具体语言游戏使用的考察来获得对语词意义的理解,对不同语言游戏具体使用的考察也是语法考察。

维特根斯坦在两个端点中的考察对象虽有区别,但这是由考察具体视角决定的:TLP 尝试构建理想语言以此解决哲学混淆,这是基于解释视角;PI 不构建任何哲学理论,只描述语言具体使用,这是基于描述视角。因此,"两个维特根斯坦"阐释者所认为的,维特根斯坦在两个端点的考察对象上存在本质转变的论点部分正确。而且"两个维特根斯坦"阐释者宣称维特根斯坦在两个端点的元哲学观点同样存在本质差异,这在当前阐释者中普遍被认为是错误的,尤其是对"果决式"和"治疗型"读者:维特根斯坦在 TLP 和 PI 中的元哲学观点并不存在本质差异,同时他们提出了维特根斯坦哲学发展的延续性问题。反对"两个维特根斯坦"的阐释者提出了"一个维特根斯坦",作为"一个维特根斯坦"阐释者,下文将重点论证维特根斯坦哲学观点的延续性(参考第二章第五节)。

二 "一个维特根斯坦"理念

维特根斯坦在两个哲学端点上的哲学考察内容和元哲学观点不存在本质差异。斯特恩认为"两个维特根斯坦"阐释者所认为的差异,最多只能是有关维特根斯坦思想历程中存在的两个变化阶段:"中期哲学"的开端与结束。因此,TLP 和 PI 之间的鸿沟不是由维特根斯坦在两个端点的考察对象和元哲学观点本质差异所造成,因为它们并不存在本质差异。那么,这种鸿沟到底是什么呢?这是有关阐释者对"中期"维特根斯坦哲学本质的认识。只有仔细研究"中期"哲学,才可能填补这一鸿沟。既然"两个维特根斯坦"论点不成立,那么,我们或许应转向"一个维特根斯坦"的视角:对维特根斯坦哲学采取整体式理解,核心是考虑到维特根斯坦哲学发展的延续性。

从字面意思来说,"路德维希·维特根斯坦"指的是在哲学史上的确存在过、有过如此这般哲学观点、做过如此这般事情、写过如此这般著作的哲学家。从有关传记中可以了解到维特根斯坦的生平;① 从哲学角度来说,"一个维特根斯坦"有两点内涵:一是把他所有哲学著作当作整体;二是把他在不同时期哲学观点当作整体。"一个维特根斯坦"视角的终极目标是构建维特根斯坦哲学的延续性。维特根斯坦哲学延续性的论证不仅能让读者更好地理解维特根斯坦哲学,同时也可以消解"数维特根斯坦游戏"。因此,无论是从维特根斯坦哲学"延续性",还是从"多个维特根斯坦"林立的角度,我们所需要做的都是深入研究"中期"哲学。

"一个维特根斯坦观念"体现在三个方面:首先,它跟哈克以及斯特恩一样是整体观,同样把维特根斯坦哲学视为融贯联通的整体。没有必要将其哲学分为三个不同阶段,而且本来就可以研究他不同阶段的哲学。但是不要忘了,我们的落脚点是只存在一个维特根斯坦。其次,这需要对维特根斯坦所有哲学著作平等地对待。"一个维特根斯坦"观念呼吁阐释者考虑到其他著作,类似丹尼尔·莫亚-夏洛克(Danniel Moyal-Sharrock)对《论确定性》(简称 OC)的关注,但是没有她那么激进。阐释者已经花了很多时间阐释 TLP 和 PI,而且确实获得了深刻洞见。但为了获得维特根斯坦哲学完整图像,本书认为是时候将焦点转移到其他"著作"上了。"正统"阐释者的不足在于对其他"著作"没有给予足够关注。最后,"一个维特根斯坦"不反对从不同角度研究维特根斯坦。

"一个维特根斯坦"意味着对维特根斯坦哲学的整体考察。如果说 TLP 是"早期"代表作,PI 是"后期"代表作。那么,"中期"哲学对大部分学者来说相对陌生。当前有关此主题文献已非常丰富,只是阐释者没有意识到。维特根斯坦在这个阶段主要在剑桥和维也

---

① Monk Ray, *The Duty of Genius*, New York: The Free Press, 1992. 本书参阅王宇光译本。[英] 雷·蒙克:《维特根斯坦传——天才之为责任》,王宇光译,浙江大学出版社 2011 年版。

纳从事哲学研究,他在这个阶段的主要哲学思想除了表现在《哲学评论》(简称 PR)、BB、PG、BT 等"中期"著作中,还包括他和维也纳小组成员哲学互动所遗留的记录。魏斯曼的著作现在绝大部分已发表。本书认为魏斯曼的哲学不仅是他和维特根斯坦哲学合作的结晶,也是研究转型时期维特根斯坦哲学最重要文献之一,可以从魏斯曼角度研究"中期"维特根斯坦。

总之,当前研究"中期"维特根斯坦哲学已变得可行:维特根斯坦哲学文本,尤其是"中期"哲学手稿,分别以纸质和数字形式出版,可以通过各种途径获得;从 20 世纪 60 年代开始,已有部分学者初步研究了"中期"维特根斯坦哲学发展,她们的研究成果和方法可以为新视角下维特根斯坦研究提供理论指导;维特根斯坦在他的哲学过渡期曾和魏斯曼有过哲学互动,研究魏斯曼文本的重要性就在于,这可以帮助阐释者更好地理解"中期"维特根斯坦哲学的发展。[①]"一个维特根斯坦"提出了三个概念:"中期"维特根斯坦、维特根斯坦哲学延续性以及维特根斯坦和维也纳小组主要成员魏斯曼的互动。下文将分别探讨这三个方面。

第四节　"中期"维特根斯坦哲学

分析哲学要求讨论概念的明晰性。"中期"维特根斯坦概念内涵是什么?本书认为有关回答包括两方面:"中期"维特根斯坦哲学活动开始和结束具体时间、"中期"维特根斯坦具体哲学"著作"。

一　"中期"维特根斯坦哲学范畴的界定

"中期"维特根斯坦哲学开端有两个内涵:他对他在 TLP 中有

---

① 有关"一个维特根斯坦"观念的阐述,请参阅徐强《有多个维特根斯坦吗?——评彼得·哈克和丹尼尔·莫亚-夏洛克的"第三阶段维特根斯坦"之争》,《科学技术哲学研究》2017 年第 3 期。

关思想的批判；他的哲学转变的开始。"中期"维特根斯坦哲学的结束同样有两个内涵：他对他在 TLP 中有关思想批判的结束并开始讨论新问题；他从 TLP 思想转变的结束逐渐过渡到后期 PI 视野。这样做确实圆满，但关键在于缺乏严格标准来判定何时是"中期"哲学的具体开端，何时又是具体结束。

如果直接回答"中期"维特根斯坦哲学的具体开端和结束时间不切实际，我们可以换个角度。"中期"维特根斯坦哲学结束同时意味着"后期"维特根斯坦哲学正式开端。斯特恩认为目前存在 9 种观点：始于 TLP（保罗·费耶阿本德 Paul Feyerabend）、1933—1935年间（拉什·里斯 Rush Rhees）、从 1930—1932 年的手稿以及大打字稿中（哈克和贝克）、始于 1929 年 10 月（雅可·辛提卡 Jaakko Hintikka）、在 20 世纪 20 年代（西穆尼）、从 PI 本身开始（贝斯·萨维基 Beth Savickey）、在 1910 年代的 TLP 中（戴梦德）、始于1934—1936 年间（斯特恩）、始于 1936 年。① 根据上述观点，"中期"维特根斯坦哲学转变具体时间有如下推论：不存在"中期"哲学、1929—1933 年初、1929—1930 年初、1929 年 10 月以前、1920年代以前、PI 写作之前（1929 年以前）、1929—1934 年，以及1929—1936 年。首先可以排除第一个推论，因为至少绝大多数阐释者认为存在"中期"维特根斯坦哲学，即使不存在"中期"哲学，也存在"中期"时间段。不承认"中期"维特根斯坦也可以这样理解：他们把维特根斯坦哲学整体看待。但这种理解首先遇到的问题就是如何论证维特根斯坦哲学是个整体？这样做同样又回到了现在需要解决的问题：如何把维特根斯坦两个哲学端点合理地连接起来？

首先可以得出一个比较可信的时间，"中期"哲学始于 1929 年。在这一年，维特根斯坦重回剑桥开始哲学研究。根据魏斯曼所做的

---

① Stern David, "How Many Wittgensteins?", in Pichler Alois and Simo Säätelä, eds., *Wittgenstein：The philosopher and his works*, Frankfurt：Ontos, 2006, pp. 213 – 215.

对话记录,最早对话发生在 1929 年 12 月 18 日。维特根斯坦从 1929 年开始与石里克会面,随后他跟小组成员进行了激烈富有成效的对话。也就是说,早在 1929 年年底维特根斯坦重回剑桥以前,他就开始从事哲学研究了。维特根斯坦跟维也纳小组的互动同样属于"中期"哲学范畴。假如本书理解正确,那么,"中期"维特根斯坦哲学至少始于 1929 年年底(请参阅第三章第三节)。

"中期"维特根斯坦哲学何时结束呢?斯特恩认为"后期"维特根斯坦哲学在 1936 年基本成熟:从 1937 年以后,维特根斯坦哲学关注点和元哲学观点就跟 PI 中视角一样,并无根本改变——维特根斯坦哲学的"过渡阶段在 1930 年代中期就结束了。在这个时期,他第一次提出了有关'私人语言论证'。同时维特根斯坦完成了冯·奈特所谓的《哲学研究》前 188 节'早期研究'中第一部分"①。维特根斯坦和维也纳小组,尤其是与魏斯曼互动合作的历史表明,"中期"维特根斯坦完成时间是 1936 年。1937 年以后维特根斯坦和魏斯曼互动本质上正式结束。因此,基于阐释者理解和本书对维特根斯坦哲学发展以及他与魏斯曼合作历史的回顾与考察,本书把"中期"维特根斯坦哲学时间段定义为从 1927 年开始,到 1936 年结束。

二 "中期"维特根斯坦哲学具体文本的界定

在搞清楚"中期"维特根斯坦哲学的时间指称后,接下来要考察"中期"维特根斯坦的具体哲学著作。"中期"哲学具体"著作"包括维特根斯坦在这个时期的遗作和有关魏斯曼的记录。

维特根斯坦哲学遗作有两个分类法:遗作保管人冯·奈特(Von Wright)的正统分类法和汉斯-约翰·格洛克(Hans-Johann Glock)的多维度分类法。按照冯·奈特的分类,维特根斯坦哲学遗作分三

---

① Stern David, "How Many Wittgensteins?", in Pichler Alois and Simo Säätelä, eds., *Wittgenstein: The philosopher and his works*, Frankfurt: Ontos, 2006, p. 206.

部分：以数字 101 开头的手稿（简称 MS）；以数字 201 开头的打字稿（简称 TS）；以数字 301 开头的口述稿（简称 D）。① 维特根斯坦"中期"遗作目录请参考附录一。

格洛克基于维特根斯坦 1953 年后的遗作整理和出版成果，对维特根斯坦遗作进行了更详细分类，也基于冯·奈特的原始分类。② 在格洛克的分类中，维特根斯坦著作分六类：以完成日期先后顺序出版的论文和著作；讲座和对话、著作选集③；从与维特根斯坦对话或口述中得来的著作；维特根斯坦的学生诺曼·马尔康姆（Norman Malcolm）、里斯和鲍斯玛的回忆录和笔记；维特根斯坦与友人的通信；维特根斯坦遗作。④ 格洛克的分类与冯·奈特最重要区别就是，他加入了维特根斯坦和维也纳小组成员合作记录，包括魏斯曼保留的文本，比如 PLP 和《逻辑、语言、哲学》（简称 LSP）。

三 对"中期"维特根斯坦哲学理解的补充

对于任何想了解 TLP 和 PI 关联的阐释者来说，"中期"文本举足轻重。1929 年以来的哲学文本记载了维特根斯坦最早远离 TLP 中有关思想的足迹。到了 1936 年年底，维特根斯坦已完成早期版本 PI。尽管大部分阐释者认为 TLP 和 PI 存在重大分歧，但他们都指出"中期"维特根斯坦哲学遗作在弥补"前""后"期维特根斯坦哲学鸿沟中具有重要价值。当前在阐释者中，对"中期"维特根斯坦研究仍需特别关注以下五方面：

---

① 冯·奈特对维特根斯坦遗作的分类发表于 1982 年，本书所使用的出处请参阅 Klagge James and Nordmann Alfred, eds., *Ludwig Wittgenstein：Philosophical Occasions, 1912 – 1951*, New York：Hackett Publication Company Inc., 1993, pp. 480 – 507。

② Glock Hans-Johann, *A Wittgenstein Dictionary*, Oxford：Blackwell, 1996, pp. 3 – 8.

③ Kenny Anthony, *The Wittgenstein Reader*, Oxford：Wiley-Blackwell, 2006. ［奥］维特根斯坦：《维特根斯坦读本》，新世界出版社 2010 年版。

④ 徐英瑾：《维特根斯坦哲学转型期中的"现象学"之谜》，复旦大学出版社 2005 年版，第 6—7 页。

（一）"中期"维特根斯坦并非在于单纯批判 TLP 从而往 PI 视角的直线发展

在考虑维特根斯坦哲学发展时，大部分阐释者有如下观点：他们对维特根斯坦哲学框架有特殊理解，认为其哲学有具体开始和结束点，即从 TLP 到 PI。他们认为，介于 TLP 和 PI 的所有哲学文本可被视为维特根斯坦所努力寻求的、逐渐远离早期思想，从而向后期哲学过渡的路径。这种观点是狭隘的，因为学者很难对维特根斯坦哲学具体发展，以及何时正式远离"早期"哲学的具体时间和文本给出满意的证据。"如果读者只是把维特根斯坦在那个时期的演讲记录、口述以及其他文本做如下理解：要么维特根斯坦是在批判他的早期观点，要么是在往后期哲学发展，那么，他将与维特根斯坦在 1930 年代前半部分时间中哲学文本中最有趣、最独特的思想失之交臂。"①

在"二分法"阐释者看来，"中期"维特根斯坦哲学文本的确有重要性，因为，研究中期文本可以更好地为了解维特根斯坦是如何批判 TLP 的思想，从而过渡到后期 PI 哲学视野服务。这种看法误解了"中期"维特根斯坦，因为他把"中期"文本当作 PI 中具体哲学研究内容和观念的初步构建。按照斯特恩的观点，"中期"维特根斯坦哲学还应细分为 1930 年代前半期和 1930 年代后半期两个阶段。维特根斯坦哲学在这两个阶段中的发展呈现出了不同特征：从 1929 年年底到 1930 年代前半期，维特根斯坦短暂地系统批判 TLP，告别了 TLP 中主要哲学观点，尤其是有关哲学本质的理解；从 1930 年代后期开始，维特根斯坦短暂地考察了某些哲学主题，而这些主题从 1936 年以后就被抛弃了。从 1936 年以后，维特根斯坦哲学研究才逐渐进入了 PI 视野，这期间被抛弃的观点包括"现象学语言"和"证实"等。

---

① Stern David, "Wittgenstein in the 1930s", in Sluga Hans-Johann and David G. Stern, eds., *The Cambridge Companion to Wittgenstein*, Cambridge: Cambridge University Press, 2017, p. 127.

因此，无论"正统"阐释者所认为的"中期"维特根斯坦是对 TLP 的反叛和往 PI 哲学视野的靠拢，还是"果决式"读者从整体视角提出的"中期"维特根斯坦哲学考察主题的多元视角，"中期"维特根斯坦哲学文本和哲学研究主题发展总是存在先后顺序。因此，"中期"维特根斯坦哲学发展及其哲学研究内容是复杂多元的，并非通常所谓的单纯批判 TLP 从而往 PI 视角的直线发展。

（二）维特根斯坦"后期"哲学文体特征已在"中期"文本中有所体现

很多阐释者认为 TLP 数字编码形式不仅极其精简，而且跟 PI 评论式风格存在巨大差异。然而很少有阐释者关注到后期维特根斯坦文本的文体风格特征已经在 TLP 以后的哲学文本中有所体现。比如，PI 序言中宣称的"相册"风格已经在 PR 中有所体现；PR 中存在多重写作风格和声音。"比较重要的例子属于 PR 第 54—58 页。其中，这里的文本内容不仅回应了 TLP 中的唯我论，而且还提前指出了 PI 中处理唯我论的方式。"①

PR 最早内容源于 1930 年春，它是对维特根斯坦在 1930 年代哲学研究的初步集合，它跟 BT 和 BB 中的内容部分存在关联。如果仔细研究 PR、BT 和 BB 中开头的相关研究内容，可以发现上述三本书中有关研究内容分别代表了 PI 早期、中期和晚期版本，其完成时间分别在 1930 年代、1940 年代早期和 1940 年代晚期。总之，PR 有关内容确实是 PI 中有关研究内容的源泉。

"中期"维特根斯坦哲学遗作虽与 PI 有关内容息息相关，但它们还存在一定间隔。"中期"遗作中的很多哲学观点都具有临时性，如维特根斯坦有关"意义体"的思考。② 维特根斯坦在某段时间对

---

① Stern David, "Wittgenstein in the 1930s", in Sluga Hans-Johann and David G. Stern, eds., *The Cambridge Companion to Wittgenstein*, Cambridge: Cambridge University Press, 2017, p. 127.

② Schulte Joachim, "Waismann As Spokesman for Wittgenstein", in McGuinness F. Brian, ed., *Friedrich Waismann-Causality and Logical Positivism*, Springer/Dordrecht/Heidelberg/London/New York: Springer, 2011, pp. 223 – 241.

某问题持有某个观点，但不久后他就否定了上述观点。与 PI 最终版本中哲学研究内容相比，很难找出这些文本跟 PI 研究内容的关联。有鉴于此，对 "中期" 哲学文本的解读需要批判的眼光：维特根斯坦在 1930 年代的哲学研究中存在着冲突和矛盾。

（三）应关注 "中期" 维特根斯坦对有关思想的批评方面

"中期" 维特根斯坦文本体现出了维特根斯坦对 TLP 中具体哲学观点的系统批判。因此，在考察 "中期" 文本过程中，应关注到维特根斯坦对有关阐释的批评方面。比如，在魏斯曼所记录的对话中，维特根斯坦就曾公开批评 TLP 的逻辑图像论。意识到维特根斯坦有关批评和反思文本能够更好地理解维特根斯坦的哲学发展。

此外，读者也要注意到维特根斯坦对任何对他思想的错误阐释所做出的警告。维特根斯坦常常指出他人对他思想的理解存在很多问题，他时常害怕自己的思想被误解。比如他在《文化与价值》（简称 CV）中批评了维也纳小组的《宣言》中对他有关哲学思想的理解（请参考第三章第三节）。"中期" 维特根斯坦哲学处于复杂变化阶段：一方面，维特根斯坦的很多哲学观点在变化，不稳定；另一方面，很多人接近维特根斯坦，他们跟维特根斯坦对话的目的其实在于想更好地理解 TLP 的思想，同时还想把维特根斯坦哲学运用到他们自己的研究中。在 "中期" 维特根斯坦哲学互动和对话者中，只有魏斯曼系统地阐释了维特根斯坦哲学。

（四）应考虑到 "中期" 维特根斯坦哲学活动发生的不同场合

"中期" 维特根斯坦文本发生在不同语境中，这些文本来源是多元的。因此，在考察 "中期" 维特根斯坦文本时，应考虑到 "中期" 维特根斯坦从事哲学研究互动所发生的不同场合。根据史实，在 1929—1936 年间，维特根斯坦每年通常都是半年在剑桥大学，其余时间基本都在维也纳。维特根斯坦哲学活动发生在两个地方：剑桥大学的教学以及他在维也纳跟维也纳小组成员的哲学互动。

维特根斯坦这个时期在剑桥大学的讲演和授课内容主要包括摩尔所记录的维特根斯坦 1930—1933 年间的课堂讲稿、《蓝皮书》（1933—1934）、《褐皮书》（1934—1935）、斯金纳记录的维特根斯坦讲稿（1933—1936）、斯米塞斯记录的维特根斯坦讲座（1930 年到 1940 年代）。除此以外，维特根斯坦这个时期在维也纳的哲学活动主要由魏斯曼记录，如 WWK 和 VOW。基于上述划分，本书从魏斯曼遗留的哲学文本来研究"中期"维特根斯坦哲学，就是考察"中期"维特根斯坦哲学活动的一个重要方面，即维特根斯坦在维也纳的哲学活动。

（五）应深刻理解"中期"维特根斯坦哲学发展延续性的具体内涵

客观来说，PI 中的哲学文本和研究内容是极其精炼的，有的内容只有短短几页。比如 PI 中对"自我"和"唯我论"的考察只有 4 页。与此相对，维特根斯坦哲学遗作中对相应主题考察的文本很长。遗作中的相关文本之所以冗长，主要原因是维特根斯坦的反复修改和增添。因此，在研究维特根斯坦遗作时，要用适当的研究方法：既要做到不盲从，也不要忽视遗作有关文本。

在前文有关 TLP 和 PI 元哲学的争论中，目前存在着"果决式"和"正统"读者的争论："果决式"解读指出 TLP 和 PI 元哲学观点并无本质差异，TLP 的很多观点可以被视为是后期维特根斯坦哲学观点的前兆。基于这个观点，"果决式"读者提出了维特根斯坦哲学的整体性和延续性。然而，正如"正统"阐释者哈克所言，"果决式"读者根本就没有使用"中期"维特根斯坦文本来作为"延续型"观点的支撑。根据斯特恩的理解，"果决式"读者提出的观点属于"温和单个维特根斯坦主义"（mild mono-Wittgensteinianism）：在考虑到维特根斯坦哲学存在显著不连续的同时，不要忽视这是基于维特根斯坦哲学连续性的视角；在考虑到维特根斯坦哲学存在显著连续性的同时，不要轻视维特根斯坦某些哲学观点的不连续性。"温和单个维特根斯坦主义"非常怪异，他们同时考虑了维特根斯坦哲学连续性和不连续性,又忽视了对"中期"维特根斯坦哲学延续性的论证。

总之,"中期"维特根斯坦哲学包含两个重要维度:维特根斯坦对 TLP 中有关观点的批判和抛弃,从而往后期哲学视野的延续发展;维特根斯坦还短暂地考察了一些哲学主题,而后来他又抛弃了有关观点。

第五节　维特根斯坦哲学延续性的内涵与论证

"一个维特根斯坦"把维特根斯坦哲学文本及其思想视为整体。首要是技术问题,可以通过数字人文方法解决;最困难、最应重视的是哲学问题:"一个维特根斯坦"的哲学内涵就是从整体视角把握维特根斯坦哲学,反思和批判传统理解,考虑到维特根斯坦哲学的延续性。

一　维特根斯坦哲学延续性的内涵

既然目前存在不同阶段的维特根斯坦哲学,那么把每个阶段哲学思想联合在一起,不就形成了"一个维特根斯坦"了吗?这种素朴观也未必不可。然而我们切不可再重蹈覆辙,把问题简单化。这种素朴观存在如下问题:前期和后期维特根斯坦哲学目前已掌握得比较透彻,存在的问题就是,如何阐释"中期"哲学?只有少数阐释者关注到这个问题,大部分阐释者认为中期维特根斯坦思想琢磨不透,就算把不同阶段思想结合到一起,也需要切实可行的思路和方法。如果没有具有说服力的研究方法来指导,很有可能又会陷入"数维特根斯坦游戏"。所以,素朴式方法需改进,前提是思考维特根斯坦哲学发展的延续性。本书提出的"延续性"跟"统一性"无本质差异,为强调维特根斯坦哲学动态发展史,本书偏向延续性。维特根斯坦哲学延续性内涵包括两方面:哲学内容和方法论。

首先，要防止滥用维特根斯坦哲学的延续性，也要防止忽视"中期"维特根斯坦哲学发展中存在的不连续性方面。鉴于"果决式"读者对"中期"遗作内容的忽视，维特根斯坦在 1930 年代前半部分时间中的哲学内容不仅不能草率地当成 TLP 的果决式哲学，也不能被理解为后期哲学的源头。反思"中期"哲学文本，维特根斯坦在 1930 年代早期的哲学思想存在着激烈和迅速变化，因此，这个阶段的哲学遗作不能被理解为其后期哲学的蓝图。过度强调维特根斯坦遗作文本内容的连续性有可能忽视这个阶段中有关文本在前后语境中所具有的深层次的不连续性。维特根斯坦在 1930 年代早期开始构思哲学概念：哲学研究的目的在于通过哲学语法系统地澄清许多语言的规则。然而，当他在 1936 年完成 PI 初稿时，他又放弃了哲学语法理念，转而崇尚逐个考察哲学问题。① 本书在考察"中期"维特根斯坦哲学时，不仅考虑到"果决式"读者所提出的维特根斯坦哲学连续性，还考虑到了"中期"维特根斯坦哲学发展的复杂性。

其次，从哲学角度来说，维特根斯坦哲学延续性意味着在整个维特根斯坦哲学生涯中，他的哲学关注内容、研究方法和视角是动态延续发展的。延续性同时包括他对某些观点和视角的批判与抛弃，这既可当作维特根斯坦哲学的转折，也可被认为是维特根斯坦哲学的延续。因此，要从哲学角度论证维特根斯坦哲学延续性，必须要考察他在不同时期的哲学文本。

从哲学角度论证维特根斯坦哲学延续性需解决五个问题：维特根斯坦从"中期"开始，直到"后期"，他对他在 TLP 中的观点有哪些保留下来了？又抛弃和批判了哪些方面？维特根斯坦在批判原有观点基础上，运用或提出了哪些新观点来代替？延续性视角宣称维特根斯坦整个生涯中元哲学观点无本质变化，我们如何去论证这

---

① Stern David, "Wittgenstein in the 1930s", in Sluga Hans-Johann, and David G. Stern, eds., *The Cambridge Companion to Wittgenstein*, Cambridge: Cambridge University Press, 2017, p. 135.

个论点？维特根斯坦哲学风格，包括看待哲学问题的方式和写作方式，在不同阶段是否存在本质差异？如果有，有哪些？如果没有，这就为维特根斯坦哲学延续性论证提供了论据。总之延续性视角还指出维特根斯坦曾对一些哲学主题有过思考，紧接着他又抛弃了有关观点。根据斯特恩的理解，"哲学语法" 观念就是其中一个代表，那么，"中期" 维特根斯坦 "哲学语法" 理念的发展历程具体是怎样的？

最后，从方法论视角来说，维特根斯坦哲学延续性的辩护需要对他的哲学遗作做深入研究。如果要建构维特根斯坦哲学的延续性，从方法论上来说，必须要考察其所有遗作（这样做当然不可能）。维特根斯坦哲学延续性建构的方法论要求阐释者做好文献研究，包括他在不同时期的不同遗作，例如手稿、打字稿、口述、对话录和个人通信。采取什么方法来处理庞大遗作？是有选择性阅读还是通篇阅读？解决好遗作本体论问题是论证维特根斯坦哲学延续性关键一环，同时也是最考验人、最花费时间的工作。维特根斯坦遗作数量巨大，里面存在着许多重复。必须要建立一个甄别维特根斯坦哲学遗作的标准。本书在此只是构建一种论证维特根斯坦哲学延续性的理想方法，还需要广大阐释者共同努力。本书理想论证方法核心就是，要求阐释者既要关注到维特根斯坦思想延续性，又要考虑到他哲学遗作的整体性。

前文已经提到，"中期" 维特根斯坦哲学主要发生在剑桥和维也纳，其有关哲学记录主要分为三个部分：维特根斯坦自己保留的遗作文本、剑桥大学讲课的观众所保留的记录、维也纳哲学对话者（主要指魏斯曼）所保留的记录。这三个部分好比 "中期" 维特根斯坦哲学的三个面相，要做到全方位考察，最好将这三个面相综合起来。本书拟提出的从魏斯曼角度出发来进行的考察，研究的就是 "中期" 维特根斯坦的 "维也纳" 面相。

二　"中期"哲学在维特根斯坦哲学延续性论证中的地位

"中期"维特根斯坦哲学是对 TLP 有关理念的批判和抛弃，从而向后期 PI 哲学考察视野的演变。理解好维特根斯坦哲学过渡的前提，就是要全面和深入解读"中期"哲学著作。"中期"哲学是维特根斯坦哲学大厦不可或缺的部分，是链接"前期"和"后期"的重要纽带。"中期"遗作在维特根斯坦哲学研究中的地位，从最早不受重视到逐渐地变得重要。造成"中期"遗作地位变化有几个原因：阐释者对维特根斯坦哲学研究视角的不同理解，从而对"中期"遗作的态度也不同。早期研究主要关注维特根斯坦哲学两个端点，这个工作直到 20 世纪 80 年代还在盛行，大部分阐释者的研究工作都是从 TLP 逐渐过渡到 PI 的。早期研究者并不关注"中期"遗作。随着阐释工作的推进，出现了"数维特根斯坦游戏"，这种游戏是严格区分"前期"和"后期"维特根斯坦哲学的后果。在"数维特根斯坦游戏"中，"中期"遗作开始受到重视，它的目的是用来补充维特根斯坦哲学两个端点。随着"一个维特根斯坦"理念的出现，"中期"遗作在维特根斯坦哲学延续性视角中成为首要关注对象。

在本书维特根斯坦哲学延续性的论证中，"中期"哲学无疑是最需要关注的。维特根斯坦在两个端点的思想从各个角度已进行了较为深入的理解，剩下的就是对"中期"遗作的研究。"中期"哲学包括他和维也纳小组的互动，这些遗作是研究维特根斯坦和维也纳小组对话的宝贵材料。本书关注的是魏斯曼对"中期"维特根斯坦哲学的阐释和发展，做好对"中期"哲学遗作的研究工作是实现本书构想的重要部分。

三　维特根斯坦哲学延续性论证的具体路径

为了让读者更好地理解维特根斯坦哲学延续性及其论证，本书将基于已有研究成果，为读者呈现维特根斯坦哲学延续性论证的几个方法。

(一) 维特根斯坦著作文体和风格的延续性

传统阐释者以已出版著作为研究对象,把未出版遗作当作已出版著作的"大背景"和"材料库":为了论证维特根斯坦在 PI 中某观点的发展,他们直接从遗作中找出有关评论来当论据。遗作阐释者所做的工作常常没有受到重视,主要原因就是,传统阐释者对整个维特根斯坦哲学阐释工作有主导性影响。维特根斯坦尚未发表的遗作本体问题在传统阐释者那里还处于非常狭隘的认知。大部分传统阐释者把维特根斯坦在 1929 年以后的遗作当作 PI 的语境:他们认为这些遗作的风格和内容跟 PI 相似。在"一个维特根斯坦"背景下,本书所倡导的维特根斯坦哲学延续性首要体现在维特根斯坦哲学文本的风格上。

维特根斯坦哲学文本跟他的思想特质密不可分,是动态延续的整体。维特根斯坦的方法和文本在每个时期呈现出不同特点,这些特征跟维特根斯坦关注的问题有关。本书论据如下:

第一,传统阐释者对遗作和已出版著作关系的认识是狭隘的。维特根斯坦在 1929 年到 1935 年间的遗作不能直接拿来作为 PI 中具体哲学考察的原材料。相反,这段时间的遗作风格已和 PI 中的风格呈现出许多类似。尼里 (J. C. Nyíri) 在对 1929—1932 年间哲学遗作研究后指出,"几乎所有维特根斯坦后期哲学中的风格特征——对话的运用、想象的例子、数不胜数的询问——都可从 1930 年遗作中发现"①。

第二,传统阐释者认为,后期维特根斯坦哲学可从他在 1930 年代的遗作中找到开端:维特根斯坦此时已批判了 TLP 中的思想,而且提出了很多后期哲学主题。这种观点确实没问题,维特根斯坦后期哲学观点确实可追溯到 1930 年代遗作中。但这是马后炮:假如维特根斯坦在 1930 年代就辞世,那么那些传统观点从何而来?"维特根斯坦在 1929—1930 年间的哲学文本,不仅包括了他对 TLP 批判的

---

① Nyíri J. C. , "Wittgenstein's New Traditionalism", *Acta Philosophica Fennica*, Vol. 28, 1976, pp. 1 - 3.

开始，同时也是深刻地带有 TLP 特征的认识论、心灵哲学和数学哲学，他正在酝酿一种怪异唯我论、现象主义、物理主义和行为主义。从 1932—1933 年遗作综合而来的《大打字稿》是基于 1930—1932 年的哲学文本，跟 TLP 相比，它更接近 PI，但还是非常不同。"①《大打字稿》（简称 BT）虽在很多方面跟 PI 相似，但是，这并不意味着它就能替代 PI。斯特恩发现 BT 远非传统阐释者所认为的那般连贯：维特根斯坦在 1929—1932 年间的思想复杂多变。通过对维特根斯坦在 1930 年间的哲学遗作研究，尤其是 BT，只能说明维特根斯坦在 PI 中的方法跟其哲学主题密不可分，并且他关注的主题在 1930 年间经历了剧烈转变。

第三，维特根斯坦对其哲学文本的处理方法在其整个哲学生涯中具有延续性。维特根斯坦的大部分手稿都是写在笔记本或账簿上。这些笔记本和账簿的不同尺寸代表了不同用途："笔记本用来记录扼要评论、速记、句子片段、压缩提示语句。有相当数量的这些材料随后被用来作为维特根斯坦在账簿中评论的基础，而这些账簿有时候（当然不总是）看起来像非常工整的副本。笔记和账簿两者都能显示出维特根斯坦曾在脑海里思考过的东西——有时候你从字面上就可看出他在思考什么。"② 维特根斯坦处理哲学手稿的进程如下：每当他写满某账簿时，就会从这些账簿内容中挑选和标记出他想要使用的段落。随后，按照这些段落在账簿中的顺序口述给打字员。这些打印稿后来从那些用作口述的手稿中形成一个思想精要。在很多情况下，维特根斯坦又会花时间来重新整理这些打印稿，重新编排顺序，直到他满意为止。

以 BT 完成过程为例：维特根斯坦 1929 年 1 月重回剑桥时完成了第一本账簿。这本账簿在 1930 年春被口述给打字员（TS208），后来

---

① Stern David, "How Many Wittgensteins?", in Pichler Alois and Simo Säätelä, eds., *Wittgenstein：The philosopher and his works*, Frankfurt：Ontos, 2006, p. 222.

② Schulte Joachim, "What is a work by Wittgenstein?", in Pichler Alois and Säätelä Simo, eds., *Wittgenstein：The philosopher and his works*, Frankfurt：Ontos, 2006, p. 400.

这个打印稿又被切分成小片段重新编排成 TS209，这就是《哲学语法》（简称 PG）。这个整理后的手稿最后交给了罗素，维特根斯坦之后就没有再使用了。TS208 另外一份拷贝加上另外两个打印稿被用作 TS213 的蓝本，TS213 就是于 2005 年出版的 BT。随后多年里，维特根斯坦又多次重新整理和重新排序 BT，这些文稿在 1946 年形成了 PI。从维特根斯坦对其哲学文本的处理过程可以发现他的写作方法存在延续性：TS208 经过修改变成 TS209 的部分，后来 TS208 又成了 TS213 的部分，最后 TS213 成为 PI 的部分（主要是前 188 节）。维特根斯坦在 1929—1936 年间哲学关注的内容是延续的。

　　第四，维特根斯坦哲学风格也是延续的。传统阐释者总认为维特根斯坦在 TLP 和 PI 中的哲学风格是截然相反的：TLP 的风格如箴言般高度浓缩，这种风格的体现就是复杂数字编号系统；PI 则是高度口语化、散乱的哲学评论。本书认为这种观点是肤浅的，实际上维特根斯坦所有哲学文本都是以评论式风格完成。"终其一生，维特根斯坦用非常简短的评论来写下其思想。这些评论通常最多半页，极少超过一页。"① 维特根斯坦的评论虽在某种程度上跟它周围语境有一定距离，但这些评论很简洁，自成一体。核心问题在于，读者看到在已出版作品中出现很多类似情况，即很多评论跟它前后语境好像没有关联，但这些评论之间存在内部关联。有两点原因：这些已出版著作存在编辑干预现象；这些评论本身就已经过维特根斯坦本人独特写作和修改方式的处理。维特根斯坦在 PI 前言中已阐明他的评论式写作风格：这些评论表面上看似毫无关联，但确实存在一个内关联的思维链条。②

　　维特根斯坦哲学风格的延续性指他在整个哲学生涯中，在写作和思考过程中都在使用评论式风格。TLP 虽用数字编码系统完成，

---

① Schulte Joachim, "What Is a Work By Wittgenstein?", in Pichler Alois and Säätelä Simo, eds., *Wittgenstein: The philosopher and his works*, Frankfurt: Ontos, 2006, p. 400.

② 维特根斯坦指出："这些新的思想只有在与我的旧的思想方式的对照之中并在后者的背景之上才能得到其适当的阐明。"［维特根斯坦（2013：4）］

但这只是维特根斯坦完成该书的表达方式而已。数字编码系统之所以难以理解，主要是技术问题，而不是方法问题。TLP 中的每个句子都可以被视为超文本，可以通过电脑系统清楚地展示该数字编码系统。TLP 中每个小节同样可以被视为评论，它跟 PI 的评论并无本质差别。在"中期"遗作中，维特根斯坦同样以数字编号形式来展示哲学评论。从信息哲学角度来说，维特根斯坦哲学写作和编辑方法类似于对散乱信息的重新编码，他对之前的文本每次重新整理可以被视为对已有系统的更新升级，而最后呈现的文本就是高度浓缩的"超文本"。阐释者要做的工作就是把这个过程颠倒过来，解码"超文本"：这种解码过程是从浓缩到散乱的过程，所需要的材料就是维特根斯坦未发表遗作，而这就是维特根斯坦未发表遗作具有的价值之一。

本书对维特根斯坦哲学延续性的论证是层层递进的：本书先从维特根斯坦写作方法开始论证维特根斯坦哲学延续性；接着论证维特根斯坦哲学文本风格延续性，本书表明评论式风格贯穿在整个维特根斯坦哲学文本中。前两方面可以被认为是"外部"论证。从下节开始，本书将从"内部"论证维特根斯坦哲学延续性，包括两方面：元哲学观点和哲学主题。

（二）维特根斯坦元哲学观点的延续性

第一，维特根斯坦始终认为哲学是一种活动而不是理论。TLP 虽然使用"逻辑原子主义"作为他早期哲学大厦的基础，但他并没有构建一种哲学理论。他在 TLP 中始终把逻辑分析作为分析命题手段：逻辑分析是一种哲学活动。他对命题结构进行逻辑分析从而开展划界工作，这也是一种活动。在 PI 中，维特根斯坦同样没有提出任何理论，他的语法研究也可被视为一种活动。语言的意义在于其在具体语言游戏中的使用不是任何语义理论，而是对语言意义的描述。

第二，维特根斯坦始终认为哲学混淆源于哲学家误解了语言：在 TLP 中维特根斯坦认为可以通过用逻辑符号来建构命题，从而显示出命题逻辑结构，通常问题在于日常语言掩盖了命题真正的逻辑结构；在 PI 中维特根斯坦仍坚持认为哲学问题源于哲学家对语言的误解，日常语言存在一词多义等现象，要理解语言具体意义就要关注语言具体使用，通过语法考察可以综览整个语言游戏。

第三，维特根斯坦始终认为哲学和自然科学属不同领域。他在 TLP 中对哲学和自然科学严格划界：哲学不是自然科学之一；在 PI 中，他认为哲学在于描述而非解释，科学的核心在于解释，在于提出某种理论。描述的视角不是科学的视角，而是哲学的视角。维特根斯坦哲学两端点都存在着反对混淆哲学与科学的观点。

第四，国内学者韩林合基于"中期"遗作，初步指出维特根斯坦前后哲学的延续性。为了具体论证维特根斯坦前后哲学延续性，我们需要基于"中期"遗作，考察有关元哲学讨论的文本来融贯连接"前期"和"后期"元哲学。根据作者的考察，已有国内外学者从这个角度来研究，并且已初步论证维特根斯坦"中期"元哲学跟他在 TLP 和 PI 中元哲学一脉相承、融贯联通。韩林合基于"中期"遗作考察，论证了维特根斯坦前期和中期哲学延续性："就前期维特根斯坦和中期维特根斯坦关系来说，中期维特根斯坦哲学可以说是前期维特根斯坦哲学的一种修正，本质上是连续的，还是在沿着同样的方向向前发展……就中期和后期维特根斯坦的关系来说，一方面，后期维特根斯坦哲学的一些说法（特别是有关哲学的本性的说法）——在中期维特根斯坦那里就已经得到了相当成熟的表达。另一方面，在语言和世界的结构和语言的界限等方面，中期维特根斯坦哲学和后期维特根斯坦哲学可以说具有本质上的不同，而与前期维特根斯坦则有极大的延续性。"① 虽然韩林合更倾向于不承认维特根斯坦哲学延续性，但他也承认前后维特根斯坦元哲学观点存在某种延续："这并不就意味着二者之间没有任何意义上的连续性。至少

---

① 韩林合：《维特根斯坦〈哲学研究〉解读》（下册），商务印书馆 2010 年版，第 1604 页。

从关心的主题上说，从某些表述形式上看，某种延续性还是存在着的。"① 韩林合用了遗作文本来支撑他的观点："今天我的主要的思想运用完全不同于 15—20 年前。这就像是当一个画家从一个流派转变到另一个流派一样。"② "在我的思维上，正如在每个人的思维上一样，悬挂着我以前的（枯死的）思想的干枯的外壳。"③ "能够对自己进行革命的人将是革命性的。"④

第五，在韩林合之前，肯尼从"中期"遗作视角论证了维特根斯坦元哲学的延续性。TLP 和 PI 中有关"无意义"的理解不是对立，而是连贯的。维特根斯坦在 1930 年代初期完成了 700 页左右的 BT，它先被用作 PR 的基础，最后成为 PI 前 188 节基础。因此，要论证维特根斯坦元哲学延续性，BT 中有关文本是重要源泉。肯尼的论证是基于 BT 以及其他"中期"遗作。

首先，肯尼反驳了有关维特根斯坦元哲学理解。维特根斯坦有两种不同哲学观点：把哲学视为治疗手段；把哲学当作对世界整体的清晰的理解。肯尼从 PI 和 BT 中发现维特根斯坦有关哲学作为治疗的观点具有双重性：治疗型哲学既是治疗又是预防的。[此观点源于（MS 159：3b）]治疗型哲学最好的类比是精神分析。（此观点源于 PG §381—§382）治疗型哲学目的在于把那些"潜在无意义"变成"明显无意义"："当我们正遭受哲学问题折磨的时候，我们的头脑中有一些潜在无意义的东西，而唯一治疗方法在于，把这些潜在无意义的东西摊开来解决。"⑤ 维特根斯坦哲学方法之所以跟精神

---

① 韩林合：《维特根斯坦〈哲学研究〉解读》（下册），商务印书馆 2010 年版，第 1604 页。

② DB 68［28.1.32］.

③ CV 27/MS 156a：58V［ca. 1932 – 1934］.［奥］维特根斯坦：《文化与价值》，唐少杰译，译林出版社 2014 年版，第 27 页。

④ CV 51/MS 165：204［ca. 1944］.［奥］维特根斯坦：《文化与价值》，唐少杰译，译林出版社 2014 年版，第 151 页。

⑤ Kenny Anthony, *The Legacy of Wittgenstein*, Oxford：Basil Blackwell Publisher Ltd., 1984, p. 40.

分析类似,是因为患者对精神分析的接受对整个分析而言至关重要。与精神分析类似,只有患者本人接受了那个正确的分析,整个治疗才有效。[此观点源于 MS(213:410)]本书在后续有关"中期"维特根斯坦元哲学的不同阐释及其争论中,将系统论述"治疗型"哲学和精神分析的对比。

其次,肯尼认为,如果哲学研究和精神分析类似,那么哲学只对那些有病的哲学家才有效,健康的人不需要哲学。这种哲学跟传统以构建理论为纲领的哲学不一样,它是破坏性哲学。(此观点源于 PI §118)维特根斯坦在 BT 中把哲学家视为"破坏家":"哲学所能做的就是推翻一切偶像。这也就是说它不制造任何新偶像——'偶像的消失'。"[MS(213:413)]肯尼认为破坏性哲学既有消极方面也有积极方面,维特根斯坦主要支持积极一面:哲学是一种深刻理解,是对世界的一般看法和整体理解。维特根斯坦在 1930—1940年代反复强调哲学家要对语词有综览视角。[此观点源于 PI §122;MS(213:415—417)]综览视角是哲学讨论中有关概念和论证思维明晰性要求。"哲学目标是要获得某种秩序,这个顺序给我们完全的明晰性。"①

再次,肯尼论证了传统哲学都是在寻求某种本质,而维特根斯坦的综览式考察不寻求本质。维特根斯坦在遗作中也承认自己在TLP 中对某种本质的追求(例如逻辑图像)是错误的,他反对和抛弃这些观点,并且用描述视角取代。[此观点源于 MS(220:92);PI §92]肯尼从维特根斯坦在 1913 年的遗作中发现维特根斯坦已经认为哲学在于描述而非解释。②

复次,维特根斯坦描述性哲学的目的是要反对任何把哲学当作为知识提供基础的科学。PI 第 109 节中表明哲学与科学的区别。在

---

① Kenny Anthony, *The Legacy of Wittgenstein*, Oxford: Basil Blackwell Publisher Ltd. , 1984, p. 43.

② Ibid. , p. 44.

笛卡尔有关知识的隐喻中，形而上学是树根，物理学是树干，其他枝丫代表医学、力学等。"维特根斯坦批判的就是这个观点，即除非我们先有了根，整个大树才能生长。这个隐喻暗示了哲学研究就是有关基础的研究。"① 如果哲学价值仅在于根除哲学问题，那么研究哲学还有什么用呢？肯尼把哲学比作细菌战：有的国家忙于制造各种损害人体的细菌，有的国家则忙于制造对付这些细菌的抗体。肯尼认为，我们不能从这个角度理解哲学问题：哲学问题不在命题之中，是通过语言体现的。[此观点源于 MS（213：425）] 维特根斯坦认为，那种把哲学体现在语言中的观点是坏哲学，它是一种神话。[此观点源于 MS（213：434）]

维特根斯坦还认为，哲学任务不在于给智者启示，而是让他们的心智变得足够坚强，以此来抵御某种企图。我们总是受到语言的误导和引诱。[此观点源于 PI § 254，MS（213：423）] 肯尼从 BT 中发现，维特根斯坦把哲学和信仰转变类比。[此观点源于 MS（213：406）] 哲学的目的是要抵御某种欲望，这个过程好比人们的信仰转变。哲学问题通过语言来表达，但是通过语言的研究并不能为哲学问题提供完满解答。维特根斯坦还认为在实际生活中并不存在哲学问题。[此观点源于 MS（213：427）；MS（219：24）] 因为当语言空转时，哲学问题才出现。

最后，哲学家是不属于任何社区的公民，这点恰是使他成为哲学家的理由。肯尼发现，维特根斯坦在遗作中提到"哲学家"的概念都具有批判性。[此观点源于 PI § 116；MS（213：430）] 他认为自己和其他哲学家存在巨大差异。[此观点源于 MS（219：6）] 维特根斯坦和其他哲学家对哲学"进步"理念有不同理解："哲学是某种每个人必须要为自己做功的东西。"② 肯尼认为在这点上维特根斯坦跟休谟类似。维特根斯坦元哲学观点跟勒内·笛卡尔（René

---

① Kenny Anthony, *The Legacy of Wittgenstein*, Oxford：Basil Blackwell Publisher Ltd. , 1984, p. 46.

② Ibid. , p. 59.

Descartes）元哲学观点本质上是同一的：都认为哲学工作不是智力游戏，而是与意志有关的活动。①

（三）"中期"维特根斯坦哲学研究主题的延续性

对维特根斯坦哲学主题延续性的论证是整个维特根斯坦哲学延续性论证最主要也是最困难的部分。本书将从问题视角为"中期"维特根斯坦哲学研究主题延续性做辩护。从 1960 年代开始，陆续有阐释者从具体哲学主题为维特根斯坦哲学延续性辩护。本书基于前人研究成果，分别找出有关"中期"维特根斯坦哲学延续性论证的两条路径。此处只扼要论述，具体分析请参阅本书附录二。

1. "中期"维特根斯坦对"逻辑原子主义"的批判与抛弃

维特根斯坦对"逻辑原子主义"的批判与抛弃分为两阶段：在第一阶段（1928—1929）中，维特根斯坦在 1929 年《略论逻辑形式》中，表达了他对 TLP 中的"逻辑原子主义"的诸多不满，其中最主要的是基本命题的独立性。② 在这个阶段，维特根斯坦还是在 TLP 预设的框架中思考；在第二个阶段（1931—1931），维特根斯坦彻底抛弃了逻辑原子主义。"中期"维特根斯坦对"逻辑原子主义"的批判与抛弃先后经历了四个阶段：颜色互斥问题；对"一致性"和"分析"概念的反思；从"逻辑原子主义"到"逻辑整体主义"；从"逻辑整体主义"到"实践整体主义"。

此外，维特根斯坦在 1930 年代有关语言概念的理解也在剧烈变化：在 1930 年代早期，维特根斯坦常把语言跟具有形式化系统的运算规则相比。在后续遗作中，维特根斯坦仍保留该对比。在上述四阶段中，最核心的问题就是维特根斯坦对语言规则本质的认识从严格约定主义过渡到宽松主义。

---

① Kenny Anthony, *The Legacy of Wittgenstein*, Oxford: Basil Blackwell Publisher Ltd., 1984, p. 60.

② Ludwig Wittgenstein, "Some Remarks on Logical Form (1929)", in Klagge C. James and Nordmann Alfred, eds., *Philosophical Occasions*, 1912 - 1951, New York: Hackett Publication Company Inc., 1993, pp. 29 - 35.

2. 维特根斯坦"中期"哲学发展中的语义学视角转变

在第二条路径中,维特根斯坦"中期"哲学发展中语义学视角的转变分别经历了以下几步:对心理主义意义理论和逻辑主义意义理论的批判;从心理主义和逻辑主义语义理论到关注语词具体使用的转变;从询问语词具体使用到对具体动作明晰性考察的过渡。具体分析请参阅附录三。

此外,有阐释者从某些重要遗作中论证了"中期"哲学延续性:徐英瑾把 BT 拿来做材料,考察了"中期"思想中的短暂"现象学"时期。约翰·科特(John Koethe)把《略论逻辑形式》用来论证"中期"维特根斯坦哲学的延续性。[1]

第六节 魏斯曼作为"中期"维特根斯坦哲学延续性论证新途径

维特根斯坦在笔记中提到他的思想受到了很多哲学家的影响。在 PI 序言中,维特根斯坦坦言,兰姆西和斯拉法曾对他早期哲学思想进行了猛烈批判,在某些方面也促使其哲学视野逐渐从 TLP 过渡到 PI。毛洛·恩格尔曼(Mauro L. Engelmann)已从斯拉法的角度来论证维特根斯坦哲学的延续性。[2] 既然有阐释者开始从其他角度来论证维特根斯坦哲学延续性,正如本书绪论所言,那本书要从魏斯曼视角来论证"中期"维特根斯坦哲学发展和演变的延续性。从哲学史来说,本书认为魏斯曼是较早的维特根斯坦哲学阐释者:魏斯曼最早尝试论证维特根斯坦哲学发展和演变的延续性。

---

[1] Koethe John, *The Continuity of Wittgenstein's Thought*, Ithaca and London: Cornell University Press, 1996.

[2] Engelmann L. Mauro, "Wittgenstein's 'Most Fruitful Ideas' and Srafa", *Philosophical Investigations*, Vol. 36, No. 2, 2013, pp. 155 – 178.

一 魏斯曼的生平和哲学概要

有关魏斯曼的生平介绍请参阅附录三。魏斯曼去世时留下了大量遗作,后经过麦吉尼斯和贝克的努力,出版了大部分文本。根据贝克的考察,魏斯曼哲学遗作分为五类:"速记笔记"(*Shorth and Notebooks*),这些内容大部分收录在《维特根斯坦与维也纳学派》(简称 WWK)中,① 魏斯曼用罗马数字、字母和阿拉伯字母对这些笔记进行编号;"残余文本"(*Ältere Reste*),这些文本大部分是魏斯曼从速记笔记中使用的有关某个主体文本所遗留下来的残余文本,这些残余文本部分被收录在《维特根斯坦的声音》(简称 VW 中);"前兆"(初稿文本)(*Vorstufen*),魏斯曼在写作 PLP/LSP 时,常常先写好第一稿,然后在第一稿的基础上修改,剩余初稿文本被称为"前兆";"拷贝",包括 LSP 最终修订本和打印拷贝文本,魏斯曼在完成 LSP 时,他把该书内容分章打印出来,再进行仔细整理,这些打印出来的章节被称为"拷贝";"普通书写手稿"(*Longhand Man-uscripts*),这些手稿包括 LSP 第七、十一和十二章的部分章节。"这些材料的时间主要开始于 1938 年到 1939 年。魏斯曼在这个时期和保罗夫人合作修改德语本 LSP。保罗夫人负责把德语文本翻译为英文。"②

到目前为止,大部分魏斯曼著作和遗作已经以专著和论文集形式出版,包括《数学思维引论》(1936 年,简称 IMT);《什么是逻辑分析?》(1968 年,简称 WLA);《论文集》(1976 年,简称 PP);

---

① Baker P. Gordon, "Verehrung und Verkehrung: Waismann and Wittgenstein", in Luckhardt C. G., ed., *Wittgenstein: Sources and Perspectives*, Ithaca: Cornell University Press, 1979, pp. 281 – 283.

② 此处内容是贝克根据魏斯曼于 1938 年 8 月 8 日写给纽拉特书信内容总结的。Baker Gordon P., "Verehrung und Verkehrung: Waismann and Wittgenstein", in Luckhardt C. G., ed., *Wittgenstein: Sources and Perspectives*, Ithaca: Cornell University Press, 1979, p. 284.

PLP/LSP；《伦理学和意志》（1977 年，简称 EW）；WWK；VW 和 CLP。上述文本基本收录了魏斯曼生前发表的论文以及逝世后留下的绝大部分遗作，目前还有很多手稿被保存在牛津大学博德莱图书馆中。魏斯曼所有哲学论文目录已整理发表在 PP 附录中。①

根据安东尼·蒯因顿（Anthony Quinton）② 的介绍，魏斯曼哲学生涯分为三阶段：第一阶段从 1927 年到 1935 年。在这期间，魏斯曼主要和维特根斯坦哲学对话：魏斯曼一边和维特根斯坦对话了解到维特根斯坦最新哲学思想；一边在维也纳小组内部研讨会上把这些最新思想传达给其他小组成员。魏斯曼在这一时期的主要成果包括 IMT 以及 PP 中收录的前 2 篇论文。除此以外，魏斯曼的大部分时间和精力都花在和维特根斯坦合作撰写 PLP 上。在这期间，魏斯曼主要在维也纳大学求学和担任图书馆馆员。第二个阶段从 1936 年到 1938 年，魏斯曼离开维也纳前往英国避难。在这期间，魏斯曼在维也纳小组官方学术期刊《认识》（*Erkenntnis*）上发表了数篇论文。此外，魏斯曼的主要精力仍集中在反复整理和编辑 PLP 上。在这期间，魏斯曼主要在剑桥大学任教。第三阶段从魏斯曼在"二战"初期在牛津大学执教，直到 1959 年逝世。在这一时期，魏斯曼和牛津哲学家，如约翰·L. 奥斯汀（John L. Austin）、吉尔伯特·莱尔（Gilbert Ryle）等人，进行了密切的哲学对话与合作，为牛津日常语言哲学学派的兴起作了卓越贡献。魏斯曼在这个时期也取得了巨大成功，他在后期生涯主要发表了有关"证实""语言层次""因果关系"以及"分析和综合"等主题的重要论文。

本书认为魏斯曼整个哲学思想受到了维特根斯坦哲学思想的重大影响，其早期吸收了维特根斯坦很多思想，包括维特根斯坦在 TLP 中的观点和"中期"以及后期观点，这些影响主要体现在魏斯

---

① McGuiness Brian, ed., *Philosophical Papers*, Dordrecht：D. Reidle Publishing Company, 1977, pp. 186 – 188.

② Quinton Anthony, "Introduction", in McGuiness F. Brian, ed., *Philosophical Papers*, Dordrecht：D. Reidle Publishing Company, 1977, pp. ix – xxi.

曼的后期著作中，包括《我如何看待哲学》和 IMT。魏斯曼对维特根斯坦哲学融贯系统的论述主要体现在 PLP 中，尤其是"中期"维特根斯坦哲学。

二　有关魏斯曼与维特根斯坦哲学合作存在的问题

本书绪论中指出很多研究者对魏斯曼哲学和他的工作多有误解和低估，主要体现在维也纳小组研究者和维特根斯坦阐释者中。目前在"中期"维特根斯坦哲学延续性的论证过程中，也有不少学者直接或间接提到了魏斯曼。本书认为这些学者对魏斯曼的理解值得商榷：第一，大部分学者把魏斯曼的某些著作视为维特根斯坦哲学著作部分，尤其是 PLP、VW 和 WWK。PLP 是魏斯曼的著作，不是维特根斯坦的著作。VW 和 WWK 中大部分内容是维特根斯坦的，但是，不要忘了这些著作是由魏斯曼记录和保留下来的。仅仅把 VW 和 WWK 归入维特根斯坦哲学遗作是不够的：假如魏斯曼生前把他掌握的有关维特根斯坦哲学著作遗失了呢？笔者当然清楚 VW 和 WWK 的内容（思想精神）是维特根斯坦的，但是这些书（记录维特根斯坦的书、纸、笔记本）属于魏斯曼。本书要反对的就是那些把这些哲学遗作理所当然地当作维特根斯坦的哲学遗作来使用而又不对魏斯曼辛勤工作没有感激态度的学者。第二，既然大部分学者已意识到魏斯曼对"中期"维特根斯坦哲学延续性论证有重要的帮助，但他们仍不愿单独研究魏斯曼。目前存在诡异现象：很多阐释者一方面拒绝提魏斯曼，一方面又无意识地使用魏斯曼文本来阐释维特根斯坦思想（主要指 LSP、PLP、VW 和 WWK）。既然他们不愿意把魏斯曼和维特根斯坦相提并论，有两种选择：要么不要提及魏斯曼，只从维特根斯坦遗作来为"中期"哲学延续性辩护；要么就把魏斯曼单独列出来，从魏斯曼哲学遗作中找出有关材料，为"中期"维特根斯坦哲学的延续性辩护。不提魏斯曼并不代表他不重要。

每个哲学家的思想和人生都脱离不开他所处的时代。本书从开篇就表明要为魏斯曼在分析哲学历史、在维特根斯坦哲学阐释工作中具有的重要地位作辩护。本书辩护的原因就是：魏斯曼哲学思想、魏斯曼对维特根斯坦哲学思想的阐释和发展都从不同角度被忽视和低估了。本书从分析哲学历史角度，尤其是维也纳小组在 1920—1930 年代的发展、小组成员和维特根斯坦在 1930 年代的哲学对话、维特根斯坦哲学发展四个角度来论证魏斯曼的重要性。前三个方面属哲学史，魏斯曼哲学思想重要性的忽视首先体现在他在学界中有关维也纳小组跟维特根斯坦哲学互动历史的理解中没有被清楚地认识。魏斯曼不仅是维特根斯坦哲学的发言人，还是维特根斯坦哲学思想坚实拥护者；魏斯曼在小组中地位的不重要以及被忽视是维也纳小组"左右"两翼矛盾和分歧的后果；魏斯曼受到的斥责是小组成员和维特根斯坦矛盾的产物。经过对历史的澄清，我们方能客观评价魏斯曼在维也纳小组内部、在学派与维特根斯坦哲学互动中所起的重要作用。(参阅第三章第六节)

另外，学界对魏斯曼的忽视还体现在维特根斯坦阐释者中。本书要为魏斯曼在维特根斯坦哲学研究中所具有的重要性辩护，本书需要做的就是澄清魏斯曼与维特根斯坦在 1929—1936 年间的互动和合作历史。魏斯曼在跟维特根斯坦合作和互动的这段时间中，魏斯曼的地位和身份发生了复杂变化：他一开始作为维特根斯坦阐释者、发言人以及哲学思想见证者；后来随着两人合作的变化，他逐渐开始成为 LSP 的合著者；最后，维特根斯坦放弃了合作，魏斯曼成为 LSP 唯一作者。在魏斯曼与维特根斯坦合作和对话的这段时间，同时也是维特根斯坦哲学急剧变化的过渡期。魏斯曼作为见证者和合作者，他不仅最早、最全面、最近距离地见证了维特根斯坦哲学的过渡，也最早阐释和发展了"中期"维特根斯坦的有关哲学观点。

第七节　本章小结

本章主要为魏斯曼对"中期"维特根斯坦哲学阐释和发展的正

当性辩护。本章的论点包括当前阐释者普遍认为维特根斯坦的前后哲学存在本质变化的理解是站不住脚的;当前存在着"数维特根斯坦游戏"现象,其背后支撑就是对维特根斯坦哲学的二分理解。如何驳斥上述观点呢?本章采取了如下策略:首先将维特根斯坦前后哲学当作两个端点,然后基于两个端点的具体哲学观点的理解和争论,指出这种二分式的理解存在诸多张力。具体体现在有关 TLP 的"正统式"解读和"果决式"解读,PI 的"正统"解读和"治疗型"解读。本书把"果决式"和"治疗型"解读作为基本视角,因为这种解读强调维特根斯坦哲学的整体性及其哲学发展的延续性。基于上述视角,本书正式提出维特根斯坦哲学发展的延续性理念。接着,本书开始从不同视角来论证维特根斯坦哲学延续性理念视角的合理性。最后,本书提出了在维特根斯坦哲学发展延续性的视角下,考察"中期"维特根斯坦哲学的重要性。"中期"维特根斯坦哲学包括三个方面,而本书关注的是学界一直所忽视的方面:维特根斯坦与维也纳小组的互动。正是从上述思路中,本书指出了考察魏斯曼哲学文本的重要性——研究魏斯曼的哲学文本能够为"中期"维特根斯坦哲学延续性理念的构建提供重要支撑,尤其是维特根斯坦的"维也纳"哲学面相。

在开始考察维特根斯坦与魏斯曼的哲学互动之前,本书还要考察有关维特根斯坦与维也纳小组哲学互动的历史。当前有关维也纳小组、维特根斯坦与小组哲学互动的历史存在着不同程度的误解。因此,第三章的主要内容在于回顾和反思双方互动历史,为第四章有关魏斯曼和维特根斯坦哲学的研究扫清障碍。

第 三 章

对维特根斯坦、维也纳小组和魏斯曼
在 1930 年代哲学互动的考察

　　目前逻辑经验主义研究者逐渐关注小组具体成员哲学，这是从"集体式"到"个体式"视角的转变，但这并不意味着维也纳小组哲学是"整体主义"或"个体主义"。学者一开始对小组成员采取整体态度，认为他们的思想是逻辑经验主义；后来他们开始考察小组成员哲学。在维也纳小组历史的前两个阶段中，学者对小组的理解属于整体式：认为其哲学思想是同质的，都是逻辑经验主义，这种观点得到了内部成员和同时代其他哲学家的认可，如费格和艾耶尔。在这个时期，大部分成员都有"集体主义"倾向。当时学派小组成员留给世人的印象是个集体。

　　在维也纳小组 80 多年的发展中，有关维也纳小组的理解和研究经历了许多转变。这先后有四个阶段。第一阶段是 1900—1930 年。维也纳小组分别经历了诞生、发展、鼎盛和衰退期。维也纳小组大部分与哲学有关的团体活动都发生在两次世界大战期间。第二阶段起于 1930 年代，终于 1960 年代，1930 年代由于欧洲"反犹主义"流行，许多成员纷纷移民到英美世界，尽管维也纳小组组织和成员定期哲学的讨论活动被迫中断，但是成员从未停止哲学研究。而且小组成员的移民促进了逻辑经验主义国际化，例如与美国实用主义的融合。第三阶段发生在 1960—1980 年代,在小组成员移民以后,存在着逻辑经验主义的"沉寂期",许多人认为维也纳小组死了。第四阶段是经过奥地利维也纳大学维也纳研究中心学者的不懈努力,从 1990 年代开始,国际上又出现了对维也纳小组的"重新发掘"和回归趋势。

在历经了"沉寂期"和"融合期"后,学者对小组"个体式"理解变得越来越流行,其代表就是维也纳研究中心的成果。"个体"视角体现了"多元主义"。在 21 世纪研究中,本书建议采取"多元主义"方法。因为用整体方式讨论小组哲学不能带来多少好处,尤其是小组成员与维特根斯坦的哲学互动。小组每位成员对维特根斯坦的思想都有各自不同的理解。集体式理解可以避免很多问题,但多元主义理解更复杂,毕竟《宣言》提出有 14 位成员。许多成员哲学著作尚未被整理、出版、翻译或引介,这给实施个体视角带来困难。基于这些考虑,本书在实施多元主义理解视角时,关注具有代表性和对小组活动有重要影响力的成员,具体是"左翼"成员卡尔纳普和纽拉特,以及"右翼"成员石里克和魏斯曼。

第一节 "多元主义"视角下小组与维特根斯坦 互动史的反思

维特根斯坦哲学阐释者和维也纳小组哲学研究者都对小组与维特根斯坦在 1930 年代哲学互动史感兴趣,尤其是双方哲学是否存在影响和关联。从某个方面来说,维也纳小组具体成员在各自哲学著作中对 TLP 有关内容的讨论,变相地为 TLP 在 1920—1930 年代国际学术界中的影响和传播做了宣传。正因如此,分析哲学史时常把维特根斯坦有关思想所遭受的误解和曲解归结于维也纳小组成员的有关阐释。因此,需要考虑的问题就是,维也纳小组具体成员是如何理解 TLP 主要观点的?正如本书第二章中有关章节提到的,现今有关 TLP 内容阐释存在两种视角："正统"阐释和"果决式"理解，那么维也纳小组成员的理解与上述阐释视角相比，有何联系和差别？

　　本章开篇指出当前有关维也纳小组研究视角经历了从"整体式"到"多元主义"的视角转变：很多分析哲学学者强调维也纳小组成员哲学的"异质"特征。越来越多的史料被挖掘和出版，逐步印证了"多元主义"视角的正当性。维也纳小组对"中期"维特根斯坦哲学阐释的歪曲，部分是出于当时国际学界对维也纳小组哲学的"集体"视角，把维也纳小组哲学同质。因此，假设有某个成员误解了维特根斯坦思想，小组以外的学者就认为整个小组都误解了维特根斯坦哲学。当前提倡"多元主义"视角的学者是托马斯·于贝尔（Thomas Uebel）。研究维也纳小组和维特根斯坦哲学关联和争论，要以具体史料为支撑，在"多元主义"视角下，维特根斯坦与小组在 1930 年代互动历史回顾应强调以下方面：

　　第一，维也纳小组和维特根斯坦哲学在 1930 年代的哲学观点和视角不是静止不变，而是动态变化发展的。一方面，维也纳小组在未发表《宣言》之前，小组成员间组成了不同的"小圈子"，小组成员因为对某些主题有共同兴趣，才聚集在一起讨论；另一方面，维特根斯坦正在从放弃哲学研究转向重拾哲学研究动力的转变。因此，很难就某个小组成员是否"正确"理解了 TLP 主要观点做出公正评判。

　　第二，维也纳小组成员和外部哲学家当时都不恰当地把维特根斯坦列为小组推崇"科学世界观念"的提倡者之一，甚至不恰当地把维特根斯坦也当作小组成员。这种错误归类表现在：在小组《宣言》中，维特根斯坦和爱因斯坦被当作"科学世界观念"主要代表，小组成员菲格把维特根斯坦当作逻辑经验主义哲学的支持者；艾耶尔在《语言、真理与逻辑》中指出逻辑经验主义哲学观点源于罗素和维特根斯坦的哲学观点。由此可见，有关双方哲学观点的关联，不仅在小组内部，而且在当时国际哲学界中都存在疑点。

　　第三，维也纳小组在《宣言》发表之前，其主要基础是"石里克小组"。该小组最早阅读并了解到 TLP 的思想，具体发生在 1921 年或 1922 年。需要注意的是，维也纳小组成员从 TLP 出版以后的确花了很多时间逐字逐句地阅读和讨论了 TLP 文本。但是，我们尚不清楚目前这些活动发生的具体时间和记录。唯一清楚的是，维特根斯坦和部分成员有过私人的会面与谈话。

第四，有关石里克和维特根斯坦是如何建立起哲学对话和联系的历史，蒙克作了详细考察。① 石里克在 1924 年首次尝试写信与维特根斯坦建立起联系。结合小组成员卡尔纳普的回忆与日记以及莱德迈斯特（Reidemeister）的有关记录，于贝尔指出维也纳小组对 TLP 的讨论活动发生在 1924—1927 年。因为自 1927—1928 学年开始，当门格尔加入小组的时候，TLP 就不再是小组哲学讨论议题了。②

第五，绝大部分小组成员亲眼见过维特根斯坦本人，但只有部分成员跟维特根斯坦有过面对面的哲学对话。刚开始，维特根斯坦在这些场合中几乎少有提及哲学问题，他甚至还朗读诗歌。在 1928 年 3 月，经过小组成员的极力邀请，维特根斯坦在维也纳出席了布劳威尔有关"数学、科学和语言"的讲座。在那次，绝大部分小组成员见过维特根斯坦。维特根斯坦非常认真地聆听了布劳威尔的讲座。在讲座后，维特根斯坦饶有兴致地谈起哲学。有趣的是，很多学者认为布劳威尔讲座是促成维特根斯坦在 1930 年代重返哲学研究的重要历史事件，如乔治·皮策尔（George Pitcher）③。在最初对话中，卡尔纳普和菲格等人对当时的维特根斯坦哲学颇为失望，因为那时候维特根斯坦的观点跟他在 TLP 中的哲学观点存在巨大差异。

---

① ［英］雷·蒙克：《维特根斯坦传——天才之为责任》，王宇光译，浙江大学出版社 2011 年版，第 211 页。

② Uebel Thomas, "Wittgenstein and the Vienna Circle", in Glock Hans-Johann and Hyman John, eds., *A Companion to Wittgenstein*, Oxford: Wiley Blackwell, 2017, p. 701.

③ George Pitcher, *The Philosophy of Wittgenstein*, Englewood Cliffs: Prentice-Hall, 1964, p. 8.

后来小组和维特根斯坦的哲学对话主要变成了石里克、魏斯曼和维特根斯坦之间的对话；最后变成了魏斯曼和维特根斯坦的哲学合作与互动。维特根斯坦和魏斯曼的哲学互动发生在 1929—1926 年间，且经历了三个阶段。双方哲学互动具体内容请参阅第三章第五节。

第六，维也纳小组阅读 TLP 以及跟维特根斯坦哲学互动的目的主是什么？首先，小组《宣言》中明确表明他们的目的是提倡一种科学世界观念。小组最初阅读 TLP 的目的就是从该书中找出对实证和形式科学基础有所贡献之处。当然，TLP 对逻辑、语言和哲学本质的观点被小组认为是能够为上述目标作出实质贡献的。因此，正是怀着上述诉求，小组成员才积极地与维特根斯坦进行哲学互动。其次，小组在 1928 年以前对维特根斯坦哲学的理解几乎都是围绕 TLP 的哲学观点。小组绝大部分成员一开始在与维特根斯坦哲学互动的过程中并没有意识到维特根斯坦哲学此时正在发生着重要变化。最后，维也纳小组每个成员都对维特根斯坦哲学有着不同的理解和见解，因而不能笼统地认为维也纳小组误解了 TLP 的观点，事实是小组成员既有曲解，也有正确理解。因此，需要思考的问题就是，小组成员误解了 TLP 的哪些观点，正确地理解了哪些观点？或者说，小组成员同意维特根斯坦哪些观点，不赞同他的哪些观点？维特根斯坦与维也纳小组成员的争论，大部分是由小组成员误解、误用维特根斯坦某些哲学观念引起的。

第七，必须要认识到"左""右"两翼对维特根斯坦哲学观点的立场所存在的重大差异。众多资料表明，自 1929 年《宣言》出版标志着维也纳小组进入公众视野以后，小组存在着极为不同的"左""右"两翼。① "左翼"以卡尔纳普、纽拉特、汉恩等人为代表，其哲学观点较为激进；"右翼"以石里克和魏斯曼为代表，其哲学观点

---

① 这里的划分与哲学关系密切，跟政治关联不大。Uebel Thomas, "Wittgenstein and the Vienna Circle", in Glock Hans-Johann and Hyman John, eds. , *A Companion to Wittgenstein*, Oxford: Wiley Blackwell, 2017, p. 705.

较为保守。小组两翼的差异之一就是对待维特根斯坦哲学的态度："左翼"成员逐渐有意识远离并批评维特根斯坦哲学;"右翼"成员不仅跟维特根斯坦保持紧密的哲学联系,同时也倾向于赞同并支持维特根斯坦哲学。

总的来说,从"多元主义"视角下来考察维特根斯坦和小组的哲学互动,能有助于更客观和全面地掌握这一哲学史实。上述回顾不仅可以消除学界对维也纳小组的误解,同时也使我们更为清楚地了解维也纳小组内部成员的分野。本书把考察小组成员跟维特根斯坦的哲学互动分成四个方面展开:第一是有关小组跟维特根斯坦互动之前,对 TLP 主要内容的理解;第二是小组成员从魏斯曼的记录和陈述中对维特根斯坦最新思想的理解和讨论;第三是讨论小组成员与维特根斯坦有关哲学争论;第四是双方的相互影响。

第二节　维也纳小组"左右"两翼成员对《逻辑哲学论》哲学理解的分野

维也纳小组成员在与维特根斯坦正式见面之前已花了两三年时间细读并讨论了 TLP 文本。小组认为 TLP 从逻辑、语言和哲学三个角度对小组有关科学世界观念的哲学基础做了重要贡献。因此,小组成员对 TLP 讨论最多的就是该书有关逻辑、语言和哲学的观点。根据史料,小组从 1920 年代末开始编撰并打算出版"统一科学百科全书"。该系列第一本著作就是有关 TLP 主要思想的阐释著作,该书的书名就是《逻辑、语言和哲学》。(该书由魏斯曼和维特根斯坦完成,其具体写作历史请参阅第三章第 5.3 小节)下文从逻辑、语言和哲学三个角度分析维也纳小组左右两翼对有关概念的具体理解和分野。在具体讨论中,本书遵循以下步骤:首先讨论 TLP 中有关思想,然后讨论维也纳小组左右两翼分别对 TLP 有关主题思想的阐释,最后讨论两翼理解的差异。

一　对"逻辑"观念理解的分野

TLP 通过真值表刻画了逻辑真理。在 TLP 中，维特根斯坦使用"同义反复"来指出逻辑真理具有的纯形式本质。"在可能的真值条件组中有两种极端情况。一种情况是，一个命题对于所有基本命题的真值可能性都为真。我们称该真值条件是重言式的。"（4.46）重言式对世界什么也没有说，"重言式没有真值条件，因为它无条件为真……重言式和矛盾式是缺少意义的"（4.461）。必然真理就是那种在所有条件中都为真的命题，其为真的原因在于其逻辑形式本身，但与其内容无关。（6.113）据此，TLP 提出的逻辑真理本质通过重言式命题得到体现。于贝尔指出这种逻辑概念跟传统逻辑观念存在两个显著区别：首先，弗雷格和罗素的普遍主义逻辑观念跟实在存在关联。相反，维特根斯坦指出"凡是使一个逻辑命题显得像是具有内容的理论都是假的"（6.111）。其次，罗素在《数学原理》中认为算术是逻辑命题，而维特根斯坦持有相反观点。罗素的"可规约性公理"不是逻辑命题，这些命题既不是分析的，也不是"重言式"的。①（6.1232）"重言式"命题显示出逻辑真理本质：它们跟实在没有关联、没有内容，只有纯粹的形式。

第一，维也纳小组所有成员都意识到 TLP 是自罗素《数学原理》以来，对哲学贡献最大的著作。门格尔认为 TLP 解释清楚了逻辑扮演的角色，即所有逻辑命题都是重言式。（6.1）于贝尔还指出，在 TLP 之前，石里克的《普通认识论》就已指出三段论逻辑具有类似特征：所有严格演绎推理都是分析的。② 石里克和维特根斯坦的不同之处在于，TLP 的有关结论是基于弗雷格和罗素的成果的。

---

① Uebel Thomas, "Wittgenstein and the Vienna Circle", in Glock Hans-Johann and Hyman John, eds., *A Companion to Wittgenstein*, Oxford: Wiley Blackwell, 2017, p. 707.

② Ibid., p. 706.

　　TLP 提出逻辑本质的观点深深地吸引了小组成员。TLP 中有关逻辑的结论对经验主义者具有吸引力：假设把逻辑当作有关世界物体命题最普遍的理论，那么，经验主义就会遇到不可逾越的问题。但 TLP 指出逻辑并不是在言说客体，而且逻辑也不可能在世界之中。"当人们运用符号来谈论世界的时候，逻辑就最先诞生了。"① 经验主义的缺陷在于其所运用的逻辑与世界相关，而借用 TLP 的逻辑观念，经验主义就超越了上述问题。

　　第二，卡尔纳普等"左翼"成员并不完全接受 TLP 的逻辑观念，他们对其改进并运用到自己的哲学当中。汉恩虽高度赞赏了 TLP 的逻辑观念，但是他并没有放弃传统与实在相关的逻辑主义。汉恩指出，仅仅做有关逻辑本质特征的陈述工作，对于把数学发展为纯逻辑来说是不够的。② 无论 TLP 的逻辑观念有多先进，汉恩和卡尔纳普都不认为维特根斯坦解决了问题。他们对 TLP 不在于单纯的忠实解释，其目的在于从 TLP 的逻辑观念中发展出替代观念，比如卡尔纳普的《世界的逻辑构造》。除了解释差异，汉恩跟 TLP 中有关"重言式"命题的理解也存在差异。于贝尔从汉恩在 1932 年讲座内容中发现，汉恩的"重言式"概念外延要比 TLP 有关概念的外延更宽泛。

　　第三，跟 TLP 的逻辑观念相比，"左翼"小组成员是逻辑多元论者，他们并不赞同维特根斯坦在 TLP 中提出的只有一种普遍逻辑，即基于罗素和弗雷格的逻辑观念，他们把逻辑概念当成普遍语言。这主要体现在汉恩和卡尔纳普的哲学中，尤其是卡尔纳普的《语言的逻辑句法》。于贝尔发现，卡尔纳普在哲学研究中，从 TLP 的逻辑观念过渡到了《语言的逻辑句法》中对逻辑的宽容观点。

---

　　① 　Uebel Thomas, "Wittgenstein and the Vienna Circle", in Glock Hans-Johann and Hyman John, eds., *A Companion to Wittgenstein*, Oxford: Wiley Blackwell, 2017, p. 707.

　　② 　Ibid..

二　对"语言"观念理解的分野

本书讨论的"语言"观念主要是语言的意义。具体来说，这涉及命题的意义。命题和句子的区别在于：命题是从哲学角度而言的，尤其是分析哲学的语言哲学；句子是从日常语言角度而言的。众所周知，维也纳小组提出了命题的语义观点就是"证实"：命题的意义在于其证实。仔细研究维也纳小组的哲学文本，可以发现证实主义观点存在诸多疑点。本节初步讨论小组两翼成员对证实观点的不同理解，下文第三节将详细讨论意义证实。

维也纳小组被广泛认为持有意义证实主义观点，这跟他们拒斥形而上学齐名。证实主义并不直接源于 TLP，而是源于如下两点：小组成员基于 TLP 中有关小节内容自己理解出来的；小组成员从魏斯曼有关记录中总结出来的。"理解一个命题意味着知道若命题为真事情应该是怎样的。"（4.024）"与基本命题的真值可能性符合和不符合的表达式，表达命题的真值条件。命题即是其真值条件的表达式。"（4.431）魏斯曼在 1929 年 12 月的记录中直接指出，命题意义就是其证实方法。于贝尔谈道，就算维特根斯坦曾持有证实观点，他和小组的观点也有区别：维特根斯坦持有严格证实主义，它需要对命题的完全证实。① TLP 指出命题由简单物构成，简单物构成基本命题，基本命题必须是确定的。然而如何确定？它因此提出了意义的符合论。符合论逐渐被小组理解为证实主义。维特根斯坦在 1930 年代的确存在"证实主义时期"，这些观点被小组成员所广泛接受。

尽管证实主义被当作基本命题具有意义的标准，但还存在着不能使用证实主义的地方，如"假言"命题。有关"假设命题"意义的讨论，小组出现两种观点："右翼"成员石里克认为，"假言命

---

① Uebel Thomas, "Wittgenstein and the Vienna Circle", in Glock Hans-Johann and Hyman John, eds., *A Companion to Wittgenstein*, Oxford: Wiley Blackwell, 2017, p. 708.

题"好比飞驰的剑,可被理解为意义的方向,其内容不能被证实;①
"左翼"成员则提出应采取相对自由的标准。卡尔纳普说:"我们当
中有些人,尤其是纽拉特、汉恩和我,都得出如下结论:与可证实
观点相比,我们只好寻求一种更为自由的标准。"② 卡尔纳普1931年
在《消除形而上学》一文中也提到了意义的自由观点。"无论存在
何种不足,只要陈述的句法和术语使用正确,那么那种被普遍量化
的陈述就是有意义的。"③ 汉恩在1932年的讲座中提出了"假设—
演绎方法,这跟卡尔纳普的观点类似。纽拉特则提出,凡是不可控
的陈述都是无意义的。④ 相反,石里克直到1936年的《意义与证
实》中,才放弃了严格证实主义。于贝尔还指出,早在维特根斯坦
1929年提出意义证实观念之前,小组内部就已关注了经验意义的标
准问题。逻辑经验主义源于早期马赫经验主义思想,马赫曾指出科
学并不关心证实和否定是否可能的问题。⑤

　　维也纳小组两翼成员与证实主义有关讨论还牵涉到意义的符合
论的讨论。"左翼"成员普遍反对意义符合论源于 TLP 的意义图像
论观点。相反,"右翼"成员却没有此担忧。石里克在《普通认识
论》中吸收了 TLP 的图像论,把真理概念理解为陈述和事实的协调。
小组左右两翼有关意义符合论的分歧直到1935年卡尔纳普接受了塔
尔斯基真值语言学观念的时候还未能消除。

　　除了两翼有关意义符合论的分歧,双方还存在着"元语言"概
念的分歧。"左翼"成员反对"右翼"成员的元语言观念。与卡尔
纳普元语言观点相反,石里克和魏斯曼紧随维特根斯坦。"'逻辑常
项'不是代表物,事实的逻辑是不能有代表物的。"(4.0312)维特

---

① Uebel Thomas, "Wittgenstein and the Vienna Circle", in Glock Hans-Johann and Hyman John, eds., *A Companion to Wittgenstein*, Oxford: Wiley Blackwell, 2017, p. 709.

② Ibid..

③ Ibid..

④ Ibid..

⑤ Ibid..

根斯坦在 TLP 中否定了"逻辑常项"的存在，"所有真值涵项都是把有限数量的真值运算连续运用于基本命题的结果"（5.32）。"这就表明，没有（在弗雷格和罗素的意义上的）'逻辑对象'或'逻辑常项'。"（5.4）维特根斯坦对逻辑对象存在反驳的澄清还体现在他有关言说和显示的区分方面。按照逻辑图像论，如果对命题的所有"言说"都是对诸事实的确认，这就涵盖了对它们的表现，那么"言说"就需要诸对象；如果不存在逻辑对象，即逻辑常项是表现物，那么后者就不能命名前者了，因此诸逻辑事实就只能被显示。"命题能够表述全部实在，但是不能表述它们为了能够表述实在而必须和实在共有的东西——即逻辑形式。为了能够表述逻辑形式，我们必须能够和命题一起置身于逻辑之外，也就是说，置身于世界之外。"（4.12）

既然"能显示出来的东西，不能说出来"（4.1212），那么就不能那样做。因此，卡尔纳普等人提出的元语言概念，起码需要一种谈论元语言的语言。按照 TLP 观点，元语言概念本身有重大缺陷。因此，不难理解为什么石里克和魏斯曼等人反对"元语言"观念。"右翼"成员紧随维特根斯坦，"左翼"成员紧随塔斯基。双方上述分歧不仅源于他们对 TLP 提出的具有超验本质逻辑观念理解的分歧，而且源于双方对哲学本质理解的分歧。

三　对哲学理解的分野

第二章第 1.3 小节讨论了 TLP 的元哲学观点。概括起来包括以下方面：哲学问题源于哲学家对日常语言和逻辑句法的混淆；日常语言掩饰了思想，哲学就是语言批判；哲学通过对命题逻辑句法的分析，画出"有意义"和"无意义"的界限。第二章第 1.4 小节也指出当前存在着"正统"和"果决式"读者。根据史实，维也纳小组可以被称为 TLP 最早的阐释者之一。前文已经指出，小组两翼对 TLP 及其有关思想的分歧和争论，原因之一就是他们对 TLP 的哲学本质观点存在分歧。

维也纳小组两翼对 TLP 元哲学观点的理解可被理解为当前不同阐释者的先驱。小组两翼对 TLP 元哲学的理解都是严格基于该书内容的："右翼"成员赞同并支持 TLP 元哲学观点，认为 TLP 从逻辑角度探讨了意义、语言和世界的关系，这对他们具有重要启示意义；"左翼"成员反对 TLP 的不可说的真理等观点。

首先，"右翼"成员高度赞扬和接受了 TLP 有关哲学本质的观点。石里克曾在 PLP 序言中指出 TLP 元哲学观点的重要性："该书提出的新见解无疑对哲学的命运来说至关重要……哲学已来到其转折点。"① 石里克赞同维特根斯坦："哲学不是自然科学之一。（哲学一词所指的东西，应该位于各门自然科学之上或者之下，而不是同它们并列）"（4.111）石里克认为哲学阐明命题，科学证实命题。

另外，"左翼"成员对"右翼"成员和 TLP 中的元哲学观点持反对意见。纽拉特表明："我们不需要一个用于阐释的形而上学梯子。在这点上我们不能跟维特根斯坦苟同，当然维特根斯坦对逻辑所做出的重要贡献的价值不能被低估。"② 两翼对形而上学概念的理解不同：石里克把形而上学当作对只能被显示之物进行言说的尝试；但是，纽拉特和卡尔纳普则反对有关阐明："不可能把'对概念的澄清'和'对科学的追求'截然分开，它们是不可分割的。"③ 纽拉特对阐明工作的反对，并非因为它们无意义，而是因为它们不必要。④ 类似地，卡尔纳普把哲学当作逻辑的科学、对元语言的探求以及通过科学实验研究补偿形式的探求工作。根据纽拉特和卡尔纳普等"左翼"成员的理解，哲学成为"统一科学"的部分，"统一科学"就是一种科学的元理论。

---

① Uebel Thomas, "Wittgenstein and the Vienna Circle", in Glock Hans-Johann and Hyman John, eds., *A Companion to Wittgenstein*, Oxford: Wiley Blackwell, 2017, p. 711.

② Ibid..

③ Ibid..

④ Ibid..

正因两翼对 TLP 元哲学的不同理解，他们和维特根斯坦按照各自哲学路径往不同的方向发展。维特根斯坦从 BT 中继续探讨言说和显示的区分，同时他更关注自然语言的语法研究。对语法不同方面的考察恰好就是对言说和显示的区分的不同刻画性展示；卡尔纳普逐渐追求一种逻辑和语言的运算理念。

纽拉特和卡尔纳普都反对 TLP 中的形而上学观念。于贝尔把纽拉特和石里克的理解称为 TLP 的"证实主义者"和"形而上学式"理解。所有对 TLP 的形而上学式理解的论点在于，维特根斯坦通过 TLP 有关阐明以此表明：命题从严格意义来说是不可说然而又是为真的。"证实主义者"的解读并不否认这个理解跟维特根斯坦动机有关，而且在这点上他跟"形而上学式"解读观点相同，但是他做出此评价的立场却是相反的。纽拉特代表的"证实主义者"解读视角反对把阐明方法作为形而上学，而且这不是真的，它是无认知意义的。

以石里克为代表的"证实主义者"解读跟当前的"果决式"解读观点一致。但是，"果决式"解读反对其他阐释者从维特根斯坦写作 TLP 的内部动机来阐释 TLP，他们坚持这样认为：维特根斯坦的目的在于让读者认识到 TLP 中所有命题都是无意义的。"他必须超越这些命题，然后他就会正确看待世界。"（6.54）所谓"正确看待世界"，就是正确地看待逻辑和语言：它们跟自身的解释和基础无关，它们是必须被接受的前提。

从上述两翼在 1930 年代早期有关 TLP 的内容和维特根斯坦其他哲学思想的讨论研究中，可以发现两翼对待维特根斯坦的态度和理解存在分歧：石里克和魏斯曼是维特根斯坦 1930 年代哲学思想的支持者，而纽拉特、汉恩和卡尔纳普等人则是反对者。对于小组成员有关后期维特根斯坦哲学的理解方面，于贝尔发现，除了莱德迈斯特，其他成员几乎没有关心和意识到后期维特根斯坦哲学，比如 PI。

第三节 对维也纳小组与维特根斯坦 哲学互动史的具体考察

维也纳小组在 20 世纪 30 年代对维特根斯坦的哲学思想有过深入讨论。小组成员主要通过魏斯曼的陈述和报告了解到维特根斯坦的最新思想。正因如此，魏斯曼在小组和维特根斯坦的争论中受到批评。对维特根斯坦和小组争论的研究的前提是对两者互动历史的考察。

一 维特根斯坦和小组成员在 1930 年代哲学互动概览

维特根斯坦和小组成员哲学对话较为特殊。首先，维特根斯坦拒绝参与小组内部哲学讨论，他一开始有选择性地跟小组成员交流。石里克起初选择了卡尔纳普、费格和魏斯曼跟维特根斯坦交流，后来只剩下石里克和魏斯曼。再后来，由于石里克工作繁忙，绝大部分交流发生在魏斯曼和维特根斯坦之间。与此同时，魏斯曼作为小组成员，他不定期地在小组会议中陈述和传播维特根斯坦的最新思想，同时又把小组成员对维特根斯坦最新哲学的理解与评论转达给维特根斯坦，维特根斯坦根据魏斯曼的陈述来回应。随后魏斯曼又把维特根斯坦的意见在小组内部会议上进行陈述和传达。魏斯曼在大多数情况下充当了小组成员跟维特根斯坦"对话"的桥梁和媒介。

如果从"集体式"视角对待维也纳小组，他们和维特根斯坦的哲学对话发生在 1927—1936 年间，但这又带来了问题：大部分对话只发生在维特根斯坦和魏斯曼之间，因此本书提出"个体式"研究视角：从个体角度说，这个对话发生在维特根斯坦、魏斯曼和石里克之间。因为"从 1929 年年初开始，维特根斯坦只和石里克和魏斯曼碰面"①。有关哲学对话的概要请参阅附录四和附录五。

在 1920 年代（大约从 1922 年到 1925 年），维特根斯坦在 TLP 中的思想已在石里克小组中被讨论。在 1929 年维也纳小组与维特根斯坦建立联系后，这种境况得到了增强。在维特根斯坦与学派交流期间，维特根斯坦的哲学转变还并不为小组成员所知。基于这些历史，有理由假设在学派和维特根斯坦哲学讨论中，TLP 一直是讨论主题。小组成员到底在多大程度上理解了 TLP 中的思想还有待考证，但维特根斯坦早就表明罗素和弗雷格没有完全理解 TLP 的思想。如果是这样，那学派的理解又如何呢？这种判断不仅应留给维特根斯坦，也可以从小组成员讨论文献中挖掘证据。下一小节将关注《宣言》（1929 年）和魏斯曼 1930 年在维也纳小组内部会议中呈现的有关维特根斯坦哲学的《提纲》（*Theses*）。本书尝试分析这两份材料，进而发掘学派成员是如何理解维特根斯坦的思想的。

二　小组对维特根斯坦哲学理解的证据 ——《宣言》

作为维也纳小组进入"公共阶段"的标志，《宣言》在小组发展历史中有重要意义。但根据本书作者理解，《宣言》的哲学价值有名无实："科学世界观念是一种宣口号，不具有太多哲学深度。"本书论据如下：

首先，《宣言》的内容不能代表每位成员的观点。其内容是由纽拉特总结而来的："第一个版本是由纽拉特所写的，却遭到了卡尔纳普的否定。卡尔纳普亲自对其内容作了修改，以便呈现出较为均衡的形式。"② 卡尔纳普在 1929 年 9 月 30 日写信给石里克，解释了《宣言》完成过程。卡尔纳普说："请您（石里克）对这个宣言只表现出您一贯的和蔼和支持，而不要对其内容做过多评判。它是由费

---

① Stadler Friedrich, *The Vienna Circle*: *Studies in the Origins*, *Development*, *and Influences of Logical Positivism*, Wien: Springer-Verlag, 2001, p. 438.

② Haller Rudolf, *Questions on Wittgenstein*, London: Routledge, 1988, p. 32.

格、纽拉特和我共同努力的结果,同时我们出于好意,没有关注它的具体哲学的价值……其中,我们每个人都对自己专业有关文献目录作了阐明;此外,有关您和爱因斯坦的介绍由费格完成、有关维特根斯坦的介绍和阐释由魏斯曼完成,还有对罗素的解释是我亲自完成的。"① 当时创作和发表《宣言》主要目的是劝说石里克从美国访问后继续留在维也纳大学,带领小组成员继续从事哲学研究。从这个角度来说,《宣言》的情感功能明显比哲学阐释功能更重要。

其次,《宣言》只是纽拉特计划实施过的众多社会运动之一。如果仔细考察纽拉特的哲学生涯和他的哲学手稿,可以发现《宣言》和其他文章在结构上非常相似。例如,在《从战时经济到以类别为基础的经济过渡》中,可以找到很多与《宣言》文体结构相似之处。② 在维也纳小组中,与其说纽拉特是哲学家,不如说他是社会改革家。对纽拉特而言,"科学世界观念"是他进行社会改革的口号,而非深奥的哲学理念。本书认为在1930年代维也纳小组发展中,纽拉特的非哲学倾向对整个学派来说是负面的:纽拉特把逻辑经验主义当作他进行社会改革运动蓝图的一部分。"纽拉特本人似乎一直在强调维也纳小组发展及其主要观念统一的图像,而这样一来,就会对绝大多数从事维也纳小组历史研究的学者产生误导。对纽拉特来说,对某个新哲学思想宣传工作的重要性,要远大于他尝试让人们知道他的观点和别人观点的不同之处。比方说他对记录语句的思考。"③

再次,纽拉特和维特根斯坦存在哲学纷争。现在读者终于明白为什么学者对维也纳小组采取"集体式"视角了,纽拉特的作用是重要因素。此外,"集体式"视角跟小组成员阿尼·勒斯(Arne

---

① Haller Rudolf, *Questions on Wittgenstein*, London: Routledge, 1988, p. 32.

② Neurath Marie and Cohen Robert, eds., *Otto Neurath: Empiricism and Sociology*, Boston: D. Reidel Publishing Company, 1973, pp. 123 – 157.

③ Haller Rudolf, *Questions on Wittgenstein*, London: Routledge, 1988, p. 13.

Naess）提出的"科学多元论"类似。① 抛开纽拉特所赋予《宣言》的"宣传"意味，它也可以被当作小组成员在 1929 年对维特根斯坦哲学理解的体现。如果从这个角度来对待《宣言》，将有助于理解小组和维特根斯坦的互动。卡尔纳普在写给石里克的信中已提到，《宣言》中与维特根斯坦有关部分由魏斯曼起草。在小组成员与维特根斯坦后续的哲学讨论中，卡尔纳普和费格逐渐被排除在外。因此，在《宣言》中有关维特根斯坦哲学的概括不仅是魏斯曼在 1929 年对维特根斯坦当时思想的理解，也代表了部分小组成员的理解。根据本书对《宣言》的考察，除了"附录"以外，正文中总共提到维特根斯坦六次，具体内容如下：

（1）"1.1 历史背景：接下来所有源自于科学和哲学历史主流哲学思想流派被放在一起，而且我们已阅读和讨论了这些代表作……；逻辑及其在现实中的运用：莱布尼茨、皮亚诺、弗雷格、施罗德、罗素、怀特海、维特根斯坦。"②

（2）"1.2 以石里克为中心的小组……多年以后逐渐形成了一统；这也是精确科学态度的结果：'凡能够被言说的，都可以说清楚'（维特根斯坦）。"③

（3）"2. 科学世界结构。更先进的是，它可以用来澄清产生形而上学偏离的逻辑起源。尤其是借助于罗素和维特根斯坦成果。"④

（4）"3. 存在问题的领域。3.1 算术基础。目前在该领域由三个不同观点互相对立；除了'逻辑主义'或罗素与怀特海，还存在着希尔伯特的'形式主义'。这种观点把算术当作依靠特定规则来进行的公理游戏。还有布劳威尔的'直觉主义'。根据这个观点，算术

① Naess Arne, *Pluralism of Tenable World Views*, Netherlands：Springer, 2003, p. 3.

② Neurath Marie and Cohen Robert, eds., *Otto Neurath：Empiricism and Sociology*, Boston：D. Reidel Publishing Company, 1973, p. 304.

③ Ibid. .

④ Ibid. , p. 307.

知识是基于某种并不太遥远、可以还原为有关持存和联结的直觉……有人认为上述三种观点并不像它们看起来的那样相隔很远。他们总结到，在将来发展过程中上述三种观点特征将越来越接近，而且借助于维特根斯坦有关影响，有可能在最终解决方案中联合在一起。"①

（5）"根据罗素和维特根斯坦研究结果，数学概念的特点是同义反复。维也纳小组同样持有上述观点。据说这种观念不仅在先验论和直觉主义，而且在老的经验主义（例如 J. S. 密尔）那里遭到反对。这些反对观点尝试把数学和逻辑从某种实验—归纳方式中衍生出来。"②

（6）维特根斯坦的名字被放入了"科学世界观主要代表"：阿尔伯特·爱因斯坦、博特兰·罗素和路德维希·维特根斯坦。③

在第一个引文中，小组把维特根斯坦哲学当作其哲学来源。在 1920 年代，小组成员曾深入探讨 TLP 内容，他们把 TLP 的目标确定为"逻辑及其在现实中的运用"。仔细思考维特根斯坦在 TLP 中的观点，可以发现学派理解是局部的。对维特根斯坦而言，TLP 有两个目的：解释语言/思想是如何能够借助语言陈述来描绘世界，以及语言和世界具有的共同形式；揭示出哲学问题是语言问题，通过分析就会消失。《宣言》有可能正确地理解了第一个目的。但是，维特根斯坦在 TLP 中的真正目的是揭示出哲学问题的本质：它们是语言的混淆，而且通过（逻辑）分析将会消失；在第二个引用中，维也纳小组关注了 TLP 最后一个命题。"不可说的，只可不说。"④ 维也纳小组的理解是局部的：只要是能够说清的，都可以说清楚。维特根斯坦是说，对某些命题或事物，我们是不能用语言所言说，只能

---

① Neurath Marie and Cohen Robert, eds., *Otto Neurath：Empiricism and Sociology*, Boston：D. Reidel Publishing Company, 1973, p. 311.

② Ibid..

③ Ibid., p. 318.

④ 英文表述为"What we cannot speak about we must pass over in silence."

对其保持沉默。在 TLP 中，不可言说之物包括宗教、美学和伦理学命题等。可以说的包括自然科学。维特根斯坦在 TLP 中的目的是为"可说"和"不可说"之物划界。他并不是说，凡是可以说的都可以说清楚，凡是不可以说的就不能说清楚。小组只理解对了 TLP 最后一个命题的其中一半；只关心"可以说的"，不关心"不可说的"。

小组认为 TLP 最后一个命题隐含着某种"精确科学态度"。本书认为小组的理解是不合适的："科学的态度"是小组的态度，不是维特根斯坦在 TLP 中的态度。如果从 TLP 写作视角来理解最后一个命题，维特根斯坦并没有"科学"态度。再次重申，维特根斯坦的目的是对"可说的"和"不可说的"划界，他的理论基础是"逻辑原子主义"和"图像论"，他的方法是对命题的逻辑分析。借助命题（语言），我们可以"言说"外部世界。"逻辑"被当作分析命题的工具，逻辑分析的目的是区分"有意义"和"无意义"。

维特根斯坦在 TLP 中还把哲学和其他学科区分开来，例如科学和心理学。"4.1 命题表述原子事实的存在与不存在。4.11 真命题的总和就是全部自然科学（或各门自然科学的总和）。4.111 哲学不是自然科学之一。（'哲学'一词所指的东西，必须是某种位于自然科学之上或者之下，而不是与它们并列的东西）4.112 哲学的目的是对思想的逻辑澄清。哲学不是一种学说，而是一种活动。一部哲学著作，从本质上来看是由一些阐明构成的。哲学的成果不是若干'哲学命题'，而是把命题澄清。哲学应该把那些没有哲学就会模糊不清的思想弄清楚，并为之划定明确的界限。4.1121 心理学与哲学的关系并不比任何其他自然科学更为接近。"仔细推敲上述评论，我们会对维特根斯坦和小组的差异有更好的理解。当然，读者也可以有自己的理解。尽管如此，本书认为维特根斯坦在 TLP 中没有某种"科学的态度"。维特根斯坦说过哲学不是某种自然科学，他的目的是区分哲学和自然科学。他只关心哲学，而不是科学。在维特根斯坦看来，科学应属于"可说"之域，这是两者最核心的区别。假如此处论证是正确的，那么，小组把维特根斯坦在 TLP 中的思想加入

"科学世界观"就不恰当了。

　　从形而上学角度来说，小组的理解跟维特根斯坦是一致的：有些形而上学问题是源于哲学家对这些问题表达形式的逻辑结构的误解。从维特根斯坦角度来说，哲学问题的产生是由于哲学家误解了语言的逻辑。因此，逻辑分析方法可以被当作分析形而上学命题的工具。但是，我们必须要清楚这个背景不是基于科学世界观念。科学世界观念属于维也纳小组，而非维特根斯坦，这是小组和维特根斯坦的另一差异。小组科学世界观念的假设可能受到了维特根斯坦在 TLP 中有关哲学和科学本质评论的启发。

　　最后两个引用是有关数学和逻辑主题。在有关数学的理解上，小组和维特根斯坦并无显著差异。小组中有很多成员是数学家，例如汉恩、卡尔·门格尔（Karl Menger）和菲利浦·弗兰克（Philip Frank）。维特根斯坦在 TLP 中表述了他对逻辑的理解：逻辑联结词不展示，但会决定某个图像形式。"这就清楚表明，没有（罗素和弗雷格所说意义上的）'逻辑对象'或'逻辑常项'。"（5.4）维特根斯坦和罗素对"逻辑客体"的理解存在不同。本书并不确定维也纳小组是否意识到了这点。维特根斯坦对"逻辑"的理解和罗素相反：他认为逻辑不是最普遍的科学，因为它对世界没有任何言说。"逻辑命题是重言式。"（6.1）"因此逻辑命题什么也没有说。（它们是分析命题）"（6.11）维特根斯坦不认为"重言式"或矛盾式无意义（nonsense），因为它们展示出思想、语言和世界的形式缺乏意义（meaningless）。①

　　最后，小组把维特根斯坦当作科学世界观主要代表也是不恰当的。维特根斯坦是哲学家，他对自然科学研究内容不感兴趣。换句话说，维特根斯坦在 1930 年代并不是科学哲学家。再次重申，维特根斯坦在 TLP 中的目的是把自然科学、心理学、宗教和哲学区分开来。"在读完 1929 年的小册子——科学世界观念后，他提醒魏斯曼：

---

　　①　请参考《逻辑哲学论》第 4.4611、4.446、6.113 和 6.12 节。

维也纳小组需要做的、最重要的任务不是宣传而是哲学活动。"① 维特根斯坦的理解是对的：《宣言》更像是某种宣传。维特根斯坦反复强调哲学不是某种理论而是活动，这是他和小组的另一差别。《宣言》表明小组有某种科学世界观念，且广泛地被成员所接受，但并非每个成员都有这种观点。本书认为这是导致卡尔纳普拒绝《宣言》初稿的原因。

三　维也纳小组对维特根斯坦哲学理解的证据——《提纲》

卡尔纳普自述他在 1927 年只和维特根斯坦有过五次会面。从 1929 年开始直到 1934 年，维特根斯坦只与魏斯曼及石里克会面。1930 年间维特根斯坦给魏斯曼口述了一份《提纲》②。我们可以合理地假设，《提纲》曾在小组讨论中被宣读流传。在 WWK 中，该《提纲》被放到"附录"中，有"A""B"两个版本，它们存在差异："魏斯曼开始《提纲》的创作是在 1930 年间，但在随后一年里，他曾多次作出修改……《提纲》的改动不大。本书作为附录 B 所刊印的文本似乎是最后保存文本。很有可能，《提纲》曾多次被构思成为《逻辑、语言、哲学》的一部分，也许是与语言相关的那部分。"③

LSP 用德语完成，PLP 是其英文版，英文版本比德文版本先出版。假如麦吉尼斯的预测正确，《提纲》的内容就应在 PLP 第二部分有关哲学语法构成元素中被找到。根据本书的考察，魏斯曼不仅把《提纲》呈现给小组成员，而且在他的演讲和论文中也系统和详

---

① Haller Rudolf, *Questions on Wittgenstein*, London：Routledge, 1988, p. 41.

② 德文为"*Theses*"。在英文编辑这序言中，中译者把麦吉尼斯的叫法翻译为"提纲"。但是在 WWK 的附录中，中译者把这个翻译为"论点"，王宇光把它翻译为"提纲"。本书参照麦吉尼斯的称呼。[英] 雷·蒙克：《维特根斯坦传——天才之为责任》，王宇光译，浙江大学出版社 2011 年版，第 211 页。[奥] 路德维希·维特根斯坦：《维特根斯坦与维也纳小组》，徐为民等译，同济大学出版社 2005 年版，第 13 页。

③ [奥] 路德维希·维特根斯坦：《维特根斯坦与维也纳小组》，徐为民等译，同济大学出版社 2005 年版，第 13—14 页。

细地阐述了有关内容。"《提纲》试图借助于某些新观念，如假设观念和以实证界定意义等思想，来理解《逻辑哲学论》中的某些主要原则。除了掺和着这些新材料以外，其目的是以一种易于理解的方式介绍《逻辑哲学论》的研究成果，而不是就已经开始的讨论作进一步的展开……维特根斯坦教授在 1931 年 12 月就这一方案与魏斯曼进行讨论时，以一种独特的、具有说服力的方式，表明了他对'这种新瓶装旧酒的提纲'的反对……"①《提纲》发挥了双重作用：它是对 TLP 中有关思想的系统陈述；它是对维特根斯坦在 1930 年间哲学转变的见证。

《提纲》共有 9 部分：1. 事态、事实、实在；2. 语言；3. 句法；4. 对称和不对称；5. 同一性；6. 证实；7. 定义；8. 客体；9. 逻辑空间。基于这些主题，我们可以发现，这是有关维特根斯坦在 TLP 以及"中期"哲学的混合体。正是借魏斯曼之手，小组成员有机会接触到维特根斯坦的最新思想。1、8、9 部分是对 TLP 中有关内容的新陈述。2—7 部分是新旧思想的融合。

1929 年 12 月 22 日在石里克的家中，维特根斯坦与魏斯曼和石里克讨论了命题意义，维特根斯坦首次提出了他的"证实"概念。②"证实"概念在逻辑经验主义中举足轻重。学派成员讨论最多、争论最激烈的就是"证实"。（"中期"维特根斯坦和魏斯曼对维特根斯坦有关"证实"观点的阐释与对比，请参阅第四章第二节）"证实"概念由维特根斯坦提出，后来在 1930 年魏斯曼在《提纲》中对其进行了系统论述。《提纲》第六节对维特根斯坦的"证实"作了系统阐释。再次声明，《提纲》所有内容都是源于维特根斯坦和魏斯曼的哲学对话。但是，它的组织和写作是由魏斯曼完成的，我们不应忽

① ［奥］路德维希·维特根斯坦：《维特根斯坦与维也纳小组》，徐为民等译，同济大学出版社 2005 年版，第 14 页。

② 根据蒙克的理解，维特根斯坦在这个时期经历了"证实主义阶段"。［英］雷·蒙克：《维特根斯坦传——天才之为责任》，王宇光译，浙江大学出版社 2011 年版，第 284—302 页。

视魏斯曼付出大量精力，把这些杂乱无章的材料重新组织成为融贯系统的整体。

第一，"证实"关注命题理解。根据 TLP 的观点，命题必须有逻辑值：真或假。它的逻辑真值前提是它的意义："去理解一个命题意味着知道如果这个命题是真的，情形是怎样的。人们能理解一个命题而不知道它**是否**是真的。"① 维特根斯坦的意思是说，理解和知道命题的真值条件两者间并无必然关联，尽管命题意义就是其证实，但也存在限制："命题不可能说出比它的证实方法所确定的更多的东西。如果说'我的朋友在发怒'，并且，我是依据一些可以观察到的行为表现来确定这一点的，那么，**我只是**意味着，他表现出了那些行为。"② 维特根斯坦是说，命题不可能被一劳永逸地证实。当某个证实方法被采用时，其目的只是为了达到那种证实方法："**命题的意义是它被证实的方法**。意义本身是一种证实方法，这种方法不是手段，也不是工具……证实方法，毕竟不是某种加在意义上的东西。命题已经**包容了**它的证实方法，你不可能**寻求**一种证实方法。"③ 显然，在维特根斯坦和小组有关证实的理解有本质区别。学派的口号——"命题意义在于其证实方式"——是误导人的。小组内外成员对证实原则的讨论极其复杂，包括艾耶尔德"强/弱证实"以及波普尔的"证伪"观点。此处认为，许多小组成员一开始就误解了维特根斯坦观点，他们没有严肃阅读和理解魏斯曼的《提纲》。维特根斯坦认为，证实方法并不能丰富命题意义。核心要点是，命题本身已包含了其具体被证实的方式，这个证实就是指命题本身的真值条件。维特根斯坦从未暗示或表明命题意义等同于它的证实方式，命题被证实的范围就是其有意义/无意义的边界。

第二，对"证实"和有意义关系的假设跟问答逻辑类似。"不

---

① 原文是斜体，本书用粗体表示。[奥] 路德维希·维特根斯坦：《维特根斯坦与维也纳小组》，徐为民等译，同济大学出版社 2005 年版，第 203 页。

② 同上。

③ 同上书，第 204 页。

能以任何方式所证实的命题没有任何意义。不存在不能回答的问题。"① 魏斯曼继续阐述维特根斯坦对问题本质的分析，哪里没有问题，哪里就没有答案。"你只能问：在什么地方你可以寻求某物。而且，只有在存在着寻求这种东西的方法的地方，你才能寻求它。寻求意味着系统地寻求。"② 接着，"一个陈述之所以有意义，并不是因为它是被合理建构的，而是因为它能被证实。**因而，任何一个命题都是合理地建构起来的**。所以如果我说明了一个证实方法，那么，我也就因此设定了相关命题的形式，它的词的意谓、句法规则等等"③。根据麦吉尼斯的考证，维特根斯坦在这里的评论是对卡尔纳普在 1931 年《消除形而上学》一文的反驳。除了这一节，维特根斯坦在第 4、5、7 节中表述了很多新观点，这些观点同样被小组成员讨论，也成为维特根斯坦和小组成员争论的主要源头。

维特根斯坦口述给魏斯曼的《提纲》时期，被蒙克称为维特根斯坦的"证实时期"。蒙克认为维特根斯坦哲学在 1929 年经历了根本转变："1929 年，石里克和魏斯曼——更不用说小组其他成员——都未察觉到，维特根斯坦的思想在多么快和多么彻底地脱离《逻辑哲学论》。"④ 蒙克的理解是正确的，魏斯曼和维特根斯坦合作失败，以及维特根斯坦与小组的张力从某种程度上说是由双方造成的：小组成员并没有对维特根斯坦哲学有深层的理解，维特根斯坦也经历着"过渡期"。"不过，尽管他后来否认了，但整个 20 世纪 30 年代——在与石里克和魏斯曼的谈话里、在一份对魏斯曼口述的《提纲》（中文译文为《论题》）里、在他自己的笔记本里——我们能够找到维特根斯坦对这一原则的某些表述，其说法怎么看都跟维也纳

---

① ［奥］路德维希·维特根斯坦：《维特根斯坦与维也纳小组》，徐为民等译，同济大学出版社 2005 年版，第 204—205 页。

② 同上书，第 205 页。

③ 同上书，第 204—205 页。

④ ［英］雷·蒙克：《维特根斯坦传——天才之为责任》，王宇光译，浙江大学出版社 2011 年版，第 287 页。

小组和艾耶尔的说法一样教条：'命题的意义是证实它的方式'，'一个命题是如何得到证实的，就是它说的东西……证实不是真的一个标志，它**就**是命题的意义'，诸如此类。看起来，我们可以谈论维特根斯坦思想的'证实主义阶段'。但必须在这一前提下：拉开证实原则和石里克、卡尔纳普、艾耶尔等人的逻辑经验主义的距离，并把证实原则放在维特根斯坦的'现象学的'或'语法的'考察的更康德式的框架里。"① 本书赞同蒙克的理解：维特根斯坦的确经历了"证实主义"阶段，而后来他否定了这个观点。蒙克还提醒我们应注意维特根斯坦和小组有关证实原则不同理解的哲学传统：逻辑经验主义是基于马赫哲学传统，维特根斯坦哲学是基于康德哲学传统。

四　维也纳小组成员在 1930 年代对维特根斯坦哲学的讨论

维也纳小组其他成员是通过魏斯曼的陈述才了解维特根斯坦的最新哲学。在这期间，维特根斯坦有关思想在小组内部哲学讨论中被热议。通过这些讨论，小组成员加深了对维特根斯坦思想的理解。同时，这些理解也对讨论活动本身产生了积极和消极影响。本书将从维也纳学派内部有关维特根斯坦哲学讨论的历史记录入手，重新考察这一历史事件。

（一）维特根斯坦、石里克和魏斯曼在 1927—1936 年间的哲学对话

维特根斯坦、石里克和魏斯曼的哲学对话是直接发生的，魏斯曼对这些对话的大部分内容都做了记录。在 1927—1936 年间，魏斯曼哲学工作可分为三方面：他和维特根斯坦的哲学对话（有时候石里克也在场）；他在维也纳小组内部哲学讨论中对维特根斯坦最新思想的陈述；他写作 LSP、《数学基础引论》（IMT）以及他在维也纳成人教育中心的工作。有关魏斯曼在 1927—1932 年间和维特根斯坦

---

① ［英］雷·蒙克：《维特根斯坦传——天才之为责任》，王宇光译，浙江大学出版社 2011 年版，第 291 页。

的哲学对话的主要时间和讨论主题请参阅附录四。

1929 年以后，维特根斯坦重返剑桥开始哲学研究。在 1930—1932 年间他在剑桥大学还给本科生开设了讲座，剑桥大学一个学年有三学期，因此维特根斯坦与魏斯曼和石里克在维也纳的哲学对话主要发生在剑桥大学的假期。魏斯曼在这些哲学对话中了解了维特根斯坦的最新思想，然后把这些理解和见证在维也纳小组内部哲学讨论会中进行陈述和传播。在这个时期，魏斯曼主要扮演了两个角色：在与维特根斯坦哲学交流中，他是维特根斯坦的门徒和合作者；在维也纳小组哲学讨论中，他是维特根斯坦的发言人和拥护者。

（二）石里克小组 1927—1932 年间的哲学讨论

石里克小组在 1927—1932 年间有过许多哲学讨论，有关具体讨论的时间和主题，请参阅附录五。上述讨论具体内容可以从"石里克小组记录"中找到。① 下文将对上述讨论进行概要分析，以此来论述维也纳小组成员是如何理解和讨论维特根斯坦哲学思想，以及魏斯曼是如何阐述和传播维特根斯坦哲学思想的。

五　对维也纳小组与维特根斯坦讨论的有关记录和《论题》的分析

维也纳小组成员对《论题》的讨论主要发生在 1931 年 2 月和 6 月。在这里要提醒读者，小组成员在 1931 年进行的哲学讨论的主题并不全是《论题》，还有其他主题，包括数学以及卡尔纳普的《世界的逻辑构造》②。鲁道夫·哈勒（Rudolf Haller）用了小组成员在

---

① Stadler Friedrich, *The Vienna Circle*: *Studies in the Origins*, *Development*, *and Influences of Logical Positivism*, Wien: Springer-Verlag, 2001, pp. 241 – 299.

② 在小组有关讨论中，卡尔纳普已经作了有关"元逻辑"的陈述。而"元逻辑"理念对于卡尔纳普的"构造"来说至关重要。Stadler Friedrich, *The Vienna Circle*: *Studies in the Origins*, *Development*, *and Influences of Logical Positivism*, Wien: Springer-Verlag, 2001, pp. 279 – 299.

1931 年 6 月 3 日有关"内在/外在关系"的讨论来展示小组成员是如何对维特根斯坦的哲学进行讨论、争论和发展的。[①] 令人遗憾的是魏斯曼并没有在这次讨论中出现。

（一）维也纳小组有关维特根斯坦哲学的讨论中具体成员观点的分野

魏斯曼在小组很多讨论中都在场。比如在 1931 年 2 月 5 日的讨论中：

第一部分：石里克谈到有很多对弗兰克在布拉格讲座的误解。这都是因为他们把真理概念的实用方面和证实方面放得太近了。证实并不谈及真理的"发明"，而是真理的"发现"，就像弗兰克所说的"学校哲学"。汉恩问魏斯曼是否认为理论是被发明的而不是被发现的。

魏斯曼：理论是被发明的，但不是真的句子。

汉恩：理论会进入到日常语言中的每个陈述中。

石里克：理论不会进去基本句子。不管怎样，实用主义的误解是可以理解的。因为早些时候在真句子和那些明显具有句子形式的指示陈述的微妙差别还不为人知。[②]

1931 年 2 月 12 日魏斯曼和汉恩的争论：

魏斯曼系统描述了汉恩的论证……他（汉恩）的日常生活概念是不精确的……对事态的逻辑分析是不明确的……句法规则可以从基本元素构造中衍生出来。[③]

---

① Haller Rudolf, *Questions on Wittgenstein*, London: Routledge, 1988, pp. 29 – 30.

② Stadler Friedrich, *The Vienna Circle: Studies in the Origins, Development, and Influences of Logical Positivism*, Wien: Springer-Verlag, 2001, pp. 246 – 247.

③ Ibid., pp. 246 – 249.

1931 年 2 月 19 日的小组讨论：

那天小组成员仍在讨论句法本质以及证实原则。在这些讨论中明显可以发现小组分为两派：石里克和魏斯曼（右翼）；卡尔纳普、汉恩、纽拉特等人（左翼）。在有关哲学讨论中，一方在进攻（左翼），一方在防守（右翼）。①

1931 年 2 月 26 日的小组讨论：

这次讨论被称为维也纳小组最激烈的争论。绝大多数成员都参与了有关"记录句"的争论中。维也纳小组两翼成员的冲突也变得越来越显著。后来纽拉特加入了争论，他表达了对维特根斯坦观点的不同意见。从这些讨论中可以发现，纽拉特对小组的讨论和发展具有重要影响。②

1931 年 3 月 9 日的小组讨论：

这次讨论主题是有关卡尔纳普的"物理主义"观点。根据记录再次可以发现，卡尔纳普和纽拉特站在同一立场，魏斯曼和石里克站在另一立场。这次讨论总共有三个争论。③

（二）维也纳小组 1931 年 5 月到 6 月对《论题》的讨论

在这两个月中，《论题》在维也纳小组内部哲学讨论中被深入探讨。这些讨论主题是围绕着《论题》的第 2、3、4、5 节。下文将具体分析 3 次讨论：

---

① Stadler Friedrich, *The Vienna Circle*: *Studies in the Origins*, *Development*, *and Influence of Logical Empiricism*, Cham/Heidelberg/New York/Dordrecht/London: Springer, 2015, p. 85.

② Ibid., pp. 88 - 89.

③ Ibid., pp. 90 - 92.

1. 1931 年 5 月 7 日的讨论:

在《论题》第 2 节有关语言主题中,魏斯曼认为"确定一种形式包括对某个允许有一定范围变化变量值的制定"①。魏斯曼在这次讨论中主要阐述维特根斯坦有关思想;而卡尔纳普则用他在《构造》中的"元哲学"思想来回应维特根斯坦的思想。魏斯曼认为,一个表达式之所以会变成命题,其主要原因是因为在后续过程中可以允许添加更多符号,而这个表达式本身就被称为是"不满足的"。②

2. 1931 年 5 月 21 日讨论:

有关论题 3——句法的讨论:魏斯曼认为"一个图像,哪怕不正确,必须跟它描绘对象有共同形式,那就是结构的可能性"③。"用口头语言构造的描述可以是无意义的。比如我可以说'A 在 B 的北面,N 在 A 的北面',这种命题根本什么也没有告诉我们,主要是因为它缺乏对事实表征所理应被假设的那种形式……为了描绘现实,你不必一开始就发明某个'理想语言'。只要你知道每个单词的意谓,我们的日常语言本身就是一个逻辑图像。"④

3. 1931 年 6 月 3 日的讨论:

有关《论题》第 5 节——"同一性"的讨论:"这个规则

---

① Stadler Friedrich, *The Vienna Circle: Studies in the Origins, Development, and Influence of Logical Empiricism*, Cham/Heidelberg/New York/Dordrecht/London: Springer, 2015, pp. 97 – 98.

② Ibid. , pp. 98 – 99.

③ Ibid. , p. 100.

④ Ibid. , pp. 100 – 102.

的结果是不能言论实在。它没有表示出用'a'和'b'指称客体是以相互同一关系存在；它只处理符号本身。它是对这些符号使用的约定……出于同样原因，罗素通过同一性来回应，例如包括客体a和b的类进行定义的尝试也是失败。"①

从上述3个讨论中，此处有三个发现：在维也纳小组成员内部有关维特根斯坦哲学观点的讨论中，小组成员分别扮演了不同角色。魏斯曼作为维特根斯坦发言人和拥护者；纽拉特和卡尔纳普等人被认为是维特根斯坦哲学的挑战者；石里克被认为是"和事佬"（大部分时间他跟魏斯曼同一立场）。由于这些分歧，维也纳小组逐渐分化为两翼：左翼卡尔纳普、纽拉特等人；右翼石里克和魏斯曼。维特根斯坦的哲学观点给小组带来积极和消极两方面影响。本书认为积极方面主要在石里克、卡尔纳普和魏斯曼，而消极方面主要在纽拉特。伴随着小组哲学讨论进行，左右两翼分歧也逐渐从小组内部扩散到外部，这种分歧和矛盾的结果体现在三方面：维特根斯坦对小组成员对他的哲学观点原创性的认识不足以及没有对他表示足够谢意的谴责，其后果就是他逐渐疏远了维也纳小组；魏斯曼在这些争论和谴责中成为受害者，他对维特根斯坦哲学的阐释和传播所付出的辛劳不被小组成员、维特根斯坦和后世哲学家所承认；1930年代后期，石里克小组逐渐走向衰落（石里克于1936年遇害），纽拉特代表的左翼逐渐拥有统治力也是导致魏斯曼被忽视的原因。

六　维也纳小组在其他场合对维特根斯坦哲学讨论概览

除了小组内部哲学会议，维特根斯坦的哲学观点在小组举办的

---

① Stadler Friedrich, *The Vienna Circle：Studies in the Origins，Development，and Influence of Logical Empiricism*，Cham/Heidelberg/New York/Dordrecht/London：Springer，2015，p. 105.

其他会议中也被广泛讨论。下文关注维也纳小组在 1930 年代召开的国际会议。鉴于 1929 年的《宣言》所取得的重大成功，为了扩宽影响力、宣传"科学世界观"，维也纳小组举办了一系列国际哲学会议。

（一）第一届精确科学和认识论国际会议：布拉格 1929 年 9 月 15—17 日

在第一届国际会议提出和讨论了许多哲学问题。大部分与会人员都是维也纳小组成员，每位成员也都做了各自有关研究报告。该次会议"主要目的是增强公众对过于精细化科学的理解，同时也可以被当作维也纳学派在国际上建立的标志"①。会议分为不同主题和不同讨论小组，魏斯曼参阅了第一组有关"盖然性和因果律"的探讨。魏斯曼提交的论文题目为"对盖然性概念的逻辑分析"。此外，维特根斯坦的名字也在小组官方哲学刊物《认识》第一卷（1930—1931）上被提及。维特根斯坦从未参加过维也纳小组内部哲学讨论，因此在这些场合中，魏斯曼被当作维特根斯坦的发言人。基于魏斯曼文章标题和研究兴趣，本书认为这篇文章的主要内容由魏斯曼完成，而其有关思想受到了维特根斯坦的影响。

（二）1930 年哥尼斯堡召开的第二次国际精确科学和认识论会议

第二次会议对魏斯曼和维特根斯坦来说非常重要的。魏斯曼在会议前就已计划把维特根斯坦最新有关数学本质的思想在会议中阐述和传播。有关数学本质的主题对于维特根斯坦和小组成员来说都是非常重要的。魏斯曼还被认定为本次会议主题演讲人之一。后由于哥德尔的"逻辑演算的不完整性"在本次会议大获成功，因此魏斯曼有关思想并没有被广泛讨论。魏斯曼没有参加 1934 年在布拉格举办的第三届国际会议。

---

① Stadler Friedrich, *The Vienna Circle*: *Studies in the Origins*, *Development*, *and Influences of Logical Positivism*, Wien：Springer-Verlag, 2001, p. 339.

（三）第四届国际统一科学大会，剑桥大学，1938 年 7 月 14—19 日

在维也纳小组成员经历了过渡和艰难期以后，魏斯曼作为政治难民移民到了英国，在剑桥大学教授哲学，此时维特根斯坦也在剑桥大学。摩尔和吉尔伯特·莱尔也出席了该次会议。有越来越多的英美哲学家参与小组举办的国际哲学会议，包括美国符号学家查理斯·莫里斯（Charis Morris）。这次会议可被视为逻辑经验主义哲学的正式国际化。在此次会议中，魏斯曼提交了题为"逻辑是演绎理论吗？"的会议论文。同时根据亨普尔的建议，他还参加了小组讨论。

（四）第五届国际统一科学大会：哈佛大学

第五次会议可被认为是维也纳小组成员在 1930 年代后期流亡北美后召开的第一次正式哲学会议。此时逻辑经验主义哲学总部已从维也纳大学或北欧转移到了美国。逻辑经验主义进一步跟美国实用主义进行对话和融合。

（五）第六届国际统一科学大会，芝加哥大学，1941 年 9 月 2—6 日

"由于二战的原因，在芝加哥大学 1941 年初召开的第六届国际会议规模非常小。最后一次国际会议原定于在挪威奥斯陆举行，但当时奥斯陆已被德国占领，这个计划变得不可能。"① 由于战争原因，魏斯曼没有亲自前往芝加哥。但他还是把自己的文章邮寄了过去。这篇文章名为"一个表面可以同时是红色和绿色吗？"文章的主要内容是讨论颜色互斥问题，很明显这个主题是缘于维特根斯坦。维特根斯坦本人在这段时间的哲学笔记以及他和魏斯曼的哲学对话中，他就已经讨论了颜色互斥问题。有关这个主题的思考是维特根斯坦在中期哲学转型时期的一个重要方面。

---

① Stadler Friedrich, *The Vienna Circle*: *Studies in the Origins*, *Development*, *and Influences of Logical Positivism*, Wien: Springer-Verlag, 2001, p.391.

第四节　维特根斯坦与维也纳小组的哲学争论

维也纳小组成员有关维特根斯坦哲学观点讨论主要发生在三个场合：在石里克小组中的有关讨论和对话；维也纳小组在 1930 年代举办的国际哲学会议；门格尔小组和马赫学会在 1930 年间的有关讨论。维也纳小组内部分化为左右两翼，它们不仅对学派发展有重要影响，同时对维特根斯坦的哲学也存在截然不同的理解和态度。维特根斯坦与小组成员最广为流传的争论就是，小组成员是否剽窃了维特根斯坦的有关哲学观点。维特根斯坦为此事提出了"苹果树"隐喻："如果我家院子有棵苹果树，那么，要是我的朋友（例如你和魏斯曼）享用树上的苹果，这不仅成全了这棵树本身的目的，也是件让我开心的事：我是不会赶跑任何小偷的……但是那些冒充我的朋友，或是提出这棵树应跟他们共同所有的人，我当然有资格抱怨此做法。"①

大部分学者关注维特根斯坦对小组成员哲学的影响，而不是相反。"在当前相当多历史传记中，有关维特根斯坦和维也纳小组关系的讨论几乎是单方面的：维特根斯坦对小组的直接影响。确实，由小组成员提供的自画像看起来好像更进一步巩固了这个老套的观点。"②这可以从卡尔纳普的自传③和费格的自述④中发现。斯塔德勒想表达

---

①　引自维特根斯坦写给石里克的信，1932 年 5 月 6 日。Hintikka Jaakko, "Ludwig's Apple Tree: On the Philosophical Relations between Wittgenstein and the Vienna Circle", in Fredrich Stadler, ed. , *Scientific Philosophy: Origins and Developments*, Dordrecht/Boston/London: Kluwer Academic Publishers, 1993, p. 33.

②　Stadler Friedrich, *The Vienna Circle: Studies in the Origins, Development, and Influences of Logical Positivism*, Wien: Springer-Verlag, 2001, p. 422.

③　Schilpp P. Arthur, ed. , *The Philosophy of Rudolf Carnap*, New York: Open Court, 1999.

④　Blumberg A. E. and Feigl Herbert, "Logical Positivism", *Journal of Philosophy*, No. 28, 1931, pp. 281 – 296.

的就是，维特根斯坦的观点也受到了小组成员的影响。令人遗憾的
是，这种单方面关系的看法在目前学界中居主导地位，难点在于找
不到有效证据来证明维特根斯坦哪些思想从哪些方面受到了小组影
响。既然维特根斯坦在 1930 年代的"证实主义"阶段非常短暂，他
迅速过渡到了后期 PI 视角，那么本书认为小组对维特根斯坦的影响
多半是负面的。同时，我们也可以认为，小组的异见有可能从某些
方面促使了维特根斯坦"中期"哲学的转变。

此处对维特根斯坦和维也纳小组争论的阐述分为三步：第一步
关注维特根斯坦，概括出维特根斯坦有关维也纳小组成员对他的思
想的理解和使用所表现的不满和指责；第二步论述小组成员对维特
根斯坦指责的回应；第三步把维特根斯坦和小组部分成员哲学观点
进行对比，以此来分析他们产生分歧的原因。

一　维特根斯坦对维也纳小组的指责

如果从"集体式"角度来看待维也纳小组，同时把《宣言》当
作其哲学代表，维特根斯坦首先就反对《宣言》所倡导的计划：
《宣言》更像是某种运动宣传。维特根斯坦关心的是，学派应更多地
讨论哲学问题、从事哲学研究，而不是把哲学变成宣传和理论。本
书已指出有关特质始于纽拉特。（请参阅第三章 3.2 小结）小组与其
说是哲学流派，不如说是社会团体，逻辑经验主义才是哲学流派。

第一，假如《宣言》有意识形态背景，维特根斯坦肯定不赞同。
从维特根斯坦的日记，以及有关维特根斯坦性格记载中可以发现，
发现维特根斯坦对政治不感兴趣，他几乎从来就没有谈到过这个
主题。[1]

第二，维特根斯坦跟小组成员哲学对话的选择不是随机的，有

---

[1]　有人对 BEE 的文本进行研究，发现维特根斯坦是"纳粹主义者"，这已经在
舒尔特那里遭到了严厉批评。Schulte Joachim，"Wittgenstein's Nachlass: The Bergen Elec-
tronic Edition"，*Grazer Philosophische Studien*，Vol. 65，2002，p. 246.

他自己的选择标准。维特根斯坦的独特性格是他建立人际关系的重要标准，其择友标准在他于剑桥大学 1930 年代和 1940 年代教学活动中反复体现着，魏斯曼的性格特质（单纯、天真）也是他被维特根斯坦选择为互动对象的原因。"维特根斯坦对任何有关他哲学观点的歪曲都极为敏感。例如，艾丽丝·安布罗斯（Alice Ambrose）① 在《心灵》上面发表了一篇文章，该文声称是对维特根斯坦未发表观点的介绍，维特根斯坦认为这是对他思想的曲解，他表示强烈反对。他不仅反对当时《心灵》的编辑乔治·摩尔（George E. Moore），而且他要求摩尔撤销录用该文。与对他已发表的观点是如何被理解的态度相比，这个反应显得过激。维特根斯坦对任何有关他哲学误解和歪曲的敏感近乎病态。"②

相反，维特根斯坦对待其他哲学家的观点和著作如骑士般傲慢。例如，他在 PI 开篇引用了奥古斯丁《忏悔录》部分内容作为运思背景，对这被称为"奥古斯丁语言图像"的内容，维特根斯坦作了系统批判。③ 然而，有学者指出维特根斯坦忽视了奥古斯丁文本写作的背景：奥古斯丁有关他幼儿学习母语情景的回忆只是一种想象（假装），并不是真的。因为，没人可以回忆起自己两岁发生的任何事情。④

---

① Ambrose Alice, "Finitism in Mathematics", *Mind*, Vol. 44, 1935, pp. 186 – 202. Ambrose Alice, "Finitism and the Limits of Empiricism" *Mind*, Vol. 46, 1937, pp. 379 – 385.

② Hintikka Jaakko, "Ludwig's Apple Tree: On the Philosophical Relations between Wittgenstein and the Vienna Circle", in Fredrich Stadler, ed., *Scientific Philosophy: Origins and Developments*, Dordrecht/Boston/London: Kluwer Academic Publishers, 1993, p. 34.

③ 有关维特根斯坦对"奥古斯丁语言图像"的反驳请参阅徐强、桑田《论维特根斯坦对"奥古斯丁语言图像"的反驳》，《安徽理工大学学报》（社会科学版）2015年第 4 期；徐强、桑田：《再论维特根斯坦在〈哲学研究〉中对"奥古斯丁语言图像"的反驳》，《海南师范大学学报》（社会科学版）2016 年第 3 期。

④ Kirwan Christopher, "Augustine's Philosophy of Language", in Stump Eleonore and Kretzmann Normann, eds., *The Cambridge Companion too Augustine*, Cambridge: Cambridge University Press, 2001, pp. 186 – 205.

第三，维特根斯坦不仅指责和反驳小组成员误解他的思想，还认为某些成员剽窃了他的观点，这是维特根斯坦和小组的主要矛盾。辛提卡认为这一争端发生在1932年间的有关维特根斯坦、卡尔纳普和石里克的私人通信中，概括地说，这个争端集中在五个主题："假设""物理主义""形式化模式语言""实指定义"以及"世界语"。假如站在维特根斯坦立场，此处认为他对小组成员的责难是可以理解的，魏斯曼在1930年《提纲》中的论述已囊括了上述大部分主题。基于石里克小组哲学讨论历史记录，上述大部分主题已由小组成员在1931年2月和6月分别讨论。据此，此处认为卡尔纳普在1932年发表的《物理主义》一文是基于对魏斯曼的《提纲》的理解。

(一) 物理语言

卡尔纳普在1932年发表了《论物理语言作为科学普遍语言》，维特根斯坦对其内容感到非常愤怒，他认为卡尔纳普在该文中绝大部分的观点是源于他和魏斯曼的哲学对话以及《提纲》。维特根斯坦还责备卡尔纳普未经他的允许而引用了他的观点，同时也没有对他致谢。"我在过去四年做了许多工作，我常常把我的工作用口语表达出来，但不许把这些思想以纸质方式打印出来。"① 维特根斯坦生气原因主要是卡尔纳普有关物理语言的观点跟维特根斯坦如出一辙。

(二) 形式化语言模式

维特根斯坦在 TLP 中对区分了"言说"和"显示"。我们可以用逻辑分析方法"言说"命题及其意义。逻辑分析就是利用逻辑常项和连接词的形式化运算模式。利用逻辑工具来进行的分析过程是

---

① 引自维特根斯坦给石里克的信，1932年5月6日。Hintikka Jaakko, "Ludwig's Apple Tree: On the Philosophical Relations between Wittgenstein and the Vienna Circle", in Fredrich Stadler, ed., *Scientific Philosophy: Origins and Developments*, Dordrecht/Boston/London: Kluwer Academic Publishers, 1993, p. 37.

形式化的，可以被称为形式化语言模式，这跟日常语言不同；逻辑分析过程显示出了命题意义。由于受到维特根斯坦启发，卡尔纳普后来致力于用逻辑来构造世界，另外他还尝试构建语言的逻辑句法。① 维特根斯坦对石里克说："你自己非常清楚，当卡尔纳普在赞同形式化而反对'物质语言模式'时，他根本就是在重复我的路子……对我来说，卡尔纳普对《逻辑哲学论》最后一个命题的误解——这是整本书最基本的观点——是如此彻头彻尾［他好像也不想知道］，我简直无法理解。"② 《逻辑哲学论》最后一个命题是整本书最基本的观点，应该从整本书结构和目的来理解。维特根斯坦的目的是为"可说"和"不可说"之物划界，工具是逻辑分析。维特根斯坦首要的目的是划界，不是建构任何形式化语言。这点也是维特根斯坦和卡尔纳普的重要区别。

（三）实指定义

维特根斯坦在给石里克的信中提到，卡尔纳普对他有关"实指定义"观点所获益之处没有给予足够感激。"我才不相信卡尔纳普记不起他跟魏斯曼的有关讨论。在这些讨论中，后者（魏斯曼）把我对实指定义的观点报告给了他（卡尔纳普）。"③ 卡尔纳普对"实指定义"的讨论体现在《论科学统一》④ 中："一个定义就是［运用在］同一种语言内部转换规则；这对所谓名称的定义（例如'大象'：'有如此这般特征的动物'）还有——通常都不被注意到——

---

① ［美］卡尔纳普：《语言的逻辑句法》，上海外语教育出版社 2012 年版，第 283 页；卡尔纳普：《世界的逻辑构造》，陈启伟译，上海译文出版社 2009 年版。

② 引自维特根斯坦给石里克的信，1932 年 8 月 8 日。Hintikka Jaakko, "Ludwig's Apple Tree: On the Philosophical Relations between Wittgenstein and the Vienna Circle", in Fredrich Stadler, ed. , *Scientific Philosophy*: *Origins and Developments*, Dordrecht/Boston/London: Kluwer Academic Publishers, 1993, p. 37.

③ Iibid. , p. 41.

④ Carnap Rudolf, "Die physikalische Sprache als Unversalsprache der Wissenschaft", *Erkenntnis*, Vol. 2, 1931, pp. 432 – 465. Carnap Rudolf, *The Unity of Science*, London: Kegan Paul /Trench and Teubner Company, 1934.

实指定义(例如'大象':'在如此这般时间、地点所发现的动物')都是真的。"① 维特根斯坦和卡尔纳普对实指定义的思考的确存在相似之处,而且早在卡尔纳普该文发表以前,维特根斯坦有关"实指定义"的观点就已通过石里克被传到了维也纳小组中:"这个范例[宣称]跳出了语言,从而跟[语言]和实在建立起桥梁的就是实指定义。实指定义[仅仅]用一个符号代替了另一个符号。我们可以总结:它用一种身势语来替代口语。"② 维特根斯坦有关实指定义的思考可追溯到1929年或1930年。维特根斯坦在《蓝皮书和褐皮书》(简称BB)以及PI开头就已对此进行了讨论。与此同时,他当时还跟魏斯曼讨论了此话题,魏斯曼在PLP中详细阐释了"实指定义"。魏斯曼和维特根斯坦有关"实指定义"的思考有很多区别和联系。(参阅第四章第3.5小节)

(四)"论假设"

在与石里克的通信中,维特根斯坦同样抱怨卡尔纳普挪用了他有关"假设"概念的观点:"卡尔纳普是从我这里获得有关假设概念观点的,我又从魏斯曼那里发现了。彭加勒和莱辛巴哈都不可能有同样观点,因为他们都没有分享过我的命题和语法概念。"③ 基于对维特根斯坦和魏斯曼对话录的考察,在"论假设"主题下有三处

---

① 引自维特根斯坦给石里克的信,1932年8月8日。Hintikka Jaakko, "Ludwig's Apple Tree: On the Philosophical Relations between Wittgenstein and the Vienna Circle", in Fredrich Stadler, ed., *Scientific Philosophy: Origins and Developments*, Dordrecht/Boston/London: Kluwer Academic Publishers, 1993, p. 41.

② MS (302:2). Hintikka Jaakko, "Ludwig's Apple Tree: On the Philosophical Relations between Wittgenstein and the Vienna Circle", in Fredrich Stadler, ed., *Scientific Philosophy: Origins and Developments*, Dordrecht/Boston/London: Kluwer Academic Publishers, 1993, p. 42.

③ 引自维特根斯坦给石里克的信,1932年8月8日。Hintikka Jaakko, "Ludwig's Apple Tree: On the Philosophical Relations between Wittgenstein and the Vienna Circle", in Fredrich Stadler, ed., *Scientific Philosophy: Origins and Developments*, Dordrecht/Boston/London: Kluwer Academic Publishers, 1993, p. 42.

讨论：1930 年 3 月 22 日在石里克家中的讨论 "**论假设Ⅰ**"①、1931 年 1 月 4 日在石里克家中的讨论 "**论假设Ⅱ**"，以及在 1932 年 7 月 1 日在维特根斯坦家族位于维也纳阿根廷街住处的讨论 "**论假设Ⅲ**"。据麦吉尼斯的考察，就是在第三次讨论中，维特根斯坦才了解并阅读了卡尔纳普有关文章。在此次会面以后，维特根斯坦立刻写信给石里克表达了他对卡尔纳普的不满。（有关维特根斯坦和魏斯曼对 "假设" 的思考请参阅第四章第二节）

（五）"世界语"

卡尔纳普是世界语的坚定倡导者，他在 1946 年以前一直致力于推广这种人工语言。在 1927 年 6 月 29 日的首次会面中，维特根斯坦就强烈反对卡尔纳普的世界语计划。维特根斯坦反对任何不是 "有机生成" 的语言："世界语。假如我们用某种发明的可以派生的音阶来说出某个被发明的语词的话，我们会感到恶心。这种语词是冷冰冰的，缺乏任何联想。然而它又扮演了 '语言' 角色。一个纯书写系统则不会让我们感到恶心。"②

总之，维特根斯坦从五方面批评了卡尔纳普：卡尔纳普没有显示出他思想源泉的部分来自维特根斯坦；维特根斯坦一直都在关注物理主义；卡尔纳普不想提起他跟魏斯曼的对话，因为在这些对话中，魏斯曼已告诉卡尔纳普维特根斯坦有关实指定义的观点；卡尔纳普直接把维特根斯坦的假设概念当作自己的工具；卡尔纳普在有关形式语言模式讨论中跟维特根斯坦的观点如出一辙。③

---

① ［奥］路德维希·维特根斯坦：《维特根斯坦与维也纳小组》，徐为民等译，同济大学出版社 2005 年版，第 63—64 页。

② Stadler Friedrich, *The Vienna Circle: Studies in the Origins, Development, and Influences of Logical Positivism*, Wien: Springer-Verlag, 2001, p. 428.

③ Stadler Friedrich, *The Vienna Circle: Studies in the Origins, Development, and Influences of Logical Positivism*, Wien: Springer-Verlag, 2001, pp. 432 – 433.

二   维也纳小组对维特根斯坦有关批评的回应

根据辛提卡的考察，维特根斯坦和小组成员还存在许多其他争论，如有关 "现象学" 和 "物理主义" 的思考。[①] 面对维特根斯坦的诸多责难，小组成员作了不同的回应。其中大部分来自石里克和卡尔纳普，他们的回应集中在 "物理语言"。

对石里克而言，他在 "维特根斯坦—石里克—卡尔纳普" 三元关系中的角色主要是在维特根斯坦和卡尔纳普之间作协调。石里克在这些争论中以及在学派内部哲学讨论中通常都是 "和事佬"：石里克一方面核查存在争议的地方，然后再评判卡尔纳普的文本，石里克认为卡尔纳普确实挪用了维特根斯坦的有关观点，同时卡尔纳普也没有对维特根斯坦的原创性内容表达足够多的谢忱；另一方面他也试图缓和卡尔纳普和维特根斯坦的紧张关系。

在于 1932 年 7 月 10 日写给卡尔纳普的信中，石里克写道："我认为很有必要在文中提及维特根斯坦的姓名和时间。当你在涉及他某一具体哲学观点以及他独特思维方式时，你都要再次提到以上两方面，这点尤其重要。因为他本人（维特根斯坦）在相当长时间里没有出版过任何哲学著作，都是口头传播他的思想……我觉得上面所涉及的所有段落：第 433 页顶部（哲学本质）；第 435 页底部（自然律的特点、在有关假设被认为是可以通过它自身特殊逻辑形式来刻画的地方、在假设与日常命题不同的地方）；还包括那些段落，其中伪问题是通过 '形式化言语模式' 来祛除（第 452 页，注释，第 456 页），因为实际上这些观点毕竟都是维（特根斯坦）的基本观点。"[②]

---

① Hintikka Jaakko, "Ludwig's Apple Tree: On the Philosophical Relations between Wittgenstein and the Vienna Circle", in Fredrich Stadler, ed., *Scientific Philosophy: Origins and Developments*, Dordrecht/Boston/London: Kluwer Academic Publishers, 1993, pp. 28–29.

② 出自匹兹堡大学魏斯曼档案馆，编号 029—29—10。Hintikka Jaakko, "Ludwig's Apple Tree: On the Philosophical Relations between Wittgenstein and the Vienna Circle", in Fredrich Stadler, ed., *Scientific Philosophy: Origins and Developments*, Dordrecht/Boston/London: Kluwer Academic Publishers, 1993, p. 36.

早在石里克第一次和维特根斯坦会面时，他就深刻地注意到了维特根斯坦的独特性格。他也明白，任何对维特根斯坦思想的挪用都会招致维特根斯坦的强烈愤怒。在小组成员与维特根斯坦对话和交流过程中，石里克反复提醒卡尔纳普和费格，在与维特根斯坦的交流中要格外注意这点。

小组有关"物理主义"的争论是跟"记录语句"的争论混在一起发生的。有关这些文献主要在1930年年初出版，这也标志着学派的"物理主义"转向。这一转向的主要推手是卡尔纳普和纽拉特等人。除了与维特根斯坦有不同意见，在小组内部也存在着有关"物理主义"概念起源问题的争论："纽拉特……他本人早已联系了卡尔纳普，他把自己当作物理主义的精神源泉。卡尔纳普在他著作脚注中也抱怨过此事。在他的《句法逻辑》（1934年）中……卡尔纳普曾把纽拉特称为'物理主义'和'统一科学'术语的来源。（海因里希·奈德后来又对此表示疑问，在他有关卡尔纳普著作讨论的对话中，他把自己当作物理主义的发明者）……根据奈德的陈述，纽拉特满怀激情地挪用这种努力，纽拉特目的是要克服那种带有个体超自然基础的理念，以此与唯物主义观点建立联系。纽拉特的理论源泉是奈德。"①

卡尔纳普对维特根斯坦致谢不足事出有因，因为他不认为"物理主义"概念是维特根斯坦的哲学财产。相反，这个概念源于小组哲学讨论。卡尔纳普认为它是集体成果，并非个人独创。因此，当石里克和卡尔纳普听说了维特根斯坦如此激烈的反应和严厉的指责以后，对此深感不解。与石里克的评判相反，卡尔纳普并不认为他做错了什么。"卡尔纳普压根就不在乎，而且显然对这个事实不感兴趣——物理主义和物理语言概念过去以及现在在维特根斯坦思想中所起到的作用。在卡尔纳普于1932年7月17日写给石里克的信中，

---

① Stadler Friedrich, *The Vienna Circle：Studies in the Origins，Development，and Influences of Logical Positivism*，Wien：Springer-Verlag，2001，p. 431.

他说他在这篇文章中没有提及维特根斯坦，是因为'他毕竟不是在处理物理主义问题'。"① 卡尔纳普认为维特根斯坦的指责是感性的，所以他在 1932 年 9 月 28 日给维特根斯坦的回信中只有寥寥几句："我已收到了您的信件以及给石里克的副本。您可能对此事并不期望一个答案。我对这个事情的观点，现在已写信给石里克了。对石里克跟您分享有关此事具体内容的裁定，我没有任何反对意见。谨启，R. C.。"②

卡尔纳普对维特根斯坦是非常尊敬的，他对"物理主义"总结了四点：卡尔纳普认为他并没有在 TLP 中找到任何有关物理主义明显的评论；认为有关主题是出自他和魏斯曼的对话，在这些对话中，魏斯曼的观点和维特根斯坦观点相反——定义和证明只发生于语言内部；认为彭加勒和迪昂都曾以类似方式探讨过假设概念；抵制维特根斯坦有关形式化和实质的措辞。卡尔纳普反问："维特根斯坦的过度敏感和愤怒到底从哪儿来的？"③ 本书对卡尔纳普的大部分回应表示赞同。但就第一点来说，卡尔纳普确实把魏斯曼当作了借口，因为魏斯曼从未宣称他是《提纲》的著作人。卡尔纳普第一点回应蕴含着这样的意思：维特根斯坦应责怪魏斯曼，因为卡尔纳普对维特根斯坦有关"物理主义"观点的了解是通过魏斯曼的陈述。辛提卡的陈述支持了本书此处的假设。④

---

① Hintikka Jaakko, "Ludwig's Apple Tree: On the Philosophical Relations between Wittgenstein and the Vienna Circle", in Fredrich Stadler, ed., *Scientific Philosophy: Origins and Developments*, Dordrecht/Boston/London: Kluwer Academic Publishers, 1993, p. 35.

② "R. C." 是 Rudolf Carnap 的姓名缩写。Stadler Friedrich, *The Vienna Circle: Studies in the Origins, Development, and Influences of Logical Positivism*, Wien: Springer-Verlag, 2001, p. 433.

③ Stadler Friedrich, *The Vienna Circle: Studies in the Origins, Development, and Influences of Logical Positivism*, Wien: Springer-Verlag, 2001, p. 434.

④ Hintikka Jaakko, "Ludwig's Apple Tree: On the Philosophical Relations between Wittgenstein and the Vienna Circle", in Fredrich Stadler, ed., *Scientific Philosophy: Origins and Developments*, Dordrecht/Boston/London: Kluwer Academic Publishers, 1993.

必须承认，本书对双方争论并没有找到"正确"答案，因为双方论据都令人信服。不难理解斯塔德勒对此事所采取的折中主义态度，而辛提卡则对上述争论的孰是孰非避而不谈。无论如何，这一争论产生了许多后果，最直接的就是魏斯曼成为主要受害者，魏斯曼遭受了和卡尔纳普一样的命运：从这次争论以后，维特根斯坦逐渐疏远了魏斯曼。在 1934 年以后，他们只剩下公事往来。1936 年石里克被害以后，维特根斯坦和魏斯曼的哲学合作就彻底结束了。

三　维特根斯坦哲学对维也纳小组的影响

维特根斯坦哲学对维也纳小组哲学的影响是多方面、多层次的。首先，这种影响的多方面在于，维特根斯坦在 TLP 中的核心观点以及维特根斯坦在 1930 年代所提出的观点都对小组哲学产生了影响；多层次在于，这种影响不仅体现在维也纳小组对某个具体哲学问题的态度和具体内容方面，而且体现在哲学本质方面。

从集体角度来说，维特根斯坦哲学对维也纳小组的影响体现在五个方面：哲学的本质、证实原则、拒斥形而上学、必然真理和规定主义及统一科学工程。本书着重探讨前三个方面。

第一，有关哲学本质的理解。TLP 主要对先前传统哲学研究本质作出了三种批判：哲学研究作为研究大脑认知机制的心理科学、把哲学当作区别于心理科学的非心理学的经验科学、把哲学当作对事物本质的研究。基于上述批判，维特根斯坦提出了激进的非认知哲学观点：哲学研究在于分析科学命题，从而揭示形而上学命题是伪命题。维也纳小组把 TLP 中的哲学观念当作其哲学核心。受 TLP 的影响，石里克指出："所有哲学问题都有如下命运：其中有的问题显示为对我们语言的错误和误解，从而消失；其他问题最后被发现是伪装的日常科学问题。"① 因此，从 TLP 角度来说，传统哲学已走

---

① Hacker Peter, *Insight and Illusion*: *Themes in the Philosophy of Wittgenstein*, Oxford: Clarendon Press, 1986, p. 42.

向了终点。

卡尔纳普同样认为，所有有关事实的命题都归入科学的范畴。因此，留给哲学的不是理论，而是逻辑分析方法。逻辑分析方法有两种用法，会带来积极和消极结果："如果被消极地使用，它们就会消除形而上学的伪问题；如果被积极使用，它们能澄清诸概念和命题，从而为科学和数学打下逻辑基础。"① 逻辑分析的消极结果极大影响了卡尔纳普的哲学，从而使他逐渐从事对科学语言逻辑句法分析的哲学研究工作。《宣言》明确表明维也纳小组赞同 TLP 的元哲学，它们把 TLP 中有关哲学研究本质和逻辑分析方法运用到对普遍科学命题的分析中。对维也纳小组来说，科学的逻辑领域就是对科学命题的语言分析。

"有关逻辑和逻辑命题的理解"②，基于 TLP 观点，小组认为"逻辑陈述的真值只跟其结构有关"③。这可以从 TLP 的 6.1、6.11 和 6.113 节中找到。"这种把逻辑命题当作重言式的理论，也导致了把后者当作某一类**先验**命题，以及对先天综合命题之可能性的**否定**，同时也是对先验命题进行重选的起点。"④

维特根斯坦在 TLP 中提出，哲学是一种活动而非理论的观念同样影响了维也纳小组。TLP 提出哲学研究就是对命题的逻辑分析活动，维也纳小组同样也提出了哲学研究的任务就是对科学命题的逻辑分析。逻辑分析是逻辑经验主义与 19 世纪早期以心理学和生物学为基础的实证主义的主要区别。

对维也纳小组来说，"科学的世界观念"有明确的方法论、对待问题的态度和目的。"科学的世界观念"方法论就是对科学命题的逻辑分析，其对待问题的态度就是精确的科学态度。最后，该观念的目的就是

---

① Hacker Peter, *Insight and Illusion: Themes in the Philosophy of Wittgenstein*, Oxford: Clarendon Press, 1986, p. 42.

② Haller Rudolf, *Questions on Wittgenstein*, London: Routledge, 1988, p. 14.

③ Ibid. .

④ Ibid. , p. 15.

统一科学。根据《宣言》，"科学的世界观念"是不存在形而上学的。

第二，有关经验命题的"证实原则"。"对这个观念的制定，指引我们制定出了有关意义证实的标准。也就是说，它要求某种可能性去判决或陈述某句子的成真条件。因此，有关语句意义问题成为经验知识理论的主题，而且它必须和对语句真假确认的问题有区别。"①

第三，拒斥形而上学。TLP 指出，"关于哲学问题所写的大多数命题和问题，不是假的而是无意义的"（4.0031）。根据威瑟斯布恩的理解，TLP 提出的"无意义"概念成为维也纳小组攻击"形而上学"的关注点。"尽管逻辑经验主义者废除形而上学有自己的原因，但维特根斯坦对传统哲学的完全拒斥和他的逻辑分析方法影响了逻辑经验主义者批判的方向。"② 接着，维特根斯坦认为所有哲学都是"语言批判"。小组成员吸收了维特根斯坦的元哲学理念，这个理念的核心在于，哲学可以被理解为对语言的批判。这点可通过卡尔纳普的哲学表现出来：卡尔纳普认为形而上学命题可通过逻辑分析方法来祛除，对语言的批判指的就是对语言命题逻辑（句法）的分析。

《宣言》大胆地提出，所有有关"科学世界观念"的代表都坚定地站在人类经验之上从事哲学研究。上文中提到了逻辑分析积极和消极方面，其中消极方面就是消除形而上学。哈克指出可以从三方面来解释消除形而上学的观念：心理学、社会学和逻辑学方面。根据小组的理解，TLP 的逻辑分析已经表明所有逻辑推理都是逻辑命题的同义反复，不会产生知识。维特根斯坦表明，形而上学句子是伪句子，因为它们都不具有认知内容。因此，维也纳小组备受鼓舞，他们对形而上学命题的态度更明确和激进。

值得注意的是，维特根斯坦和维也纳小组对待形而上学命题的

---

① Haller Rudolf, *Questions on Wittgenstein*, London：Routledge, 1988, p. 14.
② ［美］威瑟斯布恩：《多维视界中的维特根斯坦》，郝亿春等译，华东师范大学出版社 2005 年版，第 67 页。

态度和认识存在重要差异。维特根斯坦曾批判过《宣言》：该小册子里面有关消除形而上学的陈述跟维特根斯坦在 TLP 中的陈述并无新意；维特根斯坦在 TLP 中表达的原初反对形而上学的思想也并不为维也纳小组所认可。TLP 表明，的确存在有关世界本质的形而上学真理。"尽管如此，他所宣称的观点如下：形而上学命题本质上是不可言说的，它们只能通过任何可能语言的深层结构来显示。"①

最后，TLP 中"无意义"观点不仅是维特根斯坦批判形而上学的理论基础，而且还影响了卡尔纳普。基于"无意义"理论，卡尔纳普指出"无意义"是由于语句违反了逻辑句法。更进一步说，维特根斯坦和卡尔纳普的哲学存在明显相似："在他们事业早期，维特根斯坦和卡尔纳普都认为哲学的无意义是因为违反了逻辑，因为逻辑支配语言有意义地使用；哲学批判任务是揭示出逻辑系统，以便清楚地确认这些违反。他们又都否定了其早期观点，代之以一个很不同的无意义概念版本。在这一概念中，无意义是由于语言超出了语言游戏或语言结构的界限；哲学批判任务在于指出哲学家何时以及如何超越他们语言系统的界限。"②

第五节　对维特根斯坦和魏斯曼在 1930 年代哲学互动的反思

在此，本书关注两个问题：对魏斯曼在维特根斯坦"中期"哲学所扮演角色的探讨，以及魏斯曼和维特根斯坦在 1930 年代的对话与合作历史；基于对魏斯曼和维特根斯坦互动的回顾和反思，笔者将论述魏斯曼和维特根斯坦哲学关联；它可以帮助构建和论证"中

---

① Hacker Peter, *Wittgenstein*：*Mind and Will*，*Volume 4 of An Analytical Commentary on the Philosophical Investigations*，Oxford：Blackwell，1996，p. 44.

② ［美］威瑟斯布恩：《多维视界中的维特根斯坦》，郝亿春等译，华东师范大学出版社 2005 年版，第 67 页。

期"维特根斯坦哲学发展的延续性。

一　维特根斯坦与魏斯曼的哲学互动：1929—1936

从 1927 年开始，小组尝试与维特根斯坦建立联系。作为小组领导人，石里克决定亲自拜访维特根斯坦并和他建立联系。这跟兰姆西和维特根斯坦的交往类似，兰姆西在 1923 年曾拜访维特根斯坦。巧合的是，1924 年石里克和兰姆西同时被维特根斯坦的姐姐格蕾特邀请到家中做客，格蕾特被誉为维特根斯坦和小组建立关系的"催化剂"。①

石里克在 1924 年写信给维特根斯坦，尝试与他建立起联系。维特根斯坦在 1924 年确实收到了石里克的信，但是他并没有立即回复。在长时间没有收到维特根斯坦的回信之后，石里克决定带几个学生亲自拜访维特根斯坦。石里克的第一次尝试并没有成功。石里克和他的学生于 1926 年 4 月到奥地利乡村拜访维特根斯坦时，维特根斯坦已调到另一个学校。石里克和维特根斯坦第一次见面发生在 1927 年 2 月，同样是在格蕾特位于维也纳的家中时。在见面之前，维特根斯坦就表明，他更愿意单独和石里克见面，而不是和其他学生。双方第一次见面以后，彼此很多疑虑都烟消云散。维特根斯坦对石里克的学生敏感并保持警惕，但当石里克邀请维特根斯坦加入小组内部哲学讨论时，维特根斯坦是答应了的："维特根斯坦告诉石里克，他只能与'让他舒坦'的人谈话。"② 1927 年夏天，维特根斯坦与小组成员进行了一些讨论，包括魏斯曼、卡尔纳普和费格。在这三个成员中，只有魏斯曼和维特根斯坦保持了合作和对话；卡尔纳普和费格在中途被排除了。

---

①　"正是在建造格蕾特的房子时，维特根斯坦被带回到他能最好地显现其罕见天才的活动。格蕾特又一次充当了社交催化剂，通过她，维特根斯坦和维也纳大学的哲学教授莫里兹·石里克有了接触。"引自 [英] 雷·蒙克《维特根斯坦传——天才之为责任》，王宇光译，浙江大学出版社 2011 年版，第 243 页。

②　[英] 雷·蒙克：《维特根斯坦传——天才之为责任》，王宇光译，浙江大学出版社 2011 年版，第 245 页。

二　魏斯曼在维特根斯坦和小组互动过程中角色的转变

由于魏斯曼天真烂漫的性格以及善于表达和概括的优点，他当时也是石里克 "周四哲学论坛" 的负责人和石里克的得力助手，魏斯曼被挑选进了这个讨论组。在维特根斯坦和维也纳小组 "右翼" 成员的交流中，始终存在着三元关系：魏斯曼、石里克和维特根斯坦。

石里克的重要性不仅体现在小组中，也体现在上述三元关系中。在与维特根斯坦的初次见面后，他就极力向维特根斯坦引荐许多有天赋的成员来跟维特根斯坦对话，同时还极力劝说维特根斯坦加入小组内部讨论中。石里克一开始作为促成小组成员跟维特根斯坦交流的 "媒人"，在最开始时，二人的讨论进行得非常顺利，石里克所挑选的成员也跟维特根斯坦进行哲学互动，他们可以从维特根斯坦那里直接了解到 TLP 的思想，而且还有幸跟这位伟大的哲学家对话；但后来随着讨论进行，"很快卡尔纳普、费格尔和魏斯曼就明白了，《逻辑哲学论》的作者不是他们所期待的证实主义者"[1]。小组成员的看法符合事实，维特根斯坦思想早在他在维也纳乡村教书的时候，就开始与 TLP 有所不同，而小组成员直到 1927 年在与维特根斯坦的对话中才逐渐意识到这点。

维特根斯坦和小组成员的对话后来被魏斯曼记录下来，这段对话从 1927 年夏天开始，直到 1928 年秋结束。此时，维特根斯坦正忙于帮他姐姐在维也纳建造一幢房屋，他在这期间一直在维也纳。随着讨论的进行，维特根斯坦和小组成员哲学观点的差异越来越显著。石里克及其小组成员一开始与维特根斯坦进行哲学对话的目的是想了解 TLP 的观点。魏斯曼作为小组成员之一，他的任务就是参与到这些讨论中，多从维特根斯坦那里了解 TL 的观点。同时，魏斯

---

① ［英］雷·蒙克：《维特根斯坦传——天才之为责任》，王宇光译，浙江大学出版社 2011 年版，第 248 页。

曼也记录下这些对话，并报告给其他小组成员。魏斯曼当时是石里克的非正式助手，也是维也纳大学图书馆的馆员，还是维也纳大学的"非正式教师"。魏斯曼通过与维特根斯坦的对话，学到了许多维特根斯坦的最新哲学思想，同时逐渐对维特根斯坦哲学产生兴趣。魏斯曼在这段时间处于两种思想共存阶段：一方面，他作为小组成员非常清楚小组哲学思想；另一方面，随着与维特根斯坦哲学讨论的深入，他有机会接触到维特根斯坦的最新思想。1929 年，双方讨论有短暂中止，原因有三：石里克受邀前往美国访学；魏斯曼忙于准备婚礼；维特根斯坦完成该房子的建造后返回了剑桥大学。

三　魏斯曼和维特根斯坦的哲学合作的三个阶段

在 1929 年以前，维特根斯坦和小组成员的哲学对话并不为外界所知。（维也纳小组当时还没有成为正式组织）当石里克还在美国的时候，收到了德国波恩大学的教职邀请，他正考虑是去德国教书还是回维也纳继续组织小组的哲学活动。为了劝说石里克回到维也纳继续指导小组哲学研究，由纽拉特、魏斯曼、卡尔纳普等人起草的《宣言》于 1929 年面世。《宣言》的面世标志着维也纳小组正式走向公共阶段，也标志着维特根斯坦和小组的对话走向公众视野："宣言表明，维特根斯坦是小组哲学研究工作中最主要的一个启示（还包括罗素和爱因斯坦）。石里克明确把《逻辑哲学论》当作维也纳小组的逻辑概念、所谓证实原则以及哲学应该关注语言逻辑分析理念的理论源泉。"[①] 石里克为这份宣言所感动，于是决定留在维也纳继续和小组成员从事哲学研究。

此时维特根斯坦的哲学正在经历着过渡和转折时期，石里克本人不可能察觉不到，鉴于小组的逻辑经验主义是受到了 TLP 的重大影响，而维特根斯坦在 1929 年又处于过渡期，因此石里克认为最好

---

① Baker Gordon, ed., *The Voices of Wittgenstein*: *The Vienna Circle*: *Ludwig Wittgenstein and Friedrich Waismann*, London and New York: Routledge, 2003b, p. xix.

的事情就是从小组角度出发，完成一部有关 TLP 的阐述著作，它还可以为《宣言》中的哲学论断提供理论支撑。维特根斯坦的整个观念都在改变，因此，对小组来说，阐释 TLP 的哲学观点在当时是研究维特根斯坦哲学唯一可行的方法。基于这些考虑，石里克对小组制订了一个计划："他（石里克）决定，小组工作的中心任务就是，如何把维特根斯坦哲学观点变得更易懂和易接受。很显然，他把整理、组织和阐释有关维特根斯坦哲学观点的任务交给了魏斯曼。石里克曾把魏斯曼的著作作为发展维也纳小组观点（科学世界观念）系列著作中的第一卷。他把有关魏斯曼的著作和系列著作的计划都在 1930 年的《认识》上宣传。魏斯曼的著作被称为《逻辑、语言、哲学》，那将是对维特根斯坦有关逻辑、语言和哲学的系统阐释。"①魏斯曼的工作重心逐渐变成了和维特根斯坦合作撰写这部著作。

魏斯曼从 1930 年开始和维特根斯坦合作，直到 1936 年他们结束合作时，PLP 仍未完成。在魏斯曼接受这个任务的时候，他在维特根斯坦和小组成员的哲学讨论中扮演"观众"角色。通过跟小组成员哲学讨论，维特根斯坦也有机会翻译和批判 TLP 中的思想，同时也展示了最新思想，这个合作对维特根斯坦和魏斯曼来说是应该是双赢。

魏斯曼第一次角色转换：在 1930 年以前，魏斯曼在维特根斯坦和小组成员的讨论中是"观众"，现在他成为维特根斯坦的"合作伙伴"。魏斯曼的身份也逐渐走向公众视野，同时也成为小组的重要一员。对维特根斯坦和魏斯曼二元关系以外的人来说，魏斯曼是维特根斯坦的"阐释者"和"发言人"："假如他（魏斯曼）完成这个工程，他在小组内部的地位会提升，而且他也有可能在哲学界中有一席之地。因此，在维也纳小组内部哲学会议和讨论中，以及更广阔的外部世界，最为人所知的就是，小组在 1929 年布拉格和 1930

---

①   Baker Gordon, ed., *The Voices of Wittgenstein*: *The Vienna Circle*: *Ludwig Wittgenstein and Friedrich Waismann*, London and New York: Routledge, 2003b, p. xxvi.

年哥尼斯堡召开的国际哲学会议中，魏斯曼成为维特根斯坦哲学首席阐释者和发言人。"①

魏斯曼和维特根斯坦在 1930—1936 年的合作过程可划分为三阶段，魏斯曼在这段时期扮演了三个角色：作为"合作者"，他跟维特根斯坦合作编写 PLP；作为"记录者"，他记录下了他跟维特根斯坦的哲学对话；作为"发言人"，他在小组和其他场合中阐释和传播维特根斯坦的最新思想。

第一阶段：维特根斯坦作为"原材料供应者"，魏斯曼作为"建筑师"，把维特根斯坦提供的最新观点系统构建和组织。"维特根斯坦跟魏斯曼澄清了《逻辑哲学论》的诸多方面，同时也为魏斯曼提供了他对命题系统和假设概念的最新观点；魏斯曼独自承担起整本书结构设计和构建的职责，他还会成为其作者。"②

第二阶段：维特根斯坦开始对魏斯曼的工作感到不满意，随后他以"共同作者"身份加入。魏斯曼和维特根斯坦成为 PLP 的共同作者。在这段时期中，维特根斯坦对魏斯曼和石里克口述了他的新观点，同时把他的最新哲学思想的打印稿交给了魏斯曼，供他整理和摘录。合作过程分分合合，部分由于维特根斯坦断断续续地出现在维也纳，部分由于合作方法在不同时期有所不同。

第二个阶段对双方来说都非常不愉快。魏斯曼尽最大努力理解维特根斯坦的新思想；维特根斯坦则想要对整个工程有更多主导权。PLP 的结构被修改了多次，此时魏斯曼要用维特根斯坦变动的思想来完成一部著作——维特根斯坦一边不断地给魏斯曼提供新思想，一边又不满意魏斯曼的工作。这种关系跟维特根斯坦当初在维也纳与建筑师保罗·恩格尔曼合作帮他姐姐修建房子情况类似，由于维特根斯坦思想变化之快和完美主义性格，该房子建成时间比原计划

---

① Baker Gordon, ed., *The Voices of Wittgenstein*: *The Vienna Circle*: *Ludwig Wittgenstein and Friedrich Waismann*, London and New York: Routledge, 2003b, p. xix.

② Ibid..

时间推迟了一年多。

维特根斯坦的哲学观点变化得非常快，没有人可以跟上他的节奏。魏斯曼把他的处境和他对维特根斯坦天马行空思维方式的理解告诉了石里克："他有一种很高的天赋：总是如初次相见般看待事物。但我认为，这说明了跟他合作是多么难，他总是听从当下的灵感，推翻他此前拟定的东西……只见结构被一点点推翻，一切逐渐具有了全然不同的面貌，结果令人感到，如何把这些思想排列到一起根本无所谓，因为最终没有什么东西照原样被保留下来。"① 魏斯曼的理解是客观的：维特根斯坦确实有很高的哲学天赋。这对于他人来说，要跟上维特根斯坦思维步伐异常困难，这在无形中就增加了整个工作的难度。当然，除了魏斯曼，没有任何人像他如此耐心地跟维特根斯坦合作。PLP 反复修改的结果就是，维特根斯坦和魏斯曼都厌烦了对方，或许他们都曾想过要放弃这本书，尤其是维特根斯坦。对于魏斯曼而言，他不可能放弃，因为他不仅敬仰维特根斯坦，而且跟当时最伟大的哲学家合作对他来说意义重大；对于石里克和小组成员来说，他们已下定决心把 PLP 当作 "统一科学百科全书" 系列的第一卷出版，PLP 的发表同样对学派发展和国际影响的树立有重大意义，要不是石里克在中间当和事佬不断鼓励魏斯曼，魏斯曼或许早就放弃了。

魏斯曼当初撰写 PLP 的动机是阐释 TLP 有关思想，不是阐述维特根斯坦的新观点，这是小组的需求。作为小组成员，魏斯曼没有权利改变此目的。魏斯曼后来发觉 PLP 不再是单纯阐述 TLP 观点的著作，它更像是对维特根斯坦在 1930 年代最新哲学思想的综述。此时他面临着两难抉择：到底是阐释 TLP 的旧观点，还是阐释维特根斯坦此时的新观点？

---

① ［英］雷·蒙克：《维特根斯坦传——天才之为责任》，王宇光译，浙江大学出版社 2011 年版，第 362 页。

第三阶段：维特根斯坦"撒手不管"，魏斯曼变成 PLP 的独立作者。"双方的挫折致使整个合作走向终点。尽管维特根斯坦撒手不管，他还是授权魏斯曼按照他（还有石里克）觉得合适的方式来完成该书。在完成这个由石里克引导的工程过程中，魏斯曼肯定跟他哲学导师的关系有疏远感。"① 石里克在 1936 年的遇害预示着魏斯曼和维特根斯坦合作的结束："在石里克逝世后，魏斯曼决定在没有维特根斯坦的帮助下继续完成该书。他签订了一份出版合同，以他自己的名字为作者出版。该书于 1939 年进入毛条校样阶段，但后来又被取消了。"②

维特根斯坦 1939 年去了挪威旅行。蒙克的传记中没有任何有关魏斯曼和维特根斯坦在 1936 年以后的交流线索。在石里克逝世以后，维特根斯坦写过一封信给魏斯曼以表达他对石里克的哀悼，但并没有提到他们的合作。维特根斯坦在 1935 年曾写过一封信给石里克，告诉他，他在 1935 年夏天有可能不会回维也纳。基于这些记录，有理由相信，维特根斯坦和魏斯曼的合作在 1934 年的某个时候就已停止。这一结束直到石里克的遇害才正式发生。没有了维特根斯坦的帮助，魏斯曼只好独自完成了 PLP："对石里克的虔诚之感以及他同样需要在学术界建立起自己的名声，这两点激励他去完成《逻辑、语言、哲学》。"③ 实际上，魏斯曼在 1937 年就已完成了PLP。由于 PLP 德文手稿和英译本在"二战"中被毁，PLP 直到1965 年才得以出版。

---

① 　这里是指魏斯曼和石里克之间的关系。请参阅 Baker Gordon，ed.，*The Voices of Wittgenstein：The Vienna Circle：Ludwig Wittgenstein and Friedrich Waismann*，London and New York：Routledge，2003b，p. xx.

② 　［英］雷·蒙克：《维特根斯坦传——天才之为责任》，王宇光译，浙江大学出版社 2011 年版，第 362 页。

③ 　Baker Gordon，ed.，*The Voices of Wittgenstein：The Vienna Circle：Ludwig Wittgenstein and Friedrich Waismann*，London and New York：Routledge，2003b，p. xx.

第六节 对魏斯曼所遭受的忽视与
低估的反驳与纠正

　　"维特根斯坦和小组成员的对话与争论及维特根斯坦和魏斯曼的对话与合作分别被本书作为为魏斯曼辩护的大背景和小背景。本书对魏斯曼的辩护体现在两方面：从历史角度来为魏斯曼在小组和维特根斯坦争论中所遭到的责备与批评辩护；从维特根斯坦阐释者角度来反驳和纠正魏斯曼在当今阐释者中受到的误解和低估。

一　为魏斯曼在小组和维特根斯坦争论中遭到的批评辩护

　　魏斯曼在小组中受到的误解来自两方面：在维特根斯坦和小组成员有关某些哲学理念的所有权、优先权以及原创归属等方面的争论，魏斯曼在维特根斯坦那里受到了斥责，主要是他"误解"和"挪用"了维特根斯坦的有关观点；为了回应维特根斯坦的批评，魏斯曼在小组成员那里被当作"替罪羊"。本书认为这两个责难不成立，因为学派成员对维特根斯坦哲学的认识和重视都存在不足。这场争论发生在三人之间：维特根斯坦、卡尔纳普和石里克。维特根斯坦对卡尔纳普对他有关哲学思想的剽窃和误解感到非常愤怒，这些主题包括"物理主义""形式化言语模式""实指定义"和"论假设"。（具体争论请参阅第三章第四节）在卡尔纳普与维特根斯坦的争论中，卡尔纳普把魏斯曼当作借口："我隐约地记得，在和魏斯曼的对话中谈到了有关定义的想法……在魏斯曼论文中，他的观点是相反的。"[1] 卡尔纳普是不是把魏斯曼当作"替罪羊"呢？其他成员没

---

　　[1]　请参阅卡尔纳普和石里克在 1932 年 9 月 8 日的通信。Stadler Friedrich，*The Vienna Circle：Studies in the Origins，Development，and Influence of Logical Empiricism*，Cham/Heidelberg/New York/Dordrecht/London：Springer，2015，p. 228.

有并没有替魏斯曼辩护；石里克扮演了"和事佬"；而魏斯曼被当作"媒介"和"替罪羊"。最后，魏斯曼遭受了和卡尔纳普同样的命运。

（一）魏斯曼被误解是由他在小组中扮演的特殊角色所致

随着和维特根斯坦合作工作的进行，魏斯曼的角色经历了一系列变化：一开始维特根斯坦扮演"材料供应商"，魏斯曼扮演"建筑师"；后来维特根斯坦逐渐不满意魏斯曼的工作，魏斯曼成了"共同作者"；最后维特根斯坦放弃了，魏斯曼成为 PLP 独立作者。（参阅第三章第 5.3 小节）在这个时期，维特根斯坦和小组（主要指卡尔纳普）关系恶化的原因在于，小组成员"挪用"他的哲学而对他的原创性没有表示足够感激。这样一来，有关魏斯曼的不友好态度来自两方面：当魏斯曼一丝不苟地把维特根斯坦的想法公之于众时，换来的是维特根斯坦的训斥——魏斯曼在维特根斯坦那里成了"出气筒"；当小组成员吸收和使用魏斯曼有关维特根斯坦最新思想记录的时候，他们又被维特根斯坦控告剽窃，在小组成员解释时，魏斯曼又被当作"替罪羊"。最后，魏斯曼在两方都没有得到应有的赞许和承认。

（二）魏斯曼在小组哲学讨论中是维特根斯坦观点的拥护者

第二章第三节论述了小组成员有关《提纲》的详细讨论。《提纲》在小组中于 1931 年 2 月到 6 月的讨论中被深入阅读和探讨。魏斯曼从 1927 年 7 月 7 日开始一直参与小组各种学术活动，他在小组中表达的观点和介绍大部分源于他在同一时期和维特根斯坦的对话与合作。① 魏斯曼不仅客观完整地呈现了维特根斯坦观点，而且还捍卫了这些观点。魏斯曼和石里克参与了小组中有关维特根斯坦大部分的讨论，并且他们都站在维特根斯坦那边："就算是这些讨论主题有所变化，而观察他们立场的整体视角还是被保留了。这一点非常

---

① Stadler Friedrich, *The Vienna Circle: Studies in the Origins, Development, and Influence of Logical Empiricism*, Cham/Heidelberg/New York/Dordrecht/London: Springer, 2015, pp. 230 – 233.

明显，即魏斯曼和石里克大部分时间都是维特根斯坦观点的倡导者，纽拉特则保持强烈反对。"① 深入考察斯塔德勒的"材料"，大部分争论都发生在卡尔纳普、维特根斯坦以及石里克之间，包括"物理主义"②"句法"③ 和"观察语句"④。在大部分讨论中，魏斯曼都在对小组成员有关维特根斯坦观点的误解进行解释和辩护，而纽拉特和卡尔纳普等人总是挑战这些观点。

从小组成员对"记录语句"和"行为主义"等讨论中，可以找到魏斯曼为维特根斯坦辩护的证据。⑤ 本书在此只找出一个讨论作为论据：

纽拉特：如果这种纪录语句互相对立，那需要一个句法来协调。

石里克：这个跟我是否把它写下来或我是否谈论它以及陈述了某种真或者假事态的情况一样。

纽拉特：如果这是一样的话，这怎么可能和卡尔纳普所说的相融贯呢？

卡尔纳普：我说的只是更严格的表述而已。

纽拉特：这些和魏斯曼有什么关联呢？

魏斯曼：在第 3 页中我说过，我们为自己构造图像。思想

---

① Haller Rudolf, *Questions on Wittgenstein*, London：Routledge, 1988, p. 31.

② 有关讨论发生在 1931 年 3 月 5 日。Stadler Friedrich, *The Vienna Circle*：*Studies in the Origins*, *Development*, *and Influence of Logical Empiricism*, Cham/Heidelberg/New York/Dordrecht/London：Springer, 2015, pp. 89 – 93.

③ 有关讨论发生在 1931 年 2 月 12 日。Stadler Friedrich, *The Vienna Circle*：*Studies in the Origins*, *Development*, *and Influence of Logical Empiricism*, Cham/Heidelberg/New York/Dordrecht/London：Springer, 2015, pp. 81 – 85.

④ Stadler Friedrich, *The Vienna Circle*：*Studies in the Origins*, *Development*, *and Influence of Logical Empiricism*, Cham/Heidelberg/New York/Dordrecht/London：Springer, 2015, pp. 81 – 85.

⑤ Ibid. , pp. 88 – 89.

的内容［Sinn］就是事态的存在和不存在。

汉恩：我们也可以为自己构造事态的图像，而这些事态却不是事实。

魏斯曼：事实的存在就是某种事态的存在。事态是简单的，而事实是复杂的。

卡尔纳普：我们有分子句、原子句以及事实。

魏斯曼：我们已经在第 1 页中厘定了有关事态和事实的区别，而这种理解方式主要是图方便。

纽拉特：你为什么要说某种"内部图像"呢？

魏斯曼：我们在这里已获得了心理过程。事实不是图像。我不会去找某种被给予的图像，我必须把事实看作图像。思想预设了某立场。

纽拉特：那么思想就是个心理过程了。我们可以这样说吗？这还是我们所辩护的行为主义立场吗？

魏斯曼：我不是从绝对行为主义观点出发的。

石里克：我也不是。这些不是从卡尔纳普早前构造的意义视角出发的。当然，我总是可以在事后重新构造心理句子和应用心理语言。

卡尔纳普：假如我们告诉心理主义者他们不许内省式说话，他们不会同意。

魏斯曼：我们最好跳过这个主题，因为我接下来就要写相关文章。

纽拉特：卡尔纳普和我，我们从外部发现这个尴尬之处，因为我一直以来就在说在维也纳小组中有人采取了某种行为主义立场。这就是为什么我想知道你的观点是什么。①

---

①　Stadler Friedrich, *The Vienna Circle: Studies in the Origins, Development, and Influence of Logical Empiricism*, Cham/Heidelberg/New York/Dordrecht/London: Springer, 2015, pp. 88 – 89.

　　上述文本清楚地展现了维也纳小组左右两翼的对垒。魏斯曼在他的论著中对使用维特根斯坦的有关观点表现得异常谨慎。跟卡尔纳普对维特根斯坦的不足重视相比,魏斯曼非常正式地在论文中表明他的思想是受到了维特根斯坦的影响,以及维特根斯坦对有关观点的原创性。例如,IMT 的"后记"①　"论心理学和逻辑的关联"(脚注)、②"论可能性概念"③。

　　(三)　魏斯曼的被误解是维特根斯坦和小组左右两翼矛盾的产物

　　纽拉特是小组"左翼"领导人,石里克是"右翼"领导人,他们分别对小组在 1930 年代后哲学发展方向有重要影响。维特根斯坦和小组互动发生在右翼(魏斯曼),他和小组矛盾和争论发生在左翼(卡尔纳普)。对魏斯曼的种种误解就是维特根斯坦和左翼成员的争论所致,本书论点如下:

　　纽拉特是小组《宣言》真正起草者,"科学世界观念"和"统一科学"工程构思都来自纽拉特。维也纳小组的《宣言》在很大程度上是宣传工具,不具有多少哲学内容。④ 维特根斯坦认为《宣言》的内容和 TLP 中的观点背道而驰,他认为《宣言》把哲学变成了许多理论口号,而不是活动。⑤ (具体分析请参阅第三章第 3.2 小节)小组成员有关"物理主义"观点原创性存在着争论。纽拉特、奈德都宣称他们对这个观点拥有所有权。卡尔纳普在"物理主义"观点中大部分表达了对纽拉特的感激,而不是维特根斯坦。本书指出卡

　　① Waismann Fredrich, *Introduction to Mathematical Thinking*: *The Formation of Concepts in Modern Mathematics*, New York: Dover Publications Inc. , 2003, p. 245.

　　② Waismann Fredrich, "The Relevance of Psychology to Logic", in Feigl Herbert and Sellars Wilfrid, eds. , *Readings in Philosophical Analysis*, New York: Appleton-Century-Crofts, INC, 1949, pp. 211 - 222.

　　③ Waismann Fredrich, "A Logical Analysis of Probability", in McGuiness F. Brian, ed. , *Philosophical Papers*, Dordrecht: D. Reidle Publishing Company, 1977, pp. 4 - 21.

　　④ Haller Rudolf, *Questions on Wittgenstein*, London: Routledge, 1988, p. 13.

　　⑤ Ibid. , p. 41.

尔纳普相关观点是受到纽拉特和维特根斯坦的共同影响。但作为
"左翼"成员，卡尔纳普倾向于感激纽拉特。（具体内容参阅第三章
第 4.2 小节）

　　维特根斯坦对卡尔纳普对他有关哲学观点重要性的不足认识，
是由于在小组中延伸着"公共财产"理念。维特根斯坦特意写了
"苹果树"隐喻来表达不满。这个理念大部分来源于纽拉特，纽拉特
在 20 世纪 30 年代非常喜欢制造各种运动，包括"维也纳成人教育
机构"（魏斯曼曾经在此任教）以及"视觉教育运动"。从理论上推
断，这个观点很有可能是源于纽拉特对共产主义理念的理解。①（具
体内容请参阅第三章第 4.1 小节）最后，纽拉特至少在两个观点上
与维特根斯坦矛盾：他强烈反对维特根斯坦有关"言说"和"显
示"的区分；他是反斯宾格勒主义者。② "言说"和"显示"是 TLP
中一对至关重要的概念，维特根斯坦有关那个时代文化的理解也是
深深地受到了斯宾格勒的影响。维特根斯坦曾坦言小组误解了 TLP
最后一个命题。③

　　维特根斯坦和小组的矛盾是因为卡尔纳普对维特根斯坦哲学原
创性认识不足，这个矛盾同时也是维特根斯坦和小组左右两翼矛盾
结果之一；而魏斯曼成为整个争论的牺牲品。在这个时期，魏斯曼
不仅在小组讨论中呈现了维特很斯坦的最新思想，而且也在有关讨

---

　　① 纽拉特曾经在小组讨论中做过有关马克思主义的讲座。例如，他在马赫学会
所做的题为"统一科学和马克思主义"的演讲。Stadler Friedrich, *The Vienna Circle*：
Studies in the Origins，*Development*，*and Influences of Logical Positivism*，Wien：Springer-
Verlag，2001，p. 342.

　　② "就是纽拉特……他一再指出，甚至语言本身也是某种现象，而这种现象是属
于世界之中的，而不是某种外部可以影响世界的东西。"引自 Haller Rudolf，*Questions
on Wittgenstein*，London：Routledge，1988，p. 13。对于"反斯宾格勒"，请参阅 Neurath
Marie and Cohen S. Robert，eds.，*Otto Neurath*：*Empiricism and Sociology*，Boston：
D. Reidel Publishing Company，1973，pp. 158 – 213。

　　③ Stadler Friedrich，*The Vienna Circle*：*Studies in the Origins*，*Development*，*and In-
fluence of Logical Empiricism*，Cham/Heidelberg/New York/Dordrecht/London：Springer，
2015，p. 225.

论中为维特根斯坦辩护。同时，在他的文章中也表达了他对维特根斯坦哲学原创性和重要性的足够认识和感激。因此，无论是从小组角度，还是从维特根斯坦角度来说，在小组历史和哲学研究中，有关魏斯曼的误解和偏见都是无效的：这些研究者没有对维特根斯坦在 1930 年代与小组的对话有过深入和彻底研究，也没有从小组角度对魏斯曼、石里克和维特根斯坦"三元关系"进行深入研究。

二　对魏斯曼在维特根斯坦阐释者中的误解和低估的反驳

魏斯曼对维特根斯坦哲学的理解和阐释在维特根斯坦阐释者那里同样受到忽视，这体现在"正统"阐释者彼得·哈克和戈登·贝克间。魏斯曼所遭受的忽视体现在两方面：魏斯曼作为有关哲学论著的作者身份没有在"正统"阐释者中得到认可，在大多数情况下，这些作品被认为属于维特根斯坦遗作；另外，在阐释维特根斯坦工作中，魏斯曼的阐释同样被忽视：魏斯曼的文本被当成负面阐释例子。

对魏斯曼对维特根斯坦思想误解的责备有可能最初源于维特根斯坦。在 PI 序言中维特根斯坦指出："我通过讲课，手稿和讨论传播出去的我的成果在流传过程中一再地被误解，被或多或少地掺水了，或者被断章取义地曲解了。"① 基于当时 PI 写作的具体背景，本书认为维特根斯坦的愤怒与魏斯曼有一定关联："很明显，维特根斯坦在 1938 年慢慢下定决心发表他后期的思想，是因为他得知魏斯曼此时正在剑桥讲述（维特根斯坦本人有关思想），而这些思想是基于魏斯曼（和维特根斯坦在之前合作中保存的）的文本和手稿。"② 但是，不得不否认维特根斯坦独特性格（过度敏感）也是原因之一。

---

① 这个前言的内容和他在 1937 年完成的手稿内容相似。[奥] 路德维希·维特根斯坦：《哲学研究》，韩林合译，商务印书馆 2015 年版，第 4 页。

② Hacker M. S. Peter, "*Gordon Baker's Later Interpretation of Wittgenstein*", in Kahane Guy, Kanterian Edward and Kuusela Oskari, eds., *Wittgenstein and His Interpreters*: *Essays in Memory of Gordon Baker*, Oxford: Blackwell Publishing Ltd., 2007, p. 93.

本书认为，对挪用和误解维特根斯坦而受到责备的人不应只是魏斯曼。另外，魏斯曼当时在剑桥大学的授课是由于他作为政治难民而被迫移民英国，迫于生计而不得已做出的选择。在 20 世纪三四十年代，曾出现过无数北欧知识分子由于种族、政治等因素被迫移民到英语世界的现象。①

　　魏斯曼在 1930 年代撰写和记录了许多有关维特根斯坦哲学的文本。其中，在阐释者中有关 PLP 以及 WWK 两部作品归属存在着激烈争论。它们被分为三类：维特根斯坦著作；魏斯曼著作；"源于维特根斯坦的口述或对话"。② 有关证据可以从贝克和哈克所发表有关 PI 四卷本阐释著作中找到。③ 在第一卷中，PLP 和 LSP 被归入第二类；④ 在第二卷中，魏斯曼被认为是作者。⑤ 从第三卷开始，情况发

---

　　①　Stadler Friedrich, *European Philosophy of Science——Philosophy of Science in Europe and the Viennese Heritage*, Dordrecht/Heidelberg/London/ New York：Springer, 2014. Fleming Donald and Bailyn Bernard, *The Intellectual Migration：Europe and America 1930 - 1960*, Ithaca NY：Belknap Press/Harvard University Press, 1969.

　　②　Glock Hans-Johann, *A Wittgenstein Dictionary*, Oxford：Blackwell, 1996, p. xxv.

　　③　贝克和哈克共同合著了卷一和卷二，后面两卷是由哈克单独完成的。Hacker M. S. Peter, *Wittgenstein：Meaning and Mind*, *Volume 3 of An Analytical Commentary on the Philosophical Investigations*, Oxford：Blackwell, 1990. Hacker M. S. Peter, *Wittgenstein：Mind and Will*, *Volume 4 of An Analytical Commentary on the Philosophical Investigations*, Oxford：Blackwell, 1996.

　　④　他们并没有明确表示 PLP 和 LSP 是属于魏斯曼的。我们可以从该书的"缩略"部分找到答案。为了强调魏斯曼对 LSP 和 PLP 的作者身份，还需要提到贝克在 1979 年的有关文章。因此不难得出，这里的"缩略"部分就是由贝克完成的。Baker P. Gordon and Hacker M. S. Peter, *Wittgenstein：Understanding and Meaning*, *Volume 1 of an Analytical Commentary on the Philosophical Investigations*, Oxford：Blackwell, 1980, pp. 8 - 9. BakerP. Gordon, "Verehrung und Verkehrung：Waismann and Wittgenstein", in LuckhardtC. G. , ed. , *Wittgenstein：Sources and Perspectives*, Ithaca：Cornell University Press, 1979, pp. 243 - 286.

　　⑤　在"缩略"部分中，贝克和哈克首次把魏斯曼当成 LSP、PLP 以及 WWK 的独立作者。BakerP. Gordon and Hacker M. S. Peter, *Wittgenstein：Rules*, *Grammar and Necessity：Essays and Exegesis of § § 185 - 242*, *Volume 2 of An Analytical Commentary on the Philosophical Investigations*, Oxford：Blackwell, 2009, p. xviii.

生了巨大变化：这些著作被归入第一类和第三类。① 认为第一类和第三类的分类是对魏斯曼贡献认可不足和忽视的表现。在 2017 年出版的《维特根斯坦指南》中，WWK 被归入了维特根斯坦的 "讲座和对话录" 中，而 PLP 被归入了第三类。事实表明，在当前维特根斯坦的哲学研究中，学者对 PLP 的归属还存在着争议。

哈克和贝克在 20 世纪 90 年代以后终止合作。本书认为原因之一是他们对 "后期" 维特根斯坦哲学有不同理解：贝克越来越关注魏斯曼在理解维特根斯坦哲学中的重要性；② 哈克持有相反观点，他不把 LSP、PLP 以及 WWK 当作魏斯曼的著作。哈克强烈反对 "后期" 贝克有关理解和阐释维特根斯坦与魏斯曼的方法："我尝试去解释，为什么他的（贝克）有关后期维特根斯坦精神分析、治疗型阐释方式对我来说从根源上是错的。"③ 哈克还认为，"后期" 贝克有关维特根斯坦研究和理解是源于他对魏斯曼有关阐释文本的理解："对我来说，贝克有关后期维特根斯坦哲学方法的理解是非常不恰当的，这显然是受到了他对魏斯曼哲学论文的研究，我认为他不仅歪

---

① 在卷三和卷四 "缩略" 部分中，哈克非常扼要地把 *PLP* 归入第三类。第四卷和第三卷相同，哈克删掉了 "魏斯曼的著作"。

② 贝克对重新发现魏斯曼作了大量贡献，哈克也同样提到了贝克的有关工作。BakerP. Gordon, "Verehrung und Verkehrung：Waismann and Wittgenstein", in Luckhardt C. G., ed., *Wittgenstein：Sources and Perspectives*, Ithaca：Cornell University Press, 1979, pp. 243 – 286. BakerP. Gordon, *Wittgenstein, Frege and the Vienna Circle*, Oxford：Basil Blackwell, 1988. BakerP. Gordon, "Friedrich Waismann：A Vision of Philosophy", *Philosophy*, No. 783, 2003a, pp. 163 – 179. BakerP. Gordon, ed., *The Voices of Wittgenstein：The Vienna Circle：Ludwig Wittgenstein and Friedrich Waismann*, London and New York：Routledge, 2003b. Hacker M. S. Peter, "Gordon Baker's Later Interpretation of Wittgenstein", in Kahane Guy, Kanterian Edward and Kuusela Oskari, eds., *Wittgenstein and His Interpreters：Essays in Memory of Gordon Baker*, Oxford：Blackwell Publishing Ltd., 2007, p. 93.

③ Hacker M. S. Peter, "Gordon Baker's Later Interpretation of Wittgenstein", in Kahane Guy, Kanterian Edward and Kuusela Oskari, eds., *Wittgenstein and His Interpreters：Essays in Memory of Gordon Baker*, Oxford：Blackwell Publishing Ltd., 2007, p. 90.

曲了魏斯曼的立场，而且还扭曲了魏斯曼和维特根斯坦的关系。"①

　　哈克对魏斯曼的批评集中在魏斯曼的 HISP 一文。哈克认为魏斯曼在 HISP 中的观点不是维特根斯坦的，而是魏斯曼本人的。本书认为哈克对贝克有关魏斯曼的元哲学观点，以及哈克对贝克有关维特根斯坦元哲学观点的理解都存在疑问。因为，在该文中魏斯曼使用的大部分材料源于他和维特根斯坦在 1930 年代的合作成果："事实上，他（魏斯曼）自己的立场在当时并没有和维特根斯坦有什么不同。戈登·贝克已表明当魏斯曼在《我如何看待哲学》（1956 年）中开始总结自己思想时，他是在本能或无意识地使用这些说明。而那些说明是魏斯曼在 20 年前和维特根斯坦对话所记录的。"② 对魏斯曼而言，PLP 才是他阐释和发展维特根斯坦哲学思想的地方，魏斯曼的主要精力都倾注在著写该书的工作中。

　　哈克对贝克的批评具体分为三个问题：1. HISP 中的元哲学观点到底是魏斯曼的还是维特根斯坦的？2. 后期维特根斯坦有关"治疗型"哲学观点，到底是不是贝克的理解？3. "治疗型"哲学是魏斯曼对维特根斯坦哲学的理解吗？要回答这几个问题，首先要分别考察维特根斯坦元哲学观点（包括"中期"和"后期"）；然后考察 HISP 中的元哲学观点；最后把二者元哲学观点进行对比分析。第四章第四节将关注"中期"维特根斯坦元哲学观点以及魏斯曼对"中期"维特根斯坦元哲学观点的阐释，还有他们的对比分析。第五章第二节将关注 HISP 的元哲学观点。在考察了维特根斯坦和魏斯曼元哲学观点以后，本书尝试基于作者的考察来回答上述争论。（具体体现在第六章第一节）

----

① Hacker M. S. Peter, "Gordon Baker's Later Interpretation of Wittgenstein", in Kahane Guy, Kanterian Edward and Kuusela Oskari, eds., *Wittgenstein and His Interpreters*: *Essays in Memory of Gordon Baker*, Oxford: Blackwell Publishing Ltd., 2007, p. 92.

② McGuinness F. Brian, "Waismann: The Wandering Scholar", in McGuinness Brian, ed., *Friedrich Waismann-Causality and Logical Positivism*, Dordrecht/Heidelberg/London/New York: Springer, 2011, p. 15.

　　此处初步分析哈克和贝克的争论：哈克在批评贝克时选错了对象，他应深入研究 PLP，以此来反驳贝克。哈克之所以选错了对象，是因为他认为 PLP 不是魏斯曼的而是维特根斯坦的。这早就在他与贝克合作的四卷本阐释 PI 系列著作中的第一卷中就已有所体现。①尽管哈克也努力提高 PLP 在阐释中的地位，但是他的态度始终非常古板。② 他把 PLP 当作维特根斯坦在这个时期的作品——BT——的对等物。哈克还用了后期魏斯曼和亨里希·奈德的谈话来支持他的观点：在该谈话中，魏斯曼表达了他对维特根斯坦的怨恨。③ 哈克认为，魏斯曼的抱怨属于哲学层面，但本书认为这属于个人情感层面：魏斯曼对维特根斯坦的憎恨大部分源于在 20 世纪 30 年代小组左翼成员和维特根斯坦的争论，以及在维特根斯坦对小组成员的责备中，魏斯曼被当作"出气筒"，还包括他人生中的诸多不幸。

　　哈克解释了他和贝克从 1969 年以来的合作。他承认他和贝克有关维特根斯坦哲学的理解经历了许多变化，他们在 1980 年抛弃了有关"断言—条件"以及"反实在论"有关教条。这之后，他们的鸿沟就越来越大，最终他们在 1990 年代分道扬镳：贝克走向了"精神分析"阐释路径，哈克则保持一贯传统阐释方式。哈克认为，后期

---

　　① 作为一部合著，很难对该书内容仔细分类和归属到具体作者，而且他们也未有过任何说明。在第一卷中该书的作者主要把 PLP 视为 PI 的对等物，在许多地方他们只是把 PLP 和 PI 并列展示出来而不加任何说明。

　　② "非常确定地说，这并不意味着该书（PLP）不是重要源头；我的意思是说它必须被非常小心谨慎地使用，而且可能不会被视为具有权威的地位，除非它和后期维特根斯坦自己所表达的观点相吻合。如果它和这些观点相冲突，而这些冲突之处才值得敬重。如果它断言某个观点的重要性，而这一点维特根斯坦又保持沉默的话，那就必须格外谨慎。"引自 Hacker M. S. Peter, "Gordon Baker's Later Interpretation of Wittgenstein", in Kahane Guy, Kanterian Edward and Kuusela Oskari, eds. , *Wittgenstein and His Interpreters*: *Essays in Memory of Gordon Baker*, Oxford: Blackwell Publishing Ltd. , 2007, pp. 93 – 94.

　　③ Hacker M. S. Peter, "Gordon Baker's Later Interpretation of Wittgenstein", in Kahane Guy, Kanterian Edward and Kuusela Oskari, eds. , *Wittgenstein and His Interpreters*: *Essays in Memory of Gordon Baker*, Oxford: Blackwell Publishing Ltd. , 2007, p. 94.

贝克研究方法是完全错误的，而（这就暗示）他自己的正确。尽管本书很难从哈克阐释中找到缺陷（本书不是要挑战哈克的权威），但是要找到支持贝克的证据并不难。"后期"贝克的工作对其他阐释者的理解和阐释魏斯曼以及维特根斯坦哲学是很有帮助的。正是由于麦吉尼斯和贝克的不懈努力，PLP 以及 WWK 等著作才重见天日。只有深入研读这些著作，才能客观评判魏斯曼。

最后，哈克对贝克的阐释从五个方面给予了批评。[①] 最重要的一点就是，贝克认为维特根斯坦治疗型和精神分析哲学观点源于弗洛伊德模型和魏斯曼的阐释。本书不认为哈克对贝克的批评是有效的，尽管哈克在这点上理解正确了：贝克的弗洛伊德观念是他自己得出的结论，不是源于魏斯曼阐释。尽管如此，目前有很多"治疗型"阐释者，例如卡瑞和里德、[②] 哈奇森、[③] 哈勒令[④]等。哈克如果还要批评贝克，那么，他不得不对"治疗型"阐释方式的错误之处提供令人满意的论证。此外，哈克同样在理解维特根斯坦哲学过程中经历了转变：他正在倡导对维特根斯坦的"整体观"。他激烈批判了"数维特根斯坦游戏"，并提出"一个维特根斯坦"观点。[⑤]

在维特根斯坦阐释者中存在着两种对待魏斯曼的态度：以贝克为代表的积极观点；以哈克为首的消极观点。贝克的支持者包括麦吉尼斯、舒尔特、斯塔德勒、马里恩以及舒斯特。其他大多数阐释

---

① Hacker M. S. Peter, "Gordon Baker's Later Interpretation of Wittgenstein", in Kahane Guy, Kanterian Edward and Kuusela Oskari, eds., *Wittgenstein and His Interpreters*: *Essays in Memory of Gordon Baker*, Oxford: Blackwell Publishing Ltd., 2007, pp. 91 –95.

② Crary Alice and Read Rupert, eds., *The New Wittgenstein*, New York. Routledge, 2000.

③ Hutchinson Phil, "What's the Point of Elucidation?" *Metaphilosophy*, Vol. 38, 2007, p. 691.

④ Harre Rudolf, "Grammatical Therapy and the Third Wittgenstein", *Metaphilosophy*, Vol. 39, 2008, pp. 485 –490. 需要说明的是，《我如何看待哲学》是由哈勒令编辑出版的。

⑤ Hacker M. S. Peter, "Wittgenstein on Grammar, Theses and Dogmatism", *Philosophical Investigations*, Vol. 35, 2012, pp. 1 –17.

者或多或少都持有哈克观点，它们从不同角度忽视了魏斯曼。① 目前解释维特根斯坦哲学存在着许多"车站"，但是连个"小站"都没有给魏斯曼留下。本书对贝克的方法持同情态度："魏斯曼的论文是研究维也纳小组历史方面的一手来源，即他们的工作和维特根斯坦的关联。"② 魏斯曼的著作对于理解"过渡"时期维特根斯坦哲学思想具有重要意义。

　　哈克太过教条主义，没有把魏斯曼原文作为研究和批判材料；贝克有关魏斯曼哲学理解以及后期维特根斯坦阐释值得推崇。围绕着魏斯曼的大部分争论是由于读者对魏斯曼哲学著作的理解不充分，以及对维特根斯坦和维也纳小组在 1930 年代交流历史的理解不清楚。魏斯曼研究有许多优点，实际优点就是他的著作可以帮助我们更好理解"中期"维特根斯坦哲学思想的转变。魏斯曼对维特根斯坦思想的阐释和理解的落脚点在于"中期"维特根斯坦遗作，尤其是 BT。

　　哈克和贝克有关魏斯曼阐释的争论，最核心的是魏斯曼和"中期"维特根斯坦有关元哲学观点。争论的地方就是，HISP 中的元哲学思想到底是不是"治疗型"哲学？以及这种哲学方法跟弗洛伊德心理分析方法存在多大关联？本书认为对于这一争论作出判断的前提要把握好三个问题：魏斯曼的阐释与维特根斯坦阐释工作的关联；魏斯曼是如何阐释"中期"维特根斯坦哲学的，包括具体哲学和元

---

　　① 例如，哈列特在他的著作中没有直接引用魏斯曼，而是从马尔康姆那里间接引用的。既然哈列特在他的参考文献中已经列出了大部分魏斯曼的著作，他却没有直接引用魏斯曼的文字。在斯鲁嘉和斯特恩的著作中，他们只引用了魏斯曼一次，还是以"Waismann Ludwig"的名义。Hallett Garth, *A Companion to Wittgenstein's Philosophical Investigations*, Ithaca, NY: Cornell University Press, 1977, p. 775. Sluga Hans-Johann and Stern David, eds., *The Cambridge Companion to Wittgenstein*, Cambridge University Press, 1996.

　　② Baker Gordon, "Verehrung und Verkehrung: Waismann and Wittgenstein", in LuckhardtC. G., ed., *Wittgenstein: Sources and Perspectives*, Ithaca: Cornell University Press, 1979, p. 280.

哲学观点；魏斯曼又是如何发展"中期"维特根斯坦哲学观点的，包括具体哲学和元哲学观点。在完成了对上述问题的解答后，本书结语部分再回到哈克和贝克的争论，本书将基于已有考察提出本书的评判。（请参阅第六章第 1.4 小节）

三 魏斯曼与维特根斯坦哲学阐释的关联

本章上文工作中心是对维也纳小组、小组和维特根斯坦在 1930 年代哲学互动、维特根斯坦阐释者三个视角为魏斯曼在分析哲学历史中所遭受的忽视与低估辩护。本书分别论证了魏斯曼在维也纳小组中的重要地位，以及魏斯曼在维特根斯坦 1930 年代哲学过渡期中对他的哲学的阐释和传播所作出的杰出贡献。

（一）历史亏欠魏斯曼一个客观、公正的评价

本书的目的是对魏斯曼哲学、魏斯曼对维特根斯坦哲学的阐释和发展所做出的艰苦工作进行公正、客观的历史评价。为了实现这一目的，本书作者已经或者将要做的事情分别如下：

首先，要对魏斯曼进行公正的历史评价，必须先弄清楚历史遗留问题。历史遗留问题包括维特根斯坦与维也纳小组成员在 1930 年代的哲学对话和争论。到底是哪些成员挪用了维特根斯坦的最新思想而不加以足够致谢？本章有关部分分别对维也纳小组成员与维特根斯坦对话和争论的历史进行了详细阐述，发现对维特根斯坦哲学思想致谢不足的成员主要是卡尔纳普，而不是魏斯曼。在小组有关维特根斯坦的哲学讨论中，魏斯曼不仅客观地转述和传播了维特根斯坦有关思想，而且还予以捍卫。另外，魏斯曼在维也纳小组内部、在与维特根斯坦合作和交流中到底处于什么样的地位？魏斯曼在维也纳小组内部中主要是小组重要的右翼成员，他与石里克的关系非常紧密。维也纳小组左右两翼对维也纳小组在 1930 年代的发展具有重要影响力。在魏斯曼与维特根斯坦的交流中，魏斯曼的角色也发生了几次转变。一开始他是作为材料的组织者，最后他成为 PLP 的独立作者。根据考察，既然魏斯曼最后成为 PLP 独立作者，那么我

们应该把 PLP 当作魏斯曼的哲学著作，而不是像哈克那样，固执地把 PLP 当作维特根斯坦著作。

其次，在搞清楚历史遗留问题以后，应该怎样评价魏斯曼的历史地位呢？蒯因顿在 PLP 的序言中曾把 PLP 当作 PI 的教科书。他的意思就是，魏斯曼的很多文本可以被当作对维特根斯坦思想的阐释。这点虽然有贬低魏斯曼哲学著作价值之嫌，但是也无伤大雅。既然本书已经从维也纳小组和维特根斯坦哲学发展历史两方面论证了目前学界对魏斯曼的理解是片面的，它们都低估和忽视了魏斯曼的重要性，那么我们应该这样提问：既然我们误解和低估了魏斯曼，那我们应怎样去发掘魏斯曼哲学的重要性呢？本书提出，魏斯曼哲学重要性的最直接体现就是他对"中期"维特根斯哲学的阐释，除了贝克、舒尔特以及舒斯特等人的工作以外，维特根斯坦阐释者大多没有关注魏斯曼。

最后，魏斯曼如何发展"中期"维特根斯坦有关哲学思想问题。根据本书作者的考察以及 2016 年国际魏斯曼哲学会议有关内容，这个问题目前不仅新颖，而且值得研究。现在的问题就是，魏斯曼哲学重要性的具体体现。本书的答案是，魏斯曼哲学重要性首先体现在维特根斯坦哲学阐释中。这个答案比较笼统，需要放到具体语境中才好理解。把问题提出的语境越是具体，我们的理解才越深刻。魏斯曼哲学第二个重要性就是他对"中期"维特根斯坦的哲学思想的发展。第一个重要性是对维特根斯坦哲学阐释工作而言，第二个哲学重要性是对魏斯曼本人和当前分析哲学研究而言。

（二）魏斯曼研究与"中期"维特根斯坦哲学延续理念研究的关联

魏斯曼在 1930 年代在维也纳小组内部哲学讨论和外部国际哲学会议中，对维特根斯坦的最新哲学观点的传播和陈述，跟维特根斯坦逝世以后所发生的维特根斯坦哲学阐释工作并无不同。从魏斯曼的角度来说，他可以被当作一位维特根斯坦哲学的阐释者。从魏斯曼在 1930 年代以后发表的有关维特根斯坦哲学论文和哲学观点来看，魏斯曼又可以被当作一位维特根斯坦式哲学家，后者是前者的深化和发展。只有在对维特根斯坦哲学有深刻的理解和阐释的前提之下，才有可能成为一位维特根斯坦式哲学家。对魏斯曼来说，他的哲学在这两方面都有体现。

那么，当我们要去论证魏斯曼作为维特根斯坦阐释者的时候，我们应该把他的阐释工作放到维特根斯坦哲学阐释的哪一部分呢？基于对魏斯曼和维特根斯坦合作历史的考察，本书认为最好的答案就是魏斯曼对于"中期"维特根斯坦哲学的阐释工作。魏斯曼在 1929 年到 1936 之间跟维特根斯坦有过密切的哲学合作。因此基于这一历史事实，把魏斯曼哲学阐释工作放到"中期"维特根斯坦哲学阐释中是符合事实的。

魏斯曼的阐释与"中期"维特根斯坦阐释工作不仅符合历史事实，而且对魏斯曼阐释工作研究还可以帮助我们厘清当前杂乱的维特根斯坦阐释现象。本书在开头部分论述了目前国际维特根斯坦哲学阐释中所获得的成果和存在的问题。本书对魏斯曼有关"中期"维特根斯坦哲学阐释工作关注的落脚点就在于，通过研究魏斯曼的阐释工作，尤其是"中期"维特根斯坦，以此来为目前存在的问题的解答提供帮助。魏斯曼阐释工作并不是新的阐释维特根斯坦哲学视角，它一直都存在，只是长久以来被忽视。当前维特根斯坦哲学阐释工作中最显著的问题就是"数维特根斯坦游戏"："许多研究维特根斯坦著作的人们沉溺于玩一个团体游戏——'数维特根斯坦'。这其中所运转着的问题就是'有多少个维特根斯坦?'——获胜者自然就是那些能找到最多数目的人。我们应该避免这个游戏，因为它会带来困惑。"①

"数维特根斯坦游戏"对维特根斯坦哲学理解是有害的。因为这会导致维根斯坦哲学研究的"无政府主义"或"极端自由主义"：

---

① Hacker M. S. Peter, "Wittgenstein on Grammar, Theses and Dogmatism", *Philosophical Investigations*, Vol. 35, 2012, pp. 1 – 2.

每个阐释者都可以从自己的角度来理解维特根斯坦哲学思想，每个人都可以宣称自己的理解是忠实于维特根斯坦的。本书观点是，我们必须终结这种游戏。"数维特根斯坦游戏"蕴含一个囚徒两难困境：解释与过度解释。我们的目的是尽可能研究维特根斯坦遗作，尽可能出版更多的维特根斯坦遗作，这样我们才能得到一个完整维特根斯坦哲学图像。但是，这样一来，在新遗作中阐释者很有可能发现维特根斯坦哲学观点存在着不一致的地方，于是他们就欣喜地宣称，他们找到了一个"新维特根斯坦"或"第三阶段的维特根斯坦"。根据考察，"中期"维特根斯坦理念及其内容就是维特根斯坦遗作执行人冯·奈特和麦基尼斯等人在整理和出版维特根斯坦在1930年代的哲学文本的时候提出来的。到头来我们到底是理解了维特根斯坦呢，还是不理解？很多阐释者为了别出心裁，在"数维特根斯坦游戏"中独占鳌头，他们就搞出很多新花样，提出新概念。本书认为这种做法是不可取的。

那么读者或许会问，既然本书罗列了不同阐释方法，也批判了这些方法，那么，本书落脚点又是什么？本书坚持"一个维特根斯坦"，坚持从"整体式"角度来对待维特根斯坦哲学。要达到"一个维特根斯坦"以及对维特根斯坦哲学进行"整体式"考察，我们的主要关注点就是维特根斯坦哲学发展的"延续性"。维特根斯坦哲学"延续性"理念的构建不仅是本书对维特根斯坦哲学阐释工作的根本目标，也是魏斯曼哲学的重要性被赋予的新使命。

第七节　本章小结

本章的主要内容在于对维特根斯坦和维也纳小组成员哲学互动历史的反思，目的在于为考察魏斯曼对"中期"维特根斯坦哲学的阐释与发展研究内容扫清障碍。本章指出，有关维特根斯坦和小组的互动历史存在着许多历史遗留问题。要解答上述问题，就必须重新考察双方互动。在考察这一互动历史中，本章从宏观和微观两个视角着手：既考虑到了双方互动的不同场合和不同主题，也考虑到了具体哲学文本。基于上述视角，本章还考察了维也纳小组"左""右"两翼的矛盾与分野：两翼对维特根斯坦哲学思想存在不同理解，正是因为不同理解，才导致两翼成员之间有关维特根斯坦哲学观点的争论以及小组与维特根斯坦的哲学争论。最后，本章从维特根斯坦和小组成员的争论视角中，挖掘出了当前学界存在的对魏斯曼哲学重要性低估的诸多原因。

对历史的反思目的在于为研究魏斯曼哲学找到合适的视角和出发点。另外，在对双方的历史回顾中，本章还考察了魏斯曼和维特根斯坦哲学互动的具体脉络，包括魏斯曼的角色转变。自此，本书前三章已经对魏斯曼和"中期"维特根斯坦哲学互动的不同方面做了铺垫，接下来的部分将主要探讨魏斯曼对"中期"维特根斯坦哲学的阐释与发展。

第 四 章

魏斯曼对"中期"维特根斯坦哲学的阐释

在开始对魏斯曼阐释工作研究之前，需要梳理魏斯曼哲学文本的本体和魏斯曼对"中期"维特根斯坦哲学思想阐释的方法论；在这以后，本章从具体哲学问题出发来考察魏斯曼是如何阐释维特根斯坦"中期"的具体哲学观点，包括"假设与证实""实指定义"以及元哲学观点。

第一节　魏斯曼对"中期"维特根斯坦
哲学阐释的本体和方法

魏斯曼对"中期"维特根斯坦哲学思想的阐释发生在三个场合：魏斯曼在维也纳小组成员于 1930 年代小组内部哲学讨论中所作的有关阐释，第三章关注了这方面，本书用了《宣言》和《提纲》作为讨论对象；魏斯曼跟维特根斯坦合作时期所发表相关论文，例如《论同一性概念》①；魏斯曼和维特根斯坦的合作成果——PLP。对魏斯曼哲学思想的研究首先需要解决两个问题：魏斯曼哲学著作本体

---

① Waismann Fredrich, "The Concept of Identity", in McGuiness Brian, ed., *Philosophical Papers*, Dordrecht: D. Reidle Publishing Company, 1977, pp. 22 – 29.

论;魏斯曼阐释"中期"维特根斯坦哲学的方法论。

一 魏斯曼哲学著作的本体论

首先,魏斯曼的著作包括两部分:已发表出版和尚未发表、被保存在档案馆中的手稿。未发表遗作主要保存在牛津大学博德莱图书馆,包括手稿、打印稿和笔记以及诗歌和格言警句文集。其次,魏斯曼的所有著作具体分为四类:魏斯曼所记录下的"中期"维特根斯坦哲学著作,这些著作虽然形式上属于魏斯曼哲学财产,但内容上属于维特根斯坦,包括 WWK 和 VW;魏斯曼基于他和维特根斯坦的合作以及他对"中期"维特根斯坦哲学的理解和阐释所发表的著作,包括 PLP、LSP 以及 PP 中的六篇论文(第二篇到第八篇);尚未发表有关 PLP 的大量手稿;[①]魏斯曼对"中期"维特根斯坦哲学的发展,包括 IMT、WLA、EW、CLP 以及 PP 中的剩余论文。

虽然 VW 和 WWK 的内容源于维特根斯坦,也可以被认为是维特根斯坦的哲学遗作,但它们和维特根斯坦"中期"遗作(尤其是 BT)是有区别的,主要体现在人称和文本结构:在 VW 和 WWK 中,魏斯曼有时用"我们"分别指维特根斯坦、石里克和维特根斯坦;还用了"我",大部分指维特根斯坦。在维特根斯坦遗作中,几乎是用第一人称"我"来写作(指他本人)。另外,PLP 是 LSP 英文翻译版,但二者不完全相同。(本书只用 PLP) PLP 撰写和发表经历了复杂过程(请参阅第三章第五节),它在整个魏斯曼哲学中占核心地位。魏斯曼在有生之年把 PLP 的部分内容以论文形式发表出来。PLP 是对"中期"维特根斯坦哲学思想的阐释和见证,尤其是 1929 年到 1936 年。最后,魏斯曼后期在英国以及分析哲学界所取得的成功主要应归功于三篇论文:《语言层次》《论证实》和《我如何看待

---

① 尽管很多阐释者认为它们属于维特根斯坦的著作,但本书认为这些著作是魏斯曼的哲学财产。

哲学》（简称 HISP）。①

二　魏斯曼阐释"中期"维特根斯坦哲学的方法论

　　魏斯曼是如何阐释"中期"维特根斯坦哲学的？舒尔特提供了一个范式：首先，从"中期"维特根斯坦文本中找到某个关键哲学概念（或哲学问题），这个目标概念必须同时在维特根斯坦和魏斯曼文本中反复出现，且具有重要性（例如"意义体"概念）；其次，从"中期"维特根斯坦文本出发，总结出维特根斯坦对这个概念的重要观点（BT），从魏斯曼文本中找出魏斯曼具体的阐释；最后，把维特根斯坦和魏斯曼有关这个概念的观点做对比。

　　舒尔特总结出魏斯曼对"中期"维特根斯坦思想阐释的七个特征："1. 魏斯曼为维特根斯坦对某个哲学概念的思考首先创造了一个语境，以此来为后续评论奠定基调；2. 魏斯曼为维特根斯坦对某个哲学概念所作后续评论的正当性提供某个动机或原因；3. 魏斯曼继续添加新评论内容以此来补充维特根斯坦的评论，以便让维特根斯坦的评论变得有条理；4. 在某些情况下，魏斯曼采用维特根斯坦式观点作为补充，实际上维特根斯坦没有使用过这些观点；5. 魏斯曼接着对维特根斯坦评论进行更概括和更精确的重塑；6. 魏斯曼在阐释过程中还编造了口号；7. 魏斯曼把具体阐释论据归结到某位哲学家。"② 本书对魏斯曼有关"中期"维特根斯坦思想阐释研究方法的考察仍遵循舒尔特的范式——同样是基于"中期"维特根斯坦（BT）以及魏斯曼文本；同样以问题为导向，关注"中期"维特根

---

　　①　这三篇论文被收录在论文集《我如何看待哲学》中。其中文章《我如何看待哲学》（1956 年）的篇名同时作为该论文集的书名。希望读者没有混淆：后期魏斯曼最重要著作之一被称为《我如何看待哲学》，该论文集里面收集了后期魏斯曼哲学最重要的几篇文章，其中有一篇叫《我如何看待哲学》（简称 HISP）。Waismann Fredrich, *How I See Philosophy*, Harre, Rom, ed., New York: St. Martin's Press, 1968.

　　②　Schulte Joachim, "Waismann as Spokesman for Wittgenstein", in McGuinness F. Brian, ed., *Friedrich Waismann-Causality and Logical Positivism*, Dordrecht/Heidelberg/London/New York: Springer, 2011, p. 237.

斯坦关键哲学概念，发掘出维特根斯坦观点，同时也找出魏斯曼的具体理解。最后，本书把两者观点对比，还要检验舒尔特所总结的七个特征。

本书还涉及具体研究文本的选择。首先，从维特根斯坦角度来说，国内外阐释者都把注意力集中在 BT 中。BT 囊括了维特根斯坦在 1929—1935 年间的思想。舒尔特在他的考察工作中主要关注了 BT；肯尼在论证维特根斯坦元哲学观点的延续性时同样指出 BT 的重要性（详见第二章第 5.3 小节）；徐英瑾在论述“中期”维特根斯坦哲学“现象学”观点时，也以 BT 内容为基础。因此，基于前人的研究成果和观点，本书同样把 BT 中有关内容作为研究文本，同时也把 PI 作为辅助。除了 BT 和 PI 以外，本书还把魏斯曼文本作为研究基础，主要包括 WWK 和 VW。其次，魏斯曼对“中期”维特根斯坦哲学的阐释主要集中在 PLP 和 PP 中。最后，由于“中期”维特根斯坦遗作数量巨大，本书只针对“中期”维特根斯坦所讨论和思考的三个关键概念以此探讨魏斯曼的具体阐释——“假设和证实”“实指定义”以及元哲学。

BT 内容和 VW、WWK 内容存在一致性：维特根斯坦在 BT 中有关“理解”的思考[1]跟 VW 中“给石里克的口述”是一致的；BT 中有关“语法”的思考，[2] 同时体现在 VW 中“笔记”部分，包括 F76、F2 和 F25；BT 中有关“现象学”思考，[3] 体现在 VW 中的第四部分“现象学语言”；[4] BT 中有关“一致性”概念思考，体现在 WWK（一共有八次讨论）和 VW 中（F7－F75）；BT 中有关“哲学”本质的讨论[5]体现在 VW 中“我们的方法”。[6]

---

[1]　Ludwig Wittgenstein, *The Big Typescripts*：TS 213, Grant Luckhardt and Maximilian Aue, eds., Oxford：Blackwell Publishing, 2005, pp. 1－21.

[2]　Ibid., pp. 183－207.

[3]　Ibid., pp. 319－340.

[4]　Ibid..

[5]　Ibid., pp. 299－317.

[6]　Ibid., pp. 277－313.

第二节　魏斯曼和"中期"维特根斯坦论"假设"与"证实"

魏斯曼和维特根斯坦的合作属于维特根斯坦和维也纳小组互动的历史部分，因此应该关注到维特根斯坦和小组的哲学焦点："假设和证实"。这两个概念对逻辑经验主义的发展至关重要，同时也是对"中期"维特根斯坦所经历的"证实主义阶段"的重新认识。① 根据斯特恩的理解，"中期"维特根斯坦可以细分为 1930 年代早期、1930 年代后期两个阶段。其中维特根斯坦 1930 年代早期的哲学相对独立，很多观点具有暂时性；1930 年代后期维特根斯坦提出了很多在 PI 中出现的主题，它们可以视为 PI 有关主题的前兆。"中期"维特根斯坦的有关语言意义的思考，除了 1930 年代早期的"证实主义"，他在 1930 年代后期逐渐往 PI 哲学视野过渡，其中语义学观点尤为突出。而"中期"语义学主要以对"实指定义"的思考为代表，基于有关考察，维特根斯坦提出了"哲学语法"观念。

一　"中期"维特根斯坦论"假设"和"证实"

无论是在 BT，还是魏斯曼相关文章和笔记中，"假设"与"证实"两个概念始终被放在一起讨论。这表明"假设"和"证实"存在密切关联。格洛克在《维特根斯坦词典》② 中只写了"证实主义"词条，并没有"假设"。本书认为这是格洛克的不足，并不代表"假设"在维特根斯坦的哲学中没有重要性。据考察，维特根斯坦对"假设"和"证实"的讨论分布在三个地方：BT、PI、WWK。维特

---

① ［英］雷·蒙克：《维特根斯坦传——天才之为责任》，王宇光译，浙江大学出版社 2011 年版，第 284 页。

② Glock Hans-Johann, *A Wittgenstein Dictionary*, Oxford：Blackwell, 1996, pp. 382 – 385.

根斯坦在 BT 中集中探讨了"假设"的本质，在 WWK 中分别探讨了"假设"和"证实"的关系。其中，维特根斯坦对"假设"和"证实"的讨论被魏斯曼总结在《提纲》中，魏斯曼见证和阐释了维特根斯坦有关"假设"和"证实"的思考，其阐释体现在两个地方：在 PLP 中魏斯曼只谈论了"证实"，这部分集中在第 16 章"意义和证实"中；在 VW 中，魏斯曼对"假设"和"证实"的讨论分别体现在"笔记 1"（F40）和第六部分"假设"中；正是基于他对维特根斯坦有关"假设"和"证实"思考的理解，魏斯曼分别在两个不同阶段对"假设"（1936 年以前）和"证实"（1945 年）作了他自己的阐释。①

（一）维特根斯坦在《大打字稿》中有关"假设"和"证实"的讨论

首先，在 BT 中，维特根斯坦对"假设"和"证实"的讨论是在"命题及其意义"主题下进行的，理解这一语境非常重要。他在第 32 节"假设的本质"中全面探讨了"假设"和"证实"。② 维特根斯坦思考了以下问题：什么是"假设?""假设"与"命题"的关系是什么？"假设"的意义是什么？"假设"与客观世界的关系是什么？

第一，"假设"概念的外延大于"命题"。"命题在某个特定点上是假设的一个截面。"③ 从 BT 第 15 节到第 34 节，维特根斯坦讨

---

① 魏斯曼在 1945 年发表的有关"证实"阐释文章的标题为"可证实性"（*verifiability*），该文被收录在《我如何看待哲学》文集中。Waismann Fredrich，"Verifiability"，*How I See Philosophy*，Harre Rom，ed.，New York：St. Martin's Press，1968，pp. 39 – 66.

② BT 由德英双语对照出版。左页为德文，右页为英文对照。这种德英双语对照排版方式（*en face*）是维特根斯坦哲学著作的主要特点。94e 表示英语第 94 页。Ludwig Wittgenstein，*The Big Typescripts*：*TS 213*，Grant Luckhardt and Maximilian Aue，eds.，Oxford：Blackwell Publishing，2005，pp. 94 – 97.

③ Ludwig Wittgenstein，*The Big Typescripts*：*TS 213*，Grant Luckhardt and Maximilian Aue，eds.，Oxford：Blackwell Publishing，2005，p. 94e.

论中心是命题。"假设"同样是命题。

第二,"假设"具有规则性,这是它跟命题的主要区别。"一个假设就是形成命题的一个规则。"① 为了更清楚体现出"假设"规则性特征,维特根斯坦用不同例子和比喻来阐明。对于像假设"那里放着一本书"的解释,我们可以通过图像来阐明。"假设"的规则性还可以被理解为一个连续体。"假设"与命题的关系好比一条线段和构成这条线段上具体的点。

第三,"假设"与"证实"的关系是"假设"可以通过不同方法来"证实"。"假设"的意义在具体证实过程中被揭示。两个"假设"的意义相同,是指对于任何经验来说,它同时对这两个"假设"进行证实。"从经验上说,两者不存在可发现的任何区别。"② 维特根斯坦没有表明"假设的意义就是其证实方法",但他的确认为"假设"存在不同证实方法:"假设"能通过现实回答。当"假设"所宣称的内容被现实证实时,我们就回答"是";被否证时,就回答"否"。③ 也可以通过语言来表达这种证实和否定:"当假设的这个**方面**被放在现实旁边时,假设就转换成为命题。"④ 假如"假设"跟现实存在疑问或它们的关系是松散和模糊的,该"假设"就无意义。

维特根斯坦在 PI 中部分保留了他在 BT 中有关"假设"和"证实"的观点,这体现在第 353 节:"有关一个命题证实的方式和可能性的问题只不过是'你是如何意指这个的?'这个问题的一种特殊形式。答案是对这个命题语法的一项贡献。"维特根斯坦强调了"假设"所具有的规则性。既然命题意义就是其被证实的方法,那么不同证实方法也就显示出命题意义多样性。维特根斯坦认为"假设"

---

① Ludwig Wittgenstein, *The Big Typescripts*: *TS* 213, Grant Luckhardt and Maximilian Aue, eds., Oxford: Blackwell Publishing, 2005, p. 94e.

② Ibid..

③ Ibid., p. 96e.

④ Ibid..

所具有的规则性就是指命题语法，命题有不同证实方法丰富了命题语法的多样性。

（二）维特根斯坦和魏斯曼的互动中有关"假设"和"证实"的四次讨论

在魏斯曼所记录的维特根斯坦跟小组成员对话录中①，维特根斯坦对"假设"和"证实"的讨论更为详细。维特根斯坦在 1929 年到 1932 年间曾讨论过"假设"和"证实"。此外，在魏斯曼所做的《提纲》中，维特根斯坦对"假设"和"证实"的观点被表述得更清楚，本书分别考察这两个文献。

第一次讨论：

在 WWK 中，维特根斯坦对"证实"的第一次讨论发生在 1929 年 12 月 22 日石里克家中。维特根斯坦的观点被集中表述在"唯我论"部分，由三小节组成，"命题的意义是它的证实"；②"空转轮"；③"我不能感到你的疼痛"④。在"命题的意义是它的证实"主题中，维特根斯坦详细讨论了"证实"：

第一，命题的具体证实过程总会存在其他可能性。"可以说，命题总是存在着其他的可能性。无论我们做什么，我们都不可能保证我们不会出差错。"⑤命题"桌子上面有一本书"可以从不同角度来证实，比如我扫视它一眼、从不同角度来看、用手触摸它、翻开书

---

① 本书中使用的是 WWK 的中译本。要说明的是，WWK 的英译本是由德文本翻译过来的；而中译本是从英译本翻译过来的。由此可以看出，WWK 的中译本译者也没有思考过 WWK 到底属于谁的财产问题，他们只是遵循英译本译者的看法，把 WWK 归入维特根斯坦的哲学遗产中。本书已经表明 WWK 是属于魏斯曼的哲学遗作，在引用 WWK 的时候，本书把魏斯曼当作作者。［奥］路德维希·维特根斯坦：《维特根斯坦与维也纳小组》，徐为民等译，同济大学出版社 2005 年版。

② ［奥］路德维希·维特根斯坦：《维特根斯坦与维也纳小组》，徐为民等译，同济大学出版社 2005 年版，第 14—15 页。

③ 同上书，第 5 页。

④ 同上书，第 16—17 页。

⑤ 同上书，第 14 页。

等。维特根斯坦指出这里存在两种观点：无论如何我们不能完全证实这一命题；无论如何，我们永远不能完全证实命题的意义。命题的意义是通过证实掌握的，证实的是命题，而不是命题的意义。维特根斯坦持有第二种观点。命题意义跟命题具体证实方法密切相关：一种证实命题意义的新方法同时也表明命题具有一种新的意义。命题意义无法用证实方法来穷尽。在某些情况下，证实的实现非常困难。以"赛茨当选为市长"为例。如何证明这一命题呢？我们可以走近他然后询问他，这方法正确吗？我们可以询问在场的人吗？"有人从前面观察他，有人却从后面观察。"①

　　第二，命题的意义之所以无法用证实穷尽，部分原因是表达命题的语词属于日常语言，日常语言在表达命题某个特定证实步骤中没有科学语言那么精确它有模糊性，这种模糊性也可以被认为是自由度。日常语言记号没有被确切地界定，"由于语词游离于不同意思之间，因而很难确定一个命题何时被完全证实。如果我们一劳永逸地设定了词的意思，那么我们也就可以获得某一陈述为真的可靠标准"②。

　　第三，就算掌握了表达命题语词的意义，还必须要了解该命题被证实的具体步骤，这样才能确定命题的意义。③ 在这里存在着两种意义：语言学上的（用以表达该命题的语词的意义）和哲学上的（这个命题所要传达的思想）。值得注意的是，在这些记录中，维特根斯坦并没有直接表明"命题的意义就是它的证实"。这个观点虽然非常接近维特根斯坦的想法，但它是由魏斯曼总结出来的。本书认为这个标题是由魏斯曼添加的。

第二次讨论：

第二次讨论发生在 1930 年 3 月 22 日石里克家中。维特根斯坦

---

　　① ［奥］路德维希·维特根斯坦：《维特根斯坦与维也纳小组》，徐为民等译，同济大学出版社 2005 年版，第 15 页。

　　② 同上。

　　③ 同上。

在第一节"证实和当下所予"和第三节"假设Ⅰ"中，分别探讨了"证实"和"假设"：

第一，对同一命题所采取不同的证实方法，命题就具有完全不同的意义。例如，对于颜色命题"这是黄色的"的证实。首先我们必须能够认知"这个"，颜色有不同意象，"颜色的意象与这种颜色有着同样多样性"①。"一个'黄色的'意象，并不是我从皮夹中拿出一张我朋友的照片时所见到的那种黄色图像，意象是一幅完全不同的图像，是形式意义上的……'想象某种黄色；然后使它变得略白一点，直到它完全称为白色，然后，使它变成绿色。'通过这种方法，我能引导你的意象，而它们像真实的颜色印象那样变化。所有与实在对应的操作我都能用意象来进行。"② 因此，在理解了什么是颜色意象的前提下，对于命题"这是黄色的"的证实就存在不同路径，用不同证实方法所呈现的意义也就不同。所有通过不同证实方法所呈现出来的意义，可以被视为该命题意义的不同"症状"。

第二，"关于当下所予的东西，我必不提出任何假设"③。基本命题和感觉语料存在一一对应的同构关系。

第三，陈述和假设的区别是，"假设不是陈述，而是构建陈述的一条法则"④。维特根斯坦再次表明"假设"具有的规则性。"假设"好比规则连续体，"通过法则的相关结构，我们观察的永远只是'一些截面'。"⑤ 下面还配了一幅有关"假设"的结构图，BT 并没有画出有关图像，本书认为这个剖面图是由魏斯曼描画出来的。

第四，自然律和物理陈述具有不同特征。"自然律不可能被证实或证伪。关于自然律，你可以说它既不真也不假，它是

---

① ［奥］路德维希·维特根斯坦：《维特根斯坦与维也纳小组》，徐为民等译，同济大学出版社 2005 年版，第 61 页。

② 同上。

③ 同上书，第 62 页。

④ 同上书，第 63 页。

⑤ 同上书，第 64 页。

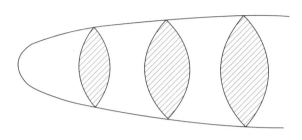

魏斯曼（2005：64）

'或然的'。"① 自然律不是陈述，因为它是或然的。陈述可以为真，也可以为假，不可能是或然的。（在 TLP 命题框架中）"自然律的意义并不能通过观察而穷尽"②，因为"它们无限地指称将来"③。"与真的陈述相对照，我们总是保留着废弃和修改它的权利，而真的陈述是不易被改变的。"④

第三次讨论：

第三次讨论发生在 1931 年 1 月 4 日的石里克的家中。这次讨论集中在第二节"物理学命题的证实"中：

第一，维特根斯坦坚持认为对同一命题的不同证实方法并不是这个命题所具有的意义，而是该命题意义所具有的不同"症状"。无论是物理命题还是日常生活中的命题，都可以有不同的证实方法："我所证实的是其他一些东西的不同'症状'。钢琴演奏、脚步声等等，都是我哥哥在场的症状。"⑤ 维特根斯坦有关命题意义的不同"症状"理念的提出是为了回答石里克的问题。石里克认为，在某种意义上说，证明物理学命题肯定是可能的，然而存在不同的证实方

---

① ［奥］路德维希·维特根斯坦：《维特根斯坦与维也纳小组》，徐为民等译，同济大学出版社 2005 年版，第 64 页。

② 同上。

③ 同上。

④ 同上。

⑤ 同上书，第 121—122 页。

法。石里克问道："如果一个命题的意义是它的证实方法。那么，我们是怎样知道这一点的呢？我们怎样才可以说一个命题用不同的方法被证实呢？"① 维特根斯坦说："等一等！这种情形不仅只出现在科学中，而且出现在日常生活中，难道不是吗？"② 对于命题"我哥哥在那个房间"存在不同的证实方法。

第二，"假设"是本质上不同的截面。"我们所观察到的东西似乎是单个的'截面'……假设是本质不同的截面……不仅仅是在不同时间和地点上的截面，而且是具有不同逻辑形式的截面……我们能够证实的永远是像这样的一个截面：假设是与所有那些不同的截面相联系的东西（如同一条曲线连接着的不同的点）……我们看起来好像已经用不同的方法证实了同一命题，事实上我们证实的却是同一假设的不同截面。"③ "假设"是一种命题，只有在"假设"范畴中才能谈论"证实"。由于构成"假设"的语言本身具有模糊性（自由度），这使得假设具有不同意义。"假设"是由规则构成的连续体，因此，当我们说假设可以通过不同方法来证实时，并不是说这个具体证实方法囊括了该假设的所有意义，不同的证实方法所证实的意义只是同一假设的不同截面。因此，说假设的意义在于具体证实方法只是部分正确："假设总是具有不同侧面或者具有不同截面，像一个可以用不同方法投射的三维物体一样……在所有的这些事例中，我们涉及了多种假设。"④

第三，任何脱离实际经验的假设好比"空转轮"，如"一个圆球已向我移来"⑤，我们可以创造出类似于双眼的感官，借助这种感官我们可以测量角度和距离，还包括两个触角。假如我们把这个器

① ［奥］路德维希·维特根斯坦：《维特根斯坦与维也纳小组》，徐为民等译，同济大学出版社 2005 年版，第 121 页。

② 同上。

③ 同上。

④ 同上书，第 122 页。

⑤ 同上书，第 123 页。

官对圆球的移动所收集到的数据和经验材料放在坐标系统中，通过这个器官和坐标系统，我们可以用二维方式来描述整个事件："视野中的一个圆正在向我靠近。于是，即使是在触觉经验消失的地方，我也许更喜欢用关于圆球的假设来表述这种经验。"① 在这个例子中，我们赋予了假设本身以外的更多东西。这个例子本身"超出了描述直接经验这一任务所需的东西……假设是一个空转轮；只要没有更多的经验出现，那么这个轮子仍然是空的。而只有当更多的经验不得不被结合在一起时，它才运转（好像差速齿轮：转动一个轮子，就造成了一个限定的精确运动）。"②

第四，"经过多种方法证实的东西，比用一种方法证实的东西拥有更多"③。

第四次讨论：

第四次讨论发生在 1932 年 7 月 1 日维也纳阿根廷大街与魏斯曼的对话中。这个讨论主要集中在"**假设Ⅲ**"中：假设和命题具有不同的语法结构。"从一开始，假设就具有一种完全不同的语法结构。"④ 维特根斯坦同时还指出，他的观点跟彭加勒是有区别的，彭加勒认为假设就是定义。⑤

（三）维特根斯坦在《提纲》中对"假设"和"证实"的讨论

维特根斯坦的有关观点还被魏斯曼系统性地总结概括到《提纲》中。此处只关注第二个版本。维特根斯坦有关"证实"思想体现在第六节：

---

① ［奥］路德维希·维特根斯坦：《维特根斯坦与维也纳小组》，徐为民等译，同济大学出版社 2005 年版，第 123 页。

② 同上。

③ 同上。

④ 同上书，第 172 页。

⑤ 原文就有一个脚注，表明彭加勒有关"假设"的理解。［法］彭加勒：《科学与假设》，李醒民译，商务印书馆 2006 年版，第 180—181 页。

第一，理解命题意味着了解命题为真或假的各种条件。"一个说出某一命题的人，必然知道在什么条件下这个命题为真或假；如果他不能说明这种条件，那么他也不知道他说的是什么。"① 理解命题就是要对怎样确定命题真值的过程有清楚的理解。"去理解一个命题意味着去知道如果这个命题是真的，情形是怎样的。"②

第二，"命题不可能说出比它的证实方法所确定的更多的东西。"③ 例如命题"我的朋友在发怒"，我是通过他的一些可观察行为表现来证实这个命题，这些表现只是该命题所具有的诸多意义的某些"症状"而已。"一个命题说的仅仅是它确实说的东西，别无其他任何东西。"④

第三，"命题的意义是它被证实的方法"⑤，但是，这并不是说命题意义等同于它的证实方法："意义本身是一种证实方法，这种方法不是手段，也不是工具。"维特根斯坦反复强调，命题的意义是一种证实方法。对比两个命题："我将坐火车到目的地 A"和"我将徒步到目的地 A"。在这两种情况下，我们在做同一件事情：完成同样一段距离，但我们有两种手段。"证实方法，毕竟不是某种加在意义上的东西。命题已经包容了它的证实方法，你不可能寻求一种证实方法。"⑥ 证实方法被囊括在命题意义之中，它不独立于命题的意义。

第四，命题有无意义不依赖于它的真值，而在于它是否能够被证实。"说一个陈述具有意义，意味着它能被证实。一个陈述是否具有意义绝不可能是一个经验命题。因为经验只能教我们一种命题是

---

① ［奥］路德维希·维特根斯坦：《维特根斯坦与维也纳小组》，徐为民等译，同济大学出版社 2005 年版，第 203 页。

② 同上。

③ 同上。

④ 同上。

⑤ 同上。

⑥ 同上书，第 204 页。

真的还是假的。然而，为了确立一个命题的真或假，我就必须给它意义了。由于这个原因，命题是否有意义绝不可能依赖于它是否为真。"① "一个陈述之所以有意义，并不是因为它是被合理建构的，而是因为它能够被证实。因为，任何一个命题都是合理地建构起来的。"②

第五，不存在无限证实。"证实的道路不可能通达无限（一种'无限的证实'将不再是一种证实）……一个有意义的命题是通过整个定义链来谈论实在的。如果不是那样的话，那么，没有命题能够被证实……直接关涉实在的那些命题被称为原初命题。"③ 而且，"原初命题不能有任何假设"④。

维特根斯坦在 1929 年到 1932 年间在不同场合对"假设"和"证实"进行过深入思考。维特根斯坦的有关思考主要散落在他的笔记和魏斯曼所做的有关记录中。在上述讨论中，维特根斯坦有时在讨论"假设"，有时又在讨论"命题"，但是归根结底维特根斯坦是在讨论"假设"。因此，在这些语境中，"假设"和"命题"可以互换。

维特根斯坦有关"假设"和"证实"的讨论实际分为三个语境：维特根斯坦在哲学笔记中的有关思考，这主要体现在 BT 和 PI 中；维特根斯坦和魏斯曼在 1929 年到 1932 年间的哲学对话和讨论中；魏斯曼对维特根斯坦在 1929 年到 1932 年间的哲学思想的总结中，这部分主要体现在《提纲》中。我们需要清楚地了解这三个不同的背景。本书认为，最能够体现维特根斯坦本人观点的当属 BT 和 PI 中的有关讨论，这并不是为了贬低后面两个语境的重要性。

后面两个语境跟第一个语境存在巨大的差异：维特根斯坦有关

---

① ［奥］路德维希·维特根斯坦：《维特根斯坦与维也纳小组》，徐为民等译，同济大学出版社 2005 年版，第 123 页。

② 同上书，第 205 页。

③ 同上书，第 207 页。

④ 同上书，第 209 页。

“假设”和“证实”的讨论发生在他跟魏斯曼（有时候包括石里克）的哲学对话和讨论中；维特根斯坦的观点是由魏斯曼总结而来的。第一个是维特根斯坦本人最想要表达的观点；后面两个语境是通过讨论和对话表达的，或许有的观点是维特根斯坦受到魏斯曼（或许还有石里克）的启发以后产生的新观点。总的来说，上述讨论展示出了维特根斯坦在 1930 年代初期所存在的“证实主义”阶段的主要思想，笔者认为并没有掺进过多魏斯曼的观点。维特根斯坦在 1930 年代初期的“证实主义”阶段的哲学观点可以总结如下：

第一，维特根斯坦首先通过对“假设”本质的思考，引出了有关“证实”的思考。“假设”与“命题”的区别在于，“假设”概念的外延大于“命题”概念的外延。“假设”所表达的内容要比“命题”所表达的内容多。“假设”具有规则性，它可以被视为规则延续体，我们实际观察的只是“假设”连续体的一个截面。

第二，既然“假设”是规则连续体，那么“假设”就能够通过不同方法被“证实”。这就是“假设”与“证实”的关系所在。“假设”所具有的规则性本质决定了“假设”所具有的意义多样性特征。“假设”的意义多样性主要体现在“假设”能被不同方法“证实”。“假设”意义的多样性也可以被理解为语词“假设”的语法多样性。

第三，维特根斯坦在和魏斯曼（有时包括石里克）有关“假设”本质的探讨中主要关注了“假设”如何被“证实”。维特根斯坦有关“证实”的主要观点体现在他和魏斯曼等人的对话中；维也纳小组最为关心的就是“证实”概念。作为小组成员，魏斯曼跟维特根斯坦的对话和讨论的主题就是“假设”和“证实”。这点既符合哲学史，又符合维特根斯坦和魏斯曼的哲学背景。

第四，在第二个背景中，维特根斯坦有关“证实”的思考得到了清楚的表达。“假设”的具体证实过程总存在其他可能性，因此，“假设”的意义不能被完全证实，不存在无限证实的过程。有关“假设”意义的不完全性还部分归咎于表达假设语词的意义的多义性，这里牵涉到日常语言跟科学语言的本质差异：日常语言的意义具有模糊性。因此，对于"假设"命题的意义的理解还需要掌握该"假设"被证实的具体步骤。有两点需要澄清：从语言学而言，"假设"是由日常语言语词所建构的。由于日常语言的意义具有模糊性，因此，"假设"所表达的意义无法被穷尽；从哲学角度而言，由于"假设"可以被不同方法"证实"，因此，"假设"可以表达不同意义。"假设"被证实的方法不同，所表达的意义也不同。对于当下不存在任何假设，这是默认值，也是我们讨论"假设"的起点。

第五，在魏斯曼的记录中，维特根斯坦有关"假设"和"证实"的观点跟维特根斯坦记录并没有本质区别。魏斯曼的记录呈现出许多不一样的地方：当维特根斯坦指出"假设"具有规则性，好比一个规则连续体，而我们所观察到的只是该连续体的一个截面的时候，魏斯曼在他的记录中描绘出了一幅规则连续体的草图；在魏斯曼的记录中，维特根斯坦指出不同的证实过程并不能代表"假设"的所有意义，而是"假设"的意义的不同"症状"；魏斯曼继续追问了维特根斯坦有关"假设"规则体的本质，维特根斯坦认为，"假设"是本质不同的截面，不仅是时空的不同，而且是逻辑形式的不同；维特根斯坦认为假如"假设"和具体"证实"是密不可分的，假如"假设"脱离了实际"证实"过程，那么这种"假设"就是"空转轮"（语言空转）。

最后，通过魏斯曼的总结，维特根斯坦有关"假设"和"证实"的关系被集中概括在《提纲》中。理解"假设"就是理解其为真的各种条件。"假设"的意义就是一种证实方法。证实方法被囊括在该"假设"的意义之中。对一个"假设"的不同证实方法表明这个"假设"具有更多意义，因此，"假设"不能表达出比它的证实方法所确定的更多的意义。"假设"有无意义不依赖于它的逻辑真值，而在于它是否被证实。证实方法决定了"假设"的形式，不存在无限证实过程，证实的完成和起点都是感觉语料。对感觉语料前提的设定不仅是以罗素和早期维特根斯坦所代表的逻辑原子主义哲学的前提，也是维也纳小组所代表的逻辑经验主义的前提。这点表明，维特根斯坦在 1930 年代早期还持有逻辑原子主义观点。

二 魏斯曼对"中期"维特根斯坦有关"假设"和"证实"观点的阐释

魏斯曼对"证实"的有关阐释集中在 PLP 中，包括第 16 章"意义与证实"。魏斯曼对"假设"有关阐释集中在《论假设》中。① 在 VW 中，魏斯曼有关阐释集中在"笔记 1"（F40）和第六部分"论假设"（F51 – F52）。VW 包括三部分：魏斯曼整理 PLP 所剩下的有关评论；魏斯曼执笔写下的维特根斯坦**"给石里克的口述"**；魏斯曼在 1930 年代跟维特根斯进行哲学合作时期记录的私人笔记。不难发现，该书绝大多数思想源于维特根斯坦，其内容严格说来是维特根斯坦在 1930 年代前期哲学的一个"面相"，不能算魏斯曼对维特根斯坦具体思想的阐释。魏斯曼真正的阐释主要体现在他在这个时期所撰写的手稿和所发表的有关论文，集中体现在 PLP、PP 以及 HISP 中。魏斯曼对维特根斯坦有关"假设"和"证实"观点的阐释具体表现在 PLP 和 PP 中。

（一）**"笔记 1"中魏斯曼对维特根斯坦"证实"观点的阐释**

在**"笔记 1"**中，魏斯曼对维特根斯坦"证实"思想的阐释主要集中在 F40：

第一，魏斯曼认为，如何对命题进行证实的具体要求属于这个命题的语法部分。证实和语法规则密切相关："这些具体要求是某个我在应用该命题所作出的一个决定。"② 魏斯曼认为这种解释观点不

---

① 需要指出的是，"论假设"其实原来是作为 LSP 的附录，但是这篇文章并没有放入 PLP 中。相反，它被单独放在魏斯曼的《哲学论文集》中。Waismann Fredrich, "Hypotheses", in McGuiness F. Brian, ed., *Philosophical Papers*, Dordrecht：D. Reidle Publishing Company, 1977, pp. 38 – 59.

② Baker P. Gordon, ed., *The Voices of Wittgenstein：The Vienna Circle：Ludwig Wittgenstein and Friedrich Waismann*, London and New York：Routledge, 2003b, p. 117.

太令人满意，因为它根植于某种误解。"假如我用另外一个命题来解释某个命题的意思，我怎么可能知道这些新命题的意义？语言必定在某些点上跟实在相接触。"① 有关证实的具体要求是语法过程，语言和实在并不存在中间连接物。"通过对证实的具体要求，我不可能把语言和世界联系起来。根本就不能那样做。在语言和实在之间不存在中间联系。我所能够做的只能是时刻提醒自己语言的具体使用。"②

第二，命题只有在语言的系统中才有意义，理解命题意义好比理解某个游戏。"通过证实，我们陈述了命题的意义。语词的'意义'发生在语法的讨论之中。否则，语词的'意义'毫无疑问是误导人的。"③ 魏斯曼认为，说"这个命题有某个意义"是误导人的，他把命题意义及其理解放在整个语言系统语境中讨论，还把理解命题的意义跟具体的语言游戏相类比："这个命题在我们的语言中有某个意思，靠它我们才理解某个非常具体的游戏。"④ 命题的书写形式结构也属于语言部分，只有这部分才有意义。命题的物理结构无任何意义。"我们只能说某个东西是一个命题，这跟说某个东西是某个游戏中的一个步骤一样。"⑤

第三，证实具体过程只能解释命题某方面的意义，并不能穷尽命题所有意义。"我们所有所谓命题的证实确是某个解释，而这个解释被认为是命题的意义……对于某个命题被证实的可能性的解释属于语法的解释。"⑥ 对于命题意义的解释同样属于命题范畴，它不能超出命题以外："只有在语言中，命题才是命题。"⑦

第四，"假设"的证实过程必须终结于感觉语料。对于假设

① Baker P. Gordon, ed., *The Voices of Wittgenstein: The Vienna Circle: Ludwig Wittgenstein and Friedrich Waismann*, London and New York: Routledge, 2003b, p. 117.

② Ibid..

③ Ibid..

④ Ibid., p. 119.

⑤ Ibid..

⑥ Ibid..

⑦ Ibid..

"桌上摆了一盘苹果"，我可以通过双眼观察来证实这个命题。而"我看到了"是对该假设的一种证实。正如逻辑原子主义所预设的那样，复合命题由基本命题构成。基本命题与感觉语料一一对应，前者是所有命题的根基和终结之处。相应地，感觉语料也是所有经验的根基和终结之处。

（二）《论假设》中魏斯曼对维特根斯坦"证实"思想的阐释

在《论假设》中魏斯曼集中探讨了"假设"及其"证实"。据考察，魏斯曼在这里讨论的大部分内容源于 WWK，尤其是在 1931 年 1 月 4 日在石里克家中的对话。魏斯曼表达了两点："假设"的意义在于具体证实方法；[①] "假设"通过实在被证实或证伪的实际过程非常复杂，其具体方式也多种多样。[②] 魏斯曼早在 1936 年前就写出了《论假设》，首次系统地阐释维特根斯坦有关"假设"的观点。该文的主题脚注表明，它曾被安排作为 LSP 一个章节，但是后来作为该书的附录。[③] 根据笔者的考察，在 WWK 中，魏斯曼有关维特根斯坦对"假设"的最后一次记录发生在 1932 年 7 月 1 日，PP 的编辑者麦吉尼斯则认为，该文于 1936 年以前完成。综合这两方面，笔者认为，该文完成于 1932 年下半年到 1936 年间。从结构上看，《论假设》包括八个部分，其中第四部分"有关日常生活的命题能够被确凿地证实吗"没有包括在内，其余七部分分别是：科学中的假设；日常生活中的假设；日常生活中的证实；假设仅仅是可能的吗？一个假设只能从一方面单独被决定吗？假设和约定；对"可证实性"的评论。

1. 科学中的假设

第一，魏斯曼以科学中的假设开头分析"假设"概念。什么是

---

① Baker P. Gordon, ed., *The Voices of Wittgenstein*: *The Vienna Circle*: *Ludwig Wittgenstein and Friedrich Waismann*, London and New York: Routledge, 2003b, p. 345.

② Ibid., pp. 347 – 249.

③ 本书认为这是该书编辑者麦吉尼斯的做法。

假设？设想物理学家观察到一块金属的导电性随着温度的变化而变化，为了证实这个观察，他通过不同的实验去验证，物理学家这样做目的是在寻求某种可以概括所有观察的法则，这个法则可以被认为是假设。① 魏斯曼对"假设"做了第一个定义："法则会超越所有的观察：它对那些尚未被观测到的事例同样宣称有效，而且它还号召我们验证这个宣称。法则……就是制造预测的烹饪法/食谱。"② 魏斯曼接着区分"假设"与实际的试验。"当试验满足了预期时，我们就说假设已经被确认（或证实）；否则就说该假设跟事实相冲突……假设是推论的起点。它的应用包括其结果的偏差，以及这些结果跟观察发现之间的对比。"③ 接着魏斯曼区分了两种陈述：不重复发生的经验陈述；跟经验符合，好比类似法则语境的陈述。它还可以填满个别观察遗留的间隙。魏斯曼认为第二种陈述就是"假设"。

　　第二，物理学假设的本质是等式系统。物理学假设的指称指向未来。"物理法则指向未来和无限。"④ 因此，物理学中的假设从来就不是确定的，一旦所发生的新的经验与之不符合，我们总是保留放弃或更换该陈述的权利。魏斯曼认为，虽然上述观点完全正确，但它本身暗藏着被误解的危险。他的目的是分析"假设"概念，祛除那些潜在误解，从而更深刻地理解这个概念。通常认为"假设"和一般命题的区别在于，"假设"尚未在所有的事例中被完全证实，因此我们对它的真值还不确定。"但是，假如某个完全的检查被当作区别性特征，这样一来，假设和命题的区别的表述就会令人误解：这听起来好像检查概念（对所有个别情况进行检查）在假设中具有

---

① 他在这里把"法则"跟"假设"相等同。
② Waismann Fredrich, *Philosophical Papers*, McGuiness F. Brian, ed., Dordrecht: D. Reidle Publishing Company, 1977, p. 38.
③ Ibid..
④ Ibid., p. 39.

某个意思，好像这种检查不能在技术层面达到（它预设这种尝试是可以理解的）。"①

魏斯曼以"我们要找出某条路两边是否只种植橡树"为例来进行阐释。在检查了路旁的一些树以后，我可以说，到目前为止，这个假设是真的。我不确定这个假设的真是否会继续保持，我假设它会。但是，假如这条路是通往无限的呢？那么，我在这里对所有的树木的假设又意味着什么呢？当我们说，假设是一个永恒的预设时，我们又把重心放错了位置："关键不在于对于假设来说，总是附带着不确定性，而在于这个假设本身是如何被使用……假设是为预测将来的经验服务——再次声明它只针对于具体的实在经验而言。"② 魏斯曼认为对"假设"的探讨总要结合具体的经验。对"假设"命题意义的理解要通过"假设"的具体使用的语境来把握。魏斯曼对"假设"概念做了第二个定义："假设的意义就是它所完成的工作。假设跟某个只能被部分检查的命题完全不同……任何假设都是一个不同的语法构造。"③

第三，对"假设"概念及其特征最好的把握就是关注其语法。从语法的角度出发，魏斯曼再次区分了"假设"与单称命题："假设并不从一小簇有限的单称命题中推出（例如那些描述不重复发生的经验的命题）。在这个意义上来说，它从未被证实……我们可以从假设中得出一小簇单称命题。"④

2. 日常生活中的假设

在这部分讨论中，魏斯曼从日常生活的语境探讨"假设"概念。根据笔者的理解，魏斯曼实际上是在复述维特根斯坦的有关思想：

---

① Waismann Fredrich, *Philosophical Papers*, McGuiness F. Brian, ed., Dordrecht: D. Reidle Publishing Company, 1977, p. 39.

② Ibid. .

③ Ibid. , p. 40.

④ Ibid. .

假设的特征就是它能够被将来的经验所支持或反对，因而它包括不确定性;① 我们在表达"假设"时所使用的具体的语词存在混淆，这些混淆也会造成我们对"假设"命题的本质的理解的偏差。最明显的例子就是短语"这看起来"（it seems）有其固定的用法，然而在表达"假设"命题时，我们往往会误用。②"语词'是'（to be）和'像是'（to seem）经常被当作相反情况使用，但有时候我们也把它们并列使用。"③

3. 日常生活中的证实

魏斯曼把命题"尤里乌斯·恺撒穿越了阿尔卑斯山"当作假设，开始他的阐释。如果询问这个假设是如何被证实的，我们会指向不同的事物：古代文本、石碑上的碑文等。对于假设的证实可以通过许多不同方式实现。

第一，日常生活中的"假设"的实际证实过程非常复杂。对于假设"那里有一个沙发"的实际证实过程充满诸多不确定性，对这个命题的证实包括任何人一进入房间就获得的第一感官吗？但实际上我们根本就没有告诉他，他应该站在哪个位置去看，以及他看到的图像会是什么样的。"这个假设被证实的方法尚未被囊括到这个命题的语词的建构过程中。然而它并未被命题所决定，但是又必须被命题表达出来。也就是说，我们必须做出决定，以此把命题在如此这般情况下被证实当作命题的证实。"④ 魏斯曼接着又反驳了这个观点，他认为很难在假设的最终证实过程中对不同的证实方法作出决断。这好比《圣经》中人物"摩西"的指称过程是不确定的，我们只有如此这般的摹状词，"摩西"这个专名的指称是不确定的。因为我们无法证实"摩西"是否真的存在过；我们也不知道如何撤销命

---

① Waismann Fredrich, *Philosophical Papers*, McGuiness F. Brian, ed., Dordrecht: D. Reidle Publishing Company, 1977, p. 41.

② Ibid., pp. 41 – 42.

③ Ibid., p. 41.

④ Ibid., p. 42.

题，无法作出明确的决断。

第二，"假设"的具体证实过程中的不确定性跟信念相关。假设一个人被拉拽进火坑中，毫无疑问，他会想尽一切办法反抗和挣脱。他的这种行为是某种推理过程的表现吗？他是不是从以前的无数经验中推论出掉进火坑可能会对他带来坏影响呢？"肯定不是。他就像疯子一样猛烈地挣脱——这就是信念。"①　我们经过反复试验，相信火焰可以烧伤皮肤，或者水可以解渴。信念从来不是有意识的过程，它在于人类的具体行动。

第三，实际经验既可以对"假设"证实，也可以对其证伪，它有双重功能。我们通过实际经验，可以撤销某个假设，但假设本身却不表达任何具体的经验。"由经验所证实的命题，也能够被经验所证伪，只有在这样被理解的基础之上，才对'假设'有效：由经验所证实的能够被另外一个经验所证伪。"②

第四，在日常语言语境中，"假设"把不同的经验聚合在一起。我们实际上对"假设"的任何具体的证实过程好比疾病所体现出来的不同的"症状"。例如，对于假设"我朋友在屋里面"的证实就有许多不同情况：我听到钢琴声，于是断定他在屋里，或者我听到了脚步声，这些具体经验好比我朋友在屋里所展现出来的种种"症状"。

第五，"假设"是具有规则性的连续体。每个具体的证实经验跟"假设"连续体的关系，好比一个3D物体的一个截面。"严格来说，我们能够证实的只能是其中的一个截面。"③　魏斯曼把有关"假设"的证实的讨论扩展到一个多层次的证实体系，在这个体系中，"假设"能通过这个截面得到证实或证伪。"我们必须要清楚，我们是在从语词不同的意义的角度谈论证实。"④　魏斯曼初步建构了他后期提

---

① Waismann Fredrich, *Philosophical Papers*, McGuiness F. Brian, ed., Dordrecht: D. Reidle Publishing Company, 1977, p. 43.

② Ibid..

③ Ibid., p. 44.

④ Ibid..

出的"语言层次"观念。实际上魏斯曼是在对维特根斯坦在 WWK 中有关"假设"的多重截面的观点进行详细阐释和概括。

第六,"假设"所具有的特征把实际经验也带入了某个具有法则性的语境中。在这种语境中我们可以谈论不同类型的实际经验。无论怎样,"假设"与实际经验密切相关:"假设"必须通过实际经验证实或证伪。"假设"一旦跟具体的经验分离,它就成为"空转轮"。因为在这种情形中,"假设"的轮子尚未被使用。只有当进一步的经验被引入时,这个"轮子"才运转。魏斯曼在这里同样以"一个空间正在朝向我移过来"为例,对上述观点进行阐释。

第七,经过多种方法证实的假设所具有的意义,要比用一种方法证实的假设拥有更多的意义。魏斯曼同样再次表达了维特根斯坦在 WWK 中的相关观点。[①]

4. 假设仅仅是可能的吗?

魏斯曼在这部分中讨论了"严格意义"以及"松散意义"上的"假设"的证实。所谓"严格意义"上的证实是指从逻辑运算的角度来思考。逻辑运算只有两个值:真和假。魏斯曼认为,如果从二值逻辑的角度来讨论"假设"的证实或证伪,这就是一种误解。"假设"的具体证实过程跟逻辑命题的运算过程极不相同。假如我们把假设"那里没有篮球"跟逻辑运算"⌐⌐P = P"相对比以后,我们会发现,我们在这两种命题的判定中所用的语词"真"或"假"具有不同的意义:"'对证实的描述'这个表达式或许在这两个事例中具有不同的意义,但不是语词'真'和'假',它们只是 T – F 系统的组成部分,好比语词'否'和'或'可以被替换。"[②] 魏斯曼建议采用"可能的"来称呼"假设"命题。这样做虽然可以避免很多

[①] Waismann Fredrich, *Philosophical Papers*, McGuiness F. Brian, ed., Dordrecht: D. Reidle Publishing Company, 1977, p. 45.

[②] Ibid., p. 46.

误解，但是我们却误用了语词"可能的"。"它是用来跟'真'相对照的，而不是在语法的不同区域中用来作为语词'真'的类比。"①魏斯曼反复提醒和强调我们用不同的语词来谈论"假设"的不同情况，所有这些不同的评论只能被认为是关于"假设"的语法的评论。

5. 一个假设只能从一方面被单独决定吗？

第一，观察语句紧随着假设。虽然我们对于具体"假设"（例如自然律）的完全"证实"无法获得，但是这个"假设"能够被单个否定的经验证伪。我们对于"假设"不能完全证实，但是我们可以非常容易地对其证伪（类似于波普尔的证伪观点）。魏斯曼认为这种观点存在问题，因为只靠一次观察就对整个"假设"进行证伪没有说服力，他给出一个反驳："假如只靠一次观察，宇航员们知道要放弃开普勒定律中的哪一条呢？"我们所发现的与"假设"相反的观察可以被视为是对"假设"的偏离，我们可以通过其他方法来补救"假设"。从科学史的发展角度出发，许多实事已经证明，某个理论看似失败，最后却变成完完全全的成功，例如拉瓦锡的试验。

理论不会轻易地被单个观察结果所证伪。魏斯曼认为，证伪的核心问题就是普遍接受的理论跟实际的观察行为的关系问题。"当理论和观察相冲突时候，在接受这个观察结果的真实性之前，必须仔细测试整个链条的每个节点。这种测试只有在观察具有可重复性的前提下才可能，因而这一点已经显示出单个观察结果根本什么也不能证明。在理论链条中总是存在着这样的连接点，当它们其中一个断裂的时候，它们会对整个未被使用的观察结果给予补偿。"②"假设"不会被单个观察事实所证伪的观点是对事物的综合的看法。"在个别事例中，或许会存在某个不同决断的缘由，但是从原则上来说，情况总是保持原样：单个观察不能反驳某个假设。"③

---

① Waismann Fredrich, *Philosophical Papers*, McGuiness F. Brian, ed., Dordrecht: D. Reidle Publishing Company, 1977, p. 47.

② Ibid., p. 49.

③ Ibid..

第二，魏斯曼认为"假设"不能被单个观察所证伪，好比对命题 P 的否定并不能排除命题 P 本身。"我们可以通过引入更多的假设来使具体观察的内容跟假设相符。"① 问题存在的另一原因是我们总是对"假设"和观察的关系做过于简单化的理解。"假设"的实际证实过程非常复杂。"观察事实 P 并不只是源于假设 H，而是假设 H 和其他一系列更进一步的预设，这些预设常常没有完全被陈述出来。如果我们所期望的观察事实 P 没有出现，这只是意味着其中的一个预设是错的。"②

第三，魏斯曼建议我们对"假设"被证实的所有条件进行综览式考察，这种考察是"理想"状态。对"假设"证实条件的综览要求我们意识到我们是在建构某种语法的模型，这种模型并不直接跟现实相对应。综览式考察强调了对"假设"的具体证实情况的某个方面："哲学家的任务仅在于向我们指明这个证实过程其实只是一方面而已。"③

第四，假设和观察的关系要比我们所预想的更松散。魏斯曼建议把语言的命题重新组合成为不同层次（strata）："在同一层次之间，所有命题具有精确的、可以公式化的逻辑关系。"④ 例如力学或热力学命题可以组合成为一个系统，在这个系统中，所有的元素都存在精确稳定的关系。那么，在这个系统中对于任意两个命题，关于哪个命题是另一命题的结果，以及它们之间是否互相矛盾的问题，就可以被严格地回答。

理论物理学命题跟观察语句不可能存在严格的逻辑矛盾。魏斯曼认为这是因为在上述两种命题之间并不存在可以精确公式化的关系。"在所有那些任由我们处置的关系和关联之中，只要我们在某个

---

① Waismann Fredrich, *Philosophical Papers*, McGuiness F. Brian, ed., Dordrecht: D. Reidle Publishing Company, 1977, p. 49.

② Ibid. .

③ Ibid. , p. 50.

④ Ibid. , p. 51.

给定的命题层次（stratum）以内移动，它们的逻辑运算的过程就能够保存。但是只要两个命题层次互相越界，真正的问题就会出现。"① 魏斯曼第一次正式阐述了"语言层次"观点。他只是提出了"层次"概念，以及不同"层次"之间一旦发生"接触"就会有问题。魏斯曼并没有继续对其做详细论述，他在下一段中也指出，这不是他在该文中的主要目的。

第五，魏斯曼强调，我们要对语言中的命题持有"自由观点"。也就是说，"在我们的语言中存在着许多不同种类的命题，这些命题不可能借助某种逻辑的建筑材料从某类命题中产生，例如观察语句"②。

6. 假设和约定

魏斯曼论证了在"假设"和实际观察之间存在自由度。有时候假设既不被严格证实，也不被严格证伪。在这种情况下，需要某种自由度来判定在什么情况放弃或坚持该假设。第一，"假设"中所存在的自由度会把有关假设中存在的传统观点导向另外一种观点："自然律无非就是任意约定。"③ 魏斯曼认为一旦陷入了这种观点，我们就会夸大和歪曲这个概念，我们会认为语法简单化和图示化过程非常容易，而这样一来就会导致许多错误。第二，"假设"当然不是对经验的简单图示和奴隶般模仿，"事实上，存在着有关某个假设的任意约定，好像是对某个原初的经验命题的限制"④。

7. 对"可证实性"的评论

魏斯曼对"可证实性"理念作了总结性评论：

第一，命题变得无意义，不是因为命题原则上不能被证实，而是我们的原因。"我们已经把熟悉的语词以这种方式结合起来，在建

① Waismann Fredrich, *Philosophical Papers*, McGuiness F. Brian, ed., Dordrecht: D. Reidle Publishing Company, 1977, p. 51.

② Ibid., p. 52.

③ Ibid..

④ Ibid., p. 53.

构过程中它们已经失去了它们通常的意义。"① 魏斯曼在这里所表达的意思并不明确。根据笔者的理解,他或许认为,我们把语词以违背语法的方式建构起来。这些句子是有语法错误的,因此整个命题就没有意义。

第二,只有当知道了命题(假设)在何种情况下为真,我们才理解命题(假设)的意义。更重要的是,命题为真的标准必须总是能够被观察和显示。"一个命题要描述另外一个命题,这个命题所包含的语词的使用,必须能够通过显示或借助语境得到解释;否则我们就不理解它的意思。"② 命题何时为真的标准很重要,我们必须要在清楚地了解这个标准以后,才能对命题的真作出判断。构成命题的语词的意义同样重要,理解语词的意义在于掌握语词的具体使用和语境,魏斯曼认为命题有意义在于它的具体证实过程。他反复强调语境标准的重要性,这些标准必须是能够被显示、观察或者体验。

第三,不能被证实的命题同样有意义。对于命题"假如拿破仑在 1812 年跟俄国沙皇和平相处,整个欧洲历史就会发生诸如此类的巨变",我们或许会说这个命题不能被证实,因为时间不能倒流。但是,我们非常清楚地理解这个命题所说的。因此,不能被证实的命题同样有意义。笔者认为,魏斯曼在这里宣称的不能够被证实的命题同样具有意义,是为了反驳严格的证实主义。

第四,除了语境的重要性以外,我们对命题的证实和理解,同样需要历史等背景知识,这些被魏斯曼称为"普遍的经验",我们通过学习历史从而获知。

(三)《语言学哲学原理》中有关维特根斯坦"假设"和"证实"观点的阐释

魏斯曼在 PLP 第六章"意义与证实"中详细阐述了维特根斯坦

---

① Waismann Fredrich, *Philosophical Papers*, McGuiness F. Brian, ed., Dordrecht: D. Reidle Publishing Company, 1977, p. 59.

② Ibid. .

"假设"和"证实"思想。PLP 第一部分论述了魏斯曼所理解的
1930 年代维特根斯坦的元哲学观点，这也是魏斯曼在当时所赞同和
支持的观点，他认为应该从经典哲学（传统）过渡到语言视角下的
语言分析的哲学研究。第一章从语言分析哲学视角考察哲学问题的
本质，由于这部分属于魏斯曼对维特根斯坦"中期"元哲学思想的
阐释部分，本书将在第四章第四节详细论述。

　　哲学问题根本在于缺乏明晰性，因此，哲学研究目的是对哲学
问题本身、对表达哲学问题所使用语言的明晰性描述。基于这一目
的，魏斯曼在第二章中列举了具体哲学问题及其基于明晰性视角的
具体解决方法，包括对记忆可靠性的怀疑主义[①]；奥古斯丁对时间本
质的思考[②]。对哲学问题及其表达媒介（语言）明晰性的考察，同
时也是哲学语法的考察，语法考察是 PLP 主要内容，魏斯曼在第二
部分分别对哲学语法具体内容进行了考察（第5—20章）。哲学语法
考察包括"语言因果关系的阐释"（第6章）、"语法规则"（第7
章）、"意义"（第8章）、"结构的描述"（第13章）、"命题及其本
质"（第14章）、"意义及其证实"（第16章）和"逻辑运算"（第
19章）等。只有在理解了魏斯曼在 PLP 中具体背景和研究思路，才
能理解第16章有关意义和证实的讨论。"意义和证实"不仅是对
《论假设》主要思想的概括，是对该文中关键思想明晰性阐释，也是
魏斯曼对维特根斯坦后期关键思想阐释的代表。这里最显著特点就
是行文流畅、明晰性突出、通过具体事例来论证关键思想。这章分
为七节，每节内容总结如下：

　　1. 语言和符号

　　魏斯曼区分了语句的两种用法：常规和新用法。通常理解语句
的意义基于两点：该语句被正常使用；该语句具体语词的意义及其

---

　　① Waismann Fredrich, *The Principle of Linguistic Philosophy*, Harre Rom, ed.,
Glasgow: The University Press, 1965, pp. 15 – 25.

　　② Ibid., pp. 27 – 34.

语法模式。但是一旦语句被某种全新方式所使用,我们往往很难理解其意义。例如"狗会说话",新奇的用法已经超越了语词原来的语法框架(超越了原有日常语言框架),我们拓宽了原有语言的界限,这样一来,我们就发明了新符号系统。

魏斯曼还把日常语言跟数学运算相比,从而更清楚地表达他的观点。在数学运算中,当我们发明新用法时,必须加入新规则。这样,整个运算才可被理解,并且顺利进行。与数学相比,对日常语言的理解,我们不能超出它的范围。日常语言的不同语句并不存在显著分界线,它们的边界是模糊的。因此,当日常语言被新奇的方式使用时,我们不能像对待数学运算那样对待日常语言命题。这种方法在日常语言那里行不通。要理解日常语言语句的意义,只能通过描述其被证实的具体过程。"对语句证实的解释,是对其语法的贡献……是对其意义的贡献。"①

2. 什么时候才能理解语句的意思?

在日常生活中,如何理解语句意义?这个问题本身不会打扰我们。问题出现在哲学家身上,当哲学家说"只有此刻的经验才有现实性",假如有另一位哲学家反对他的观点,我们肯定能够理解他们在争论什么。魏斯曼认为在这种情况下,必须有有关语句具有意义的标准。这个标准已被涵盖在语句正常使用的过程中。"我们只需要把它从日常语言中挑选出来,同时清楚地表达,这样就可以为这个问题找到答案。"②

但什么时候能够确定我们理解了语句意思呢?魏斯曼认为对这个问题的回答只能通过证实:"理解语句的标准就是拥有该语句被证实方法的知识。"③ 为了避免误解,魏斯曼做了两点补充:这个证实标准并不需要我们知道这个命题是否为真。"它只要求我们应该能够

---

① Waismann Fredrich, *The Principle of Linguistic Philosophy*, Harre Rom, ed., Glasgow: The University Press, 1965, p. 325.

② Ibid..

③ Ibid..

描述出一个理论方法，从而通过这个方法，该语句能够被检验。我们很明显地能够在不知道该命题是否为真的前提下理解该命题。"① 证实标准不在于该语句能否从实践上被证实，而在于是否能从理论上被证实。实际上很多语句的真值目前不能证实，例如命题"存在着火星人"。

3. 不能被证实的陈述都是无意义的吗？

第一，魏斯曼认为，在语句证实观点中，最具争议的问题在于不能被证实的陈述到底有没有意义。语句意义就是其证实方法，这本质是经验主义，它归根结底需要经验来验证。但对于那些暂时无法获得的经验呢？量子力学有关事实是不能通过物理学语言来描述的，更别说它们是否能够被证实。魏斯曼认为，这种理解完全是对证实观点的误解："我们没有说，凡存在的东西，我们都可以用证实获知或是可以通过日常语言来表达。我们只是说：假如某人做了一个假设，他必须能够陈述出一些可能的证实方法，否则他就不明白他在说什么。尽管这样，这种观点仍然显得独断，或许会引起反对声音。"② 魏斯曼不是严格证实主义者。严格证实主义者是独断论者，他们认为只有被证实的语句才有意义。魏斯曼属于温和证实主义：语句并不一定要在实际经验中被完全证实才有意义，只要在理论上能够被证实，语句同样有意义。

第二，为了表达温和实证主义，魏斯曼用不同例子进行阐明。假设有如下命题："今晚整个宇宙尺寸已经在原有基础上扩大了两倍。"我们明天早上醒来之后会不会有新发现？通常有人会这样回答：实际上我们的生活并没有本质变化，跟原来一样。既然所有东西都变大了两倍，那么测量工具本身也扩大了两倍。也就是说，这个世界的剧烈变化是不能被证实的，我们有可能一点也没有发觉，

———————

① Waismann Fredrich, *The Principle of Linguistic Philosophy*, Harre Rom, ed., Glasgow: The University Press, 1965, p. 325.

② Ibid., p. 326.

其核心之处在于，尽管这个命题不能被证实，但它有意义。"它陈述了整个世界已经变大了两倍。"① 魏斯曼认为问题不在于我们能够知道我们不能知道的东西，而在于这句话本身是否表达了某种意思。

上述例子中，对于世界实际上没有本质变化的说法，其问题在于，我们对标准"两倍大"的认识存在混淆。魏斯曼认为这一混淆只有在日常使用该语词的具体语境中才能够得到澄清。所有论证过程都是基于日常生活中大家都同意的语词用法和语词意义理解基础之上。在日常生活中，我们说某个东西已经变成原来两倍大的时候，我们所使用的测量工具是恒常不变的。在宇宙变化例子中，我们忽视了用以测量宇宙变化的标尺本身是固定不变的。我们认为，在这种情况下测量标准本身也变了，所以整个世界的本质没有变化。"它已经失去了原有意思。"② "假如我要理解'不变长度的测量'的意思，那么，对于这个短语的解释又必须要给出某个标准，这个标准就是对不变之确定。或者说，我（不）应该知道什么时候可以使用这个表达，什么时候不能。"③ 魏斯曼总结："要么解释语句中语词的意义，接着这个陈述就是可以证实的，因为这个解释本身显示了该语句被证实的方法；要么假如该陈述不能被任何方法所证实，这是因为我们还没有对发生在该语句中的某些表达式给予任何意义。尽管我们所使用日常语言的意思是明确的，但是在某些语境中它们失去了原有意义。我们在这里所做的工作仅仅是提醒读者关注这个事实：这些语词确实失去了原有意义。"④

4. "一个陈述的意义在于其证实方法"

魏斯曼虽然以"一个陈述的意义在于其证实方法"为主题，实际上他在探讨意义与证实关系的本质。第一，"陈述的意义在于其证

① Waismann Fredrich, *The Principle of Linguistic Philosophy*, Harre Rom, ed., Glasgow: The University Press, 1965, p. 326.

② Ibid., p. 327.

③ Ibid..

④ Ibid..

实方法"不是理论,它只是对陈述意义的描述。"这样说不是要坚持某种可以称之为正确或错误的理论——它只是一种建议,也就是说,当我们处理那些不具有规约意义的陈述意义时,所采取的措施……'如果你对某个陈述的意义还不清楚,或者不清楚它到底有没有意义,那么你应该考虑下它是如何被证实的。'一旦你意识到这个方法如何被实施,你就明白了这个句子的意思。"① 魏斯曼反复强调,千万不要把"陈述的意义在于其证实方法"当作哲学理论。

第二,陈述的意义在于证实不是对"意义"的定义,而是描述。假如把"陈述的意义在于其证实"当作该陈述意义的定义,我们会遇到很多困难。以陈述"昨天下过雨"为例,假如该陈述的意义在于其具体证实过程,那么,我们就要考虑这个陈述如何被证实。具体证实过程无法穷尽,而且存在不同证实方法的可能性。这样一来,陈述意义跟其具体证实方法的关联就不再紧密。有人会说,我理解这个句子是因为我懂英语,因此当我们理解了陈述意义以后,我可以提出有关这个陈述被证实的一种方法。"具体证实方法是不规则的、波动的,然而意义却是相同的。"②

第三,对陈述具体证实方式的解释并不是在解释该陈述的意义。"昨天晚上下过雨",我理解这个陈述,因为我理解这个陈述每个单词的意义及其语法。因此,我的这些知识跟我知道这个陈述是如何被证实的具体过程并不直接产生关联:"就算最后我学会了有关陈述的不同证实方法,这一切并不会附加在该陈述的意义之上。"③ 我对这个陈述具体证实方法的获取源于实际经验,但是我对这个陈述意义的理解并不一定要借助实际经验。又比如"这个人死了有五小时",我肯定知道这个陈述的意义,但是如果要问我如何来对其证实,我可能一时半会儿还回答不上来(或许借助医学知识)。"句子

---

① Waismann Fredrich, *The Principle of Linguistic Philosophy*, Harre Rom, ed., Glasgow: The University Press, 1965, p. 329.

② Ibid. , p. 330.

③ Ibid. .

意义在有关发现之前就已被建立起来了。"①

第四，有关陈述具体语词的意义和这个陈述本身被具体证实的方法，是两种不同类型的问题。许多哲学争论就是源于哲学家对这两类问题的混淆："在语言正常使用中，问题'这句话的意思是什么？'和'我怎么发现这个句子是真的？'属于两种完全不同的问题。"② 语言现象有时候就是那么奇特。"有时候我们完全理解语句的意义，但是，我们对于这个语句的具体证实方法的描述又吞吞吐吐，或者在不同可能性之间徘徊。在有的例子中，语句的意义对我们来说非常晦涩，只有某种证实方法被给予之后，我们才理解这个语句所要表达的意义。"③ 有关陈述意义的争论实际上是两个问题：一个是陈述的意义是什么？一个是我如何理解这个陈述的意义？

第五，存在两种解释陈述意义的方法。"一种方法是对构成句子不同语词的意义进行给予，然后再对它们连接在一起的方式进行解释；另外一种方法在于对这个语句证实的描述。"④

5. 对证实的描述

第一，存在着两种陈述证实的方法：具体经验陈述和推论规则。经验陈述依靠具体经验来描述具体证实方法，而推论规则则是依靠推论规则本身来对某个陈述进行证实。"假如我面前有一个金属球，有人说这个球有电。"我可以通过具体实验来证实这个假设，而对这个具体实验及其发生现象的陈述（描述）属于具体经验陈述。我如何描述某个命题 p 的证实呢？"我给出第二个命题 q，然后作出决定，即第二个命题源于第一个命题，这就是给出某个推论规则。通过这个规则我们把这两个命题互相联系起来。这个规则属于命题 p 语法的一部分；而且这个规则必须在我们对命题 p 有意义地应用之前被

---

① Waismann Fredrich, *The Principle of Linguistic Philosophy*, Harre Rom, ed., Glasgow: The University Press, 1965, p. 330.

② Ibid..

③ Ibid..

④ Ibid., p. 331.

确定好。"① 魏斯曼认为，哲学家并没有严格区分日常语言中的上述两种情况。

具体经验陈述和推论规则的差异非常明显。"当我说'假如昨天下过雨，那么今天地面就是潮湿的'，这不是推论规则，而是经验陈述。经验陈述能帮助我们找出该论断的真，然而它们并不限定它的意义。意义在某种检查方法被提及之前就已经被建立了……另一方面，当我说'假如这个球被充满电了，验电器的叶子就会岔开'，我是在给出一条推论规则，这种推论规则会解释第一个句子的意思，语句的意义现在依赖于证实方法。假如我把另外一个规则作为表达式，那么我就改变了这个语句的意思。"② 魏斯曼在这里有关推论规则解释所列举的例子是不恰当的。其实"假如这个球被充满电了，验电器的叶子就会岔开"同样属于经验陈述。（当然可以被认为是某个物理法则的具体展现）根据本书的理解，魏斯曼想区分经验陈述和分析命题：一种跟实际经验有关，一种跟句法/逻辑运算规则有关。比如在肯定前件的假言推理运算中，对于命题 q 存在的证实，就是纯逻辑而非经验的。③

第二，对陈述证实方法的规定属于语法化过程。"对证实方法的给予也就是对规则的给予。"④ 魏斯曼同样列举了两个例子：在什么情况下，我们说一个人死亡了？我们对死亡概念有不同定义，而且在实际经验中存在很多边界情况。比如"脑死亡"算不算死亡？我们对这些不同的实际经验会产生疑问："你所谓的'死亡'是什么意思？""这个问题需要对语句进行证实，而有关这个问题的回答则

---

① Waismann Fredrich, *The Principle of Linguistic Philosophy*, Harre Rom, ed., Glasgow: The University Press, 1965, p. 331.

② Ibid., p. 332.

③ 这种推理形式是：已知"如果 P 那么 Q"和"P 是真的"，由此可以推出 Q 是真的，这里对 Q 的证实是逻辑（形式）的而非经验的。

④ Waismann Fredrich, *The Principle of Linguistic Philosophy*, Harre Rom, ed., Glasgow: The University Press, 1965, p. 331.

是对这个概念语法的贡献。"①

第三，说陈述的意义在于其证实是误导人的。当我们在关注陈述语句意义的时候，我们不仅要关注其证实方法，还要关注发生的具体语境。因为语词意义会随着语境的变化而变化。"在科学和哲学中，我们是在把日常语言放在新的语境中来使用的。"② 哲学家用日常语言来构建某个哲学问题。"在这些情况下，我们正在拓宽语言的常规使用，而且必须努力去对我们所熟悉的语词，在这些新语境中的意义有清晰的理解，这种工作能够通过对证实方法的描述来完成。"③

6. "假设"命题的"有意义"与"无意义"

第一，魏斯曼强调要时刻警惕并注意到语词"有意义"和"无意义"的使用，我们对这些语词意义的理解和使用依赖于它们被使用的具体语境。很显然，我们会认为胡乱排列的语词是无意义的。但对于海德格尔的"无正在无"（The nothing nothings itself. ）要怎么处理呢？魏斯曼认为我们可以通过提出下列问题来帮助我们区分"有意义和无意义"："我们会对这个陈述作何使用呢？这个陈述源自于哪个陈述？这个陈述后续又会跟着什么陈述？什么经验能够证实这个陈述？难道就没有经验能够证实它吗？它在语言中有何功能和目的？它如何影响我们的行动和生活？"④

第二，魏斯曼用了隐喻来帮助理解和区别"有意义和无意义"。"假如有一个机械师计划制作一台机器，但是，他忘了制作一条连接线，把这个机器的这一部分和剩余部分连接起来。后果就是这台机器这部分不会运转，而其他部分会运转。隐喻地说，一个无意义句子就是语言机器中无用的轮子；它看起来像正常的轮子，但实际上

---

① Waismann Fredrich, *The Principle of Linguistic Philosophy*, Harre Rom, ed. , Glasgow: The University Press, 1965, p. 332.

② Ibid. , p. 333.

③ Ibid. .

④ Ibid. , p. 334.

不能起到正常轮子的作用。换句话说，一个无意义句子就是许多语词的组合，这些语词的结构、节奏和韵律或许会像真实命题一样，但是它不会做那些正常语句会做的工作。对于这种类型的句子，表达式'无意义'等同于表达式'无用的'或是'不起作用的'。"①这个隐喻实际上就是魏斯曼对维特根斯坦有关语言"空转轮"的解释。

第三，表达式"一句话有意义"是令人误解的，因为它假定了某种以太物的存在来跟这个句子的意义相对应。这种以太物就是"意义体"。魏斯曼所要反对的是"意义体"的存在，同时他也反对有关语词意义的心理主义观点。

7. 意义作为实在的影子

魏斯曼在最后一节谈论了意义的本质：第一，魏斯曼反对有关语句意义理解背后的心理主义。"基于当前目的，我们对说话或听话相关联的心理过程不感兴趣。"② 所有内部感觉和心理活动都可以通过某种外部形式表达。"一个心理运算可以用纸上的运算表达，一个信仰可以通过某个语气和姿态表达，一个记忆图像可以用画画来表达等等。"③ 语词意义的心理主义是对语言"背后存在物"的回答，但是这只是一种错觉。④

第二，魏斯曼认为应该改变对待语词意义的传统视角：让我们用问题"我们是如何使用短语'一句话的意义'"，来代替问题"一句话的意义是什么"。⑤ 也就是说，应该询问语句如何被使用。另

---

① Waismann Fredrich, *The Principle of Linguistic Philosophy*, Harre Rom, ed. , Glasgow：The University Press, 1965, p. 335.

② Ibid. .

③ Ibid. .

④ 原文存在矛盾：魏斯曼本来反对心理主义语义理论，但是原文中又出现"语句背后一定存在某物"的表述。这可能是编辑者麦吉尼斯的问题，或者是魏斯曼的问题。不管怎样，本书认为魏斯曼本人是反对心理主义语义理论的，因为他在上下文中都是在论证这个问题。

⑤ Waismann Fredrich, *The Principle of Linguistic Philosophy*, Harre Rom, ed. , Glasgow：The University Press, 1965, p. 337.

外，还应该注意到语词 "意义" 和其他语词一样，它的意义是浮动的，好比语词 "理解"。

第三，语词 "意义" 的具体使用由诸多互相关联的语言游戏构成，它们可以分为不同小平面。"就是这些小平面的互相联络，这些关系才将概念变成整体，这样才让我们能够谈论它的意义。"① 魏斯曼同时也提醒我们，要考察语词 "意义" 的语法，而且也要关注这个语词的用法如何在不同语境中使用。

三 对维也纳小组其他成员对 "中期" 维特根斯坦 "证实" 观点的反思

第二章有关章节谈到了维特根斯坦哲学对维也纳小组哲学最重要影响之一就是 "意义在于证实"。此外，本章前部分也论述了魏斯曼对维特根斯坦有关 "证实" 和 "假设" 的阐释。目前为止，我们一直忽略了小组其他成员是如何理解 "中期" 维特根斯坦 "证实" 观点的。维特根斯坦与小组互动历史考察中部分涉及了该主题，此处讨论是作为魏斯曼对 "中期" 维特根斯坦哲学阐释部分的补充。

维也纳小组把有关意义在于证实的观点发展成为 "命题的意义在于其具体证实"，这曾经在分析哲学中被普遍认为是臭名昭著的。不可否认，证实观念的确源于维特根斯坦，其直接证据就是小组成员的自述和回忆录：卡尔纳普曾写到维特根斯坦的证实原则、朱霍斯 (Juhos) 回忆自己在维也纳的青年时代时，提及了维特根斯坦的证实理论、克拉夫特在有关维也纳小组历史文章中提到了证实原则源于维特根斯坦。②

证实主义源于维特根斯坦的事实不仅得到了小组成员的亲口承认，而且也得到了维特根斯坦本人确认。多年以后，维特根斯坦回忆说，他曾经认为为了搞清楚我们是如何使用句子的，最好这样提

---

① Waismann Fredrich, *The Principle of Linguistic Philosophy*, Harre Rom, ed., Glasgow: The University Press, 1965, p. 337.

② Hacker M. S. Peter, *Insight and Illusion: Themes in the Philosophy of Wittgenstein*, Oxford: Clarendon Press, 1986, p. 135.

问：我们对有关断言是如何证实的？然而那种证实只是搞清楚语词或语句意义的一种方式而已。"有人已把这种有关证实的询问变成了教条，仿佛我好像曾经提出过一条意义理论。"① 那么，如维特根斯坦所言，是谁把证实观点变成了教条呢？答案很可能是维也纳小组成员。

第一，证实观点的确源于1930年前半期维特根斯坦和维也纳小组成员互动的过程，尤其是源自魏斯曼有关记录和文本。本书有关章节已经探讨了魏斯曼对"中期"维特根斯坦有关意义的证实观点。证实主义观点首次公开发表于魏斯曼在《认识》第一卷（1930—1931）的《对盖然性概念的逻辑分析》一文中。在该文开头魏斯曼就表明此文观点主要源于维特根斯坦。接着，魏斯曼表明，如果没有方法来表明一个命题为真，那么命题就没有意义，因为命题的意义就是其证实方法。实际上，只要说出某命题，我们就已知道该命题为真和为假的具体条件。

第二，魏斯曼在文中提出的证实观点可能源于1930年间魏斯曼记录的《论题》。《论题》有关章节大概提出了证实观点，比如在第六节提道："理解一个命题意味着知道如果命题为真，情形是怎么样的……一个命题的意义就是它被证实的方式。"（WWK 附录 B）维特根斯坦有关证实的观念首先在他跟"右翼"成员魏斯曼和石里克的对话中产生，后来随着《论题》在小组中的传播，证实观念很快就在小组其他成员中蔓延开来。

第三，在《认识》第二卷（1931—1932）中，卡尔纳普表达了证实观点。卡尔纳普写道："一个语词的意义由其应用的标准决定。"［转引自哈克（1986：137）］换句话说，语词可以被还原为基本命题的元素。比如"石头"这个词，这个词可以还原为基本命题"X是一个石头"，其中"X"在表达式"这是一个钻石"中占据一个位

———————————

① Hacker M. S. Peter, *Insight and Illusion: Themes in the Philosophy of Wittgenstein*, Oxford: Clarendon Press, 1986, p. 135.

置。因此，在基本语句中，语词的意义就是由其真值条件或由其证实方式确定的。接着，在《认识》第三卷（1932—1933）中，石里克也表达了与《论题》的相似观点，他认为，如果从原则上不能证实一个命题，就是说我们不能判定这个命题为真或为假的具体条件，那么我们就不知道这个命题要表达的意义。① 接着在《意义和证实》（1936 年）中石里克再次表达了证实观点。石里克在该文中强调，他所提出的证实观点很大程度是受到了维特根斯坦影响。②

第四，证实主义虽源于维特根斯坦，但它并非直接源于 TLP。维特根斯坦所表达的证实主义观点不仅不是直接源于 TLP，而且维也纳小组也不是直接从 TLP 有关文本中读出来的。尽管 TLP 第 4.024 小节内容跟证实观点相似，但是也不能把这些内容当作证实主义源泉。"理解一个命题意味着知道若命题为真事情应该是这样的。（因此，不知道一个命题是否为真也可以理解它）理解了一个命题的组成部分也就理解了这个命题。"（4.024）就算可以从这节中悟出证实主义，我们最多也只能从这一节中的第一句中得出。该节后面表明，就算不知道这个命题的具体证实条件，只要我们理解了这个命题的组成部分，就是说，如果理解了构成这个命题具体语词的意义，我们也有可能理解这个命题。本书认为维也纳小组成员不可能那么愚蠢，仅仅从这个小节中就得出了证实主义观点。4.024 小节不仅不是证实主义的陈述，也不是"真值条件语义学"的陈述。

第五，证实主义观点表明 1930 年代前半段时间中维特根斯坦所持有的一种意义观点。1930 年代前半段时间的维特根斯坦哲学不仅有别于 TLP 的观点，也有别于 1930 年代的后期思想。这样一来，很明显，证实主义是维特根斯坦在 1930 年代早期提出并深入思考过的一种意义观点。维特根斯坦的意义在于证实的观点不仅体现在魏斯

---

① Hacker M. S. Peter, *Insight and Illusion: Themes in the Philosophy of Wittgenstein*, Oxford: Clarendon Press, 1986, p.135.

② Ibid., p.137.

曼的记录中，也体现在同时期维特根斯坦剑桥演讲录中，比如摩尔有关记录。可以说，维也纳小组以证实主义为理论基础的逻辑经验主义是基于维特根斯坦 1930 年代早期的证实主义思想，在此基础之上，维也纳小组把证实主义观点以不同形式发展，体现在小组两翼成员的著作中，比如卡尔纳普就把证实主义作为根除形而上学的有力武器。

第六，应该注意到，维特根斯坦在表达证实观点的过程中，他所讨论的"命题"有不同意义。哈克指出，在 1930 年代维特根斯坦所讨论的很多可以被称为"命题"的文本中，存在着三种根本不同的概念。① 第一种"命题"指的是那种能够直接通过实在证实或证伪的"正品"，比如描述当下经验的命题；第二种被称为"假设"，（有关"假设"的讨论请参阅第三章第二节）"假设"命题是一种规则或语法，它们不能通过与实在相比来直接证实；第三种是"数学命题"，数学命题不能拿来跟实在相比，因为它们跟实在不存在一致和不一致。数学命题只能被证明。这样看来，维也纳小组所谓的证实主义观点只适用于第一种命题，即原初命题。因此，不难看出，维特根斯坦从来就没有表明他提出过任何意义理论，证实主义最多只能算作原初命题是否有意义的标准。

总之，证实主义对维也纳小组哲学来说至关重要，其源泉来自维特根斯坦。我们不仅要承认魏斯曼对证实主义的广泛传播所作出的贡献，也要了解很多人对这个观点存在着误解和误用。

四　"中期"维特根斯坦和魏斯曼有关"假设"和"证实"思考的对比

（一）两者观点的相同之处

第一，维特根斯坦和魏斯曼都认为"假设"具有规则性，"假

---

① Hacker M. S. Peter, *Insight and Illusion：Themes in the Philosophy of Wittgenstein*, Oxford：Clarendon Press，1986，pp. 141 - 142.

设"是具有规则性的连续体。这个观点不仅体现在 BT 中，同时也体现在魏斯曼的《论假设》一文的第一小节。维特根斯坦在跟魏斯曼 1931 年 1 月 4 日的讨论中，也表明"假设"作为具有规则性的连续体可以被理解成为不同的"截面"。"假设"作为具有规则性的连续体，我们通过实际观察所得到的只能是"假设"连续体的某个"截面"。"假设"具有规则性的观点源于维特根斯坦，魏斯曼的工作在于详细地阐释和梳理这一观点。

第二，维特根斯坦和魏斯曼都认为"假设"和"证实"的关系在于"假设"可以通过不同方法证实。正是由于"假设"和"证实"的这种关系，在 BT 中维特根斯坦才首先思考了"假设"的本质，然后再引出"证实"。"假设"虽然能通过不同方法来证实，然而通过不同方法被证实的同一"假设"却具有不同意义。"假设"作为规则连续体，这使得"假设"具有多义性。因此，"假设"所具有的意义不能通过具体证实过程穷尽。上述观点同样是源于维特根斯坦，魏斯曼通过跟维特根斯坦对话和合作，逐渐理解了维特根斯坦的观点，并在他的著作中详细论述了这些思想。

第三，维特根斯坦和魏斯曼都认为，在"假设"中不存在无穷证实过程：对"假设"的"证实"过程是有限的。"证实"的终点和起点是感觉语料，对于感觉语料的预设是逻辑经验主义和逻辑原子主义共同接受的理论前提。魏斯曼作为维也纳小组成员之一，他在 1930 年代早期是支持逻辑经验主义的。从维特根斯坦哲学来说，对感觉语料的支持也表明在 1930 年代早期他还保持着他在 TLP 中逻辑原子主义的某些观点。

第四，维特根斯坦和魏斯曼都认为对"假设"的具体证实过程存在不确定性。原因有两点：具体证实过程存在着笛卡尔式怀疑主义；表达"假设"的语词自身具有多义性。因此他们都一致认为，除了对上述两点的原因有深刻理解之外，还应该了解"假设"被证实的具体步骤。上述观点源自维特根斯坦，魏斯曼在他的哲学著作中梳理和阐释了这些观点。

第五，维特根斯坦和魏斯曼都认为不同证实方法并不表达"假设"具有的所有意义，而是"假设"意义的不同"症状"。"假设"的意义有不同症状这个隐喻首先由维特根斯坦提出，他在跟魏斯曼的对话中以"我的哥哥在隔壁"这个假设为例来阐释。这个隐喻后来被魏斯曼继续在他的阐释中使用。

第六，维特根斯坦和魏斯曼都认为任何脱离了实际经验的"假设"好比语言机器中的"空转轮"。维特根斯坦有关"空转轮"的观点是通过他跟魏斯曼在1931年年初的哲学对话中表达出来的，魏斯曼在他的阐释中使用并解释了这一概念。"空转轮"隐喻主要表明"假设"跟实际经验有密切联系："假设"一旦脱离了实际经验，它的意义就得不到"证实"，因此我们也不能理解它的意义，这种"假设"就像语言机器中的"空转轮"：它表面上看起来像一般命题，但它既不能被证实，也不能对我们的生活产生任何影响。

第七，维特根斯坦和魏斯曼都关注了"假设"的证实方法所具有的功能。"假设"的意义就是一种证实方法，证实方法被囊括在命题意义之中。也就是说，当理解一个"假设"的意义之后，我们就能够做出一种有关该"假设"被证实的具体方法。证实方法决定命题形式。上述观点源于维特根斯坦，魏斯曼在他的著作中解释了这个观点。

（二）两者观点的差异

双方有关"假设"和"证实"思考的不同体现在文本和哲学方面：

第一，在维特根斯坦的文本中，有关"假设"和"证实"的思考和表述是散乱和不系统的；而在魏斯曼的文本中，有关论述是高度概括和系统化的。维特根斯坦和魏斯曼哲学文本的文体学区别，在"假设"和"证实"中鲜明地体现着：维特根斯坦有关"假设"和"证实"的讨论，集中在 BT、PI、WWK 中的四次讨论和魏斯曼所撰写的《提纲》中。需要强调的是，在 BT 和 PI 中维特根斯坦扼要讨论了"假设"和"证实"，包括"假设"与"命题"的区别、

"假设"所具有的规则性、"假设"与"证实"的关系以及"假设"的多义性。根据本书考察,在维特根斯坦文本中(BT、PI)的所有有关讨论都是寥寥几笔带过,非常扼要;WWK中的四次讨论和《提纲》中的讨论非常详细和系统。值得注意的是,这些文本是通过魏斯曼之手记录和保留下来的。正统阐释者之所以没有特别关注"中期"维特根斯坦的"证实主义阶段",原因之一在于有关这个主题的文本材料极度缺乏。造成这一匮乏的原因就是阐释者没有关注到魏斯曼的文本。假如没有魏斯曼所保留下来的笔记和《提纲》,我们就不会对"中期"维特根斯坦的"证实主义阶段"有深刻理解。因此,WWK中的四次讨论和《提纲》是研究"中期"维特根斯坦"证实主义阶段"的宝贵材料。正是在魏斯曼的记录中我们才了解到维特根斯坦有关证实与"假设"关系的讨论:有关"假设"意义多样性观点,还包括"症状"和"空转轮"经典隐喻。此外,魏斯曼的文本和他对"中期"维特根斯坦观点的阐释和理解所具有的重要性也得到了应有承认。

第二,在文体学方面,魏斯曼的阐释文本要比维特根斯坦文本更系统和易于理解。如果把BT中的相关讨论和魏斯曼的《论假设》对比,我们就可以清楚地发现魏斯曼文本的各种优点:魏斯曼从七个不同视角来考察"假设"。讨论视角越窄,我们对"假设"概念的理解也就越深刻。例如,魏斯曼从科学和日常生活两个方面来探讨"假设"和"确证";魏斯曼有时还充分运用不同文体手法来增加他的文本吸引力和可读性。例如,他有时候以疑问句开始讨论:假设仅仅是可能的吗?一个假设只能从一方面被单独决定吗?这种手法不仅拉近了读者和魏斯曼的距离,同时也激发了读者的主动思考。

第三,从哲学角度来说,两者有关思考的区别体现在以下七点:

(1)维特根斯坦一开始就区分了"假设"和"命题",魏斯曼并没有做出类似区分。维特根斯坦认为"假设"的外延大于命题,它所要表达的东西更多。虽然魏斯曼没有直接表明"假设"和"命题"的明显区别，但读者在实际阅读魏斯曼文本过程中，同样会找出与维特根斯坦上述观点的类似之处：当我们把"假设"当作某个规则延续体时，我们实际上已表明"假设"外延要比"命题"外延广。维特根斯坦和魏斯曼有关讨论的文本中其实都没有对"假设""命题""陈述"以及"证实"和"确证"两组概念进行过严格区分。实际上他们都在无意识地把"假设""陈述""命题"等同使用，把"证实"和"证实"等同使用。维特根斯坦虽然认为"假设"和"命题"的外延有区别，魏斯曼没有明确指出这点，但是他们在有关"假设"和"命题"内涵的理解方面并无不同：他们都认为"假设"和"命题"的内涵相同，因此他们才把这两个概念交替使用。或者按照哈克的理解，维特根斯坦是在三个层面上使用"命题"的：原初命题、假设以及数学公理。

（2）维特根斯坦虽强调了"假设"所具有的规则性，但是他没有像魏斯曼那样把"假设"所具有的规则性和"假设"语法的多样性联系起来思考。维特根斯坦认为"假设"和"命题"具有不同语法结构，命题的意义是一种证实方法，证实过程的不确定性部分原因应归结于表达"假设/命题"语词的多义性。这些观点都可以从魏斯曼的文本中找到。但魏斯曼认为，只要发现了"假设"的一种新证实方法，这就丰富了"假设"的语法多样性：表达"假设"语词的多义性根植于语词"假设"语法的多样性。"假设"语词语法的多样性根植于实际证实过程的复杂性和不确定性。对于魏斯曼而言，"假设"是不同的语法构造，我们对"假设"的理解必须关注其语法，对"假设"语法的关注就是有关"假设"的具体使用。这样一来，魏斯曼就把语词意义、证实和实际经验联系在了一起。

（3）维特根斯坦虽最早提出"假设"是具有规则性的连续体，我们实际所观察到的实际经验只是该连续体的一个截面，而且不同截面不仅在时空而且在逻辑形式上存在差异，但这些观点在维特根斯坦那里是直接平铺直叙表达出来的。相反，魏斯曼不仅勾勒出了有关"假设"不同截面的图像以此加深理解，同时还把这一观点进行发展，最后成为他的"语言层次"观念。这不得不说是魏斯曼对"中期"维特根斯坦哲学思想的重要发展，也是魏斯曼对分析哲学的主要功绩：魏斯曼认为既然"假设"可以分为不同层次，那么哲学争论和混淆的产生就是因为我们对"假设"不同层次本质特征的误解，以及不同层次的接触。

（4）与维特根斯坦的思考相比，魏斯曼在有关"假设"的具体证实过程的思考要更加深刻透彻。首先，魏斯曼认为"假设"的实际证实过程非常复杂，我们必须要对"假设"何时得到证实作出决断。魏斯曼认为这种决断非常困难。其次，"假设"实际证实过程中的不确定性跟信念有关。再次，不能被证实的"假设"同样有意义，这是指以目前的科学技术水平不能被证实的，魏斯曼当然赞同维特根斯坦有关不存在无穷证实的观点，证实必须终结于感觉语料。最后，魏斯曼还强调有关"假设"的关键不在于其不确定性，而在于它是如何被使用的。

（5）魏斯曼在阐释维特根斯坦有关"假设"和"证实"的过程中运用了维特根斯坦在1930年代后期哲学的三个关键观点：语法的哲学考察；语词的意义在于其具体使用；语言游戏概念。这三点体现在PLP中。维特根斯坦有关"假设"和"证实"的思考中并没有把上述三个观念与"假设"和"证实"相结合起来。在魏斯曼的阐释中，有关"假设"语词意义的理解就是基于对这些语词的具体使用方式。在PLP中，魏斯曼不仅讨论了"假设"被证实的具体标准，还讨论了构成"假设"语词的意义。尤其是在第七小节"意义作为实在的影子"中，他不仅反对了有关"意义体"观点，还认为语词意义在于其具体使用。语词的具体使用就构成了不同语言游戏。魏斯曼认为这些不同语言游戏构成了不同的平面。我们对意义的不同使用情况的考察就是语法考察。

（6）维特根斯坦和魏斯曼有关"假设"和"证实"最重要的区别体现在"证实"。维特根斯坦只是概括性地讨论了"证实"过程，包括"假设"可以通过不同方法被证实、证实过程存在的不确定性、不存在无穷证实、不同证实过程可以增加"假设"所具有的意义。魏斯曼不仅讨论了上述观点，还关注了更深刻的问题：一个假设只能从一方面被单独决定吗？不能被证实的陈述都是无意义的吗？

首先，魏斯曼批判了证伪观点。只靠一个观察就对整个"假设"进行证伪并不具有说服力。魏斯曼认为，就算我们实际上发现了某个与"假设"相反的观察，然而"假设"所具有的规则性，以及"假设"所构成的规则连续体并没有被这个反例所证伪。魏斯曼认为假设是理论链条，当链条上某个环节被证伪时，其他链条会对这个环节进行补偿，从而使整个链条继续有效运作。证伪观点就是典型地把"假设"和观察关系过于简单化的理解。魏斯曼提出，我们要对"假设"及其不同证实过程有综览式考察，综览式理念同样出自于维特根斯坦对语言游戏的考察。

其次，在对"可证实性"的评论中，魏斯曼指出有关"假设"具体证实过程争论的核心就是假设命题在何时为真的标准问题；假设命题何时为真的标准问题同样也是假设命题具有意义的标准。魏斯曼认为，有关命题意义的理解可以通过考察命题具体使用过程通达。关于证实标准，魏斯曼持有温和证实主义：只要假设从理论上而非实际上被证实，假设就是真的，同时也是有意义的。在这些讨论中我们可以发现，魏斯曼作为小组成员，他对证实标准的思考跟小组哲学观点和小组在1930年代哲学发展历程一脉相承。不可否认魏斯曼通过和维特根斯坦的合作，他的哲学观点受到了维特根斯坦非常重要的影响，但是从魏斯曼有关证实标准的思考和对证伪观点的反驳，反映出他的哲学观点同时具有"中期"维特根斯坦特点和逻辑经验主义特点。

最后，魏斯曼对"一个陈述的意义在于其证实方法"进行了重要澄清，理解这点对理解"假设"和"证实"的关系和理解魏斯曼的观点至关重要。魏斯曼反复强调，上述论断既不是哲学理论，也不是有关假设/陈述意义的定义，而是对陈述/假设意义的一种描述。魏斯曼的观点跟维特根斯坦在1930年代后期（PI）宣称的"语词的意义在于其具体使用"是类似的：它们都不是对语词意义的定义和解释，而是对语词意义的描述。魏斯曼和维特根斯坦一样，都是从描述视角考察陈述及其意义。魏斯曼牢记维特根斯坦元哲学观点：哲学不是一种理论，而是一种活动。

（7）魏斯曼在对"中期"维特根斯坦哲学观点的阐释中，一直在力求对他自己和维特根斯坦哲学的理念进行明晰性表述。对哲学概念和哲学论证的明晰性追求是魏斯曼写作 PLP 的主要目的。在有关"假设"和"证实"的阐释中，魏斯曼通过对不同概念仔细分析以此来获得哲学概念的明晰性。

魏斯曼的概念分析体现在以下几点。存在两种"陈述"：一种是不重复发生具有或然性经验陈述；一种是"假设"，它既可以跟经验符合，也可以作为一个法则语境。存在着两种"证实"：严格的，可以用逻辑运算推出的证实，这种理解就是对证实的误解；松散的证实，也就是具有可能性的假设。魏斯曼还区分了两种语词用法：常规用法和新用法，新用法拓宽了语词原有语法框架。存在着两种证实标准：理论上可证实和实际上可证实。存在两种解释假设意义的方法：要么一开始假设的意义已经被给予，然后解释具体语词的意义，这属于语法解释；要么我们通过对假设被具体证实的描述来解释假设的意义。存在着两种假设的证实方法：具体经验陈述和用逻辑公理的推论规则。通过对不同概念的具体区分，魏斯曼不仅批判了不同观点，同时也让读者对这个哲学概念有了明晰性理解。

五　"假设"及"证实"与维特根斯坦哲学延续性的关联

虽然"证实主义阶段"在"中期"维特根斯坦的哲学中非常短暂（大约从 1929 年年底到 1932 年 7 月初），但这个时期对"中期"维特根斯坦哲学延续性的论证非常重要。维特根斯坦和魏斯曼有关"假设"和"证实"思考的对比分析中还夹杂着有关命题意义的讨论，"假设"命题所具有的意义就是在于它被具体证实的方法。这样看来，"中期"维特根斯坦有关"假设"和"证实"思考更大的背景就是他的语义观点。从语义学视角来审视 BT，可以对 BT 获得更深刻理解，同时也可以对维特根斯坦观点获得更深刻的理解。（"中期"维特根斯坦语义观点请参阅第四章第 3.1 小节）

"中期"维特根斯坦为什么对"假设"和"证实"的讨论不多见？维特根斯坦有关讨论集中在 BT 的少数几页手稿以及他在剑桥的演讲录中，大部分集中在他跟魏斯曼的哲学对话和合作记录中。为什么魏斯曼对"中期"维特根斯坦有关"假设"和"证实"的阐释，要比维特根斯坦本人的表述从广度和深度要更深更广呢？本书认为对这些问题解答的关键点在于"中期"维特根斯坦所关注的哲学视角和维也纳小组所关注的哲学视角所存在的巨大差异："中期"维特根斯坦关注的是语义学（语词的意义），他把"假设"当作命题来思考，"假设"的意义可以通过具体证实过程显示，"假设"是具有规则性的连续体，因此，不同证实就是对该连续体语法的贡献；维也纳小组关心的是"假设"具体被证实的过程和"假设"被证实的标准，因此才出现了小组内部成员有关"证实"和"证伪"的大讨论。魏斯曼的阐释文本是他们两个视角的综合：魏斯曼不仅关注了"中期"维特根斯坦的语义学观点，同时作为小组成员，他积极加入小组内部有关"证实"和"证伪"大讨论中。"中期"维特根斯坦哲学视角就是语义学，主要体现在 BT 中。

这里所作的"中期"维特根斯坦和魏斯曼有关"假设"和"证实"的哲学思考，对于本书中的目的——"一个维特根斯坦"和维特根斯坦哲学的延续性——的论证和建构有什么关联呢？本书认为具体关联体现在三个方面：

第一，"中期"维特根斯坦思想虽然处于激烈变化和过渡时期，但是他在这个阶段的哲学发展和延续的脉络是能够被发掘和厘清的。在"中期"维特根斯坦哲学发展和过渡时期存在着非常短暂的"证实主义"阶段（好比徐英瑾探究的"现象学"时期）。本书一开头就论证维特根斯坦哲学的延续性，提出的研究方法就是要通过研究维特根斯坦在不同哲学阶段具体观点,以此来论证他的哲学延续性。本书把魏斯曼当作这个论证工作的新视角,就目前有关"假设"和"证实"的探讨,本书认为上述讨论基本达到预期目标。

第二,"中期"维特根斯坦作为维特根斯坦哲学延续性论证最关键的一环,通过本章对"假设"和"证实"的探讨初步得到了完善。"证实主义"是"中期"维特根斯坦哲学重要组成部分,它是维特根斯坦在1929年年底到1932年年初的部分思想。通过对维特根斯坦有关"假设"和"证实"的考察,现在可以论证"中期"维特根斯坦哲学的延续性:在"证实主义"阶段中,维特根斯坦并没有彻底抛弃他在TLP中的逻辑原子主义。他始终认为"假设"证实过程的终点和起点在于感觉预料;"证实主义"同样可以被视为维特根斯坦从早期逻辑原子主义到后期有关日常语言语义学过渡中的重要一环。在"假设"和"证实"讨论中,维特根斯坦反复强调"假设"作为一类由日常语言构成的命题所具有的规则的连续性,规则的连续性跟语言的语法相关。在"证实主义"阶段中,维特根斯坦从逻辑原子主义过渡到后期语义学视角,主要体现就是,维特根斯坦在讨论"假设"和"证实"过程中涉及了语词意义、语词意义的多样性以及语词语法的多样性。

第三,单单依靠"中期"维特根斯坦哲学论稿来考察他的"证实主义"阶段以及论证"中期"维特根斯坦哲学延续性,说服力不强,因为这些讨论在维特根斯坦论著中并不多见。从魏斯曼的记录和阐释中,可以更广泛和深刻地理解"中期"维特根斯坦的"证实主义阶段"。魏斯曼对"中期"维特根斯坦哲学的阐释和理解所具有的重要性体现得淋漓尽致:通过魏斯曼的记录,我们更加清楚地了解维特根斯坦有关"假设"和"证实"关系的思考;通过魏斯曼的阐述还了解到了"中期"维特根斯坦的语义学观点(语言游戏、语法、综览);通过魏斯曼的阐释,我们还理解了维也纳小组跟维特根斯坦有关"证实"和"假设"观点的差异

（维也纳小组的证实主义包括证伪和证实的标准，维特根斯坦关注构成假设语词的意义）；通过对魏斯曼的阐释研究，我们还更加清楚了魏斯曼本人在这些哲学讨论中所作的贡献（魏斯曼对证伪的批判）。

最后，"证实主义"是连结 TLP 超验唯我论跟 PR 中方法论的唯我论的纽带；类似地，"中期"维特根斯坦提出的"命题"与"假设"的关系，是后期意义行为主义标准（意义在于具体使用）的前兆。①

第三节　魏斯曼对"中期"维特根斯坦有关 "实指定义"思考的阐释

一　"中期"维特根斯坦的语义学观点

"中期"维特根斯坦语义学观点指的是"中期"维特根斯坦有关自然语言的语义探讨，并非 TLP 中所期望的形式化语言的语义学。对语义的关注一直是维特根斯坦哲学核心，他对自然语言语义学的系统和深刻探讨始于 BT。BT 和 PI 中的很多内容重复：BT 经过反复修改，最后演变成 PI；BT 没有 PI 精炼清晰，但是 PI 大部分观点源于 BT。在 BT 中维特根斯坦开始反思自然语言的本质。这种反思包括语言中语词（语言符号）的意义——何谓语词的意义？如何正确理解语词意义？语词意义是如何产生的？这些问题看似简单，其中囊括了不同过程：命题及其意义②、意义③、语言理解过程④、人类

---

① Hacker M. S. Peter, *Insight and Illusion: Themes in the Philosophy of Wittgenstein*, Oxford: Clarendon Press, 1986, p. 134.

② Ludwig Wittgenstein, *The Big Typescripts: TS 213*, Grant Luckhardt and Maximilian Aue, eds., Oxford: Blackwell Publishing, 2005, pp. 15 – 34.

③ Ibid., pp. 7 – 14.

④ Ibid., pp. 1 – 6; 35 – 39.

的思维①、心理过程（意图②、期待③）、语言本质④以及语法⑤。上述内容可以被隐喻地理解为语义学之网：以某个语词的意义为核心向四周散发的网络。在 BT 中，维特根斯坦以"意义"为核心节点，以命题、理解、思维、心理过程和语法为扩展节点，初步构建了一幅有关自然语言意义哲学考察的语义网络。

语义学研究的基础就是对语言本质的理解。维特根斯坦在 BT 中专门探讨了"语言的本质"：语言的学习和解释是语言本质重要构成部分，也是语义学主要课题；语言和实在的关联是通过我们对语词意义的解释建立的，解释过程属于语法。语言是自持自治的；语法并不能通过它被具体使用的目的来被当作某机制；语言之所以运转奏效，完全是因为我们按照它自身规则来使用它。好比我们按照某个游戏规则来玩那个游戏，命题如何实现其功能是通过语言游戏来解释的。⑥

在以"意义"为主题的小节中，维特根斯坦初步表述了他的语义思想。有关意义的概念是源于某个对语言哲学式概念的理解；意义可以被当作语词在语法空间中的位置；一个语词的意义就是它的意义所解释的东西；维特根斯坦反驳了心理主义语义学——语言符号的意义由它产生的效果、它所激发的心理联结决定；反对"意义体"的存在；原初符号和次级符号的区别。⑦ BT 中的语义思想归纳如下：

第一，"中期"维特根斯坦始终认为语言不仅具有约定性，而且语言符号是运算过程。把语言看作运算的观点，在"中期"维特根

---

①　Ludwig Wittgenstein, *The Big Typescripts*: *TS* 213, Grant Luckhardt and Maximilian Aue, eds., Oxford: Blackwell Publishing, 2005, pp. 48 – 55.

②　Ibid., pp. 61 – 65.

③　Ibid., pp. 76 – 85.

④　Ibid., pp. 40 – 47.

⑤　Ibid., pp. 56 – 60.

⑥　Ibid., pp. 128e – 160e.

⑦　Ibid., pp. 22e – 48e.

斯坦哲学中扮演着重要作用。正是基于运算视角，对语言中语词结合方式的考察才跟语法考察发生了联系。①

第二，语言在具体语境中使用的多样性可以从游戏多样性考察中得到启示。维特根斯坦列举了火车头控制室中不同把手的操作和功能，以及地图上的不同线条所表示的不同意义，来阐释他的观点。在 PI 中，维特根斯坦仍保留了火车头控制室类比。（PI §12）语词也具有多样性，这种多样性可以从棋类游戏的棋子跟棋盘的关系中得到启示。

"多样性"概念（multiplicity）在 BT 中多次出现，它包含如下内涵：语词具体使用具有多样性；语词意义具有多样性，它跟语词具体使用的多样性密切相关；语言游戏的多样性；语词具体使用的多样性丰富和发展了语词意义，同时也丰富了语词语法的多样性；人类生活形式的多样性是语词具体使用多样性的前提。语言中语词意义是浮动的，语词"意义"的意义也不例外，语词意义浮动性跟语词的多样性的使用有关。

第三，不存在"意义体"。"意义体"的存在跟两种语义观点相关：心理主义（联结主义）和因果关系语义学。维特根斯坦在 BT 中明确反对上述观点，他强调应从实际经验出发来考察语词的具体使用情况。维特根斯坦对语义心理学方面不感兴趣：一切都要从语词实际使用（外部）来思考。维特根斯坦在 BT 第9、10 节重点分析和批判了有关语词意义的心理主义及其变形。首先，意义的心理主义观点是传统旧观点，是条死胡同，心理主义语义学会造成无穷回溯问题；其次，我们从外部来观察说话者是如何使用他的语言，日常语言是如何被使用的；最后，心理主义语义学的出发点和落脚点都在力求解释语词意义，对语词意义的理解和解释的关键之处在于

---

① Baker P. Gordon, "Our Method of Thinking about 'Thinking'", in Katherine Morris, ed., *Wittgenstein's Method: Neglected Aspects-Essays on Wittgenstein by Gordon Baker*, Oxford: Blackwell Publishing, 2004, pp. 144 – 179.

对语词意义的解释。对语词的解释是种幻觉，解释方法只能排除有关语词意义的可能误解，但它并不能给出有关语词意义的正确理解。（维特根斯坦在1930年代的语义观过渡请参阅附录二）

维特根斯坦在 BT 第10节中重点分析和反驳了心理主义语义观。首先，维特根斯坦表明有关意义工作机制中的心理学方面的东西他是不感兴趣的。解释语言的东西在语言之外，不在语言之中。其次，解释本身就是定义。意义多样性应该通过描述获得。维特根斯坦呼吁对意义的理解和考察需要视角转变：从解释到描述。再次，意义是一种构造，不是经验。因果关系和心理主义观点都把意义当作某种心理经验来看待。复次，心理主义强调，语词对我们所产生的"效果"就是它的意义，但维特根斯坦认为"效果"不是语词的意义。比如，愿望和愿望的满足不是一回事。最后，从描述视角出发，需要描述语词不同的具体使用情况。对语词具体使用的多样性考察同时也是语法考察，这不仅是"中期"维特根斯坦语义学总体方法论，同时也是他在"中期"逐渐形成的"综览式"元哲学观点的主要体现。维特根斯坦在第11小节中思考了"意义体"概念，在语言理解过程中，我们应该注意到所使用手势的重要性。

第四，需要转换看待语词意义的视角：从解释转变为对语词意义进行描述的视角。从解释到描述的转变是"中期"维特根斯坦语义学重要发展和转变。"解释总是个幻觉。对某个符号的解释能够消除有关它的意义的反对观点……能够通过解释得到消除的，我把它称之为某个误解。对于语词意义的解释排除了对它的误解。我们应该对语言进行澄清，这样的话它就不会被误解了。"[1] 维特根斯坦认为描述就是一种澄清和阐明的方法。

第五，意义是语词在语法空间中的位置。当用不同语词来替换同一语句同一位置中的语词的时候，整个语句的意义有可能会

---

[1] Ludwig Wittgenstein, *The Big Typescripts*: *TS 213*, Grant Luckhardt and Maximilian Aue, eds., Oxford: Blackwell Publishing, 2005, p. 30e.

发生改变。这表明意义对于整个语句的重要性，意义不同，语法也不同。①"语法"概念在"中期"维特根斯坦语义学观点中具有提纲挈领的地位："语法解释了语词意义所能够被解释的范围。它能用来解释有关语词所提出的问题的范围所在；它也能够用来解释我们所提出的问题的回答的范围所在。意义是我们在对语词意义的解释过程中所解释的。"②

　　总的来说，"中期"维特根斯坦语义观点属整体式语义观。这种语义观强调了语言具体使用的多样性、语词意义的多样性和语词语法的多样性。维特根斯坦强调对语词意义的语法考察，语词意义就是语词在语法空间中的位置。整体式语义观同时强调语言的实际使用和在语词使用过程中的实际经验。它反对心理主义语义学观点，它是外部主义语义理论。整体式语义观的核心和目的在于扭转哲学家看待语词意义的视角：从对语词意义的解释转变到对语词意义的描述。

二　"奥古斯丁语言图像"与"实指定义"的关联

　　"中期"维特根斯坦语义观点是考察他有关"实指定义"的背景和理论基础。不能直接把"实指定义"从维特根斯坦文本中抽离出来考察，因为它最容易引起误解。维特根斯坦在思考了语言本质后，认为必须要从语义最初产生和最初被学习、理解的地方来考察语言，即幼儿学习母语阶段。因此，BT 第 7 小节开篇就引用和讨论了"奥古斯丁语言图像"，"中期"维特根斯坦有关"实指定义"的思考源于"奥古斯丁语言图像"。"奥古斯丁语言图像"包含三方面内容：语言的目的是传递信息和知识，这些信息和知识并不源于语言交流活动本身，而是来自上帝，奥古斯丁有关语言目的和他的神学思想密不可分；语言通过教学活动获得，在教学活动中将语词与

---

　　① Ludwig Wittgenstein, *The Big Typescripts*: *TS* 213, Grant Luckhardt and Maximilian Aue, eds., Oxford: Blackwell Publishing, 2005, p. 28e.

　　② Ibid., p. 32e.

它所指称事物相联系的手段就是"实指定义";有关语言与世界、心灵的关系。

奥古斯丁继承了斯多葛学派的"言语—思想同构论",其包含两个论点——语词具有双重目的和功能:当语词被用来意味自然事物时,它与外界事物相对应;当语词用来与心灵相联系时,它的对应物就是具体心理活动。奥古斯丁有关语言的讨论大部分观点都代表了从亚里士多德开始的传统语言观点,还包括维特根斯坦在 TLP 中的相关观点。维特根斯坦从 BB 开始考察"奥古斯丁语言图像",他的目的是反思他在 TLP 中的有关观点。

"奥古斯丁语言图像"的核心论点是"实指定义"。基于哈克的考察,维特根斯坦从 9 个方面批判了"实指定义",此处重点关注前四个。关于终极分析的论点:哲学家一直以来都抱有幻想,他们认为语言的基础是简单概念;关于形而上学基础的论点:如果相信分析终点是简单名称,同样我们也可以认为实指定义是连接语言和现实元素的桥梁,而这些元素具有优先性;关于必然存在物的论点:前面两个论点导致第三个论点,实指定义所派指的名称是必然存在物;简单物的不可描述性:TLP 第 3.221 节指出,对象只能**被命名**不能被描述:"我只能命名对象。标记代表对象。我只能谈**到**对象,而不能论断它们。一个命题只能描述事物是怎样的,而不能说它们是什么。"也就是说,"对象只能被命名。记号是对象的代表。我只能谈到对象,而不能**用语词说出它们来**。命题只能说事物是**怎样的**,而不能说它们是**什么**"[1]。

三 "中期"维特根斯坦论"实指定义"

(一) 对"实指定义"和"实指解释"区别的澄清

维特根斯坦在 BT 和 PI 中深入分析了"实指定义",他常常交替

---

[1] Hacker M. S. Peter, "Wittgenstein on Ostensive Definition", *Inquiry*, Vol. 18, No. 3, 1975, p. 271.

使用"实指定义"和"实指解释"。根据对 BT 和 PI 的考察和目前阐释者有关争论,本书发现"实指定义"和"实指解释"的内涵存在差别,而维特根斯坦在 BT 中并未关注这个差别,虽然他在 PI 中明确表明它们存在差别。

维特根斯坦在 §43 中谈论道:"而一个名称的意义有时是通过指向它的承担者来说明的。"他认为在某些情况下名称的意义可以通过用手指向它的承担者来得到解释。"用手指"就是指"实指"动作,"实指"是"奥古斯丁语言图像"核心要素,因此显得尤为重要。"实指"有两种理解:一种是在"命名"框架下进行的"实指定义"。在成人教授幼儿学习语言过程中,在假设成人已有一套完整语言系统,而幼儿不具备语言系统前提下,成人为了教会幼儿某些名词从而采取"实指定义"方式来对某些特定事物进行命名的过程。这个过程体现在 PI 第 1 节奥古斯丁回忆他小时候学习语言的场景中。

与此相反的是"实指解释"或"实指描述"。当谈到"实指解释"的时候,具体语境是这样的:假设有两个成年人都熟练掌握了母语,甲方用"实指"动作来对乙方并不熟悉的新鲜事物进行解释或者描述。这种情况既可以发生在同一个言语社团成员之间,也可以发生在跨语言交流过程中。例如,作为加拿大留学的中国学生,我的加拿大朋友为了告诉我什么是"Timbits"(小甜圈),为了更加直观地告诉我这个专有名词的意义,他特意带我去 Tim Hortons 买了一份 Timbits,然后用"实指"方式来解释"Timbits"。在这个过程中,我也就学会了这个词的意义。维特根斯坦在 PI 开头部分常常在讨论"实指",但是必须要清楚他是在何种语境下讨论和使用上述概念的。

目前有关第 43 节两个句子重要性的争论是以它的具体内容为焦点。[①] 第 43 小节包括两方面内容:语词意义在于其在语言中的具体

---

① 有关第 43 小节两个句子的不同理解和争论早在 20 世纪七八十年代的不同阐释者之中就发生过,张锦青最近又把这个问题提了出来。张锦青:《字词意义都是字词使用吗?——维特根斯坦〈哲学研究〉探微》,《武汉大学学报》(人文社会科学版) 2016 年第 3 期。

使用（43a）和语词意义也可以通过"实指"来解释（说明）（43b）。这里要警惕两种背景：如果是在"奥古斯丁语言图像"背景下，语词意义是通过"实指"来"下定义"或"说明"的；如果是在"Timbits"背景下，语词意义是通过"实指"来得到"解释"或"描述"的。维特根斯坦也强调了这个区别：PI第一节所描绘的"奥古斯丁语言图像"是"原始语言形式"：属于第一种背景。在这种背景下只能说语词意义是通过"实指"来"下定义"或者"说明"。这一点在第5节中体现得非常明显："当小孩学习说话时，他们便运用这样的原始的语言形式，这种语言教学绝不是解释，而是一种训练。"只有在说话者和听话者都已掌握了自己母语的情况下，才可以用"实指"来"解释"或描述某个名词。

基于维特根斯坦在PI中的哲学讨论和思考发展路径，维特根斯从第1节对奥古斯丁的讨论再到对不同语言游戏的讨论，逐渐将他对"实指"的思考从第一个背景过渡到第二个背景：从"原始的语言形式"到"Timbits"背景下。这个过渡已表露在第32节中："来到一个陌生国度的人有时会经由当地人给予他的实指解释来学习他们的语言；他常常须猜测这些解释的释义，而且有时他猜对了，有时则猜错了。现在，我认为我们可以说，奥古斯丁是以这样的方式来描述人类语言的学习过程的：好像一个小孩来到一个陌生的国度并且他不理解这个国度的语言；这样就是说，好像他已经有了一个语言。只不过它不是这个语言。或者也可以这样说：好像这个小孩已经能够思维，只是还不能讲话。"（参考Timbits例子）当理解了这个过渡后，维特根斯坦后续有关"实指"的讨论集中在"实指解释"或"实指描述"上，这就是§43b所讨论的情况。

（二）对维特根斯坦在《大打字稿》中有关"实指定义"讨论的考察

根据考察，维特根斯坦对"实指定义"的思考集中在BT第12节和第13节：

第一，维特根斯坦强调要考察语言学习的原初阶段，以此理解语言的意义是如何被学习和理解的。命名过程是考察语言的开端和终结之处。从词源学来说，德语"意义"（Bedeutung）的词源就是"指向"（deuten），这种"原初姿势"被囊括在原初"指式语言"中。实指作为命名过程，它的核心在于实指动作，实指动作把语词和实在联系在一起，语词的意义在实指过程中得到了实现，关键在于具体实指动作，而具体所指的物体要靠指示者本人作出决断。

第二，在"实指解释"过程中，语词意义的"承受者"是核心。"实际上承受者在（语言）符号中扮演了非常特殊的角色，这种角色跟（语言）符号任何其他部分都不同。（规则跟样本并不完全无关联）"① 语词的意义与语词意义的承受者存在区别，维特根斯坦有关意义承受者的讨论属于"实指定义"讨论部分，语词意义的承受者并不是语词的意义。虽然"辰星"和"暮星"的承受者都是金星，但是它们所代表的意义却不相同。语词的意义与承受者区别的核心就是意义与指称的区别。不同语词的指称相同，但是它们的意义却不相同，因为意义取决于语法空间中的位置，指称过程把语言和世界联系在一起。

第三，"实指解释"使得语词和样本建立起联系，但这种联系不是任意的。语言符号有时是任意的，有时又不是任意的："我们当然能够说——例如它②跟我们使用语言的方式很好地吻合起来——我们是通过符号来交流的，不管是用语词还是样本；但是样本不是语词，而且跟同语词相对应的行动游戏跟用样本来行动的游戏是不同的（样本对于样本的使用来说是核心的，语词对语词的使用来说才是核心的）。"③ 用一语词定义另一语词意义的方法跟实指定义有本质区别。

---

① Ludwig Wittgenstein, *The Big Typescripts*：TS 213, Grant Luckhardt and Maximilian Aue, eds. , Oxford：Blackwell Publishing, 2005, p. 46e.

② 维特根斯坦把我们通过实指定义来建立语词的意义跟一个 3D 物体的具体投射方式作类比，来帮助我们更好地理解实指定义过程。

③ Ludwig Wittgenstein, *The Big Typescripts*：TS 213, Grant Luckhardt and Maximilian Aue, eds. , Oxford：Blackwell Publishing, 2005, p. 45e.

第四，命名过程是语词意义的给予过程，即命名仪式。语词的意义通过命名仪式被给予，这些被给予的意义将会在语词的不同使用中具有不同语法。

第五，任何有关书写或口语符号的实指解释不是语言的实际应用，而是属于语言的语法部分。我们对语言的实指解释就是对该语言的一种理解，这种理解就是我们合乎语法地使用该语言的基础。"'这个叫做一棵白菜'是一个实指定义，它属于语法。'把这棵白菜递给我'是语言中的一个句子，它超越了由词语构成的语言，因为它需要指示动作和被指向的物体。"① 实指定义属于语法部分，是对语词将来使用所做的准备和规定。虽然实指过程把语词和现实联系起来，但实指定义不是语词的具体应用。

第六，实指定义可以一劳永逸地完成。维特根斯坦认为实指定义作为对语词意义给予/定义的手段，一旦完成了对语词的实指定义，我们就可以在语言中使用该语词。该语词一旦获得了意义，它在语法空间中就占据了一个位置。不可能对语词重复使用实指定义："它们属于用来为语言运算系统准备的解释仓库中的正常储备，而不是与之有关的临时应用。"②

第七，维特根斯坦反复强调人类总是存在如下思维定式：我们总是对语言进行解释而非简单描述。③ 这种思维定式是错误的，解释视角行不通，对语词意义的解释终归会在某一点上结束。（PI §1 解释终止于某处）不存在无穷解释过程，对语词意义解释的终结之处就是人性。

第八，理解语词的意义有不同标准。我们可以通过对语词的指称进行辨别、可以通过对语词进行翻译、可以通过例示、可以通过实指来尝试对语词的意义进行理解，维特根斯坦认为前两者是错误

---

① Ludwig Wittgenstein, *The Big Typescripts*: *TS 213*, Grant Luckhardt and Maximilian Aue, eds., Oxford: Blackwell Publishing, 2005, p. 38e.

② Ibid., p. 39e.

③ Ibid., p. 49e.

的，他倾向于通过例示方法来理解语词的意义。维特根斯坦运用了颜色图表（在 PI 中是颜色体）作为例示来考察语词意义的理解过程：颜色图表表明颜色有不同排列组合，这样就导致我们对颜色图表有不同理解。颜色图表也有规律性，这种规律性会导致我们对颜色图表产生不同理解。图表具有的规律性对于图表的理解过程来说存在缺陷：实指定义是一劳永逸地完成的，图表则不是。"借助于不同的应用，我在图表内部建立了新的联系。这种联系在图表中不是一劳永逸地被设定的。"①

第九，实指解释跟数学等式有重要区别。这种区别不是外部形式的，而是内部逻辑运作机制的。"有关一个名称的实指解释跟某个类似 '1 + 1 = 2' 的数学等式（因为一个符号包括我用手所作的手势，另外一个等式是某个口头或书写的符号）之间的区别不仅仅是外部的，还有它和后者存在逻辑上的区别。这好比把一个单词指派给一个样本的定义，跟用一个语词来定义另一个语词之间是不同的。前者以不同方式使用。"②

最后，维特根斯坦在对实指定义和图表区别的讨论过程中反思了 TLP 中的逻辑原子主义中有关原子命题的预设。"我有关这个图表的陈述是哪种类型的呢：'它并没有迫使我把这个图表进行如此这般的使用？'而且'这种使用并不是通过规则（或图表？）来预设的？'这非常像如下说法：'既然它只中止了问题，那你所预设的创世者还有什么好处呢？'这个评论也许强调了我之前并没有关注到的有关我的解释方面。我们还可以说：'从这个方式来考察你的解释！'——你还对此感到满意吗？"③ 也就是说，TLP 的逻辑原子主义预设了复合命题由原子命题构成。世界是由事实而非事物构成，对原子命题的预设好比某个创世者，它只是把我们对世界构造物的解释终结于

---

① Ludwig Wittgenstein, *The Big Typescripts*: *TS* 213, Grant Luckhardt and Maximilian Aue, eds., Oxford: Blackwell Publishing, 2005, p. 47e.

② Ibid., p. 46e.

③ Ibid., p. 47e.

原子命题。这种预设并没有禁止我们用别的视角来看待世界。假如从解释视角过渡到描述视角，那么，维特根斯坦或许就对他在 TLP 中的逻辑原子主义不再满意了。这也是导致"中期"维特根斯坦哲学转变的重要因素。

（三）对维特根斯坦在《哲学研究》中有关"实指定义"讨论的考察

维特根斯坦在 PI 中对他早期哲学的批判工作体现在该书前 137 节。① 维特根斯坦以"奥古斯丁语言图像"为起点，从语言的意义、使用、学习多角度反驳 TLP 中的思想，主要反驳了以下论点：指称主义、意义决定性、逻辑分析观点、意义二重性、本质主义以及通过意谓来表达意义。

维特根斯坦同时在做两件事：一是反驳 TLP 中的上述论点；二是尝试提出解决问题的方法以及引出他在 PI 中的主要任务和哲学视角。由于这两个工作同时进行以及有关小节互相重叠交织，导致了他的思想很难被理解。维特根斯坦在 PI 前 88 节从不同角度考察了"奥古斯丁语言图像"，并对得出的观点逐一分析和反驳。为什么"实指定义"是"奥古斯丁语言图像"的核心？它具有哪些重要性？"实指定义"存在着哪些问题？

1. 维特根斯坦在 PI 中对"实指定义"思考的具体分析

第一，"实指定义"预设了存在着对语言的终极分析方法。这种终极分析思路就像语言中的语句是由语词排列组合所构造的，终极分析的结果预示着"简单物"的存在，这是基于逻辑原子主义的理论预设：简单物与语言终极分析的结果，即单个语词之间存在一一对应关系。词与物的关联正是靠实指定义来实现的。首先，维特根斯坦在 TLP 中尝试了终极分析方法，他在那里主要基于弗雷格、罗素所取得的成果来实施他对世界的构建。在"逻辑原子主义"结构

---

① Schroeder Severin, *Wittgenstein: The Way out of the Fly-Bottle*, MA: Polity Press, 2006, p. 127.

中名称是最简单符号，是世界构成元素及绝对简单对象之一。"在命题中，名称代表对象。"（TLP：3.22）"简单对象永远存在，而且必然存在。因为它们是在逻辑原则之下的，因此，对象名称总是有所指称。这种名称才是真正的名称。"① 维特根斯坦认为，这种观点在实际语言学习过程中仍存在。当幼儿最初学习语言时，我们总是假定他先学会了单个语词，然后学会单个语词组成的词组，最后学会完整的句子。另外，在日常语言中如果承认了这种终极分析的存在，那么，通过这种分析所得到的结果就是单个语词，语句由单个语词组成。在逻辑分析中存在着"原子事实"，在语言中存在着单个语词，原子事实和单个语词通过实指建立联系。"在语言的这一图画中，我们找到了下面这种观念的根源：每个词都有一个意义。这一意义与该词相关联。词所代表的乃是对象。"（PI§1）

　　第二，"实指定义"混淆了"简单物"和"样本"，从而导致对专名和通名的误解。在第48节中维特根斯坦列举了语词与颜色的关系，他在这里所列举的例子是根植于第46节苏格拉底在对话录中所表达的观点："苏格拉底在泰阿泰德篇中说：'如果我没有弄错的话，我曾听到有人说过：对我们以及其他一切事物均借以构成的**原始要素**——姑且这样称呼它们——是没有说明的；因为对自在自为存在的事物我们只能加以命名，而不可能对其做出任何特别的规定：既不能说它**是**……也不能说它**不是**……但是对自在自为存在的东西人们必须在没有任何其他规定的情况下加以命名。因此，对任何一个原始要素都不可能做出说明；对于它来说，除了单单一个名称以外，什么也不可能有；它的名称就是它所包含的一切。但是，正如同由这些原始要素所构成的东西本身是复合的，所以这些要素的名称结合在一起就成了说明性的言语。因为言语的本质就是名称的集合。'无论是罗素的'个体'还是我的'对象'（《逻辑哲学论》）都是这样的原始要素。"（PI§46）"原始要素"指原始不可分的简单物，

---

① 韩林合：《〈逻辑哲学论〉研究》，商务印书馆2007年版，第475页。

是构成其他复合物的基本要素。就像苏格拉底所言，我们只能对其加以命名不能做其他任何规定。罗素在他的"逻辑原子主义"中认为，像"这"和"那"就是所谓的"原始要素"。在 TLP 中维特根斯坦认为"命题有一个并且只有一个彻底的分析"。(TLP 3.25) 这个完全分析的最终结果就是名字："名称不能用任何定义来做进一步的分析。名称是一种初始标记。"(TLP 3.26) TLP 认为名称是初始符号，它只能被命名而不能做任何规定。"简单物"是逻辑预设，不具有现实意义。"样本"是对日常语言而言，"简单物"是对逻辑而言。

当老师用"实指定义"教给幼儿单词"橘子"时，他用手指向放在桌上的橘子，将幼儿目光集中于橘子上面，同时开口说出"橘子"，幼儿就学会了语词"橘子"。但桌上那个具体橘子是被当作"样本"使用的，并不是说"橘子"就是指这个橘子。教学有两个目的：教会幼儿认识到单词"橘子"就是指桌子上那个东西；桌子上那个东西只是其中一个橘子而已，以后幼儿遇到和这个样本相同的物体之后会说这是"橘子"。

"实指定义"只能达到第一个目的。因为"实指定义"只是对语词将来的使用所做的准备。在这里语词"橘子"是通名，不是专名。在实指定义中，幼儿能知道这种语法的差别吗？专名和通名最大的区别就是专名具有任意性，如人名。"一个名词的再次使用显然不是任意的。"① 实指定义需要对其具体运用场景的设定，它根本就不是用一个语词来定义另一个语词（语言学意义上的定义）。因为语言学定义是用某种已知较为简单的概念来表述复杂的概念，实指定义则假设幼儿还没有一套完整的语言系统。"实指定义"并不是关于意义的解释，而是训练。在 PI 第 4 节到第 6 节中，维特根斯坦反驳实指定义是某种意义解释的观点：语言实指教学是命名的训练过程，并不是意义的解释。当人们仔细观察买东西的例子时，这里产生了

---

① Rundle Nede, *Wittgenstein and Contemporary Philosophy of Language*, Oxford: Basil Blackwell, 1990, p. 25.

一层迷雾。在幼儿最初学习语言过程中，"实指定义"不是教给幼儿该语词的意义，而是对该语词的用法训练。语词的解释和训练不同，只有小孩接受了训练并且学会合适地运用该语词，我们才认为他掌握并理解了该语词的意义。

第三，"实指定义"是神秘的命名过程。命名过程在奥古斯丁那里是"语言—思维同构论"，是实指定义的核心论据。"再说一遍——命名就如同给一样东西贴上标签。人们可以说，这是为使用语词做准备。但是，**什么**是为之作准备的东西呢？"（PI § 26）命名过程预设了某种叫"谈论事物"东西的存在，这是迷信，命名过程根本不存在此事。但在学习语言过程中，我们确实被教育出来提出"这个叫做什么？"的思维定式，接着命名行为就发生了。我们好像为面前的事物发明了一个名称。"儿童就是以这样的方式给他们的布娃娃起名字，然后谈论它们并且同它们谈话的。想想看，在这种情况下，用人的名字来**称呼**被命名者是多么独特！"（PI § 27）不同事物在世界中是不同的，它们都拥有某种语言形式，这种语言形式在语言系统中由于其表面形式的齐一性而容易混淆。

第四，公共意义的"实指定义"和"私人实指定义"（心理实指定义）存在区别。前者是维特根斯坦在 PI 开头的考察对象；而"私人实指定义"则引入了维特根斯坦对私人语言的考察。"公共实指定义"和"私人实指定义"都蕴含矛盾："公共实指定义"会导致行为主义矛盾，"私人实指定义"会导致现象主义矛盾。[①]

第五，对"实指定义"的误解和误用是造成某些哲学混乱的根源。不同词类有不同用法，它们表面看似一致，但在具体运用中却具有明显差异。命名和描述不处于同一层面：命名是对描述的准备。命名根本不是语言游戏中的任何步骤，名称只有在命题中才具有意义。命名被看成玄妙过程，就好像是语词和对象奇特结合。"而且当

---

① Whiteley C. H. , "Meaning and Ostensive Definition", *Mind*, Vol. 65, 1956, p. 333.

哲学家盯着他面前的对象并且多次地重复一个名称或者甚至只重复'这'这个词，企图以此来揭示名称和事物之间的**这种**关系时，哲学问题就产生了。"（PI §38）维特根斯坦形象地描述了哲学家在思考命名时的情景，语词与对象结合并非是奇特的。传统哲学家，包括奥古斯丁和早期维特根斯坦就持有这种观点。如果哲学家坚持己见，势必会产生哲学问题。"因为，当语言**休假**时，哲学问题就产生了。"（PI §38）维特根斯坦认为，正是哲学家对实指定义的传统态度才导致了哲学混淆的产生。

2. 维特根斯坦对"实指定义"存在的问题所提出的修正

基于考察，维特根斯坦发现了实指定义存在的种种问题。针对这些问题，他从语言具体使用的考察出发，提出了许多修正意见：

第一，在对日常语言意义的解释中不存在终极分析路径。对于语词意义的分析必须止于某一点，对于语词意义的描述则始于这一点。实指定义是最初学习语言的场景，这个场景不仅包括说话者和听话者的言语交流，最重要的是含有语言游戏发生的具体语境以及说话者身体姿态和眼神等非语言因素，这些非语言因素对语言的教与学、对正常使用语言至关重要。维特根斯坦认为我们必须要转变看待问题的方式：要从解释转变为描述。哲学家关注语词意义，总习惯问某个词意义是什么，这种思维方式是受到了20世纪科学思维的影响所致。科学家通过实验来对某个理论进行验证，这种验证就是解释。维特根斯坦所表达的就是反对将哲学科学化，反对将科学方法引入哲学中来，只有通过对语言的具体考察才能描述语言意义。

第二，"实指定义"不是对语言意义的解释，语词意义在于其在语言中的运用，语词的不同意义在于其在不同语言游戏中的不同用法。维特根斯坦认为"实指定义"并没有直接赋予语词意义，对意义的理解是基于语词用法，他在 PI 第12节进行了例证：在机车驾驶台里不同操作手柄直观上似乎相似，但是它们在功能上不一样。就好比句子成分，语句是由语词构成。它们表面上看起来相似，但是它们在语句中的功能却千差万别。维特根斯坦反复强调，不要问意义，而要问用法。语词意义只有在语句具体使用中才能把握。"一个词只有作为语句的一部分才有意义。"（PI §49）"至于他如何'理解'这个定义，则可以从他对被说明的词的使用方式中看出。"（PI §29）

第三，"实指定义"只是种简单的语言游戏，对语词意义把握需要以语言游戏的多角度性为前提。维特根斯坦所谓的"意义在于使用"本质是要考察语言的具体使用，这些多样的具体使用就是语言游戏。维特根斯坦在 PI 中引用了多种语言游戏例子，包括买东西、建筑工人之间传递石块以及颜色多面体等。所谓"语言游戏"是一种简单和初级的使用语言符号的活动形式（原始语言形式），是幼儿借以开始使用语言符号的那些形式，或者就是原始语言。语言游戏的最终目的是为了揭示语言本质，以澄清语言与思想、语言与实在的关联。"维特根斯坦反复强调，他提出语言游戏概念的初衷就是为了弄清楚语言实际所起作用的方式。"① 语言游戏多样性就是语言具有多重意义的原因所在，语言游戏是语言（语言符号的使用）和与其交织在一起的活动所构成的整体，这个整体在 PI 中就是所谓的"生活形式"，语言游戏多样性源于人类"生活形式"的多样性。

四　魏斯曼对"中期"维特根斯坦有关"实指定义"思考的阐释

（一）魏斯曼阐释工作的前提和基础

魏斯曼对"实指定义"的阐释体现在 PLP 中，他在第二部分中对"实指定义"进行了考察。魏斯曼在第一部分中论述了哲学问题的本质和解决方法，列举了 5 个传统哲学争论作为例证，同时提出

---

① 韩林合：《维特根斯坦〈哲学研究〉解读》（上册），商务印书馆 2010 年版，第 443 页。

了解决方法，包括记忆可信性问题①；同一性问题②；真理无时间性本质③；对语法规则的论证④；奥古斯丁有关时间测量可能性思考⑤。魏斯曼认为从弗雷格、罗素以及维特根斯坦发展而来的逻辑分析方法，对于解决传统哲学争论有重要的作用："只有当我们没有看到语言是如何工作的时候，这些问题才会打扰我们；如果我们认为我们在讨论有关事实问题，那么，这个时候我们只会被语言形式特殊样式给误导。这个危险就是，我们会被无数种有关语言的类比、隐喻和比喻误导。而且就算我们总是保持警惕，我们也会断断续续地被某个语言陷阱所俘获。"⑥

魏斯曼认为许多哲学误解和争论的根源是我们受到了语言表面形式的诱导，解决误解的方法在于分析："分析的方法带领我们到达某个观点，即问题自身源自于误解；借助于给我们的语词赋予意义，以及语词以这种方式在语言中如此清楚地结合起来，我们就不再感到被驱使去提问题。它把我们从这些问题中解放出来。"⑦ 当我们采取分析方法对语言进行仔细考察，我们就会清楚理解语词意义以及它们所组成的语句的意义。当我们了解某个哲学问题的具体意义时，就不再提出更多哲学问题了："看起来使某个问题具有特殊的哲学意味，并不在于它的具体主题方面，而在于它被提出的方式；在于当我们尝试对这些问题进行解决的时候，我们的研究被迫前进的方向。"⑧ 魏斯曼认为一致性不能成为哲学问题与其他问题相异的原因，哲学研究目的是尝试获得某种对原有哲学问题的新理解和新认

---

① Waismann Fredrich, *The Principle of Linguistic Philosophy*, Harre Rom, ed., Glasgow: The University Press, 1965, p. 15.

② Ibid. .

③ Ibid. , p. 27.

④ Ibid. , p. 34.

⑤ Ibid. , p. 40.

⑥ Ibid. , p. 4.

⑦ Ibid. , p. 5.

⑧ Ibid. , p. 6.

识以及明晰性的追求。魏斯曼通过对 "芝诺悖论" 的论述，认为我们应该对传统哲学悖论中的具体语词进行分析，通过这种方式我们就能将这些悖论 "消解"："一旦我们清楚了解表达式 '级数' '总和' '加' 以及 '同时' 是如何被使用时候，所有使人煎熬的问题就会消失。"①

什么是对语词的意义的分析？它包括哪些要素？"分析除了给予某个特殊符号具体用法之外别无其他——例如运算无限级数的规则、对于不同地方所发生的事件的同时性的定义、对于词项 '全部' 的使用逻辑规则。"② 这些规则被称为语言的语法。魏斯曼认为对语词意义分析要求我们转向对语言的语法分析，对语法的分析将会取得重要成果："借助于规则的建立，混淆被驱除了；最终，混淆被认为是对规则的混淆。"③ 魏斯曼在 PLP 中运用的具体方法就是对语词意义的分析，这种分析是建立在逻辑基础之上的。具体分析工作就是对语词语法的分析，基于这一前提，魏斯曼逐渐过渡到第二部分有关哲学语法的思考，"实指定义" 正是在这部分中才得到考察。

（二）魏斯曼在《语言学哲学原理》中对 "实指定义" 的具体阐释

第一，并不是所有词语的意义都能够用 "实指定义" 来传达。对魏斯曼而言，"奥古斯丁语言图像" 的核心论点是 "实指定义"，他与维特根斯坦的观点一致。魏斯曼在讨论有关语言学习过程中引入了奥古斯丁有关语言的思考，认为像 "这是杰克" 中的 "杰克" 可以通过实指定义来传递。"但是像语词 '是的' 和 '不是'、'能否' 和 '或许'、'真的' 和 '假的'、'如何' 和 '为什么' 这些词怎么办呢？很明显这些语词是以不同方式被解释或教授。"④ 和维

---

①　Waismann Fredrich, *The Principle of Linguistic Philosophy*, Harre Rom, ed., Glasgow: The University Press, 1965, p. 13.

②　Ibid. .

③　Ibid. .

④　Ibid. , p. 94.

特根斯坦相似，魏斯曼也认为实指定义有局限性，只有部分语词可以用实指定义。"小孩子不是通过实指定义方法来学会我们语言中所有语词。"① 紧接着魏斯曼引用了维特根斯坦在 PI 第 2、8、10 节中的思想，认为维特根斯谈到的原始语言学习图像具有重要作用，这种原始的语言学习图像就是"奥古斯丁语言图像"。

魏斯曼以维特根斯坦的建筑工人传递石块例子为基础，将其扩展为四个例子。在第二个例子中，当建筑工人问"什么是立体的"？建筑工人给出具体立体石块不是对这个概念的定义，而是对语词的解释。第三个例子："我们可以将这个游戏进行扩展，并引入语词'这里'和'那里'。"② 对于这两个新语词的理解只能靠我们用手指向某个具体地方。对于魏斯曼而言，实指定义需要将语言和附带身体动作结合起来才能完整表达出某个命令的意思，"只有命令而没有动作会是不完整的"③。在第四个例子中，魏斯曼把数字加入命令中，认为当我们在语言游戏中增添新成分时，我们的研究方向就被改变了："当引入我们所认真学到的数字的时候，我们朝着新的方向迈进了一步。"④

第二，"实指定义"需要考虑语言与世界的关系，也要考虑语境相关因素。"实指定义"只是语言表达过程中的一个层次，而语言表达、学习和交流是个多层次体系。在 PLP 第二部分引言第五节到第六节中，魏斯曼专门讨论了实指定义，他把对实指定义的讨论分为六步展开：魏斯曼从对简单名词的实指定义开始，例如"苹果"；然后过渡到"一英尺"的实指；在第三步中，考虑了在实指定义中说话人的不同语调对整个过程的影响；接着在第四步中考虑了数字的实指；在第五步中引入了对于否定概念实指的可能性；最后，魏斯

---

① Waismann Fredrich, *The Principle of Linguistic Philosophy*, Harre Rom, ed., Glasgow: The University Press, 1965, p. 94.

② Ibid., p. 95.

③ Ibid..

④ Ibid., p. 96.

曼对于像逻辑符号"和""或"等的实指。这六种情况囊括了有关实指定义所有可能情况,"在每个事例中,说话者的态度和姿态进入到当中"①。在实指定义过程中,不仅要考虑语言与外界事物之间关系,同时也要考虑说话者个人因素,例如语调和姿态,因为这些因素影响整个定义过程。

第三,"实指定义"中具体的"实指动作"在语言中并不具有必然性,它可以用其他方式代替。在第六节中魏斯曼问道:"在日常语言中必须有实指定义存在吗?"② 魏斯曼的目的是要寻求实指动作在实指定义中所扮演角色及其重要性。魏斯曼通过三个例子来反驳"实指定义"存在的必然性:在第一个例子中,魏斯曼设想在一个完全用书写符号所构建的语言中,石块和在纸上所描绘的石块图像符号联系的建立不是靠实指定义,而是靠符号与石块相对空间关系。"因此在这个例子中,符号和图像的罗列在实指定义中代替了手势。在这个例子中我们仍然可以使用'实指定义'……当然,它的意思就会大不相同了。"③ 在第三个例子中,魏斯曼设想了一种由姿势构造的语言。对于这种语言,假如某个人要吃苹果,他首先用手指向苹果,然后做出吃苹果的动作,在这个过程中存在着某种与实指定义相关的东西吗?显然不存在。因为这里的动作并不是用来解释某个意义的:"它不是对某个表达式的准备,它是这个表达式的一部分。"④ 最后,魏斯曼认为:"正如我们已经解释的那样,'实指定义'是某个特殊种类语言的特性,不是对每种语言而言。"⑤

第四,"实指定义"预设了某种内在存在物("意义体"),这是哲学问题的根源。"我们给自己设定图像。在这种图像里面,语词与

---

① Waismann Fredrich, *The Principle of Linguistic Philosophy*, Harre Rom, ed., Glasgow: The University Press, 1965, p. 105.

② Ibid. , p. 107.

③ Ibid. , p. 108.

④ Ibid. .

⑤ Ibid. .

它所意味的东西存在着心理学关系；然后我们开始把自己搞糊涂，我们开始思考心灵是如何能够有这种神秘能力来完成那些死板的机械不能够完成的任务，比如说意谓某个事物。"① 这种内在存在物是有关语言意义的主要假定，它由"实指定义"所预设的图像造成："在这种语言图像中我们发现了这个观点的根源：每个词都有一个意义。这个意义与语词相协调。它就是语词代表的客体。"② 我们通过实指定义假定了语词终极存在物，通过实指动作建立了语词与这个存在物的关联，这种关联从本质上是心理主义："本质主义误导我们去寻求某种实体。"③ 心理主义导致某种"心理图像"的出现。"实指定义"将语词意义与心理图像结合起来。如果大家都有自己的心理图像，那么语词就没有公共意义。心理图像的出现又会导致"私人语言"的预设。魏斯曼分析了我们断言意义就是图像的两个缘由：大部分情况下一个图像的出现就是理解的证明；这些图像看起来经常在我们使用语言的时候给予指导，例如在完成一个命令动作的时候。④

　　第五，"实指定义"概念本身具有不确定性。名词自身具有浮动边界。魏斯曼在此对不同名词及名词命名过程采取"综览"：在语言中包含有不同种类名词，包括特殊名词、轮船名字以及地理名词等。"这些名词不再代表存在于某个特殊地点的单个物体，但是它代表一类物体。如果我们被问是什么使得我们把'名词'意义延伸到那里，我们不会为之寻找答案。"⑤ 这些名词的意义与它所代表物体的联系是通过"实指定义"建立。"实指定义"并不能对这么多种类的名词进行区分，因为"实指定义"的观点本身在某种程度上说就是模

　　① Waismann Fredrich, *The Principle of Linguistic Philosophy*, Harre Rom, ed., Glasgow：The University Press, 1965, p. 154.

　　② Ibid., p. 153.

　　③ Ibid., p. 197.

　　④ Ibid., p. 160.

　　⑤ Ibid., p. 195.

糊的……因此，一个名词的观念就有相对应的模糊边界。我们应该把这些语词，例如"2""3""两者都""或者"叫做名词吗？我们看到了某种不确定性因素进入了这个概念。① "实指定义"不确定性是因为语词意义本身是不确定的。

第六，命名只为语词使用做准备。"实指定义"只是解释部分而非全部。魏斯曼在谈到物理客体名词时候，认为有些物理客体没有名称。"物体的命名部分地说是为了表达某种特别兴趣的关注。只有最大的、最高价值的钻石才有名字。"② 物体名字怎么和物体本身相联系呢？"它们也许以许多方式相联系；名字也许被铭刻在物体上，或是写在物体下面，或是用标签贴在物体上；街道的名字等等。"③ 名词可以有许多种用法，对于这些具体用法的解释属于我们所说话的与学习相关的游戏。我们通过"实指定义"来学习某个语词，而这种学习过程就是最简单的语言游戏。

在这种语言游戏中，老师命令学生使用某个名词的过程就是训练过程。"单独命名是为了给语词使用做准备。如果我只知道某个物体被叫做什么，那么关于这个名词在语言中的位置我就知道得很少。"④ 接着魏斯曼列举了哲学界中有关金星是晨星还是暮星的争论。"这个例子给我们展示了语词'金星'和'暮星'以不同方式被使用，尽管它们被用来代表相同客体。因此语词与它的客体的联系对于语词在语言中位置起不到任何决定作用。实指定义只是对语词的部分而非全部解释。"⑤ 不管我们把金星称为"暮星"还是"晨星"，不同称呼（命名）表明了它们的不同使用方式，但是它们所表达的都是同一物体。虽然存在着这么多不同命名（实指定义），它们却不能决定语词在语言中的位置，它们所起到的语法功能不能通

---

① Waismann Fredrich, *The Principle of Linguistic Philosophy*, Harre Rom, ed., Glasgow: The University Press, 1965, p. 195.

② Ibid., p. 198.

③ Ibid., p. 199.

④ Ibid..

⑤ Ibid., p. 200.

过不同实指定义实现。

最后，魏斯曼理解和分析了"实指定义"。首先，"实指定义"在幼儿学习语言过程中会导致心理存在物假定。在实指定义过程中，我们总是认为这个过程缺少了点什么东西："我们感到在这个解释中缺少了某些东西；我们觉得这种东西是基本的、不清楚的，而且我们认为从这种晦涩物中我们会对实指定义进行某种程度的发展。这就是某个倾向，我们说儿童不能很好地理解他在做什么。"① 魏斯曼详细探讨了有关"心理动作"概念。其次，实指定义只为语词将来的使用做准备。对于"$2+2=4$"这种数学等式，我们是从大量实际例子中获得了它的意义。"我们会关注符号不同种类的用法；不可能只给出一个答案，而是许多答案。而且这种答案多元性与符号'='（等号）的意义相联系，同时也和它的理解相关。"② 最后，魏斯曼基于两个具体例子考察了"实指定义"。假设有一个英国人和一个日本人，当他们在对相同语词进行"实指定义"时，"实指定义"给他们分别带来不同效果。"在这两个例子中实指定义被放到了不同语境中，而且就是这些不同语境给予语词以不同意义，而不是他们在被给予'实指定义'的时候心里所发生的事件。意义就是围绕着实指定义的整个雾气，是笼罩在语词、姿态、规则、变化以及使用过程中的雾气，它是个老问题：我们以某种模糊方式来意识到这种雾气，而且把它看作某种'以太物'在可见实指定义过程中流溢出的那种叫做'意义'的东西；我们假设我们'看见'它们的时候，这就是理解中的心理过程。"③ 魏斯曼通过比喻向我们展现了有关"实指定义"中所假定的心理过程的存在：我们总认为存在着某种像"意义"的东西，它笼罩在整个语词、整个"实指定义"过程中。我们说我们理解了某个语词时候，就是我们意识到这种雾气的时候。

---

① Waismann Fredrich, *The Principle of Linguistic Philosophy*, Harre Rom, ed., Glasgow: The University Press, 1965, p. 217.

② Ibid., p. 218.

③ Ibid., p. 220.

（三）魏斯曼在《语言学哲学原理》中对"实指定义"具体问题所提出的修正

第一，语言学习可以分成不同阶段。整个学习过程是从简单阶段到复杂阶段的递进，语言本身也分为不同层次。魏斯曼之所以把他对"实指定义"的分析分为六个步骤进行，目的是要表达他的"语言层次"观念：语言分为不同层次，就像学习语言也分为不同阶段。实指定义随着语言的丰富而逐渐变得复杂："语言学习是阶段性获得的。第一步包括学习使用表达式，例如'立方体''圆柱''白色''红色''1''2''3'。第二阶段学习二阶概念，像'形状''颜色''数字'，而这些语词是由已经学习到的语词进行解释。到了第三阶段，这些二阶概念被用来缩短实指定义过程，而且也用来防止被误解。"[1] 我们最初通过实指定义学会基本语词，这里指维特根斯坦的原初语言或简单物；然后我们借助于这些简单概念逐渐掌握了更复杂概念，即二阶概念，就这样我们借助于已学到的语言以及"实指定义"方法不断学习更加复杂概念。"有人或许在这里会认为这是一个概念的不同层次。但不同秩序的层次的概念有时也会模糊不清。"[2] 语言概念可以分为不同层次，不同层次先后次序并不具有严格分界线。

第二，询问"语词意义是什么？"是对"实指定义"的误解。我们必须从语词实际使用来理解语词意义。"如果你想知道某个语词意义是什么，那就瞧瞧它是如何被使用的。"[3] 魏斯曼认为的语词意义就是语词具体使用的观点是源于 PI 第 43 节，他在脚注中给出了说明。他还对语词意义和有关心理图像预设的观点也作了补充：语词意义不是任何可以用图示来表明的，必须严格区分"类型"和

---

[1]　Waismann Fredrich, *The Principle of Linguistic Philosophy*, Harre Rom, ed., Glasgow: The University Press, 1965, p. 106.

[2]　Ibid. .

[3]　Ibid. , p. 156.

"个例"。语词意义是一个"类型"（type），不同人对相同语词的不同理解则是这个语词的"个例"（token）。

第三，语词意义可以从不同角度显示。"对于像'什么是文化？'这样的问题，从某个角度来说与问题'什么是热度？'相似。这个问题可以以两种方式理解：如果它是有关语词'热度'的意义，那就可以用这个语词的具体使用来作为回答，但是它也可以意谓'热度的物理本质是什么？'这个问题的答案是'分子的不规则运动'，这不是定义而是条科学信息。"① 我们要从不同角度来理解语词意义，将语词的物理意义和语词在语言中的意义区别开来。

第四，为了使"实指定义"将语词意义完整地呈现出来，要加入更多规则。从语言游戏角度看，实指定义只是最简单的游戏。老师要用实指定义完整地将某个单词意义教授给学生，除了用手指着某个物体并且说出某个单词，还需要其他身体动作和对整个语境的理解，包括老师的眼神、学生的注意力以及所指空间位置等。对于颜色、某些抽象语词而言，还需要加入更多规则来呈现出语词的完整意义。

第五，必须从"综览"角度对待哲学问题。魏斯曼认为哲学家的任务只是对现象进行描述而不做主观见解，对于"实指定义"所存在问题的解决靠哲学家本人决断。魏斯曼对"实指定义"的考察是基于他的"新哲学"，这种新哲学就是更加全面地对哲学问题进行综览式考察，他在 HISP 一文中系统地表述了他的"新哲学"，这些思想在 PLP 中也有体现。（请参阅第五章第四节）

五 "中期"维特根斯坦和魏斯曼有关"实指定义"观点的对比

维特根斯坦和魏斯曼从不同角度批判了"实指定义"，并针对这些不足提出了相应的补充。虽然魏斯曼哲学原创性曾遭到不同程度

---

① Waismann Fredrich, *The Principle of Linguistic Philosophy*, Harre Rom, ed., Glasgow: The University Press, 1965, p. 162.

的质疑，从魏斯曼的著作中也能发现维特根斯坦思想足迹。魏斯曼的思想很大程度上是受到了维特根斯坦的启发，但不可否认魏斯曼也有自己独到的见解。

1. 两者观点的相同之处

维特根斯坦和魏斯曼对"实指定义"哲学思考的相同之处在于他们都发现了"实指定义"存在着许多类似问题，包括四方面：第一，魏斯曼对"实指定义"的思想源于维特根斯坦，这也说明为什么他们两者在对"实指定义"分析存在着诸多相同之处。有理由推测在魏斯曼的 PLP 中有关"实指定义"思考曾是他们合作讨论重要内容之一。维特根斯坦给出了他的有关想法，魏斯曼对这些想法进行梳理，把这些零散想法整理并连贯表达出来。魏斯曼基于维特根斯坦想法，对这些哲学观点进行了自己的理解和拓展。

第二，他们都认为"实指定义"预设了某种"语言——思想同构论"。他们都认为命名是神秘过程，类似于某种心理过程。对维特根斯坦而言，实指定义预设了某种"心理存在物"；对魏斯曼而言，实指定义假设了某种"心理图像"的存在。他们都认为"实指定义"是非常狭隘的学习语词的方法。对维特根斯坦而言，"实指定义"是种原初学习语言方式，是最简单的语言游戏。语言包括不同种类的语词，需要不同语言游戏来配合才能更好显示语词的意义。

第三，他们都认为语词的意义在于其在不同语言游戏中的运用。这一点主要是维特根斯坦的想法，魏斯曼只是运用了他的想法。

第四，他们都认为"实指定义"只是对语词将来运用所作的准备，实指定义并没有对语词赋予任何意义，因为实指定义还没有表明语词在语言中具体位置。

2. 两者观点的差异

虽然维特根斯坦和魏斯曼都对"实指定义"不足之处有大体相同看法，但对于提出具体的解决方法却存在着许多不同：首先，维特根斯坦认为"实指定义"必须要以语言游戏多样性为基础。根据日常语法，语词可以分为不同类别。如果我们要用实指定义来表示这些不同种类语词的意义，我们就要依靠不同语言游戏。对维特根斯坦而言，不同语言游戏又需要以不同的生活形式作基础。生活形式多样性为语言游戏多样性提供了可能，同时也为语词理解提供了可能。魏斯曼提出了他的"语言层次"：语言分为不同层次，高一级层次是从低级层次发展而来的，"语言层次"的显著特点就是"开放质地"，正是由于这种"开放质地"，我们才能不断吸收语词的新意义，从而不断丰富和发展我们的语言。

其次，维特根斯坦认为语词意义就是其在不同语言游戏中的用法。魏斯曼当然同意维特根斯坦，对此也作了一些批判和补充。魏斯曼认为如果要严格贯彻维特根斯坦有关意义使用论，我们会遇到困难。"例如，我们会说一个人的昵称和他的通常称呼有不同意义吗？如果我们回答'是'，其他问题就出现了。"[1] 的确，一个人的昵称和他通常的称呼是不同的，但是不能说这个昵称和这个通常称呼就具有不同意义，我们对所使用名词的具体用法要更加仔细地考察。"答案是只有某个语词用法是由规则来操作的时候，我们才会关注某个语词具体使用方式。"[2] 魏斯曼认为"对某个名称的使用"这个表达式是带有歧义的，当我们说"语词的意义在于其在不同语言游戏中的使用"的时候，我们必须还要补充一个前提：这种语言游戏是合乎某个规则的。换句话说，只有当某个语词被合乎语言规则（语法）地使用时，我们才说这种使用是语词的意义。

再次，维特根斯坦认为实指定义有两种类型：常规实指定义（公共）和私人实指定义，包括私人感觉和内心感受。私人实指定义会导致私人语言的产生，维特根斯坦坚决否认私人语言的存在。魏斯曼虽然认为实指定义会导致某种心理图像的存在，但他并没有像

---

① Waismann Fredrich, *The Principle of Linguistic Philosophy*, Harre Rom, ed., Glasgow：The University Press, 1965, p. 213.

② Ibid. .

维特根斯坦那样思考有关私人语言问题。维特根斯坦在这点上要比魏斯曼走得更远、思考得更加透彻。

复次，维特根斯坦提出不同语言游戏的共同之处在于家族象似性，家族象似性表明维特根斯坦倾向于对语言游戏共性的观照。对魏斯曼而言，他认为实指定义本身具有模糊的边界，认为不同语词之间存在模糊边界。魏斯曼强调的是语言游戏间的模糊性，他并没有像维特根斯坦那样强调它们的共性。

最后，维特根斯坦对"实指定义"的批判，以及提供补充相关哲学观点的表述是凌乱且闪烁其词的。从对维特根斯坦有关"实指定义"具体分析中可以发现他的有关论述散见于 PI 前 88 节，该书前言也证明维特根斯坦并没有有效通顺地把这些思想梳理和表达出来。他表明："我曾经多次试图把我的这些成果融为一个整体，但均遭失败，以后我认识到这一点是永远做不到的。我能写出的最佳之作始终只不过是一些哲学评论。"（PI 序言）维特根斯坦一方面宣称他的观点的发展是自然的——从一个论题到另一个论题；另一方面又宣称对梳理自己的思想无能为力。PI 写作方式本来就蕴含着矛盾，这无疑是摆在阐释者面前的最大障碍。如何才能理解维特根斯坦在 PI 中哲学观点，"自然"的衔接方式是非常重要的问题，这点也是 PI 的一大遗憾。

维特根斯坦列举了大量语言游戏和生活的实际例子，他的目的难道就是简单地为了表明"语词意义在于其在不同游戏中的具体运用"吗？另外，维特根斯坦在对"实指定义"做了相关评论后，却并没有明确表明"实指定义"是错误的，同时他也没有明确表明语言游戏的多样性就可以解决"实指定义"存在的问题。特别是在 PI 第 43 节中，维特根斯坦的两句话表达的思想是截然相反的。这也是为什么会有诸多学者对这节存在不同的理解和争论——维特根斯坦没有系统地阐明他的哲学观点和见解。

与维特根斯坦相比，魏斯曼对"实指定义"的评论就较为简洁和富有条理。魏斯曼对维特根斯坦哲学做了系统表达，这是魏斯曼的一大功绩。比如维特根斯坦在 PI 中零散地展现了一些哲学方法和态度，魏斯曼把维特根斯坦的这些想法系统表达在 PLP 以及 VW "我们的哲学"一节中，并且在 HISP 中进行了发展。另外，在 PLP 中，魏斯曼专门设立了独立的章节来讨论"实指定义"，包括该观念存在的问题和相应的补救措施。虽然魏斯曼有关"实指定义"的大部分思考都与维特根斯坦的观点密不可分，但是魏斯曼把这些观点系统有条理地表述了出来。

魏斯曼明确地表明他是从"新哲学"角度来考察"实指定义"的，这种"新哲学"是维特根斯坦在 PI 中隐而未现的观点。例如，魏斯曼认为"新哲学"是一种描述型哲学，他在这里只是对某个哲学问题从不同角度来进行描述。"新哲学"最大特点就是要获得对哲学问题一种新的"视野"，哲学家的任务就是对不同哲学问题提供不同描述，而具体下结论的事情由读者来做。魏斯曼所表达的"新哲学"观点在很大程度上可以和 PI 中的哲学方法相类比。在维特根斯坦那里，"新哲学"概念和方法隐含在他的思考过程中，维特根斯坦通过他自己研究哲学的方式来展现他的哲学理念；魏斯曼通过和维特根斯坦多年合作和讨论逐渐明白了维特根斯坦从事哲学的"新"方式，这种从事哲学"新"方式与 TLP 中的哲学概念非常不同，魏斯曼基于他对维特根斯坦的理解，并结合他自己对哲学的理解才提出了"新哲学"。(请参阅第五章第二节)

六 "实指定义"与维特根斯坦哲学延续性的关联

维特根斯坦在 BT 和 PI 中分别考察了"实指定义"。他在 BT 中做了两个工作：他为后期哲学研究初步建立了语义学理论框架。(参考第四章第 3.1 小节) 他初步考察了奥古斯丁语言图像核心论点——"实指定义"。(参考第四章第 3.3 小节) 基于 BT 中的语义学理论框架和对"实指定义"的初步探讨，维特根斯坦在 PI 中分别对上述两方面进行了深入探讨。维特根斯坦在 BT 和 PI 中有关语义学和"实指定义"的考察表明，维特根斯坦的哲学发展在 BT 和 PI 中具有延续性，这种延续性体现在以下几方面：

第一，第二章第五小节中讨论了阐释者在维特根斯坦哲学延续性论证中的第一个路径：维特根斯坦对逻辑原子主义的批判与抛弃，包括他有关颜色互斥问题的反思、他对"一致性"和"分析"概念的思考、他从逻辑原子主义到逻辑整体主义的转变，以及从逻辑整体主义到实践整体主义的转变。（参考附录二）

在这条哲学延续性论证路径中，维特根斯坦逐渐从逻辑原子主义过渡到实践整体主义。BT 和 PI 有关维特根斯坦对"实指定义"的思考所得出的论点恰好论证了上述过程：维特根斯坦通过对"实指定义"的思考逐步批判和抛弃逻辑原子主义。维特根斯坦对"实指定义"的思考跟第一个路径中的最后两步相关："实指定义"核心在于承认语词和客观事物存在一一对应，这是逻辑原子主义的理论基础。维特根斯坦通过大量例证表明"实指定义"的命名和实指过程非常复杂，它是非常狭隘的语言观点，同时也造成了很多哲学问题（比如有关"意义体"的讨论）。维特根斯坦针对"实指定义"存在诸多问题所提出的解决方法：关注语词具体使用过程；考察语言游戏；语言游戏与生活形式相关。维特根斯坦这些视角的转变表明，他经历了从"逻辑整体主义"到"实践整体主义"的转变和过渡。

第二，第二章第五节还讨论了维特根斯坦哲学延续性论证的第二条路径："中期"维特根斯坦语义学视角转变，他对心理主义和逻辑主义的批判。从心理主义和逻辑主义到关注语词具体使用的转变；从询问语词具体使用，到对具体动作明晰性考察的过渡。（参考附录二）本书认为"中期"维特根斯坦语义学视角转变最直接的证据就是他有关"实指定义"的考察：在 BT 中，维特根斯坦初步建构了他中后期的语义理论框架和背景；"中期"语义视角的转变在他有关"实指定义"的思考中展现得淋漓尽致：维特根斯坦借"奥古斯丁语言图像"的思考来反驳 TLP 中的逻辑原子主义。TLP 中的语义理论是逻辑理论，而"奥古斯丁语言图像"的核心论点——实指定义——囊括了逻辑理论的心理主义语义理论。

维特根斯坦对"实指定义"的哲学研究可谓一箭双雕：他同时批判了心理主义和逻辑主义理论。（心理主义在"实指定义"中指意义的心理图像——"意义体"；逻辑主义在"实指定义"中指语词的意义与指称存在——对应关系）在批判了上述两个意义观以后，维特根斯坦在 PI 中提出语词的意义在于具体使用的观点，这表明"中期"维特根斯坦从心理主义和逻辑主义语义理论到关注语词具体使用的转变：对语词具体使用的关注，在维特根斯坦有关"实指定义"的思考中就体现在大量的语言具体使用事例。这些事例又可以称为语言游戏：语言游戏本身是复杂多样的，关注语词具体的使用过程，还要考虑到众多非语言因素，这表明维特根斯坦从询问语词具体使用到对具体动作明晰性考察的过渡。

第三，魏斯曼的阐释对"中期"维特根斯坦哲学延续性论证有多大帮助？首先，在魏斯曼对"中期"维特根斯坦有关"实指定义"的考察中我们可以发现，魏斯曼的阐释比维特根斯坦的文体和表达要更清晰和系统：维特根斯坦有关实指定义的考察是散乱的，需要读者整理和考察；魏斯曼的阐释文本能够为我们提供系统和整体的有关维特根斯坦对"实指定义"思考的阐释和理解。魏斯曼的阐释不能代替维特根斯坦原文，但是魏斯曼的阐释能够对理解维特根斯坦思想提供重要的帮助和参考。另外，魏斯曼在阐释"中期"维特根斯坦有关实指定义的思考中，不仅客观和系统化地阐释了维特根斯坦观点，同时还加入了自己的观点来作为补充，例如他在有关"实指定义"的考察中提出了"语言层次"观念作为补充。

第四节　魏斯曼对"中期"维特根斯坦
元哲学观点的阐释

一　"中期"维特根斯坦的元哲学观点

魏斯曼不仅阐释了"中期"维特根斯坦具体哲学观点，还对其元哲学观点进行了解释。这两方面是魏斯曼在 1938 年开始的后期哲学中对维特根斯坦哲学发展的基础和前提。本书在论证维特根斯坦哲学延续性时部分涉及了"中期"维特根斯坦元哲学。维特根斯坦在 BT 中专门讨论了哲学本质。① 在 PI 第 102—122 节中，维特根斯坦同样对哲学本质进行了思考，BT 中的元哲学讨论是 PI 中有关讨论的源头。

　　许多阐释者，在解释维特根斯坦的哲学观点时，通常都是对每个观点进行概括，然后再用维特根斯坦的文本做支撑，比如韩林合。这样做并无不妥。上一节对维特根斯坦有关"假设"和"证实"思想的阐释也用了类似方法，这里对 BT 中有关哲学本质思考的阐释将采取另一种方式。以"治疗型"解读为首的阐释者认为后期维特根斯坦哲学方法跟弗洛伊德的精神分析类似，都属于精神分析。② 维特根斯坦认为哲学问题并不产生在普通人中间，而是出在哲学家本身：哲学家有病，需要治疗。基于这种观点，此处将采用如下思路来阐明"中期"维特根斯坦在 BT 中的元哲学观点，同时，本书将在结论部分基于研究结果，尝试解答"治疗型"解读与精神分析的争论。此处基于四个问题：维特根斯坦所认为的哲学问题到底是指哪些问题，怎样才能解决这些哲学问题？按照维特根斯坦的思路，做哲学

---

　　① 再次说明，BT 目前没有中文译文，但部分章节已经由国内学者韩林合和徐英瑾翻译出版。具体来说，徐英瑾翻译了 BT 的目录、结构和部分章节。他把 BT 中"哲学"一节每个小节主题翻译出来了。韩林合在他有关《哲学研究》的解读中，翻译了"哲学"一小节中的部分内容。这些内容主要被放到解读第十一章中。基于上述成果，当本书在摘录 BT 中"哲学"部分内容的时候，假如本书能够在二位著作中找到相应的中文译文，就使用他们的译文；假如找不到对应的中文译文的话，笔者就自己翻译。徐英瑾：《维特根斯坦哲学转型期中的"现象学"之谜》，复旦大学出版社 2005 年版，第 288—289 页；韩林合：《维特根斯坦〈哲学研究〉解读》（下册），商务印书馆 2010 年版，第 1458—1593 页。

　　② Baker P. Gordon, "Our Method of Thinking about 'Thinking'", in *Wittgenstein's Method: Neglected Aspects-Essays on Wittgenstein by Gordon Baker*, Katherine J. Morris, ed., Oxford: Blackwell Publishing, 2004, pp. 144 – 179. Harre Rom, "Grammatical Therapy and the Third Wittgenstein", *Metaphilosophy*, Vol. 39, 2008, pp. 485 – 490.

的具体方法到底是什么,这样做的目的和结果又是什么?假如按照阐释者所理解的治疗型哲学方法来思考,那些有病的哲学家在做哲学的时候表现出哪些症状?在这些症状背后隐藏着哪些问题,如何解决这些问题,从而成为维特根斯坦所认为的正确从事哲学的哲学家(健康的哲学家)?

(一)"有病"的哲学家在做哲学时体现的具体"症状"

维特根斯坦认为许多传统哲学家都在不同程度上陷入了某种疾病,他从具体哲学问题入手,通过类比、比喻等修辞手法将这些"有病的哲学家"从事哲学所表现出来的各种"症状"客观地表述出来,供我们参考。根据对 BT 中"哲学"部分的考察,维特根斯坦所谓的"有病的哲学家"表现的具体症状如下:

第一,传统西方哲学大家("有病的哲学家")都认为存在着两种智性问题:核心与非核心的。"核心的、伟大的、普遍的以及那些非核心、似然问题。"① 对维特根斯坦而言,健康哲学家认为在智性意义层面并不存在伟大、核心的问题。

第二,"有病的哲学家"看待哲学问题的视野非常狭隘。这种情形好比某个在蒸汽船甲板上的人听到轮船的锚被某个蒸汽机拉上来的时候,很难解释把这个锚拉出水面的动力来源。因为"他所想的唯一动力就是来源于推动该轮船前进的蒸汽发动机(正因如此这条船才被称为蒸汽船),而不是其他机器。现在我们告诉他:不,动力不是来源于那台蒸汽发动机;除此以外,在甲板上还有许多其他机器在工作,而其中一台就是把锚拉出水面的机器"②。"有病的哲学家"在面对某个哲学问题时,由于他的视野狭隘,没有对整个问题进行综览,因此,他总是对这个问题怀有不安和困惑。这种不安和困惑还源于他思考所使用语词本身的多义性:"蒸汽机"有多种意义

---

① Ludwig Wittgenstein, *The Big Typescripts: TS 213*, Grant Luckhardt and Maximilian Aue, eds., Oxford: Blackwell Publishing, 2005, p. 301e.

② Ibid., p. 306e.

和指称。

第三，在“有病的哲学家”眼里，哲学问题好比某个无序混乱的社会。那个社会中的每个成员都没有各司其职："一个哲学问题就像是有关一个特定社团的章程的问题一……属于一个没有清楚地写下来规则的社团的人们聚集到一起，但是他们具有对于这样的规则的需求；甚至于也具有这样一种本能，根据它在聚会时他们遵守某些规则；只是这点经由如下事实而变得困难了，即人们并没有就此做出任何清楚的宣布，并且没有做出任何使得这些规则变得清楚的安排。因此，他们实际上将他们中的一个人看成主席，但是他并没有坐在摆好餐具的长桌上方，没有通过任何方式让人们认出他，这使得协商变得困难了。"① 在这种混乱无序的社会中，我们急需“健康哲学家”的帮助。"因此，我们来了，并且制定一种清楚的秩序：我们让主席坐在一个可以清楚地识别出来的位置，并且让他的秘书坐在他旁边的特别的小桌子上，而其余的具有相同的权利的成员则分别坐在这张桌子的两边……"②

第四，“有病的哲学家”总是对某种全新的、闻所未闻的哲学阐明满怀期待。维特根斯坦认为这种态度是哲学研究的最大障碍。③

第五，“有病的哲学家”总喜欢自吹自擂，相信找到了“人生问题”的解决方法，对他们而言，一切都变得简单。"要反驳他的观点，我们只需要让他回忆起那些时候，即存在着那些他的‘解决’没有被发现的时刻；然而在那个时候我们不得不继续活下去，因此对于那个时候来说，新的解决方法就看起来像是个偶然了。"④ 这样

---

① 韩林合：《维特根斯坦〈哲学研究〉解读》（下册），商务印书馆 2010 年版，第 1500—1501 页。

② 同上书，第 1501 页。

③ Ludwig Wittgenstein, *The Big Typescripts*: TS 213, Grant Luckhardt and Maximilian Aue, eds., Oxford: Blackwell Publishing, 2005, p. 309e.

④ Ibid..

一来，我们就会明显看出这个"有病的哲学家"的发现和宣称并不必然和伟大："在哲学中不吹牛是非常困难的。"① 那些"有病的哲学家"总喜欢吹嘘："只要这些哲学家没有发现困惑核心所在，他们就会不停地大吹大擂、到处炫耀。"②

第六，"有病的哲学家"喜欢用日常语言表达世界的本质，他们宣称"一切都是变化不定的"，他们所认为的一切皆变是根植于语言和实在的关联。"一切皆变必须根植于语言之中。"③ 在屏幕上出现的匆匆一瞥都可以被当作某个事件，只要有事件存在，就有其对应图像，这种观点的本质就是逻辑原子主义，于是那些"有病的哲学家"开始纷纷探究这些图像。与此相反，"健康哲学家"不会这样做，因为他清楚地知道，"在日常生活中，我们从来就不会有那种现象正在远离我们的感觉，而且我们从未感受到表象的持续绵延——直到我们开始哲学研究。问题核心之处在于，事实上我们在此对所使用的这种被建议的思维方式就是对语言的误用"④。"有病的哲学家"跟小孩像极了："哲学家常常像幼童一样，后者先是用他们的铅笔在纸上胡乱画出一些随意线条，接着问大人'这是什么？'"⑤

第七，"有病的哲学家"常常对某个哲学问题表现出不安和焦躁，因为他们错误地对待了哲学研究。"哲学中的不安来源于如下事实：哲学家们错误地看待了哲学、看错了事实，也即好像是将其分解成（无穷）长条，而不是分解成（有穷）横条。观点上的这种转变造成了巨大无比困难。他们因此似乎是想要把握那些无穷长条，并且抱怨说这样把握哪一块都不可能。"⑥ 维特根斯坦认为哲学研究

①　Ludwig Wittgenstein, *The Big Typescripts*: *TS* 213, Grant Luckhardt and Maximilian Aue, eds., Oxford: Blackwell Publishing, 2005, p. 309e.

②　Ibid..

③　Ibid., p. 314e.

④　Ibid..

⑤　韩林合：《维特根斯坦〈哲学研究〉解读》（下册），商务印书馆 2010 年版，第 1464 页。

⑥　同上。

关键在于观念、思维的转变。

第八，“有病的哲学家”做哲学的时候好比无头苍蝇：他胡乱搜寻，不知道出口在哪里。“大多数想要从事哲学研究的人的做法都像是这样一个人，他极度紧张地在抽屉里寻找一个对象。他将文件从抽屉里扔出来——所寻找的东西或许就在其中——匆忙地、不甚仔细地翻查其他文件。他又将一些文件扔回抽屉中，将它们与其他文件胡乱放在一起，等等。”① 这时候，“健康的哲学家”就会这样来开导他：“请停下来，如果你这样寻找，那么我不能帮助你找。首先，你必须开始十分平静地、有条不紊地一页一页地找；然后我也愿意和你一起找，而且我也愿意根据这样的方法按照你的指导做。”②

（二）如何治疗这些“有病的哲学家”

“有病的哲学家”在进行哲学研究时所使用的方法和看待问题视角都存在问题。既然这些哲学家有病，而且表现出不同症状，那么维特根斯坦现在所做的工作就是“治疗”这些哲学家，根除他们的病痛。从“医生、疾病、病人、治疗”语境出发，不难理解维特根斯坦从1930年代开始表现出“治疗型”哲学倾向。基于上述“症状”，维特根斯坦给出了相应“疗法”：

第一，“治疗型哲学”方法类似于精神分析，目的是指出“有病的哲学家”所犯的具体错误：他在进行哲学研究中运用了错误类比，他对日常语言的使用已经超出了日常语言本身所能奏效的范围，结果就是错误类比。通过不同具体事例来指出这个“有病的哲学家”具体问题所在，而最终决断只能由这个“有病的哲学家”本人作出。“我们唯一能够证明的是另一个人犯了一个错误，除非他承认，这个表达式是他感受的真正的表达式……只有在他承认它是这样的东西

① 韩林合：《维特根斯坦〈哲学研究〉解读》（下册），商务印书馆2010年版，第1501页。

② 同上。

时，它才是那种正确的表达式。（精神分析）另一个人所承认的东西是我作为他的思想的根源而向他提供的那种类比。"①

第二，"治疗型哲学" 要让 "有病的哲学家" 对他正在思考的问题获得综览式理解。正如游戏具有多样性，用日常语言所表达命题的意义也有多样性。"综览式表现概念对于我们来说具有根本的意义。它标示了我们的表现形式，我们看待事物的那种方式。"② PI 之所以要列举那么多语言游戏的例子，目的是展示出语言游戏、语词意义的多样性，他最根本的目的是要让哲学家对他们所考察的哲学问题/所使用的语言获得综览式理解。"有病的哲学家" 往往只把目光集中在一点，以偏概全；"综览式" 理解目的在于看到语言不同意义/哲学问题不同视角之间的关联。"治疗型" 哲学所要获得的 "综览" 落脚点在于对哲学问题进行描述而不解释，"哲学不应当以任何方式损害语言的实际用法，因此，最后它只能描述它。因为它也不能为其提供基础"③。描述视角在于只是刻画现象和语言实际使用，它既不解释具体语词意义的缘由，也不损害语言的实际使用。同样的观点也反复出现在 PI 中（例如第 126 节）。

第三，在 "治疗型" 视角中，哲学的目的在于清楚地对语言进行描述，显示出每个语言具体的用法和终结之处。对语言的具体描述就是对语言具体使用/用法的考察，对语言具体用法的考察就是语法考察。因此，哲学研究主要包括语法考察。④ 那些 "有病的哲学家" 在进行哲学研究时，由于没有从描述视角出发，往往像无头苍蝇一样乱撞，这样一来，他们就把整个情境弄得乱七八糟。"治疗型哲学" 的首要目的是清理整个困境，把有关问题和思路重新排序。"哲学的问题是对于我们的概念中的无秩序状态的一种意识，而且要

---

① 韩林合：《维特根斯坦〈哲学研究〉解读》（下册），商务印书馆 2010 年版，第 1488 页。

② 同上书，第 1494 页。

③ 同上书，第 1524 页。

④ Ludwig Wittgenstein, *The Big Typescripts*: *TS* 213, Grant Luckhardt and Maximilian Aue, eds. , Oxford: Blackwell Publishing, 2005, p. 321e.

经由其排序而得到消除。哲学问题总是具有同一种形式：'我不知道出口在哪里？'"①

（三）"健康哲学家"做哲学的具体方法

维特根斯坦认为可以通过上述"疗法"治疗"有病的哲学家"，从而把他们变成"健康哲学家"。那么"健康哲学家"有哪些特征呢？

第一，"健康的哲学家"的主要工作就是对语言具体使用进行描述，从而找到有关哲学问题的最佳表达方式。"哲学家力图找到那个（句）打破僵局的词（话），即这样的语词（话）最终允许我们把握，直到现在为止不可捉摸地加重我们的意思的负担的东西。（这就像是人们的舌头上有一根头发一样；人们感觉到了它，但是就是不能抓到它，因此不能将其弄掉）哲学家为我们提供这样的语词，我们借助于它可以将事物表达出来并且使其不具有危害性。"②"健康的哲学家"不断为某个哲学问题找到提示物以此来帮助我们理解哲学问题，"哲学家的工作包括为某个特殊目的而不断地收集提示物"③。

第二，"健康哲学家"的工作好比开锁师傅。哲学问题的解决好比开锁，需要技巧。"哲学问题可以与钱柜的锁加以比较：它们是通过一个特定的词或者一个特定的数的调准来打开的，结果，在恰恰这个词被猜中之前，人和强力都不能打开这扇门，而如果它被猜中了，那么每个小孩都能打开它。"④

第三，"健康的哲学家"的目的在于纠正"有病的哲学家"对

---

① 韩林合：《维特根斯坦〈哲学研究〉解读》（下册），商务印书馆 2010 年版，第 1496 页。

② 同上书，第 1482 页。

③ Ludwig Wittgenstein, *The Big Typescripts*: TS 213, Grant Luckhardt and Maximilian Aue, eds., Oxford: Blackwell Publishing, 2005, p. 306e.

④ 韩林合：《维特根斯坦〈哲学研究〉解读》（下册），商务印书馆 2010 年版，第 1501 页。

语言的误用，让语言回到具体使用语境中。"李希滕伯格：'我们的整个哲学在于纠正语言的使用，因此也就是对哲学的纠正'——这就是最普遍的哲学。"①

第四，"健康哲学家"最重要的工作就是转变"有病的哲学家"看待哲学问题视角和态度，同时这也最具挑战性。"托尔斯泰：一个对象的意义［重要性］包含在其普遍的可理解性之中。——这既是真的又是假的。使得这个对象难于理解的东西——如果它是有意义的、重要的——并不是这点：为了理解它，不是需要某种有关深奥的事物的特别的教导，而是这个对象的理解与大多数人意欲看到的东西之间的对立。正因如此，最容易理解的事情可能会变成最难理解的事情。要克服的不是理智上的一种困难，而是意志上的一种困难。"② 这种看待问题视角的转变好比个人信仰的转变。

（四）哲学研究的本质

维特根斯坦在 1930 年代的元哲学观点是"治疗型"哲学，这种方法可以跟"精神分析"类比。维特根斯坦给出了一些治疗方法，最后力求把这些哲学家变成"健康哲学家"，他也对有关"健康哲学家"的主要特质进行了描述。现在让我们回到维特根斯坦元哲学观点：

第一，哲学困难在于观念的转变。"哲学之难，非科学性质的智性思考之难，而是一种转变之难。意志之抵触必须被克服。"③ 哲学家总喜欢提出形而上学问题，实际上他们是在把日常语言随心所欲地组合在一起，这些由日常语言构成的命题由于违背了语言的日常用法，因此是无意义的。哲学困难就是在于让哲学家们不形而上学

---

① Ludwig Wittgenstein, *The Big Typescripts*：TS 213, Grant Luckhardt and Maximilian Aue, eds., Oxford：Blackwell Publishing, 2005, p. 311e.

② 韩林合：《维特根斯坦〈哲学研究〉解读》（下册），商务印书馆 2010 年版，第 1527 页。

③ 徐英瑾：《维特根斯坦哲学转型期中的"现象学"之谜》，复旦大学出版社 2005 年版，第 288 页。

地使用日常语言。

第二,哲学问题源于哲学家误用了日常语言。"哲学指出了在我们对于语言的使用中所出现的错误类比。"① 在哲学中存在在语言具体使用中的大量错误类比,这些错误类比体现在"有病的哲学家"那里:他们对某些语词意义感到不安。为了把语言错误类比整理清楚,我们必须考察语言的具体使用。这种考察是描述性的,因为我们只关注日常语词是如何在具体使用中获得或表达其具体意义。只有在这些场景中,我们才能理解语词意义。对于这些场景和具体使用的描述属于语词的语法研究,对错误类比的理清就是语法研究。

第三,语法研究是最基础的哲学研究。哲学家总喜欢询问不同的问题。虽然许多表达问题的命题外部形式相似,但是它们的具体用法和所体现的意义截然不同。我们很容易受到语言外部形式同一性的误导:"我们正在把语词从其形而上学用法上拉回到常规使用中。"② 维特根斯坦要求我们对表达哲学问题具体语词的语法进行研究,包括关注具体语词的不同用法、不同场景等,这种工作本身就是琐碎的:"我们的回答,假如我们是正确的话,必须是日常和琐碎的。"③ 语法研究也是"治疗型"哲学研究最根本的方法:"语法研究是根本的,这如同我们说语言是根本的——例如我们可以把它当作它自身的安身立命之基础。"④ "语法的重要性跟语言的重要性旗鼓相当。"⑤

第四,"哲学方法:对于语法的/语言的/事实所做的综览性再

---

① 徐英瑾:《维特根斯坦哲学转型期中的"现象学"之谜》,复旦大学出版社2005年版,第288页。

② Ludwig Wittgenstein, *The Big Typescripts*: *TS 213*, Grant Luckhardt and Maximilian Aue, eds., Oxford: Blackwell Publishing, 2005, p. 304e.

③ Ibid. .

④ Ibid. , p. 305e.

⑤ Ibid. .

现。其目标是：论证之清晰性。公正。"① 通过对表达哲学问题语言不同使用的综览，我们会看到之前一直忽视的哲学不同部分之间的关联。哲学任务在于对语言用法的澄清。哲学家常常误用我们的语言。语言本身也充满陷阱。"在我们的实践生活中，我们根本就不会像碰到自然科学问题那样碰到哲学问题。只有在我们构造命题时不是让我们自己受实践目的之引导，而是让我们受语言之中的一些特定的类比的引导时，哲学问题才会出现。"② 我们总是容易受到语言形式的误导，可以通过列举不同例子来澄清哲学问题。

第五，意义不在头脑之中。语言是一种符号的运算。③ 维特根斯坦对两种事实做了区分：head 和 mind。说语词意义在脑袋（head）之中意味着心理主义：我们预设了语词意义的心理存在物。维特根斯坦反对的就是这点。从"逻辑图像论"出发，语言是符号运算，由思想完成，思想是有意义的命题。因此这里的思想（思考）属于语言符号运算。就是在这个意义上，意义是心智（mind）之中的运算。

二　魏斯曼对"中期"维特根斯坦元哲学的阐释

魏斯曼通过跟维特根斯坦的对话和交流，逐渐了解了维特根斯坦在 1930 年代前期最新元哲学思想。维特根斯坦跟魏斯曼讨论元哲学主题最早可追溯到 WWK 中 1929 年 12 月 22 日的以"唯我论"为主题的讨论记录。这个主题被魏斯曼系统地阐述在 VW 的"我们的方法"中。但是二者存在重要差异：WWK 中维特根斯坦有关元哲学讨论是零散的，VW 中的"我们的方法"的讨论较为详细和系统。除了"我们的方法"，魏斯曼在 PLP 的第一部分也重点论述了维特

---

①　徐英瑾：《维特根斯坦哲学转型期中的"现象学"之谜》，复旦大学出版社 2005 年版，第 288 页。

②　同上书，第 289 页。

③　Ludwig Wittgenstein, *The Big Typescripts*: TS 213, Grant Luckhardt and Maximilian Aue, eds., Oxford: Blackwell Publishing, 2005, p. 318e.

根斯坦元哲学。

　　据考察，魏斯曼对维特根斯坦在 1930 年代前期元哲学观点的理解和阐释经历了三步：第一步体现在 VW 中的"我们的方法"；第二步体现在 PLP 第一部分。这两步是魏斯曼对 1930 年代前期维特根斯坦元哲学观点的理解和阐释的主要过程。PLP 第一部分主题为"从经典哲学过渡到语言分析哲学视角"，正是基于这两步，魏斯曼才在后期哲学中对维特根斯坦元哲学观点进行了发展。魏斯曼的发展可以被认为是他对 1930 年前期维特根斯坦元哲学观点的发展，这可以被当作第三步，其标志是魏斯曼在 1956 年发表的 HISP，它是魏斯曼对 1930 年前期维特根斯坦元哲学观点的集大成。此处先阐述前两步，第三步将会被放在本书第五章第二节中。

　　（一）魏斯曼阐释的第一步："我们的方法"

　　魏斯曼为什么以"我们的方法"作为主题？"我们"具体指哪些人？目前在魏斯曼和维特根斯坦研究者当中存在争论。根据考察，目前最新发现和观点来自于奥伯丹。① 奥伯丹认为"我们"应该指三个人：维特根斯坦、魏斯曼和石里克。奥伯丹从石里克在 19 世纪二三十年代哲学遗作中找到了有关线索。根据他的考察，语法研究以及语法重要性在 1920 年代开始就受到石里克的关注。虽然目前普遍认为哲学作为语法研究的理念是维特根斯坦提出来的，但大部分阐释者忽视了石里克的有关文献。另外，从维特根斯坦和维也纳小组成员在 1930 年代互动历史中也可以找到证据：维特根斯坦和小组成员哲学互动实际上只发生在他与石里克和魏斯曼之间。（参考本书第三章第 3 节）因此"我们的哲学"实际代表三人的哲学观点：维特根斯坦、石里克和魏斯曼。"我们的哲学"虽囊括了维特根斯坦、石里克和魏斯曼三人观点，但这种哲学的核心还是维特根斯坦的观点。石里克只是指出了语法研究的重要性，魏斯曼赞同他们的哲学

---

　　① 奥伯丹的研究成果发表于 2016 年魏斯曼国际哲学研讨会。https：//www.univie. ac. at/ivc/Oberdan_ 24_ VCL. pdf，2019 年 12 月 14 日。

观点，同时把他们的观点论述出来。

第一，我们应该对语言模糊性现象有客观认识。语言的意义本身具有模糊性，这是非常自然的现象。用界限分明的规则来刻画和规定语义的方法是对语言的暴政，语言意义的模糊性源自语言的本质特征，这种现象可以通过游戏概念的模糊性得到阐明。魏斯曼运用了"球类游戏"概念的模糊性来阐明：通常人们会把不同游戏称为球类游戏，比如互相传球。但是，有人又认为球类游戏是指某个确切的游戏，比如乒乓球游戏。然而有人又会突然中断游戏，把球抛向空中；还有人在漫无目的地运球。（在打篮球的时候，由于我去晚了，不能加入球友们三打三的半场。我于是就自己在球场旁边运球）还有人一会儿玩了下乒乓球，接着又去打篮球。"假如说'所有游戏必须被某个确定的规则支配'，我们或许就做了一个错误陈述。/真相在于/我们只能说人们有时是在玩某个具有固定规则的游戏，有时候又没有。因此我们可能会发现，我们已经承认了在语言中我们只是在某个特殊意义上说我们是在玩一个或是另一个被定义得很好的游戏，然而在许多情况中，语词总的来说是由更随意的方式所使用。"① 我们到底应不应该设定一个确切使用来作为语言的范式呢？魏斯曼认为这中间存在悖论：我们想通过设定确切规则来消除语词意义不确定性，但是假如语词意义的具体使用本来就具有不确定性，这时候我们要怎样应对呢？

第二，哲学研究需要视野转变：不要讨论游戏规则具体标准，而要讨论游戏概念本身。弗雷格曾批评那种把数学认为是某个利用符号来运算的游戏，而魏斯曼批评了弗雷格的观点。"我们会说：'让我们把算数是否是一个游戏的整个问题放在一边！'有一点是清楚的：这里肯定存在某种联系，否则没人会理解这个观点。那么让

① Baker P. Gordon, ed., *The Voices of Wittgenstein: The Vienna Circle: Ludwig Wittgenstein and Friedrich Waismann*, London and New York: Routledge, 2003b, p. 277.

我们检验游戏到底是什么？让我们把有关游戏的研究跟有关算数的研究罗列在一起进行对比，让一方给另一方以启示！让我们变得中立、不要尝试作论断，只是让这些事实为自己辩护！"①

基于上述视野，"我们的哲学"落脚点现在变得清晰："我们想要避免独断，我们不干涉语言的运转和使用，我们只是把这种运转跟某个语法图像罗列在一起，这个语法图像的特点完全在我们的掌控之中。我们把这个图像当作理想情况来进行建构，但同时我们也不会宣称这个图像支持任何事情。我们建构语法图像的唯一目的在于获得综览，借此我们可以用来跟语言进行对比；作为一种视野，既然它本身不对任何东西有所宣称，那么它就不是错误的。"②　"我们的哲学"落脚点在语言，目的在于通过建构不同事例来获得语言语法图像的综览，综览就是一种哲学视野。如何获得对语法图像的综览呢？魏斯曼认为，我们可以通过语言具体使用规则的描述来获得。语言的不同使用代表不同的规则，问题的核心在于关注语词具体使用的多样性：语词具体使用的多样性就是语词语法规则的多样性。"我们把这个模型放在语言旁边，让它尽可能给予我们启示。"③

第三，魏斯曼通过两个例子来阐述语法图像和综览。第一个例子是有关几何多面体描述的讨论；第二个例子是有关假设和证实关系的探讨。我们可以从不同视角来描述同一个几何多面体，我们可以制定一个等式来描述同一个多面体。当我们转换视角的时候，这个等式依然成立，但是其具体变量有所变化。当我们进行视角转化的时候，我们实际上是在进行描述的一个过渡："这种过渡无非就是在语法之内的过渡。"④　在视角转换过程中会涉及视觉感知问题。我

---

① Baker P. Gordon, ed. , *The Voices of Wittgenstein*: *The Vienna Circle*: *Ludwig Wittgenstein and Friedrich Waismann*, London and New York: Routledge, 2003b, p. 279.

② Ibid. .

③ Ibid. , p. 281.

④ Ibid. .

们对具体几何平面的感知当然会随着视野的转换而转换。视觉感知也会存在不同证实过程和方法：视觉感知可以从不同视觉经验得到证实。这一证实同时也表明我们是在进行视角转换。在这个视角转换中，魏斯曼认为我们所能够描述的就是一个不断发展的游戏形式。在这个游戏中，我们的目的不是去宣称在实际观察过程中某个观察者具体感知过程是如此这般：要认识到的是在对同一几何多面体视角观察的转换中，我们实际上是在参与某个语言游戏。这个游戏就是假设和证实的关系：我们建构了某个假设，这个假设可以有理想化的证实过程。然后我们把这个假设跟实际发生的视觉感知经验作对比。通过理想过程跟实际感知好过程的对比分析得出了相似性，我们以此来考察实际感知过程。

在第二个例子中，魏斯曼从假设和证实具体关系的角度来阐述。假设是一种命题，命题由语言构成。对于假设"桌上放了一本书"的具体证实过程存在着不确定性，有两个原因：在具体证实过程中存在笛卡尔式怀疑论，我们有可能被某个"魔鬼"控制了，是在幻觉之中；在假设具体证实过程中存在着诸多可能性，假设命题本身并不能给出该假设自身被证实的方法："它自己被证实的方法并不被涵盖在表述这个假设的语词的语序中。因此，对假设的证实并不由命题本身所决定。假设必须被单独确定。"① 对假设的证实需要从实际经验中确定。假设是由语言构成的命题，因此假设本身具有多义性。

另外，我们当然能够设定一个具有明确规则的假设，我们也可以自由地为这个规则的证实找到普遍性标准或为之设定语法游戏。"就像法官把某个案件作为判案范式，也就是说把这种案件作为理想案例。因此，我们也可以建构理想案例、语法图像，以此维护哲学争论中的某个观点，从而解决争论。我们希望单纯地从某个由特定规则指导的步骤出发来研究语言。我们常常把语言比做某个由具体

---

① Baker P. Gordon, ed., *The Voices of Wittgenstein：The Vienna Circle：Ludwig Wittgenstein and Friedrich Waismann*, London and New York：Routledge, 2003b, p. 287.

规则指导的运算过程。"①

　　第四，魏斯曼认为语法研究的方法跟玻耳兹曼的方法类似。玻耳兹曼没有作出以下宣称的前提——他所创立的模型跟麦克斯韦尔等式模型相符，就描绘了一个物理模型。相反，他只是简单描绘该模型，不同模型之间的相似性自己会显露出来。"玻耳兹曼通过这种方法所成就的东西就是对他的解释的捍卫。根本不存在任何误解实在的企图，一劳永逸地给出这个模型，而且它自身会向我们显示出它在哪种程度上是正确的。哪怕它在某些地方没有这种功能，它也不会失去价值。"②"我们的方法"在于不提出或建构任何系统，因此也就不存在任何反对或支持意见。魏斯曼认为，我们只是暗示了某种方法。"好比我们把玻耳兹曼模型放在电力现象旁，然后说：'请这样看！'"③

　　第五，语法模型有核心和偶然特征。这两种特征的区别只在游戏内部才能被分辨，并且这种区别由我们判定。④ 魏斯曼认为这两种特征分别属于语言内部和外部：在逻辑运算系统中的双重否定表示肯定，属于语言内部；另一种是偶然的，例如实指定义，属于语言外部。实指定义把语词和世界中的客体联系起来，⑤ 假如有一个陈述："我们不能窥测他人内心。"在我们对该陈述证实讨论中，存在一个问题：这个陈述的意义是可以通过证实来获得呢，还是它本身就是一条语法规则？魏斯曼认为这个陈述是一条语法规则，它禁止说类似"我知道他有牙疼"之类的胡话。⑥

　　第六，语法图像建构的目的在于对不同语言游戏/哲学问题的综

---

①　Baker P. Gordon, ed., *The Voices of Wittgenstein*: *The Vienna Circle*: *Ludwig Wittgenstein and Friedrich Waismann*, London and New York: Routledge, 2003b, p. 289.

②　Ibid., p. 289.

③　Ibid..

④　Ibid., pp. 307 – 309.

⑤　Ibid., pp. 305 – 309.

⑥　Ibid., p. 309.

览。"综览能够消除不安。"① 魏斯曼做了类比来解释：在哲学研究中的不安类似于如下情况。假如认为地球是所有天体中最特别的一个，我们于是常常想象，在我们的物理世界中所发生的一些现象与众不同，接着我们就被诱惑去为这些现象增添一些形而上学的（虚幻的）重要性。例如，中国传统文化对日食和数字的理解（数字 4 是不吉利的）。"假如我们为语言提供类比以此作为某个哲学问题的解答，我们总是会被暴露在误解的危险中：好像根据我们所承认的，这个被研究的游戏只是跟我们的语言相似而已，我们于是就开始撤退，认为根本就没有解决原初问题，我们只是勾画了某个类似问题的解决框架。但是我们在这里不是在处理某个现象的解释：并不是我想要解释某个现象而实际上已经解释另一个类似现象，而是我通过罗列出一些类似例子来消除某个不安，这个不安看起来像个问题。显而易见，仅仅引入不同例子就可以平息不安。"②

通过罗列出不同事例我们能够对目前研究的问题获得综览，以此来消除不安。魏斯曼认为这种方法跟歌德有关植物变形（生物变态）现象相似。达尔文进化论认为生物是从低级到高级的发展和进化；与此相反，歌德提出了"原始植物"概念，这只是观念，并不是实体。歌德宣称所有植物器官都由叶子衍变而来。基于这个观点，我们可以把植物的所有器官根据它们的相似性分类，这些所有类别仿佛都以叶子为中心。在歌德的启发下，我们于是能够把植物所有器官进行综览式呈现，以此更好地理解叶子是如何一步步发展为不同器官。"我们由语言运转的四周语境来为语言形式进行定位，我们看到语言语法如何与类似游戏进行对比，这样就能祛除不安。"③

（二）魏斯曼阐释第二步："从经典哲学过渡到语言分析哲学"

在 PLP 中，魏斯曼从哲学史角度出发探讨了从 19 世纪以降的哲

---

① Baker P. Gordon, ed., *The Voices of Wittgenstein: The Vienna Circle: Ludwig Wittgenstein and Friedrich Waismann*, London and New York: Routledge, 2003b, p. 309.

② Ibid., p. 311.

③ Ibid..

学发展史。哲学所面临的转折点也是哲学面临危机和机遇的时刻。从 19 世纪末形而上学体系崩塌开始，哲学家从不同角度来挽救哲学。魏斯曼谈到三种解决方案：回到康德（新康德主义）；基于最新科学发现来重建宇宙图像；批判科学主义，从直觉角度来建构存在（直觉主义）。魏斯曼认为这三种方案只是表达了哲学家不同个性和心理类型而已。基于这一背景，魏斯曼提出了新哲学视角，其前提就是要认识到逻辑为哲学研究所带来的巨大影响。

第一，传统哲学研究将注意力集中在哲学问题的答案上，新哲学反转了这个视角，指出哲学首先关注哲学问题本身。传统哲学家关注答案的真或假以及它们的有关证明；"新观点一开始就跟其他方法不同，它忽视答案，只把注意力集中在问题本身。"① 为什么要关注哲学问题本身呢？许多哲学家对他们提出的哲学问题的本质没有深刻理解："他们在对他们所询问的问题本质没有清楚理解之前就已做出回答，这样会导致很多误解。"② 正是因为这些误解和忽视，哲学家才体会不到智性不安，他们满足于他们所提出的伪答案。

需要做出何种转变呢？我们需要一个新方向，它已从目前数理逻辑成果中变得非常清晰。这项工作是由弗雷格开创、由罗素和维特根斯坦发展而来。弗雷格在《概念文字》中曾预言，总有一天我们能够把逻辑运用到哲学中，借助于我们在使用语言过程中所产生混淆的启示，这样的话我们就可以打破语言对思想的暴政。逻辑可以揭示语言的结构，当我们显示出了语言的结构后，就能够掌握其思想结构。魏斯曼认为这种逻辑研究有助于我们对哲学问题特征的理解："只要没有看清楚语言如何行使其功能，这些问题就会打扰我们；假如认为我们是在讨论有关事实的问题，而此时的我们只是被

---

① Waismann Fredrich, *The Principle of Linguistic Philosophy*, Harre Rom, ed., Glasgow: The University Press, 1965, p. 4.

② Ibid. .

特殊语言形式所误导，危险在于通过语言类比、隐喻和比喻，我们受到多重方式的误导。而且就算时刻提高警惕，我们也会不断地陷入语言陷阱之中。"①

如何摆脱语言陷阱呢？魏斯曼认为需要对这些由语言的误导而产生的哲学问题提出新的解决方案，这就是分析方法。通常哲学问题的答案用"是"或"否"来回答。"相反，分析方法让我们获得如下观点：这些问题本身就是误解；通过建构我们所使用的语词的意义，建构这些语词在语言中的结合方式，我们对语言中的语词就会有清晰的理解。这种方法可以把我们从误解中解放出来，我们不再被驱使去询问类似问题。"②

第二，分析方法可以揭示哲学问题的本质。魏斯曼认为通常所谓的"问题"和"解答"在实际情况中被不同方式所使用。语词"问题"的意义跟"游戏"概念一样，具有家族象似性。魏斯曼在这部分论述了哲学的几点本质特征：

1. 哲学跟历史和天文学不一样，哲学并不解决那些同质类型的问题。③哲学研究是在不同质的问题之间不断地转换。魏斯曼列举了法官对某个具体案件的裁决是否公正的问题：法官的裁决是否公正的问题就是有关法官的裁决是否合法，从这个讨论出发，我们可以把问题转换为法律本身是否公正的问题。从有关某个故事是否为真的问题，我们可以转换到有关真之概念的本质问题。"在这些事例中，我们隐约察觉问题的整个方向被改变了……我们从一个领域进入到了另一个新领域。"④

2. 哲学既不能被严格地认为是对普遍性的追求，也不是对特殊性的追求。数学研究关注普遍性，而有关日常生活中的哲学研究关

---

① Waismann Fredrich, *The Principle of Linguistic Philosophy*, Harre Rom, ed., Glasgow: The University Press, 1965, p. 4.

② Ibid. p. 5.

③ Ibid. .

④ Ibid. .

注个别问题。"仅有普遍性是不能使哲学问题成为区别性特征的。"①哲学研究源于惊奇，哲学家所惊奇的事物不是超自然的，而是摆在他们面前的日常事物，魏斯曼列举了奥古斯丁有关记忆可靠性的观点，哲学家的惊奇就是理智上的不安："当哲学家在思考某个哲学问题的时候，他表现得像一个被某些事物所纷扰和激怒的人。他看起来是在挣扎着去做那些他力所不能及的事情。"②哲学家理智的不安也可以被认为是内心的动荡不安。

3. 如何消除理智的不安呢？魏斯曼认为哲学研究本质在于对思想的澄清："哲学不是一座知识庙宇，在其中既没有假设也没有断言。哲学跟这些东西有本质差别，即对思想的澄清。"③魏斯曼接着指出，有关哲学作为思维之澄清的观点，是首次由维特根斯坦提出的，它集中体现在 TLP 中："哲学不是自然科学之一。"（TLP 4.111）"哲学应当为可思考的东西划出界限，也为不可思考的东西划出界限。哲学应当从内部通过可以思考的东西为不可思考的东西划出界限。"（TLP 4.114）

如何澄清思想呢？魏斯曼给出了建议：理解某哲学问题的前提就是要理解构成这个问题语词的意义。常人之所以很难理解某哲学问题，原因不在于他缺乏必要的技术知识，实际上很多哲学问题都是用日常语言表达的；核心在于他缺乏像哲学家那样，对该哲学问题所具有的那种不安的感觉。另外，哲学争论中之所以存在很多混淆，其原因也在于每个哲学家从不同目的和角度出发论证。为了澄清这些误解和混淆，"他所能够做的就是，像他本人对某个哲学问题的思考所经历过的具体过程那样来引导别人。这样的话，他们就能感受到他曾感受到的那种理智上的不快。这样一来，正如哲学问题是如何在他面前出现过的那样，他们就知道了哲学问题的产生过程。

---

① Waismann Fredrich, *The Principle of Linguistic Philosophy*, Harre Rom, ed., Glasgow: The University Press, 1965, p. 6.

② Ibid., p. 7.

③ Ibid., p. 8.

最后，他们就像他曾经那样尝试从类似角度来解决那些哲学问题。这样一步步地，他们通过自己的双眼对整个哲学问题有了清晰的观察，一个哲学见解不可能像某个死板公式那样被传达。哲学精髓在于理智训练，而不是传递那些已经被建构的真理。"① 只有从提问的哲学家视角，才能够理解他所提出的哲学问题。哲学在于对理智的训练、对世界的深刻洞察。哲学不是理论。

魏斯曼拿休谟对因果关系的分析和批判当作哲学作为思想之澄清的经典例子。他在 PLP 第一部分的两个附录中还给出了另外两个例子（阿基里斯与龟的赛跑、罗素有关类的悖论）。哲学研究在于视角转换，休谟认为，在因果关系中并不存在因果链条，我们所观察到的只是事件的接续，在这些事件背后并不存在某种链条。"我们从休谟的例子中所得到的，不是那些可以产生下一步命题的哲学公理，而是对因果语句意义的澄清；不是对已有命题数量的增添，而是删减；在于祛除那些伴随着因果内部联系观点的伪真理和幻想知识。"② 对哲学问题澄清的目的就是对明晰性的追求。

何谓明晰性？对明晰性概念的理解，其核心在于掌握语词"清楚的"和"不清楚的"是如何被具体使用的。魏斯曼在这里运用了维特根斯坦有关语词意义在于其在具体语境中使用的观点，为了获得哲学问题/具体语词意义的明晰性，第一步在于转变整个视角。魏斯曼用数学研究中曾出现的对于无穷级数"$1-1+1-1+1\cdots$"总和争论为经典例子。这个无穷级数的总和有三个答案：0、1、1/2。魏斯曼认为，之所以会有不同答案，关键在于我们对"总和"的意义有不同的理解。魏斯曼运用概念分析方法来分析这个争论，第一步我们应该把"这个级数总和是多少？"问题转变成"说某个数字是一个无穷级数总和的意思是什么？"这个转变代表着关注视角的转

① Waismann Fredrich, *The Principle of Linguistic Philosophy*, Harre Rom, ed., Glasgow: The University Press, 1965, pp. 8–9.

② Ibid., p. 9.

变；第二步我们开始对"总和"概念进行分析，通常"总和"概念只是针对某个有穷级数，当它被用到某个无穷级数后，就失去了原有的意义。因此需要做的工作就是，如何在无穷级数情况中定义"总和"概念。假如我们给出了某个定义，那么这个争论就消失了。根据某个确切定义，这个级数要么根本就没有总和，要么就有某个确切数字，这取决于我们如何理解"总和"概念。

明晰性为什么会缺失呢？魏斯曼认为这根植于语言表达形式中。① "因为对于有限和无限两者，我们都在使用'总和''级数''加'；在这两者之中我们都用加号和其他数学符号。这些事实掩盖了有穷级数和无穷级数所包含的逻辑本质区别，因此我们就没有怀疑，在从一个级数进入到另一个级数的过程中，我们已经从一个领域进入到了另一个领域……我们习惯性地从无穷级数中读出有限性。"② 此外，魏斯曼还引用了爱因斯坦有关"同时性"概念的分析，作为对哲学争论中概念混淆和澄清必要性的例子。③ 通过对不同概念的分析，以此来对某个哲学概念意义获得明晰性，其问题核心就是对某个哲学概念意义的分析。

意义分析具体如何操作呢？魏斯曼认为我们对语词意义分析就是要考察语词的不同使用方式，语词的不同使用方式属于语句操作规则，也就是语法。"意义分析别无其他，它在于对某个符号的使用提供规则，无论是语词还是某个数学符号——例如，运算无穷级数的规则，对发生在不同地方事件的同时性概念的定义，对词项'所有'使用的逻辑规则等。现在这些运算、定义、规定等规则只形成了一小部分规则体来控制我们语言的使用，这些规则被称为是语言的语法。"④ 意义分析就是语言的语法研究，"如果有可能把词语

---

① Waismann Fredrich, *The Principle of Linguistic Philosophy*, Harre Rom, ed., Glasgow: The University Press, 1965, p. 11.

② Ibid. .

③ Ibid. , pp. 11 – 12.

④ Ibid. , p. 13.

'语法'延伸运用到所有有关符号的使用规则,那么就可以说,对意义的澄清就是语言的过程。混淆通过规则的建立得到消除;最后,所有混淆就是有关规则的混淆。就是在语词的这个意义之上,我们在今后更应该关注语法"①。

何谓语法研究?语法就是语言在被具体使用之前所做的一切约定:"我所谓的语法就是在语言被使用之前,一切能够被固定的东西。我们把语法跟语言实际运用对比……语法,就其本身来说,是对某个准备要使用的符号系统的装置和调试……简而言之,语法囊括了所有数量巨大的约定,尽管这些约定别无他处可以被清楚地表达和形成,它们是在日常语言的理解中被预设了的。对于观念的哲学澄清工作就是指对这些心照不宣的约定的构建,并将之变成有意识的东西,对这些复杂规则网络的重新发现。"②

此外,魏斯曼还在 PLP 第二部分的"哲学语法成分"引言部分(第五章)对他在 PLP 中整个元哲学观点进行了阐明。此处总结如下:1. 语法研究的目的在于让语言如其所示,不干涉语言具体使用。哲学研究的目的在于理解清楚语言的轮廓,不是对某种理论的构建。我们对语言整体轮廓清晰理解的目的在于消除哲学研究中存在的概念混淆。③ 2. 哲学术语的用法本身就有浮动,我们不要强行把它们纳入所建构的规则之中。我们关注语词日常用法④,语词日常用法是波动的。哲学研究中常常存在着语词日常用法和哲学用法的混淆。语法研究的目的就在于研究语词实际用法,以澄清哲学混淆。⑤ 哲学研究中最好不要做普遍性结论,要从语言具体使用的角度来考察语言的意义。⑥ 3. 我们通过习得来掌握和理解语词的日常用

---

① Waismann Fredrich, *The Principle of Linguistic Philosophy*, Harre Rom, ed., Glasgow: The University Press, 1965, p. 13.

② Ibid., p. 14.

③ Ibid., p. 93.

④ Ibid., p. 94.

⑤ Ibid., p. 104.

⑥ Ibid., pp. 102 – 103.

法。因此我们应该关注语言是如何被习得的。在学习语言的过程中涉及哪些过程？魏斯曼从这里讨论的有关幼儿学习语言的原初情况，跟维特根斯坦的"奥古斯丁语言图像"紧密相连。（参考第四章第3.2小节）4. 对不同种类语词的研究好比概念建筑术。① 不同语词种类和使用的界限是任意的，正如语法是任意的，我们对语词某个具体用法规则判决的决定权在于哲学家本人。② 5. 语言学习分为不同阶段，语词概念也分为不同层次。③ 语言本身具有开放质地。④ 6. 符号的生成与语境有关，语词符号使用与生活交织在一起。⑤

三　"中期"维特根斯坦元哲学观点和魏斯曼有关阐释的对比

（一）两者的相同点

第一，"中期"维特根斯坦和魏斯曼都认为哲学家理智上的不安源于他们错误地看待了哲学研究活动本身。哲学研究出于惊奇，它不是对某种超自然东西的惊奇，惊奇出于我们对摆在眼前的日常事物的忽视。日常语言就摆在我们眼前，而哲学家在使用日常语言进行哲学思考的时候，往往误解和误用了日常语言，因此哲学问题就产生了。

第二，哲学问题还出于哲学家总是想方设法找出新的阐明来解释某个哲学问题。解释视角是狭隘的，哲学家应转变看待事物、哲学问题、日常语言的视角。哲学问题的消除需要哲学研究视野的转变：从解释视角转变为描述视角。描述是指对我们使用语言的具体场景和语境的客观呈现，而语词的意义在这个过程中就得到了清晰的体现和理解。描述视角关键在于对日常语言语词的综览式考察，

---

① Waismann Fredrich, *The Principle of Linguistic Philosophy*, Harre Rom, ed., Glasgow: The University Press, 1965, p. 98.

② Ibid. , p. 106.

③ Ibid. .

④ Ibid. , p. 110.

⑤ Ibid. .

综览视角可以消除哲学家对某个哲学问题、某个哲学语词意义的误解。例如，在无穷级数中总和的例子中，我们把"总和"概念误用到了无穷级数中，它原本是用在有穷级数运算过程。

第三，通过考察不同语言游戏可以获得对某个哲学问题的综览。语言游戏的边界是模糊的，这表明语词意义的模糊性。通过对不同语言游戏的描述和刻画，我们可以理解语词的不同用法；对语词不同用法的考察反过来又会加深我们对语词意义的理解，我们不再对语词进行单一的使用和机械式看法。综览既能使我们更好地理解和把握哲学问题，又能够消除我们的偏见。

第四，语法研究的目的在于为哲学家用日常语言进行哲学研究的过程找到提示物，纠正哲学家对语言的误用。哲学作为语法研究不是要尝试去解决哲学问题，而是要通过指出哲学家对于哲学语词的误用来消除哲学问题本身。因此，维特根斯坦和魏斯曼所推崇的语法研究的出发点就是，对哲学家通过使用日常语言所表达的哲学问题本身进行概念分析和考察；对哲学语言的语法考察本质是概念分析。

（二）两者的差异

"中期"维特根斯坦元哲学观点和魏斯曼的阐释存在如下细微差异：

第一，哲学研究作为概念分析，这是通过对语言的语法考察获得的。"中期"维特根斯坦概念分析理念是通过跟弗洛伊德精神分析的方法类比之后表述出来的，虽如此，但维特根斯坦的概念分析不是精神分析，他借用了弗洛伊德的精神分析中的某些范式和术语，同时还借用了"治疗"概念。维特根斯坦的概念分析是对哲学家的"治疗"。（有关讨论请参考第四章第四节）反观魏斯曼的阐释，本书并没有从魏斯曼的文本中发现他使用或提及了弗洛伊德的精神分析概念，也没有发现他把概念分析作为某种治疗。这是"中期"维特根斯坦和魏斯曼有关阐释的重大区别：魏斯曼就事论事，他对维特根斯坦的概念分析进行了深刻理解和阐释。换句话说，维特根斯坦的概念分析方法可以通过弗洛伊德精神分析方法来更好地理解，魏斯曼只关注于维特根斯坦本人的观点，他并没有像维特根斯坦那样把概念分析拿来跟精神分析做类比。

第二，在有关语法研究的阐释过程中，魏斯曼除了对维特根斯坦的观点进行原汁原味的阐释之外，还从哲学史中找出有关例子来为维特根斯坦辩护。作为"中期"维特根斯坦阐释者，魏斯曼的做法不失为一位有头脑的阐释者：在阐释过程中，魏斯曼先后列举了玻耳兹曼的方法（不提出或建构任何系统）、歌德的植物变形观点（以此论证语法图像建构的目的在于对不同的语言游戏和哲学问题提供综览）、休谟对因果关系概念的分析（哲学作为对思想、概念的澄清）。反观维特根斯坦，在他的哲学研究中，很少涉及哲学史。（本书并不是批评维特根斯坦不懂哲学史）魏斯曼的哲学研究考虑到了维特根斯坦哲学跟哲学史的关联，而维特根斯坦更多的是针对哲学问题本身。

第三，魏斯曼把"中期"维特根斯坦概念分析方法作为明晰性概念建构手段。魏斯曼专门讨论了明晰性概念，这隐含在维特根斯坦的文本中。魏斯曼所谓的明晰性就是指我们对日常语言语词意义清楚的表达和理解，明晰性是通过对语词意义的分析来展现的。魏斯曼通过对无穷级数总和的争论的描述阐明明晰性观念。

第四，魏斯曼不仅客观、正确和深刻地再现和阐释了"中期"维特根斯坦的元哲学观点，还在这个过程中发展了维特根斯坦某些观点。这体现在两点："语言层次"观念和语言所具有的"开放质地"。这两点将在魏斯曼阐释工作的第三步中论述。（请参阅第五章第1.2小节）

第五，在魏斯曼的第一步阐释中，他把石里克有关语法的观点囊括进来。魏斯曼把石里克、"中期"维特根斯坦和他本人的元哲学思想（语法考察）称为"我们的方法"，这是魏斯曼和维特根斯坦哲学视角形式上的差异，他们在哲学内容和观点上并不存在差异。这再次说明，魏斯曼的哲学焦点和思考问题不仅跟维特根斯坦有关，而且跟维也纳小组有关。

四 "中期"元哲学及魏斯曼的阐释同维特根斯坦哲学延续性的关联

本书从魏斯曼的角度来考察"中期"维特根斯坦哲学观点,同时也把魏斯曼的阐释作为"中期"维特根斯坦哲学延续性论证的第三条路径。(前两条分别是对逻辑原子主义的批判与抛弃以及语义观点的转变,参考附录三)"中期"维特根斯坦哲学延续性理念的建构分为具体哲学内容和元哲学观点。第2.4小节初步从具体哲学观点和元哲学两个角度,对维特根斯坦哲学延续性进行了建构和论证。对魏斯曼和"中期"维特根斯坦有关"假设"和"证实"以及"实指定义"观点的考察和对比,从具体哲学内容方面论证和建构了"中期"维特根斯坦哲学的延续性。(第四章第2.5和3.6小节)这一小节分别从 BT 和魏斯曼有关阐释来论证"中期"维特根斯坦在元哲学方面的延续性,此处考察跟"中期"维特根斯坦哲学延续性论证的关联体现在以下几方面:

第一,维特根斯坦在 TLP 中的元哲学观点包括三点:哲学问题源于哲学家对语言与逻辑句法的混淆(参阅第四章第4.1小节),日常语言掩饰了思想,哲学就是"语言批判";通过命题的逻辑句法分析从而对"有意义"和"无意义""划界",基于上述观点,早期维特根斯坦认为哲学研究本质在于先进行"划界",然后"阐明";哲学研究就是对语词意义的分析活动。维特根斯坦在 PI 中的元哲学思想同样包括三点:哲学研究作为语法考察;(参考第二章第2.2小节)哲学困惑的解除需要思维方式的根本转变;哲学研究作为智性治疗。

维特根斯坦从 TLP 到 PI 的元哲学到底有没有变化呢?本书的目的在于把 TLP 和 PI 元哲学观点通过"中期"元哲学观点链接起来成为延续性整体。这种元哲学的延续性和整体性,能够通过本节有关维特根斯坦"中期"哲学文本和魏斯曼有关阐释工作得到论证。本章对 BT 元哲学观点的考察表明,"中期"维特根斯坦非常显著地体现出了后期哲学的"治疗型"哲学：哲学家在做哲学时好像病人一样，他们表现出很多症状，这种症状的表现就是理智上的不安和困惑。维特根斯坦所提出的"治疗型"哲学包括以下要点："治疗型"哲学跟弗洛伊德精神分析疗法类似（但不是等同的！）；哲学研究在于获得对哲学问题的综览；综览在于描述而非解释；描述的关键在于关注语词用法；从解释到描述的转变就是哲学研究视角的转变。

通过对 BT 的考察，现在维特根斯坦从 TLP 到 PI 元哲学观点的延续性得到了重构："中期"维特根斯坦仍坚持认为，哲学问题源于哲学家对构成哲学问题的日常语言的混淆和误解（无论是语义的还是语用的）。这同时表明维特根斯坦的整个哲学生涯都坚持认为哲学问题源于哲学家对语言的误解和误用，维特根斯坦在 TLP 时期非常激烈地指出哲学研究就是对日常语言的批判（核心是语言分析方法）。在 BT 中，维特根斯坦形成了带有精神分析特质的语言分析方法：语言分析作为"治疗型"哲学核心方法。在 PI 中，维特根斯坦从心理分析意味的语言分析方法，逐渐转变到了以对日常语言用法为焦点的语法研究。

第二，维特根斯坦有关哲学本质的视角从 TLP 到 BT，再到 PI 同样经历了延续性发展：TLP 时期的维特根斯坦坚持认为哲学研究就是对语言的批判，他的目的就是要把"可说"和"不可说"划界。维特根斯坦所使用的方法是逻辑分析方法，逻辑分析方法的核心就是解释视角；在 BT 中，维特根斯坦反复强调哲学研究视角转变所具有的重要性：我们要从解释到描述视角进行转变；在 PI 中维特根斯坦逐渐丰富和完善了他的描述型视角和方法：描述在于对语言的不同使用、对不同语言游戏的考察。描述型视角的目的在于对哲学问题获得综览视角，同时它关注语言游戏的多样性。对语言游戏多样性的考察属于语法考察范畴。

第三，基于维特根斯坦不同时期元哲学发展延续性的考察和论证，本书发现维特根斯坦对哲学问题的综览式视角观念贯穿于整个哲学生涯：在 TLP 中，综览式视角体现在他对哲学问题的"划界"

工作,只有我们对哲学问题有了综览式理解以后才有可能对哲学问题"划界";在 BT 中,维特根斯坦仍坚持对哲学问题采取综览态度,这是通过"治疗型"哲学体现的;在 PI 中,综览视角的要点在于哲学家思维方式的根本转变。

第四,从 TLP 到 BT,再到 PI,维特根斯坦逐步转向和发展了"治疗型"哲学。哲学研究之为"治疗"体现在哲学研究视角(综览)和方法(从逻辑分析到精神分析式的语言分析,再到纯语言分析,以及视角的转变:从解释到描述)。

魏斯曼对"中期"维特根斯坦元哲学观点的阐释,对于"中期"维特根斯坦的元哲学延续性理念建构来说有何关联呢?魏斯曼哲学重要性的最重要的体现就是"中期"维特根斯坦哲学的延续性论证。本书已从魏斯曼角度分别论证了,魏斯曼对"中期"维特根斯坦具体哲学观点的阐释对"中期"维特根斯坦具体哲学理念发展延续的论证工作所具有的重要性。魏斯曼的阐释对于"中期"维特根斯坦元哲学延续性的论证存在如下关联:

第一,与维特根斯坦在 BT 中有关元哲学讨论相比,魏斯曼的有关阐释更清晰、更富有条理性和可读性。维特根斯坦在 BT 中的元哲学观点虽比较集中,但是魏斯曼的阐释更系统和融贯,这点在他们有关"假设"和"证实"以及"实指定义"的讨论和阐释对比中体现得较为明显。为了阐释维特根斯坦在 BT 中的元哲学,魏斯曼用了多种方法:例证法、从哲学史上找出有关哲学家的观点来作为论据。例证法是魏斯曼阐释维特根斯坦哲学观点的常用方法:例如,阿基里斯与龟赛跑、类的悖论、无穷数列中有关"总和"概念的争论以及爱因斯坦对"同时性"概念的分析等。

第二,魏斯曼对"中期"维特根斯坦元哲学的阐释分为三步。在第一步"我们的方法"中,魏斯曼总结了"中期"维特根斯坦三条元哲学观点:我们应对语言模糊性现象有客观认识;哲学研究需要视野转变:从讨论游戏规则的具体标准转为对语言游戏概念的讨论;要关注语言具体使用的多样性以此获得对语法图像的综览。在第二步 PLP 中，魏斯曼总结出"中期"维特根斯坦元哲学观点：首先应该转变视角，关注哲学问题本身；哲学问题是哲学家陷入语言陷阱的后果；通过分析可以摆脱语言陷阱；哲学家所产生理智的不安是由于思想的混淆（对语词意义的混淆）。因此，哲学研究在于通过语言分析方法来澄清哲学问题；哲学研究的目的在于对哲学问题、表达哲学问题语词明晰性的追求（包括对"总和""同时性"概念的意义的澄清）。第三步就是魏斯曼基于他对"中期"维特根斯坦元哲学的理解之上所作出的个人发展。（本书将在第五章第二节中详细讨论）

最后，魏斯曼的阐释工作还能够帮助消除目前有关维特根斯坦元哲学观点的争论。"中期"维特根斯坦元哲学的观点被很多阐释者认为是"治疗型"哲学，它跟弗洛伊德的精神分析非常接近，甚至相同。从维特根斯坦本人的文本中，我们很难把他和弗洛伊德的方法严格作出区分："中期"维特根斯坦的治疗型分析方法不是弗洛伊德的精神分析方法，二者之间虽然存在很多类似，但从魏斯曼的阐释中，我们可以发现魏斯曼并没有把精神分析和"治疗型"哲学联系起来。魏斯曼在他的阐释中根本就没有讨论过弗洛伊德和精神分析。本书认为魏斯曼的理解是正确的："中期"维特根斯坦的语言分析方法虽与弗洛伊德的精神分析方法"形似"，但绝非"神似"。（有关讨论请参阅第六章第一节）

第五节 本章小结

本章以魏斯曼和"中期"维特根斯坦遗作为研究对象，从具体哲学观点和原哲学思想视角论述了魏斯曼对"中期"维特根斯坦哲学思想的具体阐释。

首先，本章考察了"中期"维特根斯坦曾存在的短暂"证实主义"时期。基于魏斯曼和维特根斯坦有关文本，我们描绘了"证实"

观点的两个面相。其次，本章考察了"中期"维特根斯坦语义学思想。"中期"维特根斯坦语义思想主要是通过"实指定义"来体现的。在"实指定义"的思考中，维特根斯坦不仅反驳了他在 TLP 中所持有的逻辑图像论，同时也反驳了心理主义语义理论。此外，维特根斯坦还提出了以使用为主要视角的观点，这是 PI 中的意义在于使用观点的前兆。从魏斯曼文本角度出发，本章还考察了魏斯曼呈现的"中期"维特根斯坦语义观点的另一面相。最后，本章还考察了"中期"维特根斯坦有关哲学本质的思考，包括维特根斯坦元哲学观点和魏斯曼的有关阐释，这里也展示出了"中期"维特根斯坦元哲学的两个面相。

　　总之，本章从三个角度研究了"中期"维特根斯坦哲学：证实观点、语义观点、元哲学观点。在考察上述内容的同时，本书还考虑到了魏斯曼的阐释和维特根斯坦的观点存在的差异、有关主题对维特根斯坦哲学延续性重构工作所具有的关联和价值。

第 五 章

魏斯曼对"中期"维特根斯坦哲学的发展

魏斯曼后期哲学的观点是他在早期哲学生涯中与维特根斯坦互动形成的。魏斯曼对"中期"维特根斯坦哲学的阐释是后期魏斯曼对"中期"维特根斯坦哲学发展的前提。只有了解这一前提，才能理解魏斯曼的后期思想。魏斯曼对"中期"维特根斯坦哲学观点的发展体现在两方面：对"中期"维特根斯坦具体哲学观点的发展；对"中期"维特根斯坦元哲学的发展。魏斯曼对"中期"维特根斯坦元哲学的发展可以被视为他对"中期"维特根斯坦元哲学阐释工作中的第三步。基于对后期魏斯曼文本和目前有关魏斯曼哲学研究现状考察，魏斯曼对"中期"维特根斯坦具体哲学观点的发展体现在"语言层次"理念上；魏斯曼对"中期"维特根斯坦元哲学的发展体现在 HISP 中。

第一节　魏斯曼的"语言层次"观念

"语言层次"的发展经历了缓慢过程。"语言层次"观念不是一种哲学理论。魏斯曼有关"语言层次"观念最直接的表述在《语言层次》中（简称 LS）。LS 包括两部分，分别是魏斯曼在 1946 年和 1953 年完成的。第一部分称为 A 版，第二部分称为 B 版。

一 "语言层次"观念产生的哲学背景

魏斯曼在 LS 中致力于描绘一种新语言图景,这种语言图景跟哲学史密不可分,他从英国经验主义视角逐步提出"语言层次"观念。首先,"语言层次"观念提出的哲学背景是贝克莱问题,物体到底由什么构成?贝克莱认为,看到一个樱桃的时候,我可以感觉到它,进而品尝它的味道,我有很多关于这个樱桃的感觉经验,包括它是红色、有水分的和甜的等。但当我们把这些感觉印象跟樱桃概念剥离开以后,樱桃的概念就不存在了。后来哲学家开始对具体感觉经验进行分析和研究,魏斯曼认为对具体感觉的分析实际上就是在讨论这些表达感觉语词的意义,这样一来整个哲学研究方向就被改变了。

其次,魏斯曼认为贝克莱以后的哲学家对语词的分析和关注越来越激进。激进主义实际指以罗素为代表的"逻辑原子论者"。贝克莱主义者是早期还原论者,他们认为客体可以被还原为具体感觉经验;激进还原论者则认为有关物质客体的命题可以被还原(翻译)为具体感觉经验命题,这些命题只包括感觉内容。"现代论述并不花费任何精力去尝试表达物质客体到底是什么;它只关心谈论物质客体的方式:它们实际上是有关语言的理论,或更确切地说,是有关两种被假设为等同的次级语言。"① 对物质客体的描述变成了对感觉经验的描述:这种描述方法使哲学家忙于分析工作,把椅子和桌子分析为不同类型的感觉语料。

魏斯曼认为这个分析运动体现在逻辑经验主义者、现象学主义者和行为主义者中。接着,他认为维特根斯坦在 TLP 中表达了更激进的分析观念——在 TLP 中维特根斯把哲学问题视为"伪问题":这些问题不是被回答而是被阐明的。阐明工作在于对我们用来表述

---

① Waismann Fredrich, "Language Strata", in Harre Rom, ed., *How I See Philosophy*, New York: St. Martin's Press, 1968, p. 92.

哲学问题的具体语词意义的分析，直到不再询问类似问题。"哲学因而就变成了一种治疗，可以治好我们不再询问那些愚蠢的问题。"①魏斯曼语言新图景提出的背景，就是贝克莱早期还原论和以罗素和维特根斯坦为代表的激进还原论。其实对于维特根斯坦有关哲学工作就是对语词意义阐明的观点，魏斯曼还是有所怀疑的："顺便说一句，我自己不认为哲学研究就是那样的；我怀疑在这个工作表面之下存在着不同类型的哲学问题；但是我不该深究。"②接着魏斯曼提出了语言新图景："除了探究具体语词使用以外，我们或许能够从更普遍的方式来处理哲学问题：我们可以这样问，打个比方，正如我们用语言地图中的宽泛原则来描绘哲学问题一样，哲学问题是随机出现的呢，还是能够从中发掘中类似的宽泛规则？"③结合前面有关哲学的发展和对还原主义的介绍，读者可以这样理解：还原主义是从一般到具体，最后到具体语词意义的分析路径。更确切地说，是从整体到部分、从隐晦到直接；魏斯曼新语言图景则反其道而行之：从总体角度考虑具体哲学问题。

最后，魏斯曼从几何学中有关曲面的研究中得到启发，从而提出了"语言层次"观念。在几何学中有关曲面弧度（曲率）的研究可以从两个角度入手：从曲面上某个具体点来研究曲面，包括是否存在正切线、是否连续、它的曲率如何测量等；相反，魏斯曼认为可以把曲线当作整体来研究，包括它是否闭合。假如是这样的话，那么它是否是个凸面？魏斯曼认为在这两个角度中存在两种逻辑关系：我们从小范围到从整体角度来关注逻辑关系。这两种关系代表了这些理论的"宏观逻辑"关系（macro-logical）和"微观逻辑"关系（micro-logical）。魏斯曼认为整体角度是"宏观逻辑"考察，对具体陈述的研究是"微观逻辑"考察。

①　Waismann Fredrich, "Language Strata", in Harre Rom, ed., *How I See Philosophy*, New York: St. Martin's Press, 1968, p. 92.

②　Ibid. .

③　Ibid. , p. 93.

　　虽然这两种考察方法只能被应用进演绎系统，但魏斯曼认为可以把这两个概念借用到对语言的研究中来："现在似乎对我而言谈论语言的宏观和微观特征变得有意义。"① 语言的"宏观"和"微观"特征可被认为是不同"语言层次"："好像这些'语言层次'被不同逻辑类型构建一样。"② 在上述有关曲面研究中，卡尔·弗里德里希·高斯（Carl Fredrich J. Gauss）曾提出"内蕴几何学"理论（inner geometry），该理论是魏斯曼"语言层次"观点重要思想来源："高斯成功地用他的内蕴几何学原理来描述曲面特征。那么，现在某个语言层次的特征同样也可以从内部来刻画吗?"③ 这个问题正是"语言层次"的落脚点。跟高斯方法类似，语言可以被分为不同层次："宏观"和"微观"层次，魏斯曼所要倡导的就是从"宏观"层次来研究语言。

　　考虑到"语言层次"观点的晦涩难懂，魏斯曼用不同概念来阐明。本书把这些概念称为"语言层次"的"核心概念"，包括逻辑、描述完整性、概念"开放"和"封闭"质地、证实概念和真之概念。这些概念互相连接，构成了"语言层次"的语义网络。下文将对这五个"核心概念"进行逐一论述，借用心理语言学中有关心理词汇在记忆中被储存的"语义网络"模型，这里将"语言层次"观念同样当作由上述观念（在"语义网络"中被视为是"语义节点"）构建的语义网络。

二　"语言层次"观念的五个"核心"概念

（一）逻辑概念

从"语言层次"角度出发，传统二值逻辑系统需转换为多值逻

---

①　Waismann Fredrich, "Language Strata", in Harre Rom, ed., *How I See Philosophy*, New York: St. Martin's Press, 1968, p. 93.

②　Ibid., pp. 93 – 94.

③　Ibid., p. 94.

辑系统（N-valued logic system）。"对只存在一种逻辑规则观念，我认为这并不符合目前的知识水平。直觉主义者已经构建了一种逻辑系统。在这个系统中，排中律不再普遍有效，比如海廷（Heyting）。"① 传统二值逻辑只包括两种真值：真和假；直觉主义者构建的逻辑系统是三值逻辑。纽曼也认为在量子力学理论中经典逻辑会失效，从经典二值逻辑到三值逻辑转换的核心在于是否承认排中律。魏斯曼认为排中律在感觉印象表达逻辑系统中不会造成矛盾："感觉印象的逻辑似乎不是指单个命题，而是命题整体作为一个逻辑单元，这个单元本身又指向另外一个规则系统。"② 魏斯曼认为存在着不同逻辑系统：数理逻辑、传统二值逻辑、三值逻辑，甚至还包括格言和诗歌逻辑。这里的逻辑概念是非常宽泛的，有时候魏斯曼的逻辑系统指数理逻辑，有时候指日常语言的语法或句法系统。此处把数理逻辑称为严格逻辑，其他逻辑称为宽泛逻辑。

（二）描述完整性

完整性（completeness）和不完整性（incompleteness）在"语言层次"中是一对概念。描述完整性是指我们对客体的描述是无穷尽的。因为，"从逻辑上而言，总有可能在原有描述之上增添一些新细节。每个描述都会像触角一样延伸到某个具有开放可能性的视野中"③。描述完整性在数学和几何学等命题上可以通达，例如对三角形的描述；在经验命题中描述是不完整的，例如对梦的描述。"因此'完整性'和'不完整性'的意义在不同层次上是不同的。"④ 描述完整性和不完整性是对不同的"语言层次"而言。

---

①　Waismann Fredrich, "Language Strata", in Harre Rom, ed. , *How I See Philosophy*, New York: St. Martin's Press, 1968, p. 94. 阿兰德·海廷（Arend Heyting）：1898 - 1980，荷兰数学家、逻辑学家，提出了直觉主义逻辑。

②　Waismann Fredrich, "Language Strata", in Harre Rom, ed. , *How I See Philosophy*, New York: St. Martin's Press, 1968, p. 94.

③　Ibid. , p. 95.

④　Ibid. .

（三）概念的"开放"和"封闭"质地

概念的"开放"质地（open texture）和"封闭"质地（close texture）是"语言层次"的核心概念。英国哲学家惯于把椅子分析为不同感觉语料，魏斯曼认为他们忽视了"我们大部分的经验概念是具有'开放性质地'（*Porosität der Begriffe*）。"[1] 魏斯曼用两个例子来阐释"开放性质地"概念：对于命题"隔壁房间有一只猫"和"我的朋友在那里"的证实，正如笛卡儿式怀疑主义随时会在证实过程中产生，因为不可能对所有可能性有一套现成的预备规则。

对"金子"概念的定义同样充满未知可能性。"对于金子等概念做到完全精确定义是不可能的，也就是说在这个情况下，所有边边角角都被精确定义，没有任何怀疑可以渗透进来。这就是我所谓概念开放性质地的意义。"[2] "封闭性"质地是"开放性"质地的相反概念，这个概念可以跟"完整性"概念相类比，"开放性"质地可以跟"不完整性"概念相类比。比如对三角形能够达到完整定义，因而在这个定义所构造的层次中是具有"封闭性"质地的。

为了防止误解和混淆，魏斯曼认为必须把"模糊"（vagueness）概念和"开放质地"概念区别开来。"语词如果实际上以某种变动不居的方式被使用的话（如'一堆'或'粉色'），这就被称为是模糊的；语词例如'金子'，尽管它的实际使用可能不会模糊，但是它是非穷尽的或具有某个开放性质地的。在这其中我们永远不可能填满所有可能缺口，因为总有怀疑渗进来。开放性质地是模糊可能性，模糊可以利用更准确的规则来弥补，开放性质地则不能。"[3] 除了严格逻辑和数学概念之外，"开放性"质地是大部分经验概念的重要特征。"开放性"和"封闭性"质地的区别可以跟先天知识和经验知

---

[1] Waismann Fredrich, "Language Strata", in Harre Rom, ed., *How I See Philosophy*, New York: St. Martin's Press, 1968, p. 96.

[2] Ibid., p. 97.

[3] Ibid..

识相类比，从而得到更好的理解。

（四）证实概念

从"语言层次"视角出发，魏斯曼认为证实可以有不同意义。例如某个物理理论可以通过观察得到证实。在这个观察过程中，观察者的因素也应该考虑，例如他的视力和可信度。另外，在"我牙疼得非常厉害"这个经验陈述中，证实过程会变得非常复杂。当有人问我，我是怎么知道我牙疼得很厉害的时候，我直接回答说"因为我刚刚感觉到了"，这个回答对证实主义者而言就显得怪异。"在说'我刚刚感觉到'时，我是在关注如下事实，牙疼是一个被直接体验到的感觉语料，而不是某个另外一些从特定证据中发现的特定事物中推导出来的。"① 问题在于，我的个人感觉是一个单独的语言层次，从某些特定事物中推论出来的感觉是另外一个语言层次。争论的原因就是，我们混淆了两个不同的语言层次。"因此，证实构建了复杂网络，它是用线条构建的网状结构。"②

（五）真之概念

在"语言层次"视角下，"真"概念同样也被分为许多层次。"真"概念在物理规则中意味着不同层次。"真"概念同样在伦理学命题中使用。"真：我们必须要明白的是，这个语词被用在许多不同层次上，同时表示许多不同的意思。它具有系统含糊性。"③ 对魏斯曼而言，既然"真"概念可以有许多层次，那么陈述就会有不同意义上的真。这些命题可以在不同意义上被证实，在不同意义上被理解为完整和不完整。"这就建议我们可以把所有这些同质的句子归为同一层次。"④

A 版"语言层次"的核心概念包括逻辑结构、描述完整性、概

---

① Waismann Fredrich, "Language Strata", in Harre Rom, ed., *How I See Philosophy*, New York: St. Martin's Press, 1968, p. 98.

② Ibid. .

③ Ibid. , p. 99.

④ Ibid. .

念"开放"和"封闭"质地、证实概念和真之概念。在这个语义网络中概念的"开放性质地"占据核心地位。魏斯曼认为传统哲学只关注某个具体语言层次，例如物理定律；"语言层次"的目的是要从更广阔的视角来从事哲学研究："我现在所要建议的就是扭转整个方向：每个层次有自己的内在逻辑；正如物理学家讨论某个等式的'特征值'（eigen value）一样，我们也可以讨论某个特定语言层次的'特征逻辑'（eigen logic）。假如认真研究这些层次的具体结构，也就是说它的概念质地，真之意义以及证实网络等，从这个方法出发我们可以通达对主题特征的刻画；例如，我们会说：某个感觉印象就是某个可以用如此这般结构构造的语言来描述的东西；某个物质实体就是某个可以用如此这般语言来描述的事物等。只有当我们明白所使用语言逻辑质地的时候，我们才知道在谈论什么。"① "语言层次"的主张就是要改变传统的单一哲学思维，把我们引入更整体宽阔的多层次视角。

具体的层次概念是什么？魏斯曼所提出"语言层次"的目的又是什么？首先，魏斯曼认为同一语言层次有自己的特质，不同语言层次间有巨大差异。"不同层次间的关系在本质上是最复杂、特殊和捉摸不定的。"② 魏斯曼并没有对这点详细论述，他只是列举了一个例子来说明：物理律是用观察来支撑的。但是，当我们说某个观察是源于某个自然律加上初始条件，或者说这个观察和某个物理律相悖的时候，我们是在错误地表述物理律和观察事实的关系。"演绎规则从不会超越某个层次的范围，理论物理从来不会进入到实验物理之中。"③ 不同层次之间不能跨越。

其次，严格逻辑在同一层次上是同质的，因而才具有普遍有效性。哲学问题的产生是因为不同层次发生了接触："真正的问题始于

---

① Waismann Fredrich, "Language Strata", in Harre Rom, ed., *How I See Philosophy*, New York: St. Martin's Press, 1968, p. 99.

② Ibid..

③ Ibid., p. 100.

层次间的接触。"① 由于不同语言的不同层次之间不是同质的，因此它们具有各自的逻辑规则，哲学问题的产生就是因为我们误解了不同层次的逻辑，或者说，我们忽视了不同层次之间是不同质的，硬要把它们放在同一层次上。这样一来哲学问题就产生了。"或许我们可以引入某些模糊概念，例如'真值权重''有利的'或'满意的''证据''增强的''削弱的'等等，以此来判定语言结构。"②

在"语言层次"中，语言被切分为不同层次，"我们可以在不同层次间跳跃，但这些层次间的沟壑不能通过逻辑填补"③。魏斯曼认为这个图景概括了传统哲学问题，哲学问题的核心在于，从一个层次过渡到另一层次是非常困难的。"如果从感觉语料陈述出发，然后寻求我们如何才能达到对物质客体的陈述，我们就面临着与知觉有关的问题；如果从物质客体陈述开始，然后寻求我们如何才能通达物理规律，我们就面临着归纳问题；如果从相反路径出发，例如，假如我们从物理规律出发到物质客体陈述，从物质客体陈述到感觉语料陈述，我们这样就是在处理证实问题。"④ 从"语言层次"角度出发，还原论是错误的。因为"感觉与料陈述有自身的真概念；像'桌子'这样的概念就是具有开放质地，不可能用任何感觉语料陈述来模仿"⑤。

最后，"语言层次"观念的目的在于达到一种新的哲学"洞察"。"就是由于缺乏多层次结构归纳概念的洞察，缺乏有说服力的证实理论，缺乏语言的逻辑构造，才导致了许多错误理论。"⑥ 因

---

① Waismann Fredrich, "Language Strata", in Harre Rom, ed., *How I See Philosophy*, New York: St. Martin's Press, 1968, p. 100.

② Ibid. .

③ Ibid. .

④ Ibid. .

⑤ Ibid. , p. 101.

⑥ Ibid. .

此，我们需要一种更广阔的新语言图景，在这个图景之中，语言自然而然地被分为不同层次。魏斯曼认为"语言层次"观点和 TLP 中的"图像论"完全不同：基本命题对"语言层次"观念来说是神秘的。语言实际结构极其复杂。"语言层次"观念反对传统对语言采取的片面理解和处理，魏斯曼认为只有把整个有关语言的认识图景进行全面深刻的了解、对语言具体层次进行研究以后，才能对整个哲学问题有全面的理解。如果能够实现这个目的，它会带我们进入一种新的人文主义。

三　B 版"语言层次"观念

七年后，魏斯曼反思了之前的"语言层次"观点。B 版分为五个主题：不同类型的含糊、语言层次、真和证实概念的系统含混、完整性、语言新图景。与 A 版相比，B 版主要区别和发展有如下几点：B 版比 A 版更完备，这主要体现在魏斯曼对"语言层次"语义网络中不同节点的具体分析和布局上。魏斯曼在五个主题中分别论述了具体语义节点；B 版增加了对"含糊"概念的分析。在第一部分有关"不同类型含糊概念"的阐明中，魏斯曼列举了多种歧义现象，分别是近义和一词多义、原初语词中所含有的对立意义（例如拉丁语中 altus 表示"高"和"深"的意思）、语词意义与语境关联、语词修饰手法意义、语词心理学意义以及系统含混；魏斯曼在 B 版中添加了罗素在《数学原理》中为解决"说谎者悖论"而发明的"类型论"，作为"语言层次"另一重要理论来源，罗素的"类型论"可被视为一个语言多层次理论。对"说谎者悖论"的解决在于对语言不同层次的厘清，在"语言层次"框架中，魏斯曼或许不赞成逻辑经验主义者对经验命题"有意义"与"无意义"的区分，因为不可证实的语句也有意义："陈述可以从不同意义被理解为真，从不同角度被理解为可证实和有意义。因此所有尝试对'真'概念定义，对有意义和具有意义概念做明确划分等，注定失败。"①

　　魏斯曼在 B 版中详细解释了他在 A 版中所认为哲学问题是源于语言不同层次接触的论点以及他的整体哲学观。"语言层次"所倡导的是一种整体论，目的是反转我们看待问题的视角。传统几何学研究路径是先定义点、线、面，然后研究。"在现代，'点''直线''平面''之间''全等'等几何概念的定义是基于它们对几何公理的满足。整个公理决定了（在纯数学中）初始符号的意义。每个层次具有自己的逻辑，而且这个逻辑决定了基础概念的意义。"② 既然不同层次有不同逻辑系统，那么具体概念意义就是由它所处具体层次的整体来决定。当不同层次发生接触时，不同逻辑系统就会产生矛盾，因而就产生了哲学问题。

　　A 版的主要关键概念被放在了 B 版的不同主题中：A 版"逻辑"概念被放在了 B 版第一部分；A 版"完整性"概念被放在了 B 版第四部分；A 版"开放性质地"被放在了 B 版第二部分；A 版"证实"和"真"之概念被放在了 B 版第三部分。B 版第五部分是对"语言层次"的总体考察。在 B 版中魏斯曼没有再提"新人文主义"构想，他只认为"语言层次"观念是一种新语言图景。

四　对"语言层次"观念来源的考察

　　魏斯曼的"语言层次论"思想在他整个哲学生涯中占有重要地

---

　　① 需要指出，魏斯曼的母语是德语，英语是外语。魏斯曼在 1936 年移民英国以后，他的主要著作是以英语完成的。1936 年前的作品大部分用德语完成。魏斯曼后期著作有个特点：他在英文中常常夹杂着德语。魏斯曼的英文表述有的时候不太"地道"，这也是他的后期著作在英美哲学届饱受诟病的方面。在这里，魏斯曼想用"meaningful"和"meaningfulness"代表逻辑经验主义所谓的经验命题的"有意义"和"无意义"，但是"meaningful"与"meaningfulness"只是形容词与名词的区别而已，它们分别代表"有意义"和"具有意义"。逻辑经验主义所要区分的是"meaningful"和"meaningless"。魏斯曼在这里的问题只是由于他的英文表达不地道，他实际想要表达的观点并无不妥。Waismann Fredrich, "Language Strata", in Harre Rom, ed., *How I See Philosophy*, New York: St. Martin's Press, 1968, p. 116.

　　② Waismann Fredrich, "Language Strata", in Harre Rom, ed., *How I See Philosophy*, New York: St. Martin's Press, 1968, p. 120.

位。在"语言层次"论语义网络中，很多重要观念在魏斯曼的其他著作中都能够发现其源头。魏斯曼多层次语言观点是受到了维特根斯坦有关哲学的影响，尤其是 1930 年代"中期"维特根斯坦哲学。从魏斯曼和维特根斯坦的对话录中可以发现"语言层次"观念中的许多起源。

（一）"语言层次"观念在魏斯曼整个哲学生涯中的发展脉络

第一，魏斯曼在 1935 年前并没有太多产出，他的主要任务就是跟维特根斯坦合作撰写 PLP，以及把维特根斯坦的最新观点传播给其他小组成员。正是在这个过程，维特根斯坦在 1930 年代早期的哲学观点不仅通过魏斯曼的陈述被其他哲学家所知晓，同时魏斯曼的哲学观点也逐渐受到了维特根斯坦的影响。

早期魏斯曼只发表了两篇哲学论文，分别探讨了还原公理本质（1928 年）[1] 和对盖然性概念逻辑的分析（1930 年）[2]，维特根斯坦对魏斯曼哲学影响主要体现在第二篇论文。[3]"语言层次"源头在这一时期可以追溯到魏斯曼和维特根斯坦合作撰写的 PLP 中，PLP 的最早版本包括三大内容：逻辑，包括意义、指称、真之概念、真值涵项、逻辑本质；语言，包括对命题的分析、原子句子分析、逻辑表征分析和语言限度；哲学，包括使用语言分析方法来处理哲学问题。上述三点中，有关真之概念、逻辑本质跟"语言层次"中的"多值逻辑"和"真"之概念有密切关联。由于 PLP 早期版本已经遗失，因此很难找到这些关联的直接证据。

第二，"语言层次"的源头在第二阶段魏斯曼的哲学著作中可以直接找到关联。魏斯曼在 1936—1938 年间创作了四篇论文和一部著

---

① Waismann Fredrich, *Philosophical Papers*, McGuiness F. Brian, ed. , Dordrecht: D. Reidle Publishing Company, 1977, pp. 1 – 4.

② Ibid. , pp. 4 – 22.

③ Ibid. , p. xv.

作。"语言层次"及其主要节点可以从这些文献中找到根源，主要体现在三个地方：《论假设》（1936 年前）、《论心理学和逻辑关联》（1938 年）①　和 IMT（1936 年）②。

　　首先，魏斯曼在《论假设》中首次提出了"语言层次"概念。在《论假设》中，魏斯曼依次谈到了科学研究中的假设命题和日常生活中的假设命题，对这些假设命题意义的评判需要具体证实过程。"证实"概念是逻辑经验主义最重要的概念，魏斯曼作为维也纳小组的重要成员，他也极其关注这个概念。在这些论述中，魏斯曼表明科学假设并不源于一系列有穷命题。"在这个意义上说，假设从来不会被证实。另外，还可以从证实过程中获得无穷多单称命题。因此，在没有对我们的视野进行拓宽的前提下，有必要暂停有关更多关系的描述工作。"③ 魏斯曼在对日常生活中的证实过程的讨论表明，证实过程并不发生在语言内部，而是发生在外部世界，并且所证实的不同事实不过是其他事实的征兆（symptom）。（有关内容请参阅第四章第 2.2 小节）

　　在听到某人在隔壁弹钢琴而说出"我朋友在那个房间里"的时候，对这个陈述的证实就包括许多事实，比如"弹钢琴，脚步声等都是我朋友在场的征兆"④。因此，语言命题的证实会牵涉到外部世界中的不同事实，魏斯曼把假设命题想象称为一个巨大的 3D 物体，"我们所观察到的现象就是在这个物体内部显示出我们在它当中所处具体截面的位置。也就是说，单个经验像截面插入一个 3D 物体那样，被插到假设命题中。严格地说，能够证实的总是某一层面的截面"⑤。

---

①　Waismann Fredrich, *Philosophical Papers*, McGuiness F. Brian, ed., Dordrecht：D. Reidle Publishing Company, 1977, pp. 68 – 81.

②　Waismann Fredrich, *Introduction to Mathematical Thinking：The Formation of Concepts in Modern Mathematics*, New York：Dover Publications Inc., 2003.

③　Waismann Fredrich, *Philosophical Papers*, McGuiness F. Brian, ed., Dordrecht：D. Reidle Publishing Company, 1977, p. 40.

④　Ibid., p. 44.

⑤　Ibid..

在这个类比中，魏斯曼首次正式提出了"语言层次"设想："截面"是"语言层次"的最早源头。从这个多层次截面设想出发，魏斯曼认为，对假设命题的证实和证伪都可以通过这个截面来实现："现在可以就假设本身的证实来论述，我们说这个假设通过许多截面被证实或否证。必须明白，我们是在语词不同意义的角度来谈论证实。"①

其次，基于截面类比，魏斯曼在第六部分"假设只能从一个方面被决定吗?"中正式使用了"语言层次"概念。魏斯曼认为，可以引入更多、更深层次的假设，从而使具体观察内容与假设相符，这种可能性总是存在。这个过程也可以被认为是构建假设命题语法模型过程："必须清楚我们是在构建某个语法模型，这个模型不会指向现实;具体科学情景往往总有差异……哲学家的任务只需指出这个模型是某一方面而已。"② 基于上述考虑，魏斯曼认为假设和观察的关系比我们想象的要更松散："恰好可以把语言中的命题的安排称为某个层次，当把这些命题放到同一层次时，所有这些命题间存在某种精确的、可公式化表达的逻辑关系。"③ 魏斯曼正式提出"语言层次"观念，接着他把这个观点运用到理论物理假设命题:只要在某个给定命题层次的内部进行讨论，所有逻辑运算和逻辑关系都可并行不悖。"但是，当两个命题层次边界被彼此跨越时，真正的问题就出现了。"④ 这里的思想完全和 A 版"语言层次"中的观点一样。最后，魏斯曼认为"语言层次"构思是一种更自由的观点。

在 A 版"语言层次"观念中，魏斯曼把高斯内蕴几何原理当作理论源泉，而这点同样可以从 IMT 中找到踪迹，IMT 是魏斯曼数学哲学代表作。在 IMT 第 12 章中，魏斯曼分别讨论了几何学中有关曲

---

① Waismann Fredrich, *Philosophical Papers*, McGuiness F. Brian, ed., Dordrecht: D. Reidle Publishing Company, 1977, p. 44.

② Ibid., p. 50.

③ Ibid., p. 51.

④ Ibid..

面研究和什么是几何学。魏斯曼在 IMT 第 1 章有关数的不同类型、第 4 章中有关乘法运算和第 15 章有关复数和超复数论述中，分别谈到了高斯有关理论和方法。尤其是在第 15 章中，高斯认为分析是一个自相关的循环科学，这一点跟高斯的内蕴几何学原理遥相呼应：内蕴几何学就是要从曲面自身性质来讨论曲面。①

第三，魏斯曼在早期哲学研究中通过和维特根斯坦哲学对话和合作，受到了维特根斯坦哲学熏陶。在第二阶段哲学研究中，魏斯曼初步提出了"语言层次"观点，语言层次理念在后期魏斯曼哲学中逐渐走向成熟。这个过程从 1939 年《什么是逻辑分析?》开始②，直到 B 版"语言层次"观念提出为止，魏斯曼先后在《论证实》③《有可替代逻辑吗?》④ 以及《分析和综合》⑤ 中发展和阐释了"语言层次"观念。

首先，《什么是逻辑分析?》系统阐释了维特根斯坦在 PLP 中的逻辑分析方法。魏斯曼分别讨论了不同层次的分析方法，包括 PLP 中的逻辑分析以及对日常语言命题的分析。在 PLP 的逻辑结构中，可以通过对逻辑命题真值运算达到完全分析，用逻辑算子构建逻辑的命题要比日常语言更清楚明白。魏斯曼认为，假如用分析逻辑命题方式来分析日常语言命题，我们会遇到困难："日常语言命题可以很简单地对待，而实际上它们并不简单。"⑥ 魏斯曼认为，形式逻辑命题和日常语言命题属于不同语言层次：一个是更加抽象的数学层

---

① Waismann Fredrich, *Introduction to Mathematical Thinking*: *The Formation of Concepts in Modern Mathematics*, New York: Dover Publications Inc. , 2003, p. 175.

② Waismann Fredrich, *Philosophical Papers*, McGuiness Brian, ed. , Dordrecht: D. Reidle Publishing Company, 1977, pp. 81 – 104.

③ Waismann Fredrich, *How I See Philosophy*, Harre Rom, ed. , New York: St. Martin's Press, 1968, pp. 39 – 67.

④ Ibid. , pp. 67 – 85.

⑤ Ibid. , pp. 122 – 196.

⑥ Waismann Fredrich, *Philosophical Papers*, McGuiness F. Brian, ed. , Dordrecht: D. Reidle Publishing Company, 1977, p. 86.

次（由抽象概念构成），另一个是实在的层次（由感觉语料构成）。另外，在该文第八部分中，魏斯曼重申了"语言层次"中的两个核心观点：哲学问题产生于不同层次之间的接触；① 经验命题的描述无穷尽，因而不完整，不完整性在于经验命题有"开放"质地。②

其次，在《论证实》中，魏斯曼首次尝试系统阐明"语言层次"观念。《论证实》发表的背景是魏斯曼对牛津神学家、哲学家麦金农（MacKinnon）有关经验主义中的"证据主义"论点作出的辛辣批判的回应。魏斯曼借助对麦金龙观点的批判，系统反思和辩护逻辑经验主义的证实概念，结果就是他尝试对"语言层次"进行系统阐明。魏斯曼在《论证实》中的主要目的就是宣扬"语言层次"观念。根据考察，魏斯曼在这里首次系统阐述了"语言层次"观念中的具体概念：

第一，魏斯曼首次提出经验命题具有"开放质地"特质。魏斯曼表明"开放质地"概念的德文是他自创的（*Porosität der Berg-riffe*），与之对应的英语（*open texture*）则是他的同事威廉·尼尔（William Kneal）"创造"的。③ 在该文其他地方，魏斯曼有时还用"多层次语言理论"（*many-level theory of language*）来表示"语言层次。"④ "隔壁有一只猫"以及"我的朋友在隔壁"这些经验命题并不存在完全证实。(A 版同样使用这两个例子)"开放"质地和模糊性概念不同，"可替代描述是指开放性词项的定义总是可以被改正或可修正"⑤。

第二，"开放"质地跟描述完整性和不完整性概念密切相关。例

---

① Waismann Fredrich, *Philosophical Papers*, McGuiness F. Brian, ed., Dordrecht: D. Reidle Publishing Company, 1977, pp. 98 – 99.

② Ibid., p. 99.

③ Waismann Fredrich, *How I See Philosophy*, Harre Rom, ed., New York: St. Martin's Press, 1968, p. 41.

④ Ibid., pp. 58 – 59.

⑤ Ibid., p. 42.

如在对金子概念的定义中，由于金子概念本身具有开放性质地，我们就不可能对这个概念达到完整阐明，而没有任何方面的遗漏。① 经验命题描述的本质是不完整性，② 这种不完整性从逻辑角度而言同样可以理解。在几何学和数学中存在描述完整性，而经验描述具有不完整性。③ 经验命题不可能被完全证实，因为存在着无穷尽的具体证实实验以及构建这些经验命题语言本身的开放性质地；哲学问题产生于不同语言层次之间的接触。为了避免此类问题，我们可以把语言命题划分为不同层次的同质命题，每个层面有自己的逻辑规则。④

　　第三，魏斯曼在《有可替代逻辑吗?》以及《分析和综合》中分别补充了"语言层次"观念。其中，他在第一篇文章中详细论述了逻辑概念，存在着不同类型的逻辑，包括二值逻辑和三值逻辑。逻辑算子"否定"可以有多种意义，包括"强否定"和"弱否定"⑤、"直接否定"和"间接否定"⑥，逻辑也并不总是"真"和"假"。⑦ 在《分析和综合》中，魏斯曼论述了康德有关分析和综合命题的经典二分，他从"开放性质地"角度出发，认为分析命题和综合命题并不存在严格分界。魏斯曼继承了维特根斯坦重要观点："语言不是某种运算。并不存在严格区分命题是分析还是综合的法则。"⑧

　　第四，除了在魏斯曼已经发表的论文和 IMT 中可以发掘出"语言层次"具体源泉以外，还可以从 PLP 中找到有关源泉。首先，魏斯曼生前所发表哲学论文就是从 PLP 中节选出来的，这一点已经在

---

① Waismann Fredrich, *How I See Philosophy*, Harre Rom, ed., New York: St. Martin's Press, 1968, pp. 42 – 43.

② Ibid., p. 43.

③ Ibid., pp. 44 – 45.

④ Ibid., p. 50.

⑤ Ibid., p. 75.

⑥ Ibid., p. 78.

⑦ Ibid., pp. 70 – 80.

⑧ Ibid., p. xiii.

上文中阐明，包括对"证实"概念论述①和对"语言因果关系解释"②。其次，除了"开放质地"和"语言层次"概念以外，"语言层次"其余内容在 PLP 中也可以找到源头。其中，逻辑论述可以从第1、③19、20 章中找到，④"描述"概念可以从第 4 章⑤和第 13 章⑥中找到，魏斯曼在这些有关"描述"概念论述中表明了描述的不完整性。语义模糊性可以从第 8 章⑦中找到。最后，"真"概念可以从第 1 章魏斯曼对命题分析中找到。由于在这些章节中大部分内容已经展示出来，这里便不再赘述。

从上文中可以发现"语言层次"观念的发展经历了漫长过程："语言层次"思想源于魏斯曼在 1930 年代与维特根斯坦的哲学对话和合作中，他在 1930 年代中期尝试构建"语言层次"观念；在 1930 年代末期他在剑桥和牛津执教中，逐渐形成了"语言层次"观念；1940 年代魏斯曼语言层次观走向成熟。毋庸置疑，魏斯曼哲学观点是受到了 1930 年代维特根斯坦哲学重要影响，"语言层次"观念也不例外。

（二）"中期"维特根斯坦哲学对"语言层次"观念的启示

在维也纳小组带头人石里克的鼓励和撮合之下，魏斯曼和维特根斯坦进行了大约 7 年的哲学合作（1929—1936）。与维特根斯坦的哲学合作也塑造了魏斯曼后期哲学，魏斯曼"语言层次"的观念最终来源就是维特根斯坦在 1930 年代的哲学观点。魏斯曼和维特根斯的哲学互动对话、讨论分别以 WWK 和 VW 为名出版。本书认为，魏斯曼"语言层次"观念中维特根斯坦的哲学源泉主要集中在这两

---

① Waismann Fredrich, *The Principle of Linguistic Philosophy*, Harre Rom, ed., Glasgow: The University Press, 1965, pp. 323 – 335.

② Ibid. , pp. 111 – 127.

③ Ibid. , pp. 3 – 9.

④ Ibid. , pp. 377 – 405.

⑤ Ibid. , pp. 69 – 81.

⑥ Ibid. , pp. 269 – 277.

⑦ Ibid. , pp. 153 – 162.

部著作中。

　　WWK 是麦吉尼斯根据魏斯曼日记整理编辑出版的，VW 则是由贝克根据魏斯曼遗作中的日记和文稿整理出版。VW 和 WWK 存在三点不同："WWK 中对话录有具体日期，这些对话发生在 1929 年 12 月 18 日到 1932 年 7 月 1 日；而 VW 中的文稿没有具有日期。WWK 中，魏斯曼所记录对话笔记中绝大多数内容都是源于维特根斯坦；而 VW 中内容的出处并不明显，VW 中许多内容并不是对维特根斯坦口述所做的转录，有些是魏斯曼对维特根斯坦口述所做的改写。"① 基于上述原因，此处单独考察 WWK 和 VW 内容，以此找出与"语言层次"有关的内容。尽管 VW 部分内容不能直接归于维特根斯坦，但是这些内容仍然和维特根斯坦有重要关联，它们也可以被认为是魏斯曼在维特根斯坦启发之下作出的个人理解。

　　1. WWK 对"语言层次"观念的启示

　　在 WWK 中，魏斯曼和维特根斯坦在 1929 年到 1932 年间讨论了"假设"概念。在这期间就"假设"概念，他们有过三次集中讨论，分别在 1930 年 3 月 22 日、1931 年 1 月 4 日和 1932 年 7 月 1 日。(有关维特根斯坦在 WWK 中对"假设"和"证实"的思考请参阅第四章第二节) 维特根斯坦在 1929 年 12 月 22 日在石里克家中与魏斯曼讨论首次提出了"命题意义就是其证实"论断。"证实"理念后来在小组成员中有过广泛和热烈的讨论，它是逻辑经验主义的根基，也是其遭到其他分析哲学家的激烈批判，从而走向衰落主要原因。"证实"概念最直接的源泉就是维特根斯坦，正是通过魏斯曼的陈述，这个概念才得以在小组中广泛传播。维特根斯坦哲学的原创性和魏斯曼的宣传工作都功不可没。

　　首先，在 1930 年有关"假设"的讨论中，维特根斯坦谈到了"陈述"和"假设"的关联，他认为"假设不是陈述，而是构建陈

---

　　① Baker P. Gordon, ed., *The Voices of Wittgenstein：The Vienna Circle：Ludwig Wittgenstein and Friedrich Waismann*, London and New York：Routledge, 2003b, p. xvii.

述的规则"①，维特根斯坦强调了"假设"的规则性。当我们通过观察来检验具体科学假设时候，"我们所观察到的仅仅是具有关联法则结构的许多'截面'"②，在这个记录下面，魏斯曼画了一幅关联法则结构中多个"截面"图来阐明。本书认为就是在这里，魏斯曼"语言层次"中的"层次"概念的最初源泉被发掘出来：维特根斯坦认为假设概念是连续法则结构，而具体观察到的只是这个联系结构中一个截面。魏斯曼发展了维特根斯坦的观点，他认为这些截面就是不同的"层次"。维特根斯坦还认为物理学陈述命题具有不完整性："对物理学陈述是从来不会完整的。认为它们是完整的，这是无意义的。"③ 维特根斯坦在这里的观点有可能是"语言层次"中"描述完整性"和"不完整性"概念的起源。

其次，在 1931 年 1 月的对话中，魏斯曼和维特根斯坦讨论了物理命题的证实。"一个物理学命题怎么可能从不同方式被证实呢？"维特根斯坦回道："这个并不只是发生在科学中，而且还发生在日常生活中。难道不是吗？"④ 维特根斯坦认为存在着不同证实方法，而且也存在着不同层次的证实，包括科学领域及日常生活中的证实。"我所证实的只是其他某些事物不同'症状'（symptom）。（我在我的手稿中把它们称为'症状'）弹钢琴、脚步声等都是我哥哥在场症状/征兆。"⑤ 维特根斯坦的这些观点被魏斯曼发表在了 1936 年的《论假设》中，这里再次印证了"语言层次"观念的核心论点源泉

---

① ［奥］路德维希·维特根斯坦：《维特根斯坦与维也纳小组》，徐为民等译，同济大学出版社 2005 年版，第 63 页。

② 同上。

③ 同上书，第 64 页。

④ 同上书，第 121 页。

⑤ 维特根斯坦确实有个哥哥叫保尔·维特根斯坦。由于在"二战"中失去了一只手，只能单手弹钢琴，后来成为著名的独臂钢琴家。英文编辑者麦吉尼斯在补录中提到，维特根斯坦的有关说法在《哲学评论》中被间接提到。Ludwig Wittgenstein, *Philosophical Remarks*, Oxford: Basil Blackwell, 1975, pp. 200 - 283. ［奥］路德维希·维特根斯坦：《维特根斯坦与维也纳小组》，徐为民等译，同济大学出版社 2005 年版，第 121—122 页。

来自维特根斯坦。

维特根斯坦在这次和魏斯曼的对话中还阐明了他的"截面"概念（cross-section）："我们所观察到的就其本质而言，是假设结构中许多'截面'。而且这些截面本质上不同，最终它们也是不同截面，即它们不仅仅是不同时间地点的截面，还是不同逻辑形式的截面。因此它们是完全不同的事实。"① 在这个论述中，维特根斯坦有关"截面"的概念相当清楚了：他认为不同截面不仅时空上不同，而且在逻辑形式上也不同。魏斯曼在"语言层次"中发展了维特根斯坦的"截面"观点：每个面有不同层次，每个层次之间的逻辑是不同的。这里再次印证了"语言层次"观念核心论点的源泉来自于维特根斯坦。

最后，在 1932 年的对话中，维特根斯坦还从语法角度分析了"假设"概念。"假设在语法因它们的语法不同具有了不同语法结构。"② 魏斯曼继续询问维特根斯坦有关语法概念，维特根斯坦答道："如果我想要描述假设的语法，那么，我会说它不是由单称命题得来，也不是由一组单称命题得来。它将……绝不可能被证实。"③ 维特根斯坦在 1930 年代主要关注语法概念，但魏斯曼"语言层次"中并没有提及"语法概念"，因此对哲学语法的关注是维特根斯坦和魏斯曼在 1930 年代哲学思想的区别之一。

2. VW 对"语言层次"观念的启示

VW 中总共发现了七处与"语言层次"存在密切联系的论述，分别是，第一部分"维特根斯坦给石里克的口述"（维特根斯坦口述，由魏斯曼完成并转交给石里克）、④ "笔记 1" "我们的方法"

---

① ［奥］路德维希·维特根斯坦：《维特根斯坦与维也纳小组》，徐为民等译，同济大学出版社 2005 年版，第 122 页。

② 同上书，第 171 页。

③ 同上书，第 172 页。

④ 有一点需要澄清：在维特根斯坦遗作分类中有一类叫做"手稿"，英文叫做 manuscript，简写为 MS。在魏斯曼的遗作中，同样存在 MS。魏斯曼的 MS 是指石里克的姓名缩写：Moritz Schlick。

(这部分很有可能是魏斯曼本人改写的)、"论假设""元逻辑概念""论数学"和"附录"。下文将分别讨论:

(1) 维特根斯坦给石里克的口述

在1932年维特根斯坦给石里克的口述中,维特根斯坦分别讨论了"可能性""语言和它周围事物"和"论不安及其特征"。维特根斯坦在对"可能性"论述中认为,可以对"可能性"概念采取自由理解。"我们马上能够获得一种方法,而且我们可以自由地作出抉择。"① 这种自由主张跟哲学语法的任意性息息相关。在"语言和它周围的事物"主题中,维特根斯坦认为语言概念本身就是不固定的。"数学概念跟计算一样是不固定的,而且语言概念也如此。"② 接着,维特根斯坦还讨论了对数学概念的"完整性"和"不完整性",他认为,应该按照语言原本的情形来处理语言,把语言放回自然的地方,让其与周围事物结合在一起,这样我们有关语言的怪异想法就会消失。维特根斯坦强调了语言和语境的重要关联。维特根斯坦有关数学概念的"完整性"和"不完整性"讨论有可能是"语言层次"中"完整性"和"不完整性"概念的起源。

对语言游戏的关注是后期维特根斯坦哲学的重要部分。在"论不安的特征"主题讨论中,维特根斯坦猛烈批评了海德格尔"存在"和"虚无"概念。③ 他把这两个概念作为哲学中"不安"的经典例子。维特根斯坦认为,"哲 [学] 问题产生于我们对语言采取放任自由态度,而不是关注它的实际使用。"④ 语言放任自由就会导致它的"空转";当语言"空转"时,哲学问题就发生了。⑤ 哲学"不安"和"语言空转"概念在后期维特根斯坦哲学中占有重要作

---

① Baker P. Gordon, ed. , *The Voices of Wittgenstein*: *The Vienna Circle*: *Ludwig Wittgenstein and Friedrich Waismann*, London and New York: Routledge, 2003b, p. 39.

② Ibid. , p. 67.

③ Ibid. , pp. 69 – 73.

④ Ibid. , p. 73, 脚注110。

⑤ Ibid. , p. 73.

用。在这些论述中虽然不能直接找出魏斯曼"语言层次"观念中的维特根斯坦哲学来源，但是，可以发现维特根斯坦后期哲学的基调。维特根斯坦这些论点对魏斯曼后期哲学同样具有一定影响，这些影响可以从 HISP 中找到。

（2）笔记1

在"笔记1"中，维特根斯坦对"语言层次"理念的启示或许可从"论证实"①"论哲学"②"论普遍概念"③"论模糊概念"④ 和"论基本命题"⑤ 主题中找到。首先，维特根斯坦认为他在此时的哲学方法是一种"清楚易懂的展示"⑥，这种展示方法不仅是元哲学方法，同时也是从描述角度来从事哲学。⑦ 展示的目的就是要给我们对所讨论哲学问题提供"综览"⑧。"我们不提供解释，我们只是陈述规则……"⑨ 维特根斯坦"综览"哲学视角在魏斯曼"语言层次"理念中可以被理解为一种更普遍的视角，他们二者并无本质区别。这里表明哲学语法理念在1930年代维特根斯坦哲学中的重要位置。

在"**论普遍性概念**"中，维特根斯坦同样在倡导"综览"视角："不管怎样，要有一种普遍规则，这种规则表明我们可以从每个特殊命题中推导出普遍命题。"⑩ 维特根斯坦把"普遍性"概念和"特殊"概念进行对比分析，认为从特殊到普遍的方法是错误的："这个反对观点确实是正确的——用特殊来对普遍进行分析方法是不

---

① 　Baker P. Gordon, ed., *The Voices of Wittgenstein*：*The Vienna Circle*：*Ludwig Wittgenstein and Friedrich Waismann*, London and New York：Routledge, 2003b, p. 117.

② 　Ibid., p. 121.

③ 　Ibid., pp. 163 – 179.

④ 　Ibid., p. 213.

⑤ 　Ibid., p. 244.

⑥ 　Ibid., p. 121.

⑦ 　Ibid., p. 123.

⑧ 　Ibid..

⑨ 　Ibid., p. 124.

⑩ 　Ibid., p. 165.

可能的, 好比 '所有' 概念就是原初概念。"① 维特根斯坦所致力的就是从更普遍的角度来对哲学问题进行 "综览" 式考察。正是受到了维特根斯坦哲学影响, 魏斯曼才在 "语言层次" 中表明他的哲学目的就是从更加普遍角度来考虑哲学问题, 同时他也要把传统哲学方法反转过来, 即从一般到特殊的路径。"我们真的想要设置一种更普遍的规则, 这些规则可以涵盖所有这种类型的推论。"② 维特根斯坦再三强调要从普遍角度来理解符号, 就好比是符号的相面术③, 普遍角度也是一种语法考察。④

其次, 在 "**论模糊概念**" 讨论中, 维特根斯坦提出了概念的开放性构思: "总的来说我们不会下定义, 反之我们从某个方面让定义开敞。"⑤ 维特根斯坦以《圣经》人物 "摩西" 为例, 来阐明他的构想。"摩西" 概念本身就是变动不居的, "我们没有规则, 但是我们在实际使用 '摩西' 这个单词时毫无顾虑。我们好像在玩一种开放游戏"⑥ 维特根斯坦在这里隐约指出概念具有 "开放质地"。"我们活动的坚实基础不会被剥夺。因此我们不需要独断地宣称: 概念必须有严格界限。"⑦ 这里可以发现 "开放" 概念的开端: 维特根斯坦只是提出概念不必具有严格界限, 语言游戏本身也是开放的。基于这个论述, 魏斯曼提出了 "开放质地" 和 "封闭质地" 概念, 这再次论证了 "语言层次" 理念是受到了维特根斯坦的启示。

最后, 维特根斯坦在 "**论基本命题**" 中反思了 TLP 中基本命题的观点。⑧ "我有关基本命题的概念是和我之前的分析概念中的错误

---

① Baker P. Gordon, ed., *The Voices of Wittgenstein: The Vienna Circle: Ludwig Wittgenstein and Friedrich Waismann*, London and New York: Routledge, 2003b, p. 165.

② Ibid..

③ Ibid., pp. 171 – 177.

④ Ibid., p. 179.

⑤ Ibid., p. 215.

⑥ Ibid..

⑦ Ibid., p. 217.

⑧ Ibid., p. 244.

相关联的。"① 在这里维特根斯坦首次否定了他的"基本命题",有理由推测魏斯曼把这个观点及时地转告给了维也纳小组其他成员。维特根斯坦现在认为基本命题并不是独立的,例如命题"A 是绿色",它还可以被转换为"A 是绿色,而且 A 不是红色"。这之所以不是基本命题,是因为它预设了颜色系统的存在。在"语言层次"的"多值逻辑"语义节点中表明,TLP 中的原子命题(基本命题)不存在而且是神秘的。对基本命题存在的否定预示着并不只是存在一种逻辑系统,而是存在着不同的逻辑系统。另外,对基本命题的否定,也是维特根斯坦 1930 年代哲学"转变"的重要内容。维特根斯坦对基本命题的抛弃的同时意味着他对 TLP 中"逻辑图像论"的抛弃,从而走向描述的综览式视角。(具体参阅第四章第 4.1 小节)

(3)"我们的方法"

在以"我们的方法"为主题的文稿中,魏斯曼初步系统地论述了 1930 年代维特根斯坦哲学观点。"我们的方法"指石里克、"中期"维特根斯坦和魏斯曼的哲学方法。它以语法规则为研究对象,对哲学命题采取"综览式"考察,从而消除哲学上的"不安"。②

首先,语言是模糊的。我们在不同语言游戏中遵循不同游戏规则。语法具有任意性,我们对语词的使用在很多情况下也是随机的。③ "这就是我们想要研究语言的落脚点。想要避免专断,我们要让语言顺其自然,并且用语法图像将语言罗列出来。"④ 维特根斯坦强调对语言的语法考察。接着,他再次谈到了假设和证实的关系,他认为模糊的来源有两点:陈述可以从不同角度来得到证实,每个具体证实过程只是陈述的部分;⑤ 我们无法避免在证实过程中产生笛

---

① Baker P. Gordon, ed., *The Voices of Wittgenstein*: *The Vienna Circle*: *Ludwig Wittgenstein and Friedrich Waismann*, London and New York: Routledge, 2003b, p. 245.

② Ibid., pp. 283 – 309.

③ Ibid., p. 77.

④ Ibid., p. 279.

⑤ Ibid., p. 283.

卡尔式怀疑。"错觉的可能性永远不可能被排除……总是有一扇门敞开，而真理就是从这扇门中溜走的。"① 陈述可以有多种证实，在具体经验中，证实过程也被不同程度地理解。"经验总是对不同解释敞开……这就是证实不同的可能性。"② 维特根斯坦认为，尽管不能精确知道证实过程能进行多远，证实可能性却永远开敞着，我们也可以制造出一套必要的构建证实的规则。③ 语法考察在维特根斯坦1930 年代哲学中占据核心位置。

其次，维特根斯坦在魏斯曼面前作了初步描绘语法概念。维特根斯坦认为存在着两种规则：逻辑规则和实指定义④，他区分了规则的"本质性"和"非本质性"，"我们有什么规则来认为规则是本质的呢？这个问题的答案又是一个规则"⑤。只有在游戏内部才有本质和非本质特征说法；⑥ 只有在同一游戏内部才可以谈论规则本质特征。这个观点同时也有可能启发了魏斯曼的"语言层次"中具体层次的特征：每个语言层次内部是由同质逻辑规则构成的，而且不同层次是不同质的。

最后，在"综览可以消除不安"论述中，维特根斯坦再次认为语法考察以及描述型哲学所构建的综览视角可以消除哲学不安。⑦ 这个整体式哲学视角又对"语言层次"观念中更普遍角度来考察哲学问题的观点有所启发。

（4）在第六部分以"**论假设**"为主题的论述中，维特根斯坦关注了三方面：假设命题的意义，对假设的证实，盖然性、真和假概

---

① Baker P. Gordon, ed., *The Voices of Wittgenstein*: *The Vienna Circle*: *Ludwig Wittgenstein and Friedrich Waismann*, London and New York: Routledge, 2003b, p. 285.

② Ibid., p. 287.

③ Ibid..

④ Ibid., p. 305.

⑤ Ibid., p. 307.

⑥ Ibid., p. 309.

⑦ Ibid., p. 311.

念的讨论。前两方面的主要内容和维特根斯坦的观点跟本书所论述的有关观点大体相同，此处不再赘述。① 维特根斯坦区分了"盖然性""真"和"假"概念。"命题的盖然性独立于命题本身假设实际的发生与不发生，真就不是。盖然性概念跟真和假概念有截然不同的表现……真值涵盖一个系统，盖然性涵盖另一系统，因此当我们说'盖然性'是真和假的过渡是没有意义的。"② 在"语言层次"观念中，"真"是重要节点。维特根斯坦认为真和盖然性属于不同系统，魏斯曼则将真之概念发展为不同层次，二者之间并无本质区别。这再次证明，"语言层次"主要论点起源于 1930 年代的维特根斯坦哲学。

（5）第九部分**"元逻辑概念"**讨论仍可找到"语言层次"观念的起源。首先，维特根斯坦反复强调，很多带有名词性的实义词（substantive）往往会误导我们去寻求与之对应的实体（substance），③ 这是许多哲学问题产生的原因。"真"就是一个名词性实词："语词'真''符合'等只是在语言具体运算中的语词而已，就好像'是'和'否'一样，它们不是那些可以把运算和别的事物建立起联系的语词。"④ 名词性实词只是语言语法中的运算部分，它们并没有和现实发生联系，同时也不能通过实指来定义。其次，维特根斯坦讨论了"意义""有意义"和"无意义"。他所要倡导的就是，只有在语言具体使用过程中，在由具体语法构建的命题中，才可以讨论语词有意义与无意义。"这里我们只是希望对这些讨论采取更加普遍的视角，以此来考察它们的特点。"⑤ "这个问题真正特别之处在于，它只能通过对符号具体使用的描述来得到解答，因而只

---

① Baker P. Gordon, ed., *The Voices of Wittgenstein: The Vienna Circle: Ludwig Wittgenstein and Friedrich Waismann*, London and New York: Routledge, 2003b, pp. 345 – 349.

② Ibid., p. 351.

③ Ibid., pp. 481 – 491.

④ Ibid., p. 493.

⑤ Ibid., p. 497.

能从具体事例入手。"① 维特根斯坦谈到了普遍与特殊的关系，他强调从普遍角度出发来讨论和分析具体事例，在"语言层次"观念中魏斯曼采取了类似方法。

（6）在第十部分**"论数学"**的主题讨论中，维特根斯坦对几何学的讨论同样对魏斯曼有关观点有所启示。具体几何图形在几何学中有何具体作用？维特根斯坦说："如果在几何证明中画了一个图形，我们并没有超出几何学边界或越过了它的具体运用，相反，我们仍然待在几何学中，因为那个图形本身是属于几何学概念之中；好比它是语言的部分，而不是有关语言的具体使用。"② 具体几何图像只是几何学的部分，不是具体使用。从"语言层次"角度来说，它们只属于某个层次内部。维特根斯坦几何学观点或许对魏斯曼的IMT 有关内容给予了启示。

（7）**"附录"**再次分析了"记忆""假设"和"证实"。维特根斯坦以"如果某人心脏被捅了一刀，那么他就会死"的假设来阐明他对假设和证实的理解。③ 维特根斯坦认为假设包括三方面：定义、普遍假设和特殊假设。在实际证实过程中永远不可能排除这个可能性：假设有可能在任何时候都会被经验所否定。④ 维特根斯坦再次表明证实过程是敞开的，这也再次表明维特根斯坦在1930 年代的哲学思想对魏斯曼的"语言层次"所具有启示作用。

五　"语言层次"——马克维克的解读

除了本书理解，马克维克也根据魏斯曼的文本，提出了"语言层次"的个人理解。概念的"开放质地"是"语言层次"理念的中心论点，也是"语言层次"主要特征的具体体现。在"语言层次"

---

① Baker P. Gordon, ed., *The Voices of Wittgenstein: The Vienna Circle: Ludwig Wittgenstein and Friedrich Waismann*, London and New York: Routledge, 2003b, p. 501.

② Ibid., p. 517.

③ Ibid., p. 529.

④ Ibid., p. 531.

中，其中五个概念之间的关系比较松散。① 魏斯曼还在世的时候，"语言层次"观念就在牛津大学学术圈中引起了关注，可以从赫迪·李伯曼（Hedi Lieberman）的回忆录中找到证据。

（一）"语言层次"受到莱尔的"哲学绘图学"理念的影响

跟本书类似，马克维克也指出"语言层次"提出的背景是反对以罗素、怀特海、卡尔纳普为代表的还原论。还原论指的是自贝克莱以后，哲学家把物质客体还原为感觉语料。不仅如此，魏斯曼的"语言层次"观念还受到了莱尔的"哲学绘图学"（philosophy as cartography）观点的影响。

莱尔在 1945 年的演讲中表达了"哲学绘图学"观念，这要比"语言层次"第一个版本的发表要早一年。"莱尔曾做了如下著名对比：哲学家好笔绘图家。他来到城里，用'逻辑地理'方式来展示出城中居民。他这样做的目的在于深刻了解绘图过程中所涉及的不同角度和距离。"② 莱尔的类比目的在于指出哲学和其他学科存在的方法论差异。马克维克认为，魏斯曼所提出的"语言层次"观念跟莱尔的类比存在类似之处：对几何学不同弧度整体和具体特征的研究，可以跟有关自然语言的局部和整体的特征研究拿来进行对比。尽管魏斯曼和莱尔有关观念存在类似，但是双方还是存在差异：魏斯曼的类比不在于把哲学与其他科学拿来类比，而是把有关人类生活所有方面对比，比如法律、爱情、诗歌、物质客体以及感觉语料。

马克维克指出，魏斯曼的类比提出了两个论点。第一，从局部研究"语言层次"的五个论点，我们能够从中得出"语言层次"整体特征。这种研究就是局部、单独的研究，每个方面的研究并不存

① Makovec Dejan, "Introduction: Waismann's Rocky Strata", in Makovec Dejan and Shapiro Stewart, eds., *Friedrich Waismann: The Open Texture of Analytic Philosophy*, Cham: Palgrave Macmillan, 2019, p. 7.

② Makovec Dejan, "Introduction: Waismann's Rocky Strata", in Makovec Dejan and Shapiro Stewart, eds., *Friedrich Waismann: The Open Texture of Analytic Philosophy*, Cham: Palgrave Macmillan, 2019, p. 9.

在关联，好比数学哲学中的形式主义，它单独处理点、线、面。第二，跟高斯的内蕴几何类似，每个层次都有自己的内在曲率，比如有不同弧度的证实。假如要把一个层次上面的项目还原为另一层次，这样的话就会导致扭曲。每个层次有自己的内在逻辑，一个层次以内的元素不能被还原到另一个层次中，如果这样做的话，就会导致扭曲、哲学混淆。"语言层次"强调的是不同层次的逻辑规则是不同的，同一观念可以从不同层次来解释。一旦同一概念从不同层次来解释，我们对这个概念的理解也就会不同。

魏斯曼的"语言层次"跟"哲学绘图"也存在差异。魏斯曼的"语言层次"观念把"哲学绘图"理念从 2D 转换为 3D 隐喻模式。①"语言层次"并非在于仅仅对该城市勾画出"逻辑地图"，它强调从不同视角、不同层次来考察与城市中有关的概念或者理解。

（二）"语言层次"理念类似于蒯因的"信念之网"

魏斯曼和维特根斯坦哲学互动的遗作中曾表明，魏斯曼把命题"证实"的过程描绘出来，他指出"证实"有不同层次。我们曾指出这点是"语言层次"观念最早来源。马克维克还从牛津大学博德莱图书馆魏斯曼遗作中发现了有关"语言层次"与不同证实路径的描画：

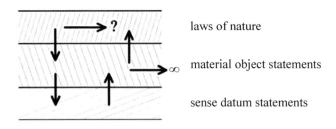

"语言层次"与证实的不同路径图，转引自马克维克（2019：12）

---

　　① Makovec Dejan, "Introduction: Waismann's Rocky Strata", in Makovec Dejan and Shapiro Stewart, eds., *Friedrich Waismann: The Open Texture of Analytic Philosophy*, Cham: Palgrave Macmillan, 2019, p. 11.

根据马克维克的理解，图片中的箭头方向表示有关实体对象陈述被证实的具体路径。这些箭头在不同层次间穿越，表明同一实体对象能够从不同角度来证实。魏斯曼指出，证实过程形成了复杂网络，复杂的线性图，有关第一人称的句子所表示的当下暂时的经验句子好比知识与实在相接触的点。① 马克维克指出魏斯曼的观点接近于蒯因的"信念之网"。

（三）"语言层次"的"投射主义"

跟本书有关考察结果类似，马克维克同样指出哲学问题源于哲学家把不同层次观念放到同一层次上使用，或者说哲学问题源于不同层次的接触。"'语言层次'是魏斯曼从所谓语言转向继续前进的尝试。"② 尽管"语言层次"观念提出了五个核心论点，但是魏斯曼并没有强调应该从哪个角度开展研究。马克维克认为"语言层次"理念的焦点还是在语言分析上面。

前面谈到，"语言层次"反对的是哲学中的还原论。相反，马克维克认为"语言层次"提出了"投射主义"（projectionism）观点：我们不仅要关注到每个层次的内在逻辑，也仍然可以把一个层次中的东西投射到另一层次中，只要我们意识到这样做所带来的后果。总的来说，魏斯曼还是崇尚那些"逻辑丰满的描述"（logically thick descriptions）。

马克维克敏锐地发现"语言层次"表达的元哲学观点跟魏斯曼在其他地方表达的相关观点一脉相承。后期魏斯曼元哲学观点主要体现在 HISP 中，其观点在于哲学的精髓在于自由。这种元哲学观点同样体现在"语言层次"和"开放质地"观念中。"语言层次观念是魏斯曼的哲学视野……跟卡尔纳普的《世界的逻辑构造》中的元

---

① Makovec Dejan, "Introduction: Waismann's Rocky Strata", in Makovec Dejan and Shapiro Stewart, eds., *Friedrich Waismann: The Open Texture of Analytic Philosophy*, Cham: Palgrave Macmillan, 2019, p. 12.

② Ibid., p. 13.

哲学观点、蒯因的信念之网和后期维特根斯坦语言游戏观念相比，'语言层次'含有较少的还原论和整体论，而且更系统。"①

六 "语言层次"与"语言游戏""哲学语法"的关联

"语言层次"是以"开方质地"为核心，以"逻辑""描述不完整性""证实"概念和"真"为节点的网络。"语言层次"作为后期魏斯曼最重要的哲学观点，不仅是魏斯曼的哲学独创，同时也深刻地受到了维特根斯坦哲学的启示。本章开头分别谈论了"语言层次"中的五个节点，以及"中期"维特根斯坦有关启示。有关考察表明"语言层次"观念和维特根斯坦的某些哲学观点存在着密切的关联，尤其是"语言游戏"和"哲学语法"。"语言层次"跟维特根斯坦哲学观点的关联体现在以下方面：

第一，维特根斯坦的哲学观点是"语言层次"观念的重要理论源泉。首先，从魏斯曼和"中期"维特根斯坦有关"假设"和"证实"的讨论中可以发现"语言层次"的理论源泉。维特根斯坦认为不存在无穷证实，而且具体证实过程非常复杂。这有两个原因：在具体证实过程中存在着笛卡尔式的怀疑主义；表达证实语词的意义具有模糊性。假设的证实可以有不同理解，存在着不同意义上的证实，而且跟"语言层次"中的"证实"节点密切联系。"语言层次"观念提出的理论背景之一就是 TLP 中代表的激进还原论（逻辑原子主义、图像论）。

第二，"语言游戏"具有的开放性本质跟"语言层次"中的"开放质地"本质相同：它们都强调语言的本质是可塑的。"语言游戏"理念的提出的目的是引出哲学作为语法的考察（哲学语法）。语言游戏是以规则为指导的，而这些规则就是有惯例的人类

---

① Makovec Dejan, "Introduction: Waismann's Rocky Strata", in Makovec Dejan and Shapiro Stewart, eds., *Friedrich Waismann: The Open Texture of Analytic Philosophy*, Cham: Palgrave Macmillan, 2019, p. 14.

行为;语言游戏正常运转的基础是生活形式;语言游戏最本质的特征是不同语言游戏不存在严格界限,它们只有家族象似性。不同语言游戏之间之所以不存在严格界限,是因为游戏从本质上来说是开放的。

第三,维特根斯坦提出"哲学语法"是强调语言游戏具有的网状规则。哲学语法被提出的目的是替代 TLP 中的纯粹逻辑。哲学语法是区分语词有无意义的标准,对"语言层次"来说,在"逻辑"节点中,魏斯曼强调了存在着不同层次的逻辑。魏斯曼的主要目的是让我们更宽泛地对待逻辑概念。从这个角度来说,"语言层次"和"哲学语法"提出的目标是一样的:他们都尝试摆脱 TLP 中的严格逻辑,往更加宽泛的逻辑概念方向发展(魏斯曼建议采用三值逻辑以便消除排中律;维特根斯坦强调日常语言的语法作为哲学语法)。

第四,"语言层次"中的"描述不完整性""证实"以及"真"之概念,三个节点都源于魏斯曼跟维特根斯坦在 1930 年代有关"假设"和"证实"的探讨。(请参考四章第二节)"中期"维特根斯坦认为,"假设"是具有规则的连续体,我们所观察和证实的只是连续体中的一个截面,这点是"语言层次"最直接的理论启示。维特根斯坦其实在这里表达了两个观点:"假设"是由日常语言构成的命题,由于日常语言语义有模糊性,因此,日常语言可以被视为一个由语法规则构成的连续体;"假设"本身就是规则,实际观察到的只是这个规则连续体的一个截面。维特根斯坦所要表达的是第二个观点。魏斯曼或许理解了维特根斯坦所要表达的两个意思,但是,魏斯曼在"语言层次"中所关注的其实是维特根斯坦表达的第一个观点(本书不认为魏斯曼误解了维特根斯坦)。

第五,"语言层次"背后所蕴含的元哲学观点跟维特根斯坦元哲学一致:哲学问题源于我们对语言的误解/混淆。"语言层次"的核心论点在于,语言可以被分为不同层次,每个层次内部由不同语法/

逻辑规则构成。在每个语言层次内部中的语言运作是自治的（类似于维特根斯坦的语法是自治的、具有任意性），不同语言层次具有不同的语法/运算规则，一旦不同层次之间发生了"接触"（本书理解为交叉），我们就容易产生混淆，因此就产生了哲学问题。

哲学问题源于哲学家对语言的误解和误用的观点不仅贯穿在维特根斯坦的整个哲学生涯中，也体现在魏斯曼的后期哲学中。既然哲学问题源于哲学家对语言的误解和误用，那么维特根斯坦和魏斯曼是如何尝试通过研究语言来消解哲学问题呢？维特根斯坦强调分析方法的重要性：他从早期严格的逻辑分析逐渐过渡到"中期"带有心理分析特质的语言分析，最后在后期哲学中转向了以日常语言的语法分析的路径。反观魏斯曼，他的"语言层次"是对维特根斯坦早期和"中期"分析方法的整合和发展：他把早期和"中期"维特根斯坦思想融合进了"语言层次"。

七 "语言层次"观念存在的缺陷及可能的批评

魏斯曼的"语言层次"观念存在缺陷。"语言层次"观念跟维特根斯坦的"语言游戏"和"哲学语法"概念相比，它的缺陷有以下几点：

第一，如果"语言层次"观念不是一种理论，那它是什么？魏斯曼只能求助于维特根斯坦：哲学不是一种理论，而是一种活动。魏斯曼从侧面回应了笔者的问题："语言层次"观念是一种理念，不是一种理论。当然，从这个回答我们可以看出魏斯曼的确领会和传承了维特根斯坦的元哲学观点，但魏斯曼的答案仍显牵强。魏斯曼在论述"语言层次"观念的时候，他的目的只在于为哲学研究提供一种语言的新视野（新的语言图像），"语言层次"建构的新视野从五个节点论证了哲学家应该对语言有更加宽泛的视野，而不是仅仅拘泥于某一点。"语言层次"观念是对哲学研究、对语言的新洞察，用维特根斯坦的话说，就是对语言、哲学问题的综览。

第二，魏斯曼的"语言层次"观念是哲学观点的大杂烩。魏斯曼把五个节点放在一起，原本是要增强"语言层次"观念的说服力，本书认为他的做法是适得其反的。如果单独思考每个语义节点，很多是不得要领的。例如，三值逻辑跟"语言层次"有必要联系吗？存在着不同意义真的概念和证实，那跟"语言层次"有必要联系吗？魏斯曼或许会这样回答：如果把"语言层次"观念中的每个节点单独思考，它们跟整个观点并无直接联系；但是从"语言层次"整个哲学视野来考察，或许它们有关联。在"语言层次"观念所代表的更广阔哲学视野中，逻辑概念可以分为不同层次、真之概念可以分为不同层次、证实可以分为不同层次，魏斯曼的回答可能会让反对者满意。

第三，"语言层次"观念在分析哲学中有何价值？魏斯曼可能会这样回答："语言层次"观念目的在于转变哲学家看待哲学问题的视角和态度，他的目的在于对哲学问题或哲学观念的深刻洞察和新视角。要理解"语言层次"观念具有的哲学价值，关键在于理解后期魏斯曼的元哲学思想。（本书在第五章第二节将关注这个方面）

第四，"语言层次"观念的重要性体现在两方面："语言层次"观念的提出是为了论证维特根斯坦有关哲学的混淆，是源于哲学家对语言误解和误用的元哲学观点。语言可以分为不同层次，每个层次和各自内部有不同逻辑规则，一旦不同层次间发生了交叉，就会产生哲学问题；"语言层次"观念的核心是语言所具有的"开放性质地"：正是由于自然语言具有的开放质地，自然语言的语义才有模糊性。语义模糊性是客观存在的现象，它根植于语义所具有的开放质地。魏斯曼的"开放质地"理念能够合理地为维特根斯坦不同"语言游戏"存在的家族象似性的正当性辩护。

第五，"语言层次"观念中有关"语言"的指称值得商榷。"语言层次"观念中的"语言"存在多种意义：它是逻辑运算符号吗？（有人会这样认为）是日常语言吗？是不同理论系统吗？根据本书的理解，"语言层次"观念中的"语言"指称的是以日常语言为代表的自然语言。

第二节 魏斯曼对 "中期" 维特根斯坦元哲学观点的发展

后期魏斯曼元哲学观点集中体现在他于 1956 年发表的 HISP 一文。与魏斯曼在其他哲学著作中的文风类似，HISP 分为八个小节，而且存在诸多重复之处。从 HISP 第一节到第三节结构和内容上看，它实际上是一篇完整的论文；魏斯曼在第四节到第八节的工作是对前三节内容的补充和深化。HISP 实际上是分两次完成，本书把这两部分综合起来探讨。

细读 HISP，魏斯曼在第三节末尾概括了他后期的元哲学思想："1. 哲学的工作就是对所有偏见的批判、消解和超越，厘清所有那些思维教条以及约束那些思维的模式，无论它们是源于语言或是其他方面；2. 哲学中最重要的是不断地突破，以达到某种深刻洞察……而不仅是去驱散迷雾，以及揭露伪问题；3. 洞察不能被嵌入公理中，而且它也不能被彰显；4. 哲学论证全都不具有逻辑强制性：它真正地展示出实际所发生的事情；5. 它们的目的是要让哲学家大开眼界，使他们从新的角度去看待事物；6. 哲学和逻辑的本质区别在于，逻辑给我们带来束缚，而哲学让我们自由……哲学的精髓就在于它的自由。"① 后期魏斯曼元哲学观点跟 "中期" 维特根斯坦元哲学观点存在许多不同之处：魏斯曼并不认为哲学研究仅在于对哲学家在哲学研究中所使用的哲学语词的语言分析，哲学研究在于对某个哲学观点深刻的洞察，在于获得某种哲学视野。上述六个观点极其精炼，如果不深入研讨 HISP，有可能会误解魏斯曼的观点。

语言分析作为哲学研究方法具有两面性。以弗雷格和早期维特

---

① Waismann Fredrich, "How I See Philosophy", in Harre Rom, ed., *How I See Philosophy*, New York: St. Martin's Press, 1968, p. 21.

根斯坦为代表的分析哲学所倡导的方法在于语言分析;"中期"维特根斯坦哲学的复杂转变过程以及维也纳小组从 1930 年代开始走向分裂和瓦解过程,同时影响着魏斯曼在 1936 年以后的哲学。正是受到了上述影响,魏斯曼在后期哲学中开始反思语言分析为方法的分析哲学。

在 HISP 中,魏斯曼非常显著地体现出对维特根斯坦哲学以及逻辑经验主义的偏离与批判。魏斯曼认为,以语言分析为方法的分析哲学给哲学带来两个影响:分析方法容易把哲学研究变成非常消极的事业,通过分析方法可以祛除哲学研究中对某个哲学概念的理解所存在的迷雾,却也容易让哲学研究变成只是对语言的批判,这样就缩小了哲学研究的范围;分析方法同样给哲学研究带来了很多积极的东西,例如它能够使哲学家深刻洞察他们在进行哲学研究的时候所使用的语言。魏斯曼在 HISP 中关注的就是分析哲学的两个影响,他要论证的就是分析哲学的积极影响。

一　魏斯曼对语言分析方法的阐明

魏斯曼在 HISP 中分别对语言分析方法做了四次阐明,此处只关注其中一个。语言分析的焦点在于对哲学家在进行哲学研究的过程中所使用的日常语词意义的追问,对语词意义的追问就是对语词具体使用的考察;对语词意义的具体使用的考察就意味着对日常语言的语法考察。哲学和语法的关系是哲学研究作为语法研究,其本质就是语言分析方法。如何具体实施语言分析方法呢?魏斯曼认为,在对某个哲学家对某个哲学问题思考的时候,我们反复询问他在思考哲学问题的时候所使用的语词的意义。他是如何使用某些关键语词的?在对哲学家有关语词的意义和使用是否正确和适当的询问中,"'我们不是在和他作对;我们只想提醒他,让他注意到他一直所使用的语词,他对语词的那些使用都是在非哲学的语境下,然后我们指出,如果他坚持仍然想要在这个意义上去使用那些语词,那么,他去说那些他想要说的就会把他带到荒谬的境地。'我们所做的所有事情都是使他对自己的实践有充分的意识。我们避免任何断言，怎么解释是他的事情。"①

语言分析在于如下要点：指出哲学家进行哲学研究时所使用的语词跟该语词在日常语言中的实际使用间存在的区别；指出哲学家在进行哲学研究时所使用的语词实际上偏离了该语词在日常生活中的实际使用，并且指出这种偏离会导致一些哲学问题；分析的目的在于让这个哲学家意识到上述方面；语言分析方法不做任何断言，同时也不强迫这个哲学家按照我们的方式行事，对语词的具体使用和对我们的分析方法得到的建议的接受或拒绝的主动权掌握在这个哲学家手里。

如 TLP 第七个命题中所宣称的那样，凡事可以说的都可以说清楚。我们就是通过对哲学家在哲学研究中所使用具体语言的意义的分析，才把那些哲学家可以说清楚的说清楚。② 在对哲学研究的语词意义有了清楚地理解和阐明以后，或许这样就会改变使用该语言进行哲学研究的哲学家对待他所思考哲学问题的态度；哲学家态度转变的结果就是他所看待哲学问题视角的转变；语言分析不仅缓解理智的不安，更重要的在于如何帮助哲学家摆脱语言形式对哲学家思维的控制。

分析哲学家在从事哲学研究过程中所体现的具体方法和特质与欧陆哲学家有巨大差异，魏斯曼描述了典型的以语言分析为方法的分析哲学家做哲学的套路。③ 以分析方法为研究手段的分析哲学是自由主义/非教条主义，它在于提醒哲学家意识到他在学研究中所使用语词的不同使用，以及由此产生的不同意义。这些语词的不同使用会对他的哲学研究可能会带来的诸多后果；分析哲学强调从事情自

① Waismann Fredrich, "How I See Philosophy", in Harre Rom, ed., *How I See Philosophy*, New York: St. Martin's Press, 1968, p. 11.

② Waismann Fredrich, "How I See Philosophy", in Harre Rom, ed., *How I See Philosophy*, New York: St. Martin's Press, 1968, p. 18.

③ Ibid., p. 12.

身角度来看待它们；语言分析的本质是描述性哲学方法，不是解释某个哲学观念；语言分析方法在于对语言的语法考察，而成果就是使哲学家加深对日常语言的理解。将语言分析作为研究方法，其原因在于，分析哲学家认为大部分哲学争论和误解源于哲学家对语言的本质的误解。哲学家受到语言形式齐一性误导的结果就是哲学家制造了很多错误类比，语言分析的目的就在于转变哲学家看待哲学问题的视角。①

总的来说，语言分析作为一种方法在于通过对哲学研究中所使用语词的意义的分析，以便让哲学家对他所思考的哲学问题有综览式理解；语言分析并不是解释哲学问题以及哲学研究所使用的语言，而是描述它们；语言分析同时通过不同类型的类比让哲学家更深刻地理解哲学问题；分析的所有目的都在于改变哲学家看待哲学问题的视角，但最终还是需要哲学家决定是否接受这些结果。

二　分析方法与哲学中的不安

正如维特根斯坦在 TLP 所言，哲学问题和混淆源于哲学家在从事哲学研究活动时误解了哲学讨论所使用的语言。哲学家通过日常语言来表达他们的观点，用日常语言来进行哲学对话和讨论。哲学家对语言的误解表现在对语词意义的误解和对语词用法的误用。哲学问题最初从哲学家的内心对外界产生的深深不安所引起，因此，魏斯曼认为首先需要考察的就是哲学家心中的不安和理智的不快。在哲学家心中所产生的不安和理智上的不快同样是由哲学家对所使用语言的误解引起的。

哲学家心中的深深不安指的是什么？魏斯曼用了两个例子来阐明。时间测量中存在的问题："过去不能被测量，它已经消逝了；将来不能被测量，它还没有到来；现在也不能被测量，它没

---

① Waismann Fredrich, "How I See Philosophy", in Harre Rom, ed., *How I See Philosophy*, New York: St. Martin's Press, 1968, pp. 20–21.

有广延。"① 伊曼努尔·康德（Immanuel Kant）忽然发现几何学的存在是个谜。"我们在这里拥有清晰透明的命题，正如大家所愿望的那样，它看起来是先于所有经验的；同时它们又被奇迹般地应用于现实世界中。那怎么可能呢？在不借助经验帮助（的情况下），心智能够以某种晦涩的方式真正地对现实事物的特性有所洞察吗？以这种方式去看的话，几何学就会笼罩上一层令人纷扰的气氛。"②

哲学家心中的不安产生的原因是什么？首先，哲学缘起于怀疑。这种怀疑源自日常生活，而不是某种神秘物。"从柏拉图到叔本华，哲学家们一致同意他们的哲学研究是源于怀疑。③ 引起（哲学家们怀疑）的，不是那些深邃罕见的东西……是那些摆在我们面前显而易见的东西：记忆、运动等普通观念。"④ 只有当我们以某种特别方式来看待日常生活中的事物时，才产出某种不安："我们所有人都经历过这种时刻，有些非常普通的事物突然间变得怪异起来，从而引起我们的注意……而当我们以某种特别的方式去看的时候，这种情况就会发生，就像魔术般令人意想不到地发生变化：它们以一种令人困惑的表达出现在我们面前。"⑤

其次，哲学家的怀疑会影响哲学研究。"当看到这些问题的时候，我们的心灵之眼⑥似乎变得模糊起来。好像一切东西，甚至那些本该绝对清楚的，都变得光怪陆离，而不像它通常的面目了。"⑦ 哲

---

① Waismann Fredrich, "How I See Philosophy", in Harre Rom, ed., *How I See Philosophy*, New York: St. Martin's Press, 1968, p. 3.

② Ibid., 1968, p. 4.

③ "Wonder" 是多义词，这里可以理解为怀疑、惊愕、惊奇。魏斯曼在这里表达的有点模糊。

④ Waismann Fredrich, "How I See Philosophy", in Harre Rom, ed., *How I See Philosophy*, New York: St. Martin's Press, 1968, p. 3.

⑤ Ibid., p. 4.

⑥ "Mind's eye" 可直译为"心灵之眼"。

⑦ Waismann Fredrich, "How I See Philosophy", in Harre Rom, ed., *How I See Philosophy*, New York: St. Martin's Press, 1968, p. 3.

学中的不安源于哲学家在哲学研究过程中使用的日常语言的表达形式暗藏着危险。例如表达式"时间在流逝"存在着张力,从牛顿力学角度来说,当我们在问时间变化速度的时候,这就是在问不可问的问题。叔本华问道:假如世间一切事物都突然停止了,时间还在流动吗?对这些问题的思考引起了有关时间本质的思考。"问题的答案会将时间背后所隐藏的本质显露出来。萦绕在知识分子脑海里的是许多深层的不安——对时光流逝的不可避免性的恐惧,以及强加给我们所有对生命的种种反思。此刻,所有这些疑虑通过这个问题而释放出来,即'时间是什么?'"① 哲学家内心的不安是哲学家哲学思考所表现出来的主要症状,魏斯曼以奥古斯丁对"测量时间何以可能?"的问题进行着魔似的思考为例来阐释什么是哲学家内心的不安。"困扰他的是测量时间何以**可能**,(由于)过去的一小时不能被搬过来和现在的一小时放在一起作对比。或者从这个角度来看:测量过的属于过去,正在测量的属于现在:那怎么可能?"②

最后,哲学中的不安还源于哲学家对语词意义的"实质性"特征和"实体"联系所持有的错误理解。语词"substance"与语词"substantive"的联系是这样的:前者是实体,后者是"实物名词"的意思,即对于每个"substantive",我们都误以为有个实体与之对应。在日常语言中,并不是每个实物名词都有与之对应的实体,比如名词"痛",它有对应的实体吗?认为语词意义具有对应的实体的观点就是预设了"意义体"的存在,这是导致哲学不安的原因之一。"'时间'的**名词**形式促使我们为此而寻找答案,这不就是神秘所在吗?由于我们对名词形式的深刻体验,这种观点如此诱人,几乎使得我们不可抗拒地转过身去寻求某个名词的'对应物'。我们正吃力

---

① 此处的括号及其内容原文就有。Waismann Fredrich,"How I See Philosophy",in Harre Rom,ed.,*How I See Philosophy*,New York:St. Martin's Press,1968,p. 5.

② Waismann Fredrich,"How I See Philosophy",in Harre Rom,ed.,*How I See Philosophy*,New York:St. Martin's Press,1968,p. 3.

地想去抓住由语言晦涩形成的影子。对我们语言形式的错误类比导致我们理智上的不快(当涉及语言的时候,这种不快变得尤为突出)。"① 魏斯曼认为,对语词的实质性特征和实体的错误类比会导致哲学家心中的深深地不安(理智上的不快)。在哲学家使用日常语言来表达内心不安过程中,日常语词并没有行使它所本该具有的功能。

三 语言分析作为消极的哲学研究方法

语言分析方法在哲学研究中的功能在于,它能够澄清哲学讨论和思考中所使用语言的意义和使用。阿基里斯与龟赛跑争论的本质在于哲学家误解了语词"永不"的两种用法:距离上的和逻辑上的;在爱因斯坦有关"同时性"概念的思考中,语言分析方法同样发挥了巨大作用。魏斯曼认为以语言分析为方法的哲学研究实际上是消极的哲学研究,原因在于其元哲学基础:哲学问题不是被解决的,而是被消解的。哲学问题通过语言分析方法被消解了,是哲学家对语言意义的误解和误用。

哲学问题如何被消解?"消解"包含什么呢?这就在于,我们得弄明白我们用来提问的那些语词的意义,那样的话,"我们就将(那些语词的意义)施加在我们身上的魔咒给解除了……因此它(困惑)**曾是**某种有关语言使用的困惑或是有关规则本身的困惑。就是在这里,哲学和语法相遇了。"② 哲学问题被"消解"的观点在于弄清楚提问时所使用语言的具体意义,语词的意义通过具体使用得到体现和理解。对语词不同用法的考察就是对语词语法的考察,语词意义代表语词在语法空间中的位置。因此,哲学上的困惑源于对使用语词意义的误解和误用,这也表明我们误解了语词的语法。因此,

---

① 此处括号及其内容原文就有。Waismann Fredrich, "How I See Philosophy", in Harre Rom, ed., *How I See Philosophy*, New York: St. Martin's Press, 1968, p. 6.

② Waismann Fredrich, "How I See Philosophy", in Harre Rom, ed., *How I See Philosophy*, New York: St. Martin's Press, 1968, p. 10.

哲学和语法才相遇。

分析哲学家扮演了迷雾驱散者和哲学问题消解者的角色。语言分析是批判性分析，因此会产生消极哲学。这种观点的代表就是早期维特根斯坦，魏斯曼在后期哲学中逐渐意识到语言分析给哲学带来的消极影响。在这种框架的哲学研究中只有对哲学问题的消解，它不强调哲学的发展与进步，是对哲学研究的否定。不存在哲学问题，哲学问题源于哲学家对语言意义的误解。这也是分析哲学在 20 世纪下半叶走向衰落的主要原因（尤其是语言哲学）。后期魏斯曼哲学所处的哲学史背景就是分析哲学正逐渐走向衰落，欧陆哲学、现象学、解构主义走向繁荣的时期。魏斯曼反思了分析哲学的方法，他指出以早期维特根斯坦哲学为代表的语言分析哲学的确是消解的哲学方法和哲学视野，但是，他更主要的目的还在于为分析哲学和分析方法对哲学所具有的积极方面进行辩护。语言分析是一种批判性分析，它同时也为哲学带来了很多积极影响。

四　语言分析作为积极的哲学研究方法

哲学家不只是迷雾的驱散者。哲学研究中还有积极的东西："哲学问题如果被深究的话，是可以产生某些积极的东西——例如，它使我们对语言的理解更深刻。可以让我们对物质客体、他心等问题采取怀疑态度。"[①] 以语言分析为方法从而对哲学问题本质的考察，可以加深对语言的认识，它使哲学家怀疑某些哲学问题，让我们意识到对语言本身的怀疑就是语言的空转。

根据考察，魏斯曼为语言分析作为积极哲学研究方法有如下论点：语言分析可以帮助哲学家更深刻地理解日常语言的语义与语法

---

① Waismann Fredrich, "How I See Philosophy", in Harre Rom, ed., *How I See Philosophy*, New York: St. Martin's Press, 1968, p. 3.

（因为语言分析的内容就是对日常语言意义和语法的考察）；语言分析方法可以让哲学家更清楚地理解哲学怀疑论的本质（怀疑论是语言的空转）；对语言意义和语法的考察反过来又能够增加哲学家对语言和现实关系的理解；通过对哲学问题的语言分析，我们能够让哲学家对他所思考的哲学问题有综览理解，这种理解有可能会促使哲学家对哲学问题视角的转变（有时候哲学问题可以被转化为科学问题）；语言分析方法能够让哲学家对哲学研究中所使用的概念和论证的过程有明晰性的理解。具体来说，语言分析方法在哲学中的积极作用包括以下两点：

（一）哲学的目的是借助语言分析方法来转变哲学家看待哲学问题的视角

首先，魏斯曼列举了两个例子来阐明语言分析方法在哲学争论中起到的作用。在古希腊哲学有关阿基里斯与龟赛跑到底谁会赢的争论中，芝诺认为阿基里斯永远也追不上乌龟。哲学家中有关一分钟是如何消逝的争论，即"一分钟永远没有尽头"[1]。魏斯曼认为通过分析方法可以揭示出语词"永不"在上述争论中实际上是在不同意义上使用的，语词"永不"有两种意思：时间上的（一分钟的概念的争论）；非时间上的（阿基里斯与龟赛跑）。哲学问题的产生是由于哲学家误解语词的意义，它们混淆了语词的不同使用。在"永不"的使用中，"（我们）犯了一个大错误：我们早已混淆了'永不'的两种意义，一种是从时间上而言而另一种是非时间上的。当然我们可以正确的说序列 1，1/2，1/4，1/8……永无终点，在这个意义上的'永不'跟时间毫无关联。"[2] 在阿基里斯与龟的赛跑中，"我们从数学上的**非**时间[3]的'永不'概念跳进了与时间相关的'永

① Waismann Fredrich, "How I See Philosophy", in Harre Rom, ed., *How I See Philosophy*, New York: St. Martin's Press, 1968, p. 7.

② Ibid. .

③ 原文是"non-temporal"，暂且译为"非时间的"。

不'概念里面。要是我们的语言有两个不同单词来标示①这些意思的话，也许这个混淆就永不会产生"②。在上述两个例子中，哲学家不仅误解了语词"总是"的意义，还误用了这个词。③

语言分析可以作为转变哲学家视野的有力武器："如果哲学想前进，这不是靠往它的清单里增加新命题就能办到，而是靠转变整个（人类的）心智图景，靠降低那些困惑我们、使我们苦恼的问题的数量，哲学就是这种结果。这样构建的哲学就是某种伟大的解放（人们思想的）力量。哲学的任务就是，用弗雷格的话说，'通过（正确的）使用我们的文字语言，（对哲学问题进行分析），以此来揭示那些所产生的困惑……这样我们就将那些受到语词暴政的精神释放出来'。"④ 语言分析不仅在于缓解理智痉挛，更在于如何帮助哲学家摆脱语言形式对哲学思维方式的控制。

（二）语言分析作为一种哲学讨论，可以转变哲学家看待哲学问题的视角

在对语言分析方法的具体运用过程中，我们实际上是在从事对话和讨论工作。通过分析方法来进行的哲学讨论可以改变提问者的态度：哲学讨论目的在于转变哲学家看待事物的方式。哲学视角的转变可以消除哲学家理智上的痉挛："在讨论过程中，我们看到了它们（这些问题）是误导人的……他现在很好地意识到了那些误导他的类比的事实，他从某个不同语言背景来看待这个问题……⑤他（身上的）某种紧张感消失了，于是他如释重负地说道：'是的，事

---

① 原文是"mark"，即做标记，暂且译为"标识"。

② Waismann Fredrich, "How I See Philosophy", in Harre Rom, ed., *How I See Philosophy*, New York: St. Martin's Press, 1968, p. 8.

③ 蒯因在谈悖论时指出，这个悖论的实质在于假定的无穷级数的和是无穷的。Waismann Fredrich, "How I See Philosophy", in Harre Rom, ed., *How I See Philosophy*, New York: St. Martin's Press, 1968, p. 8.

④ Waismann Fredrich, "How I See Philosophy", in Harre Rom, ed., *How I See Philosophy*, New York: St. Martin's Press, 1968, p. 13.

⑤ 此处括号及其内容原文就有。

情就是那样。'"① 语言分析哲学中讨论目的在于转变哲学家看待哲学问题的视角，丰富哲学家对哲学问题和哲学研究的洞察："借助批判性分析，我们尝试抵消语言带来的影响，或者说（这样的结果一样）②，我们也可以帮助提问者一开始就对他所探求的东西的本质，获得更深刻的洞察……更为重要的是，改变他看问题的视角；或者更像是丰富他的洞察。洞察不能被用来嵌入到某个公理之中，这就是为什么那个方法注定要失败的更深层的缘由：洞察不能被证据所彰显。"③

第三节　魏斯曼对"中期"维特根斯坦哲学和逻辑经验主义的批判

既然哲学家对语词"时间"意义的理解上存在混淆，而且这已导致很多哲学上的不安和理智上的不快，那么这能通过维特根斯坦的"语词的意义在于其具体使用"观点得到化解吗？魏斯曼认为这种观点太过简单，不能够解决这个混淆。"然而这个答案平淡无奇：不要问时间是什么，只问**语词** '时间' 是如何使用的。说得倒轻巧；因为，如果哲学家纠正了语言的使用，日常语言就 '有形式变化的优势'，借用李希滕贝格④的观点，我们能更新语言对他而言所产生的魔力，（我们好像在）诱惑他去追影子。"⑤ 魏斯曼认为，用维特

---

① Waismann Fredrich, "How I See Philosophy", in Harre Rom, ed., *How I See Philosophy*, New York: St. Martin's Press, 1968, p. 3.

② Ibid. .

③ Waismann Fredrich, "How I See Philosophy", in Harre Rom, ed., *How I See Philosophy*, New York: St. Martin's Press, 1968, pp. 20 – 21.

④ 李希滕贝格（1742—1799），他是 18 世纪下半叶德国的启蒙学者，思想家、讽刺作家和政论家。

⑤ Waismann Fredrich, "How I See Philosophy", in Harre Rom, ed., *How I See Philosophy*, New York: St. Martin's Press, 1968, p. 6.

根斯坦意义使用的观念来消除哲学家对时间意义的混淆，本身就是对"时间是什么？"这个问题的错误理解。魏斯曼提出的解决方案就是对语言综览：关注不同语言及其语法结构，"或许只有当我们（将注意力）转到拥有十分不同结构的语言（的时候），那种理解的可能性就被完全阻断。'对于那些属于乌拉尔—阿尔泰语系（这种语系中的主语—概念结构发展得最不完善）①的哲学家而言，他们很有可能会用不同眼光去'看世界'，而且（我们也会）发现他们的思维和那些属于印欧语系或穆斯林的说话者是不同的'（尼采）"②。造成哲学家对时间概念意义存在混淆的根本原因在于语言与思维的关系：语言会通过自身来影响操这门语言的哲学家的思维（世界观）。不同语言的区别在于它们具有不同语法结构。综览视角在于发现不同语言语法结构的不同，语言跟说话者的思维密切相关，它在某种程度上会塑造说话者的世界观。（魏斯曼在这里持有温和的语言决定论）不同哲学家对时间概念的意义理解本身就不同，这就是造成不同哲学家对时间本质产生旷日持久争论的原因所在。

在分析哲学中，概念的明晰性是哲学研究的前提，只有在所有人对讨论的哲学概念和语词有了清楚理解之下，哲学研究活动才能顺利进行。明晰性是从事分析哲学研究的基本前提和要求，如果所讨论的概念像雾气一样难以琢磨，哲学研究很难进步和发展。明晰性通过对语言分析的路径获得。维也纳小组成员在1930年代有关语词意义标准的讨论中，部分接受了维特根斯坦有关"假设"和"证实"的观点，他们发展出了以证实为标准的意义理论：语词的意义通过具体证实过程得到表现和理解。这种意义的证实主义观包括强证实主义（卡尔纳普）和温和证实主义（石里克、魏斯曼）。凡是不能通过具体观察（科学试验）证实的命题都是无意义的。在魏斯

---

① 此处括号及其内容原文就有。

② Waismann Fredrich, "How I See Philosophy", in Harre Rom, ed., *How I See Philosophy*, New York: St. Martin's Press, 1968, p. 6.

曼跟维特根斯坦的哲学讨论中，海德格尔的"无"概念被当作"无意义"的经典例子，经常受到维特根斯坦和小组成员的批判。

　　魏斯曼对逻辑经验主义批判的前奏是对明晰性概念狂热追求哲学风气的批判，维特根斯坦在 TLP 第七命题表达了明晰性对哲学研究的重要性。维也纳小组的逻辑经验主义以明晰性为哲学研究的主要纲领，后期魏斯曼激烈批判了明晰性，他认为对明晰性的追求"恐怕就是逻辑经验主义的悲剧之一，这种结果并没有被其创始人所预料到，它只是对于它的一些后继者们显得比较突出。瞧瞧这些家伙，一个个被某个清晰的神经症操控着，被恐惧所困扰着，瞠目结舌地不停地自问，'噢，这个（东西、语词等）现在来说有恰当的意义吗？'让我们想象那些科学的先锋们……设想他们在每个步骤都问自己那个问题——这会是一种损耗我们创造力的最确定无疑的方式。任何伟大的发现者都不曾按照这个格言行事，'凡是能说的都能说清楚'。有些伟大的发现甚至是从那种原始的雾气中浮现出来的（我们要花点精力来讲雾气。对于我而言，我始终对此表示怀疑，那就是明晰性是那些无话可说的人的最后庇护所）"①。后期魏斯曼认为在哲学研究中对概念明晰性的追求固然重要，但是逻辑经验主义者（尤其是左翼成员）花费了大量时间和精力来讨论这个方面。"谈论明晰性固然很好，但是过于沉溺于这种谈论很可能扼杀了那些处于萌芽阶段的活生生的思想。"②

第四节　超越分析哲学

　　魏斯曼对语言分析方法所具有积极效果辩护的目的在于超越分

---

① Waismann Fredrich, "How I See Philosophy", in Harre Rom, ed. , *How I See Philosophy*, New York: St. Martin's Press, 1968, p. 16.

② Ibid. .

析哲学，这种超越是建立在他对维特根斯坦哲学和逻辑经验主义哲学批判的基础之上的。

一 何谓哲学?

HISP 以 "哲学是什么?" 开篇。第一，魏斯曼坦言他既不知道，也不能提供一套有关公式对哲学概念进行定义。"我的方法类似于绘画，我将会对我所见到的地貌进行粗略勾画，寥寥几笔带过，形成一张素描。在这个过程中，我在追溯一些思想足迹的同时，又避免进入某个精心编织的论证。"① 魏斯曼对哲学概念进行思考的方法类似于 PI 序言中的方法：魏斯曼只能对他所认为的哲学进行素描式勾画。

第二，"说哲学不是什么比说哲学是什么更容易"②。魏斯曼对哲学概念的定义是从反面进行的：先说什么不是哲学研究，然后再说什么是哲学研究。哲学不像科学，"在哲学中不存在证明；不存在定理；而且也没有任何问题可以用'是'或'否'来判定"③，值得注意的是魏斯曼并没有否认哲学论证的存在。

第三，通常人们认为所谓哲学的目的是提供原理，但魏斯曼认为这种观点是非常错误的。既然哲学中不存在证明，那么哲学中就不存在原理。"当人们意识到哲学家们所关心的是一些其他不同事物时，(哲学的)④ 整个概念就变了——（哲学的目的）既不是发现新命题，也不是对错误（命题）进行反驳，也不是像科学家一样（对命题进行）检验和再检验。"⑤ 魏斯曼的辩护如下：哲学论证需要一

① Waismann Fredrich, "How I See Philosophy", in Harre Rom, ed., *How I See Philosophy*, New York：St. Martin's Press, 1968, p. 1.

② Ibid. .

③ Ibid. .

④ 原文没有括号，译文中的括号以及里面的内容是译者为了使译文更加通顺而添加的，有特殊情况译者会指出。

⑤ Waismann Fredrich, "How I See Philosophy", in Harre Rom, ed., *How I See Philosophy*, New York：St. Martin's Press, 1968, p. 2.

定前提，然而在具体哲学论证中，上述前提（不管是在什么时候建立起来的）会不断地受到挑战，以致它们被瓦解。

第四，哲学中虽不存在具体论证，但哲学争论的确存在。魏斯曼认为哲学家和常人在面对同一哲学问题的区别在于，其他人仅仅看到（解决该问题的）坦途，哲学家意识到它们仿佛是在构建概念过程中许多隐藏的突破口。①

二 哲学问题的本质

（一）哲学问题不是被"消解"的

语言分析方法对哲学来说具有两方面效果：积极和消极。从消极方面来说，语言分析方法会揭示出某些哲学问题本身就是伪问题。某些哲学问题（哲学不安）是由于哲学家误用了日常语言，一旦澄清了语言的意义，哲学问题就被消解了。魏斯曼并不认为这就是分析哲学的全部效果，有的哲学问题不能通过语言分析方法得到消解，它们是被解决的，分析方法并不能消解所有哲学问题。

魏斯曼对哲学作为"消解"的反驳："心灵的不安不能够被逻辑所平息。因而哲学不是被消解的。哲学通过它们所摧毁的那些重要的问题（向我们表明），它（哲学）配得上它对我们人类的重要性和极其伟大。哲学推翻一切偶像，正是这些偶像的重要性才赋予了哲学的重要性。"② 魏斯曼用例证法来反驳消解观："生命的真谛"不能够被消解，尽管可以通过语言分析表明这些问题包含的语词是无意义的，但是还是不能被消解。哲学问题不一定是被消解的，他可能会变成科学问题，但这种转变意味着哲学问题得到了解决吗？不，问题的性质发生了变化，但问题仍存在。弗雷格想找到有关算术真理的本质，它到底是分析的还是综合的，是先验还是后验的？

---

① Waismann Fredrich, "How I See Philosophy", in Harre Rom, ed., *How I See Philosophy*, New York: St. Martin's Press, 1968, p. 2.

② Ibid., p. 13.

在研究过程中弗雷格创造了一种新逻辑工具,这种工具开创了分析哲学;康托尔的集合论研究也被魏斯曼拿来作为例证。

(二) 哲学问题的重要性

许多哲学问题不是被消解,而是被解决的。这种观点是立足于魏斯曼有关哲学问题本质的思考。哲学问题跟数学问题、日常生活中的问题有本质区别,并不是所有问题都能够称得上哲学问题。

第一,哲学问题在哲学研究中扮演着路标的角色。"在集合论被发现的时候……这个问题扮演着某种路标角色,这些路标隐约地指向我们思想中某些尚未被标识的区域……这些问题不是被'消解':它们是被解决的,不仅从现存思维系统中,而且是靠建构一个新概念系统……我们所打算的和模糊期待的意义,被全部实现了。"① 哲学问题的提出是哲学家的心智朝着某个新视野迈进的重要第一步。

第二,哲学问题提出的重要性在于我们需要看待事情整个视角的转变。哲学问题的提出代表着视角的转变:"现在我们可以做些事情,使得像弗雷格那样的人去明白,公理化方法可以提供正确解答吗?例如,这种解答能够向他**证明**吗?尽管它本来应该很明显,我们现在必须要注意的是,这种证明不能被给予,它之所以不可能,是因为他,即提问者,一开始就已经转向反方向,因而是从不同角度看问题了。我们需要一种看待事情的整个方式的转变。"②

(三) 哲学研究中的问答逻辑

第一,在哲学研究中,哲学家使用的语词总跟它们在日常生活中的使用方式和所表示的意义存在差异。"像'问题'和'答案'、'难题'和'解答'这些语词总是不在它们最平常的意义上使用。"③ 魏斯曼认为既然在"问题"和"答案"等语词在哲学研究中总是被

---

① Waismann Fredrich, "How I See Philosophy", in Harre Rom, ed., *How I See Philosophy*, New York: St. Martin's Press, 1968, p. 16.

② Ibid., p. 17.

③ Ibid., p. 6.

不寻常地使用,"为了找到解决困难的出路,我们经常不得不做些不同寻常之事"①。总的来说,很多问题需要解答,但是这些问题的解答不是靠发现真理,而是靠实际取得的成就来实现。魏斯曼认为"在哲学中真正的难题不在于找到某个给定问题的答案,而在于发掘出它的意义"②。

第二,对哲学问题意义的挖掘和考察才是哲学研究的精髓,这要高于对哲学语词意义的语言分析。魏斯曼认为,哲学问答逻辑存在的问题就是哲学家在停止思考哲学问题之前就已给出了答案。③ 具有逻辑真值的陈述的本质在于,在这个陈述中逻辑真值并没有对这个陈述在现实中所对应的事实添加任何东西。例如,陈述"我曾到过美国是真的","当我用'——是真的'这些语词开头做陈述时,我没有对我所给你的事实信息**添加**任何东西。**说**某个事情是真的,不是在**使**它成真:参照罪犯正在法庭上撒谎,但是每当他用谎言辩护时,他把手放在胸前,这就是在说真话"④。因此,语词"真"和"假"有两种使用:日常生活中;作为逻辑运算值。在这两种语境中,语词"真"和"假"具有刻画性使用,魏斯曼认为那些为逻辑决定论辩护的哲学家没有认识到这点。

第三,传统问答逻辑模式的哲学研究注定失败。魏斯曼借用维特根斯坦的观点来解释:"它们不是真的去询问信息,而是'稀里糊涂地感觉像问题'(维特根斯坦)⑤,当地面打扫干净的时候,它们就会像鲜花般凋零。"⑥

---

① Waismann Fredrich, "How I See Philosophy", in Harre Rom, ed., *How I See Philosophy*, New York: St. Martin's Press, 1968, p. 6.

② Ibid., p. 7.

③ Ibid., p. 9.

④ Ibid., pp. 9 – 10.

⑤ 此处括号及其内容原文就有。

⑥ Waismann Fredrich, "How I See Philosophy", in Harre Rom, ed., *How I See Philosophy*, New York: St. Martin's Press, 1968, p. 13.

第四，哲学研究中的问题和答案不存在明显联系："答案怎样与问题相符？在问题和答案间不存在**明显**的联结。"①

（四）哲学论证与哲学问题的关系

哲学问题不能够通过证明来解决。"没有哲学家曾证明过什么……哲学论证不是演绎的；因此它们就不是严格的；那么，它们就不能证明任何东西。但是它们有效力。"② 证明需推理过程，但推理必须要有前提："哲学家现在从哪里开始寻求他的前提呢？从科学那里吗？那么他就会是在'做'科学，而不是哲学。"③ 因此，"那就是为什么在哲学中猎寻前提是危险的，取而代之的是，我们只是对基础进行仔细检查，然后站在一旁说：瞧"④。既然哲学问题不能通过证明解决，那魏斯曼提出的建议就是，对哲学问题本身进行考察，日常语言中的陈述是不能在哲学中证明的⑤，哲学讨论产生的不是证明而是哲学问题。⑥ 魏斯曼通过哲学史中经典例子分析论证：休谟对因果关系的论证表明，因果关系同根据与后果的关系有本质不同。⑦

论证的核心在于发现类比。⑧ 哲学中的类比方法不是逻辑方法，哲学论证的强度在于它的结构："借助它的破坏性效果，当它自身某些有关其他方面的条目被互换之后，它就会被应用于其中。"⑨ 哲学问题不能通过论证得到解决，哲学研究在于自由。"没有哲学论证是以论证完毕结尾的。不管多有效力，它从不强加于人。哲学中不存

---

① Waismann Fredrich, "How I See Philosophy", in Harre Rom, ed. , *How I See Philosophy*, New York: St. Martin's Press, 1968, p. 17.

② Ibid. , p. 22.

③ Ibid.

④ Ibid. , p. 23.

⑤ Ibid. .

⑥ Ibid. , p. 24.

⑦ Ibid. , pp. 24 – 25.

⑧ Ibid. , p. 25.

⑨ Ibid. , p. 29.

在霸凌，既不是用逻辑之棒，也不是用语言之棒。"①

语言分析作为哲学论证，它能够为哲学家提供看待哲学问题的新视野。魏斯曼阐释："但哲学家所做的则是另外一回事。**他构建事例**。首先，他让你看到（某人看问题）姿态（位置）的弱点，缺陷和不足之处；他将其中的不一致揭露出来，或是指出，在整个理论底下藏着许多不自然的观点，我们一旦推行这些观点，就会导致最严重的后果；他利用武器库中最强大的武器来对其解决，最后只能把问题变成荒谬和无限倒退。另一方面，他向你提供了一种全新看待事物的方法，而那些反对观点则不能向他揭露。换句话说，他像律师一样，将有关案件的所有事实向你呈现，而你就扮演法官角色。你对这些事实仔细观察，往具体处深究，仔细掂量着正反两方面，最后作出裁决……你不是在执行一系列形式逻辑演绎步骤：你得使用洞察力。例如，发现关键点。诸如这些考虑使得我们看清楚在'理性'的使用过程中的明显之处，即这个术语与那些可以通过演绎构建的（术语）相比，有更加广阔使用范围。说论证可以是理性的，而且又是不可演绎的，不是一种矛盾，因为它也会不可避免地变成与其相反事例。"② 通过哲学论证，我们改变了哲学家整个哲学研究视野和图景。例证作为论证方法，它依靠列举适当事例来论证某个哲学观点。例证越恰当，论证也就越有说服力。"就是那些许许多多整理得当的例子，它们出现在论证之前，以及它们所具有的巧妙分析，将整个生命基础框架变得栩栩如生；同时凭借着心理推进力和身体运动的关联被允许保持某种神秘感的事实，（为我们的理解）大大地提供了帮助。"③

魏斯曼列举了莱尔和维特根斯坦在哲学研究中所使用的例证法对他们的论证所具有的重要作用。"被适当整理的例子常常要显得更

---

① Waismann Fredrich, "How I See Philosophy", in Harre Rom, ed., *How I See Philosophy*, New York: St. Martin's Press, 1968, p. 29.

② Ibid., p. 30.

③ Ibid., p. 31.

具有说服力，而且尤其是要比那些看似精巧的论证？证明具有更持久的效果……所有的论证在一本好的哲学书籍中可以被消除，而它的说服力却丝毫不会失去……我的评论的主旨就是对于整个哲学观点这个概念而言……从来就不是有关逻辑步骤的事情。某种**世界观**……是从来不会被'到达的'，尤其是它不是被演绎出来的，而且一旦它被发现，靠严密的逻辑推理，对它既不能证明也不能反驳。"① 哲学论证与逻辑论证的区别在于："哲学论证要比逻辑论证同时做得多和做得少：说做得少就是它永远不会建立任何结论；做得多是说，假如它成功的话，它不仅只建立某个孤立的真理，而且会造成我们整个视野的改变。"②

三 语言分析方法在哲学研究中的作用

语言分析目的在于通过分析哲学研究中所使用的语言以此来深刻理解语言本质和意义。

第一，语言本身是可塑的。"日常语言中的语词是如此的富有弹性，以至于任何人都可以为了满足他的虚妄，而任意拉伸它们的意义；正因如此，它们的'逻辑'被搞砸了。"③

第二，语言不具有严格性的，严格性只存在于形式化逻辑系统中。"日常语言只是没有达到'严格性'，即逻辑严格性，来对它当中的公理进行切分。它需要某种类似金属物，从中雕琢出演绎系统。"④

第三，语言不是严谨的，它屈从于意志。"语言是可塑的，它屈从于意志，从而去表达，哪怕是以某些晦涩作为代价。确实，它（语言）怎么可能用来表达任何东西，而又避免落入俗

① Waismann Fredrich, "How I See Philosophy", in Harre Rom, ed., *How I See Philosophy*, New York: St. Martin's Press, 1968, p. 31.

② Ibid., p. 33.

③ Ibid., pp. 22 – 23.

④ Ibid., p. 23.

套呢？如果逻辑学家用他们的方法的话，语言就会像玻璃那般的清晰透明了，但是同样也会像玻璃般易碎。（那么，我们去制造一把玻璃斧头，我们只要一使用它就坏了，这样有何好处呢？）语言不是严谨的。"①

第四，我们的思维在某种程度上会受到语言的影响。"我们常常只是一味地顺着由对（问题的）同样的表达模式所雕琢的渠道行进（思考）。"② 例如，奥古斯丁测量时间的悖论。语言给了我们某种思维习惯，"现存的语言，它只是给我们提供了某种特定墨守成规的表达模式，（这样一来）它就给我们创造了许多几乎不可能被打破的思维习惯"③，例如笛卡尔我思故我在的推论、弗雷格有关数字 5 的哲学思考。

第五，语言对语思维方式的影响通过语言不同类比形式体现。语言分析的目的在于看清楚这些类比的关联。"用陈述来描述陈述，以至于对于我们而言，要（对其）产生不同的解释这种观念，几乎不可能发生。我们必须要注意到它的重要性，即在这样做时，我们把表达式同化成许多类比形式；但对于我们意识到这些类比一点也不需要呈现给我们的精神而言，这点也十分重要：如果它们是以一种晦暗、不可言喻的方式被觉察到的话，对我们来说，这就够了。这种模式好像成千上万的清晰的类比一样，对我们产生影响：它们对我们起作用，有人也许会说，就像一个……语言力场一样，从特定方向来吸引我们的内心。"④ 语言类比所具有的独特性质容易诱导我们产生误解和混淆。"正是因为这些类比（所具有的）转瞬即逝、半成品式、影子般的本质，才会使（我们）几乎不可能逃脱它们的

---

① Waismann Fredrich, "How I See Philosophy", in Harre Rom, ed., *How I See Philosophy*, New York: St. Martin's Press, 1968, p. 23.

② Ibid., p. 18.

③ Ibid., p. 19.

④ Ibid..

影响。假如被它们欺骗了，这是我们的错。"①

第六，对语言所具有的上述本质，魏斯曼建议"哲学家理应学会警惕那些（类比）形式所呈现的诱惑，以免落入圈套，而不是对日常言语的大肆鼓吹……正如一位游泳健将必须具备逆流而游的能力那样，哲学家必须掌握那种其难度难以言表的，即用'高层次语言思维'②的艺术，以此来反对当前盛行的陈词滥调"③。

四　哲学视野的重要性

第一，哲学核心之处在于视野。"（哲学）不是某个'澄清思想'，或'纠正语言使用'，或任何其他该死的东西……如果有人喊我只用一个词来表达它（哲学）的最本质特征的话，我会毫不犹豫地说：视野……哲学的特征就是要（让我们）看透传统与习俗中的死壳，打破那些将我们束缚在遗传的偏见上的枷锁，从而获得一种全新的更宽广的看待事物的方法……具有决定性意义的是一种新颖的看待事物的方式，以及伴随着它那种要将整个智力图景转变的意志。这就是真正的东西，而且其他每个事物都屈从于它。"④

第二，魏斯曼的哲学视野理念关键在于从新视野来看待哲学、看待事物。"假设某个人对普遍接受的看法反感，他感到它'狭隘'的范畴；当他开始相信（这点）的时候，不管正误，他把自己从这些见解中解放出来了；当他回过头去看这些让他着迷的偏见时，就会有种瞬间涨知识的感觉；或者当他开始相信的时候，不管是正确的还是错误的，他就已经处于有利位置，从那里他可以看到事物可以被安排成清晰有序的模式，而那些长久以来的难题就魔法般地消

---

①　Waismann Fredrich, "How I See Philosophy", in Harre Rom, ed., *How I See Philosophy*, New York：St. Martin's Press, 1968, p. 19.

②　原文是" thinking up-speech"，译者将其译为"用高层次语言进行思维"。

③　Waismann Fredrich, "How I See Philosophy", in Harre Rom, ed., *How I See Philosophy*, New York：St. Martin's Press, 1968, p. 19.

④　Ibid. , p. 32.

失了。如果他是有哲学头脑的人，他自己就会把事情解决……还试图将他所描画的东西告诉给他人。那些他将提供的论据、他将作出的攻击以及他将提出的建议都是为了某个结果所谋划的：说服其他人按照他自己的方式去看待事物，改变整个舆论气候①……关键是他已经从一个新的视野来看待事物了。与此相比，任何其他东西都是次要的。论据的出现只是为了给他所见到的（东西）提供支撑……哲学就是对标准的再检验。在每个哲学家心理住着一位革命者，这就是为什么对于科学中的任何进步而言，当它触动了标准的时候，这就会让人感觉到它的哲学意义的原因，从伽利略到爱因斯坦以及海森伯格。"②

第三，目前的问题在于不同视野的差异。"如果这其中存在任何真理的话，逻辑和哲学就会散发出新的光芒。现在的问题不是形式逻辑与不那么形式的，或非形式逻辑的冲突，也不是技术活动与日常概念的冲突，而是一些根本差异。这就是获得结论与看见，或使得某人去看见某个新视野的差异。"③

魏斯曼用例证法来阐释哲学视野。谢弗对弗雷格的推进表现在谢弗竖线的引入。"正如弗雷格建构的那样，一个命题演算中出现了两个初始概念，即'否'以及'或'。后来谢弗发现整个演算可以基于一个概念（即他的'竖线'的功能）。"④弗雷格的问题是："这就是说，作为两个否定的析取，但是他仍然错误的认为，他使用了**两个**符号来表达这些法则，即'－'和'∨'。现在让我们想象其

---

① 原文是"climate of opinion"，本书将其译为"舆论气候"。

② Waismann Fredrich, "How I See Philosophy", in Harre Rom, ed., *How I See Philosophy*, New York: St. Martin's Press, 1968, pp. 32 – 33.

③ Ibid., p. 33.

④ 谢费尔竖线（Sheffer stroke），得名于 Henry M. Sheffer，写为"｜"或"↑"，指示等价于合取运算的否定的逻辑运算。普通语言表达为"不全是即真"（Not AND，因此也常缩写为 NAND），也就是说，A｜B 假，当且仅当 A 与 B 都真时才成立。它是可用来表达与命题逻辑有关的所有布尔函数的自足算子之一。在布尔代数和数字电子中有称为「NAND」的等价运算。Waismann Fredrich, "How I See Philosophy", in Harre Rom, ed., *How I See Philosophy*, New York: St. Martin's Press, 1968, p. 35.

他正在看这些公理的人，突然被某种东西所触动，即某种东西从我们的假设中的弗雷格符号系统中逃掉了……这个公理只有一个相同结构，因而它们只需要一个符号来表达。"① 谢弗竖线引入的本质在于找到一种新视野。"他的发现具体包括哪些呢？这在于他从新的角度来看待这个公理，在于他从它们当中解读出一个新的结构。要紧的就是他的理解：只要他没有从旧的（系统中）看到新的系统结构的话，他还没有把握到它。人们或许会看到这个公理，却没有观察到谢弗所观察到的东西，即同一结构的出现。"②

五 魏斯曼对哲学本质的思考

（一）哲学家与逻辑学家的区别

第一，不同时代不同哲学家的哲学观的重要性会随着哲学视野的转变而变化。"哲学就是一种解除思维习惯的尝试，用不那么拘谨和限制性的（东西）来代替……昔日的解放者也许会变成今天的暴君。"③ 第二，哲学家和逻辑学家的区别在于他们工作性质的不同。"哲学家不是在做逻辑学家所的事情，虽然他有点不那么胜任，但是他做的事情的总和是完全不同的。一个哲学论证不是对某个逻辑问题的**趋近**，而且后者也不是哲学家所奋斗去实现的理想。哲学不是形式逻辑中的某项运算，哲学论证不是逻辑推理中的链条，（它们）只是一些笨拙的逻辑推理……目前我们在此所混淆的就是，科学家的目的是找出新的真理，而哲学家的目的则是为了获得洞见。正因为他们两者是如此的不相称，那么对于哲学家不能身披逻辑学家的盔甲（去与哲学问题做斗争），也就不足为奇了。即使是逻辑学家本人在战斗的时候（也不能如此）。"④

---

① Waismann Fredrich, "How I See Philosophy", in Harre Rom, ed., *How I See Philosophy*, New York: St. Martin's Press, 1968, p. 36.

② Ibid. , p. 36.

③ Ibid. , p. 34.

④ Ibid. .

（二）哲学视野在于"看到新的角度"

什么是看到新的角度？"假如现在我们问道，对于**看到**那个新的视角对任何人是否可能，我们该如何回答呢？喏，说某个事物**能够**从某种新的方式去看，只有当它被用这种方式所看到的时候，我们才能理解。只有当这个视角已经闪现出来，而且之前没有过的时候，我们才能说某个视角是可能的，并且被见到：**那**就是为什么发现不能被预料的原因，哪怕找最伟大的天才也不行。它总是不请自来，而且正如我们所看到的那样，如一道光突然从天而降。"①

魏斯曼通过例证法来阐释"看到新的角度"。在不同数学等式的开方运算中的"中项"的理解："这既是又不是——取决于你怎样看它。（中项 2 是'结构上的'2，它不仅源于特殊数字而且源于计算的一般形式……）对于那些只是在猜想特殊数字的人而言，如果他从某个新的方式来看待这个特别的总和，他也许可以被理解成是在说代数运算，就像某个普遍法则的表达式一样。"②

（三）哲学视野在于洞察

哲学视野在于洞察，"发生的只是他一下子从某个新的视角来看待事物——好像是某种遮挡视野的帷幕被揭开了，或好像那些标准从他的眼中跌落，使他惊讶于自己的愚蠢，即他对那些之前就一直在他面前的平常之事置若罔闻。这跟发现事物不是很像，这更像是使我们那些过分扩张先入为主的概念变得成熟"③。

魏斯曼把维特根斯坦当作哲学作为一种视野的经典例子："维特根斯坦从他的时代中看出了一个错误。在那个时候，大部分哲学家认为，正如希望和恐惧、打算、意味和理解这类事物的本质能够通过某种内省来发现，但是其他人，特别是心理学家，希望通过实验

---

① Waismann Fredrich, "How I See Philosophy", in Harre Rom, ed., *How I See Philosophy*, New York: St. Martin's Press, 1968, p. 36.

② Ibid., pp. 36 – 37.

③ Ibid., p. 37.

方法来获取答案，这些心理学家对于实验的结果所意味的东西只有模糊概念。维特根斯坦改变了整个方法，他说：这些语词的意义在它们被使用的方式中显示自身——理解的本质在语法中显示自身，而不是在实验中。"① 魏斯曼认为每一种哲学的生活中心就是一种视野。"每一种哲学的生活中心是一种视野，而且应该视具体情况而定。"②

第五节　后期魏斯曼元哲学与"中期"维特根斯坦元哲学的关联

在 HISP 一文中，魏斯曼系统总结了他后期元哲学观点。魏斯曼后期元哲学观点不仅是对"中期"维特根斯坦元哲学观点的继承与发展、对逻辑经验主义的批判，同时也是对 1950 年代分析哲学的系统反思与超越。首先，后期魏斯曼继承了维特根斯坦元哲学的以下方面：

第一，后期魏斯曼依然坚持维特根斯坦的语言分析方法。他总结出了以语言分析为方法的分析哲学的积极与消极方面。分析哲学从弗雷格开始，直到 TLP 的有关思想，这些是早期分析哲学的鼎盛时期，它的核心观点在于通过对哲学研究中命题的语言分析来澄清哲学研究中的混淆和误解，结果就是消解了哲学问题。魏斯曼在 HISP 中指出语言分析方法所存在积极与消极方面。消解方面在于哲学家过度关注语词的意义和使用，从而使得哲学研究过于狭隘，这种过度关注语言的语言分析方法逐渐遭到了许多批评。从 1950 年代开始，分析哲学逐渐走向没落。分析哲学家变成了迷雾的驱散者和

---

① Waismann Fredrich, "How I See Philosophy", in Harre Rom, ed., *How I See Philosophy*, New York: St. Martin's Press, 1968, pp. 37 – 38.

② Ibid., p. 38.

哲学问题的消解者：它否定哲学问题存在的合理性。这种观点是导致分析哲学走向没落的主要原因。

魏斯曼后期关注的是语言分析方法对哲学研究具有的积极效用：它能帮助我们更深刻地理解语言和哲学问题。魏斯曼对分析方法具有积极作用论证的目的在于挽救分析哲学，为分析哲学的正当性及其说服力辩护。魏斯曼为分析哲学辩护的论点就是分析方法可以被视为一种哲学讨论方法。通过这种分析方法，我们可以转变哲学家看待哲学问题的视角，让哲学家看到哲学问题新的方面。魏斯曼辩护的核心内容就是分析方法能够让哲学家对哲学研究和哲学问题获得新洞察和新视野。HISP 特意把维特根斯坦当作哲学视野的经典例子。

第二，后期魏斯曼继承了"中期"维特根斯坦有关"哲学不安"和"综览式视角"观点。"哲学中的不安"（理智的痉挛）在"中期"和"后期"维特根斯坦哲学考察中经常被提及。"哲学中的不安"产生的原因有两点：在于哲学家混淆和误解了他们在进行哲学讨论中所使用语言的意义；语言能影响我们的思维。它在哲学研究中体现为哲学家在作哲学的时候存在的思维定式（问答逻辑）：哲学家总喜欢用科学家的口吻提问、寻求哲学理论、从解释角度来做哲学（体现在 BT"有病的哲学家"那里），后期魏斯曼仍认为通过语言分析方法可以让哲学家对某个哲学问题获得"综览"，"综览"视角能消除"哲学的不安。"

第三，后期魏斯曼继承了"中期"维特根斯坦有关哲学研究从解释到描述视角转变的元哲学观点。维特根斯坦提出的"语言游戏"概念目的在于考察语言游戏的多样性。对语言游戏多样性的考察是哲学语法考察，"中期"维特根斯坦逐渐把哲学考察当作语法考察，对具体语言游戏考察的本质就是描述视角。"中期"维特根斯坦反复强调哲学观念转变的重要性，这在于从解释到描述视角的转变。后期魏斯曼元哲学同样继承了维特根斯坦描述型哲学视角。这种描述型视角在后期魏斯曼元哲学中的具体体现就是魏斯曼对语言分析方法的坚守。

后期魏斯曼对维特根斯坦元哲学的发展体现在两方面：他对维特根斯坦元哲学的批判和超越。首先，后期魏斯曼对维特根斯坦元哲学的批判表现在以下两方面：

第一，后期魏斯曼并不完全支持维特根斯坦所谓哲学问题是消解的而不是被解决的元哲学观点。在 HISP 中，魏斯曼指出有些哲学问题可以通过语言分析方法来消解，而有的哲学问题是被解决的，这点表明后期魏斯曼并不完全赞同维特根斯坦的哲学消解观。魏斯曼认为哲学问题在哲学研究中具有重要意义，并不是每个哲学家都能够提出真正的哲学问题。哲学问题的提出也代表了哲学家看待事物的新视野和洞察。魏斯曼把康德提出的几何何以可能的提问当作例证，从这点可以看出后期魏斯曼基本否定了维特根斯坦的哲学消解观。

第二，后期魏斯曼并不完全赞同维特根斯坦所谓语词的意义在于具体使用观点。魏斯曼认为这只是个非常笼统的观念，他通过对维特根斯坦语义观点的批判来表达他有关语言本质的观点。语言能够影响思维（温和语言决定论），但是语言也屈从于人类意志。

其次，后期魏斯曼对维特根斯坦元哲学观点的超越体现在以下方面：

第一，后期魏斯曼认为哲学研究核心在于哲学视野的获得，看到新方面。在 HISP 末尾，魏斯曼阐释了哲学视野和洞察。本书认为：他想通过"洞察"和"视野"观念来超越维特根斯坦元哲学观点。维特根斯坦只提到了哲学需要从解释到描述视角的转变，需要对哲学问题有"综览"。后期魏斯曼"哲学视野"以及"洞见"观念从某种角度来说是对"哲学视角的转变"和"综览"理念的超越：哲学家通过语言分析方法来对那些建构他的哲学问题日常语言的意义和用法有了清晰理解，哲学家通过对不同语言游戏的考察来指明某个语词的确有不同意义和用法。现在我们通过语言分析方法，向这个哲学家指出他在表达他的哲学问题的时候所产生的混淆。这样一来，他就对他所提出的哲学问题有了清楚的理解。或许这样可以转变他看待他所提出哲学问题的视角，同时也对他所提出的哲学问题有综览式理解。（这步通过维特根斯坦来完成，现在轮到魏斯曼）当这个哲学家对他提出的哲学问题有了综览式理解以后，他或许会看到某些新方面。当他看到这个哲学问题新的方面以后，他不仅对问题有了新视野，同时也有了新的洞察。

第二，语言分析方法目的在于消除哲学不安，转变哲学家的视角。后期魏斯曼在他的元哲学观点中反复强调："这种哲学视角以及对新哲学视角的接受与否取决于哲学家本人。"当通过语言分析方法向这个哲学家指出，他所使用的哲学语言语词的意义的理解存在误解和混淆时，我们向他推荐另外一些可能出路。魏斯曼指出，对这些可能的出路的接受与否只能靠哲学家本人作出，分析哲学家无权强迫某哲学家改变他的哲学视野和方法。后期魏斯曼反复强调哲学精髓在于自由，就算通过语言分析方法指出海德格尔对语词"无"的意义存在混淆，但是我们无权强迫海德格尔接受我们的观点（海德格尔肯定也不会这样做）。哲学的精髓在于自由就是百花齐放的观点。维特根斯坦在他的元哲学观点中并没有谈到这点（当然不是说维特根斯坦强迫某位哲学家接受他的观点或他不相信哲学的精髓在于自由）。

第三，后期魏斯曼认为语言分析方法不只是对明晰性的追求。那些认为分析哲学的目的在于概念明晰性的观点是舍本逐末的。概念的明晰性是分析哲学的基本要求而不是终极目标；哲学研究终极目标是哲学视野。魏斯曼在这里并没有批判维特根斯坦，他是在批判那些误解了分析哲学分析方法的哲学家。

第六节　本章小结

本章基于"后期"魏斯曼哲学文本研究，考察了魏斯曼对"中期"维特根斯坦哲学的发展方面。具体来说,"后期"魏斯曼对"中期"维特根斯坦哲学的发展主要体现在两个方面:具体哲学观点的发展以及元哲学的发展。其中,魏斯曼对"中期"维特根斯坦元哲学的发展同时被当作第四章魏斯曼对"中期"维特根斯坦元哲学的第三步发展。

　　魏斯曼对"中期"维特根斯坦具体哲学的发展主要体现在"语言层次"观念。为了论证此观点,本书从魏斯曼遗作中找出有关文本辩护。根据考察,本书论证了"语义层次"观念的具体语义节点的确得到了"中期"维特根斯坦哲学的启示。

　　魏斯曼对"中期"维特根斯坦元哲学的发展主要体现在魏斯曼的有关批判和超越两个方面。在批判方面,魏斯曼认为语言分析作为哲学方法具有积极和消极方面。以语言分析为工具的分析哲学对整个哲学研究具有两个重要影响:积极方面在于让哲学家对所讨论哲学问题的语言意义有了更深刻的理解;消极方面在于哲学问题的消解;在超越方面,魏斯曼不仅批判了"中期"维特根斯坦某些元哲学观点,同时也批判了逻辑经验主义的主要哲学观点。后期魏斯曼强调了哲学研究的视野和对哲学文本的洞见。魏斯曼有返回传统哲学的倾向:他强调了哲学问题的重要性。

第 六 章

回应和总结

本书分别从魏斯曼角度探讨了他对"中期"维特根斯坦哲学的阐释与发展，笔者在研究过程中指出目前学界对有关理解还存在争论。本章主要基于上述研究成果来回应"中期"维特根斯坦元哲学观点不同阐释的争论，同时也对本书内容作出总结。

第一节 "中期"维特根斯坦"治疗型"哲学的两种阐释

维特根斯坦在1930年代早期逐渐将研究视野聚焦在有关语词意义的理解以及理解的心理过程上，其中非常重要的观念就是"思考不是神秘心理过程，而是符号的运算"。从这点出发，维特根斯坦逐渐提出了新哲学研究方式：以语言的语法考察为主，重点分析跟理解有关心理过程。有时候他把当时研究方法拿来跟弗洛伊德精神分析类比，如 BT 410①，后续阐释者就把维特根斯坦"中后期"哲学研究方法称为"治疗型"哲学。维特根斯坦有关语词意义理解以及

---

① Ludwig Wittgenstein, *The Big Typescripts*：*TS* 213，Grant Luckhardt and Maximilian Aue, eds. , Oxford：Blackwell Publishing, 2005, p. 303e.

理解过程中诸心理现象的哲学考察是"治疗型"哲学理念提出的语境，也是"正统"和"精神分析式"阐释萌发的背景。

在众多阐释者中，哈克和贝克被誉为"正统"阐释者。后由于二人有关维特根斯坦在 1930 年代以后哲学研究理念的理解产生分歧，从而终止合作。① 分歧体现在以下方面：哈克始终坚持从维特根斯坦文本出发，他从 20 世纪末期跟其他阐释者就维特根斯坦思想产生了诸多争论，如批判"数维特根斯坦游戏"。贝克在后期生涯中关注魏斯曼，包括整理并出版魏斯曼遗作。正是基于魏斯曼研究工作的影响，贝克才提出"精神分析式"理解。② 正统解读根据维特根斯坦遗作内容进行阐释，其基础是哈克早期的"正统"阐释路径，从而提出"正统"解读。③

一　"治疗型"哲学的"精神分析式"解读：综览与张力

从 1930 年代开始，维特根斯坦时常把他的哲学研究方法称为"治疗型"哲学，BT 表明哲学指出我们对语言使用过程中的错误类比，"只有当他承认这些是如此这般以后，这才是正确的表达式"④。维特根斯坦在后面加了括号并填入"精神分析"，显然这指弗洛伊德的精神分析。BT 只是顺带提了一下"精神分析"，阐释者却对此产生了截然不同理解。"精神分析式"解读需要思考如下问题：要治疗

---

① Hacker M. S. Peter，"Gordon Baker's Later Interpretation of Wittgenstein"，*in Kahane Guy，Kanterian Edwardand Kuusela Oskari*，eds.，*Wittgenstein and His Interpreters：Essays in Memory of Gordon Baker*，Oxford：Blackwell Publishing Ltd.，2007，p. 89.

② Katherine J. Morris，Edward Kanterian and Oskari Kuusela，eds.，*Wittgenstein's Method：Neglected Aspects-Essays on Wittgenstein by Gordon Baker*，Oxford：Blackwell Publishing，2004，pp. 141 – 233.

③ Hacker M. S. Peter，"Gordon Baker's Later Interpretation of Wittgenstein"，in Kahane Guy，Kanterian Edward and Kuusela Oskari，eds.，*Wittgenstein and His Interpreters：Essays in Memory of Gordon Baker*，Oxford：Blackwell Publishing Ltd.，2007，pp. 88 – 123.

④ Ludwig Wittgenstein，*The Big Typescripts：TS* 213，Grant Luckhardt and Maximilian Aue，eds.，Oxford：Blackwell Publishing，2005，p. 303e.

什么？疾病有哪些？这些疗法的确切本质是什么？这些目的又是什么？

（一）"治疗型"哲学"精神分析式"解读的缘起背景

"治疗型"哲学的"精神分析式"解读最早源于维特根斯坦的学生，如鲍斯玛（O. K. Bouwsma），后来还有温斯顿以及贝克表达了类似观点，最近的读者还有莫里斯·拉塞洛维茨（Morris Lazerouitz）[①]。其中，贝克是"精神分析式"解读的最重要代表。

戈登·贝克（1938—2002），美国人，其哲学生涯是在英国度过的。贝克的研究包括维特根斯坦、弗雷格、魏斯曼以及维也纳小组的哲学思想。[②] 他的主要成就在于阐释维特根斯坦哲学。他和哈克合著的四卷本维特根斯坦哲学阐释专著在维特根斯坦哲学阐释界颇有影响。[③] 正因如此，二人被誉为维特根斯坦的"正统"阐释者。贝克的工作分为三个阶段："早期"（1970s），代表作是其博士论文；"中期"（1980s），主要指他跟哈克的合作；"后期"（1986—2002），贝克逐渐关注"中期"维特根斯坦哲学，尤其是他和魏斯曼的哲学互动，逐渐提出了"治疗型"哲学的"精神分析式"解读。

从 1997 年到逝世之前，贝克共发表了三篇文章，从不同视角阐述并论证了"治疗型"中弗洛伊德精神分析方法。[④] 贝克早在 1977 年就关注到了魏斯曼与维特根斯坦的哲学关联，贝克考察魏斯曼在 1930 年代跟维特根斯坦哲学互动的记录，论证了维特根斯坦从 1930

---

① ［美］拉塞洛维茨：《弗洛伊德与维特根斯坦》，载张志林等选编《多维视角中的维特根斯坦》，华东师范大学出版社 2005 年版，第 41—67 页。

② 作者参考了如下内容：https：//en. wikipedia. org/wiki/Gordon_ Park_ Baker，2019 年 7 月 18 日。

③ 四卷本的前两卷是贝克为第一作者合著的，后两卷是由哈克单独完成的。

④ 《维特根斯坦：忽略的方面》文集是专门纪念贝克的，编者莫里斯把贝克的"精神分析式"解读的三篇文章放到了"第二部分：维特根斯坦和魏斯曼"部分的第一小节"跟精神分析的类比"中。Katherine J. Morris, Edward Kanterian and Oskari Kuusela, eds. , *Wittgenstein's Method*: *Neglected Aspects-Essays on Wittgenstein by Gordon Baker*, Oxford：Blackwell Publishing, 2004, pp. 141 –233.

年代早期就萌发并进一步发展了"精神分析式"的"治疗型"哲学。这些文本包括三方面：维特根斯坦给石里克的哲学口述，由魏斯曼执笔记录，即"给石里克的口述"（简称 DM，1932 年 12 月）；① 魏斯曼在1930 年代维也纳小组内部讨论中所作的有关维特根斯坦在当时最新哲学思想的概要性陈述，被魏斯曼命名为"我们的方法"；② 魏斯曼在 1956 年发表的 HISP。

　　1930 年代维特根斯坦哲学主题之一就是思考、理解及其心理过程，这是"治疗型哲学"提出的语境，也是"精神分析式"解读的背景，"精神分析式"解读涉及"中期"维特根斯坦有关哲学研究本质的思考。维特根斯坦通过对语词的语法分析，批判了思考是心理过程或活动的观点，提出思考是符号运算过程。③ 维特根斯坦反对思考作为心理过程的观点，他在 BB 中尝试提出行为主义初步解决方案，后来此方案被否定了。贝克指出，"思考作为一种符号运算"其实一直在整个维特根斯坦哲学中存在，关键在于，维特根斯坦通过这点"劝解某个被思维本质所迷惑的人，让他承认，就是他自己的语法偏见才导致其概念混淆"④。如何理解维特根斯坦的立场呢？贝克提出了"精神分析式"的解读视角："跟日常语言逻辑地理学的说教式陈述……相比，维特根斯坦的事业跟精神疗法走得更近。"⑤

　　拉塞洛维茨认为对精神分析的关注是"中期"维特根斯坦的特殊阶段。"我认为维特根斯坦的中间时期象征了从基础上对一个学科

　　① 该口述被收录在《维特根斯坦与维也纳小组》中。

　　② 该部分被收录在《维特根斯坦的声音》（2003）中。

　　③ Baker P. Gordon, *The Voices of Wittgenstein：The Vienna Circle：Ludwig Wittgenstein and Friedrich Waismann*, London and New York：Routledge, 2003b, pp. 25 – 27.

　　④ Katherine J. Morris, Edward Kanterian and Oskari Kuusela, eds., *Wittgenstein's Method：Neglected Aspects-Essays on Wittgenstein by Gordon Baker*, Oxford：Blackwell Publishing, 2004, p. 145.

　　⑤ Ibid..

的突破，这个学科已经在很长时间里逃避了人们的理解。"① 纵然
"中期"维特根斯坦考察了弗洛伊德的精神分析，使这个阶段显得较
为特殊，但这并不代表维特根斯坦哲学发展不具有延续性。这个特
殊阶段不是维特根斯坦的"错误哲学"，相反，维特根斯坦通过弗洛
伊德的精神分析发展出了他自己独特的哲学研究方式。

（二）"治疗型"哲学"精神分析式"解读的两个论证

为了论证该解读视角，"精神分析式"解读者从两个角度来论
证：从维特根斯坦本人哲学遗作或基于维特根斯坦哲学文本，总结
归纳出"治疗型哲学"方法跟弗洛伊德精神分析方法存在的关联与
类似；从"中期"维特根斯坦哲学见证者和合作者记录的文本中挖
掘出双方关联，尤其是魏斯曼。

1. "治疗型"哲学的"精神分析式"解读——从维特根斯坦文
本出发"精神分析式"解读给出了两个论证

第一个论证：从维特根斯坦在 1930 年代早期多处文本中可以发
现，维特根斯坦明确把他的哲学研究方式跟弗洛伊德式精神疗法相
类比，两者存在内部类似。这里有内部和外部证据：内部论据是在
1930 年代遗作中有两处明显地方表明"治疗型哲学"跟精神分析的
关系，即 DS28 和 BT § 410。以 BT 为例："我们只能通过这种方式来
让对方信服，即只有他亲口承认我们给出的这些陈述恰好就是他心
中所想的。因为，只有他承认的是如此这般的东西，这才是正确的
表达。（精神分析）他所承认的东西即是我现在极力给他提议的类
比，而这些类比就是他的思想的来源。"②

类似地，贝克在第三篇论文中认为维特根斯坦文本体现着精神
分析方法，他把哲学研究作为治疗，他在 PI 中对某些哲学问题提出

---

① ［美］拉塞洛维茨：《弗洛伊德与维特根斯坦》，载张志林选编《多维视角中
的维特根斯坦》，华东师范大学出版社 2005 年版，第 51 页。

② Katherine J. Morris, Edward Kanterian and Oskari Kuusela, eds., *Wittgenstein's Method: Neglected Aspects-Essays on Wittgenstein by Gordon Baker*, Oxford: Blackwell Publishing, 2004, p. 145.

了疗法。比如第 133、255 节。外部证据（1）鲍斯玛在回忆录中提及了维特根斯坦的治疗型哲学跟精神分析的密切关系："维特根斯坦自己谈到，从某个方面来说，哲学就像是精神分析……当他成为剑桥大学教授时，他给委员会递交了一份打字稿……有 140 页，其中，用 72 页篇幅讨论的是有关哲学作为精神分析。"① 此对话发生在1949 年 8 月，对话中所指的打字稿是 PI 战前版本即 TS220；（2）"给石里克的口述"。贝克认为这份口述部分表明了维特根斯坦的治疗型哲学方法，在魏斯曼那里被称作"我们的方法"："从某个意义上讲，我们的方法跟精神分析存在相似性……"② 此部分以"不安的特征"为题（F93）。

第二个论证：维特根斯坦在对某些哲学问题具体讨论中，体现出了精神分析方法。为了论证此观点，贝克采用了例证法：维特根斯坦对海德格尔"无"概念的批判。维特根斯坦的目的是揭示出哲学家对概念的混淆，通过讨论，让哲学家看到他先前那些无意识的东西，哲学家这些混淆是源于哲学家理智的困扰，这个问题的解决需要哲学家对自己问题的承认。③（请参阅第四章第四节）

更进一步说，维特根斯坦在对具体问题的处理过程体现着精神分析精髓。两个例证：奥古斯丁如何测量时间问题；颜色互斥逻辑问题。哲学家在使用语词时违背了语词正常用法，结果就是他们表达了一些无意义的东西，哲学研究目的就是揭示出这些无意义及其背后的动机。这可以跟弗洛伊德精神分析作排比：精神分析在于从病人展现出来的荒谬行为和思想分析入手，揭示出这些现象背后的动机，从而让患者承认他的这些动机。这种工作非常困难，然而有

---

① Bouwsma K. Oets, ed., *Wittgenstein*: *Conversations* 1949 – 1951, Indianapolis: Hackett, 1984, p. 36.

② Baker P. Gordon, " Wittgenstein's Method and Psychoanalysis ", in Katherine J. Morris, ed., *Wittgenstein's Method*: *Neglected Aspects-Essays on Wittgenstein by Gordon Baker*, Oxford: Blackwell Publishing, 2004, p. 207.

③ Ibid..

可能会帮助患者克服自身的反抗。心理分析模型能够重点凸显出维特根斯坦处理哲学问题一个被忽视的重要方面:"治疗型"哲学。

2. "治疗型"哲学的"精神分析式"解读——从魏斯曼的记录出发

"精神分析式"解读针对维特根斯坦在 1930 年代对哲学本质的思考。维特根斯坦和魏斯曼在 1930 年代有过哲学互动和合作(具体参阅第三章第五节),基于该史实,"精神分析式"阐释者认为精神分析式理解可以从魏斯曼保留的记录中得到启示。他们所使用的文本包括:"我们的方法"、DS 和 HISP。HISP 内容跟维特根斯坦在 1930 年代早期思想存在密切关联,"魏斯曼在 1956 年阐明的哲学视野似乎是属于维特根斯坦在 1930 年代早期所持有的观点"[1]。HISP 是魏斯曼与维特根斯坦共同享有的观点,"魏斯曼基于弗洛伊德式精神分析的某些特征,从而给出了一个完满的哲学治疗概念"[2]。贝克充分吸收有关思想,逐步论证了他的"精神分析式"解读。

第一步:"我们的方法"中弗洛伊德的精神分析方法

"我们的方法类似于精神分析。"(F93)贝克认为,"我们的方法"显示出维特根斯坦的确曾把他的哲学方法跟弗洛伊德精神分析作类比,这个阶段主要是从 BT 创作到《心理学哲学研究》(简称 PPI)的创作时期。"我们的方法"是如何体现出精神分析方法的呢?贝克论证过程简要如下:

"我们的方法"给出了许多例子来阐述精神分析的特色。在这些具体例子中,维特根斯坦给出了很多评论,间接表达了自己的

---

① Baker P. Gordon, "A Vision of Philosophy", in Katherine J. Morris, ed., *Wittgenstein's Method: Neglected Aspects-Essays on Wittgenstein by Gordon Baker*, Oxford: Blackwell Publishing, 2004, p. 179.

② Baker P. Gordon, "'Our Method of Thinking about Thinking'", in Katherine J. Morris, ed., *Wittgenstein's Method: Neglected Aspects-Essays on Wittgenstein by Gordon Baker*, Oxford: Blackwell Publishing, 2004, p. 146.

哲学观点，显示出了与精神分析的相似之处。这体现在七个方面：1. "我们的方法"体现出对日常语言独特的语法考察方式。2. 这种方式目的在于消解某些哲学问题，"这些问题之所以产生，是因为构成这些问题的语词被赋予了'形而上学的用法'"①，"治疗型"哲学在于把语词的"形而上学"用法带回到日常用法上来。贝克在第三篇文章中也谈到，在维特根斯坦看来，有的问题或陈述根本无法形成，因为这种构建方式已经超越了语词意义界限。3. 如何解决这些问题？"治疗型哲学"通过把语词那些无意识的用法变为有意识，以此破除这些哲学家的语法偏见。上述论述跟 HISP 中的论述相似，但表达方式不同。4. 哲学问题的原因在于哲学家对语法的独断论（混淆），这些根源可以追溯到那些未被承认的类比的影响。② 5. "我们的方法"通过图像的罗列，以此来揭示出新方面或类型或秩序。③ 6. "我们的方法"目的在于打破某图像或类比对哲学家思维的专政。因为哲学家在哲学问题中经常受到这些图像和类比的困扰。这些观点都可以从 BT 和 PPI 中找到④，这些困扰包括错误类比和语法的困扰。7. "我们的方法"其过程本质以个体为导向。通过考察受到困扰的哲学家语言的不同用法即语法，以此来消除哲学家的困惑。

研究"我们的方法"，可以发现治疗型哲学与精神分析关联的两个特征：魏斯曼记录的文本多处直接体现了弗洛伊德方法，而且很多是作为专业术语提及的，比如"无意识""抵抗""承认""压抑""病理学状态""痴迷"以及"理智痉挛"。基于此点，维特根

---

① Baker P. Gordon, "'Our Method of Thinking about Thinking'", in Katherine J. Morris, ed., *Wittgenstein's Method：Neglected Aspects-Essays on Wittgenstein by Gordon Baker*, Oxford：Blackwell Publishing, 2004, p. 157.

② Ibid. .

③ Baker P. Gordon, "A Vision of Philosophy", in Katherine J. Morris, ed., *Wittgenstein's Method：Neglected Aspects-Essays on Wittgenstein by Gordon Baker*, Oxford：Blackwell Publishing, 2004, p. 190.

④ 比如 PPI 99，95，116，BT410。

斯坦强调了两个主题，而且跟弗洛伊德的思想密切相关：维特根斯坦同样使用了遗传方法，把问题根源追溯到那些原初类比和图像；维特根斯坦也尝试表明许多哲学问题有其深层根源，而只有把这些根源澄清了，哲学问题才能消除；弗洛伊德的影响还可以从标题——"方法"——中体现出来。"我们的方法"本质是治疗型的。（有关研究请参阅第四章第4.2节）

第二步："给石里克的口述"中的弗洛伊德精神分析方法

在"给石里克的口述"中，可以从维特根斯坦消解哲学问题的方法中学到什么呢？贝克给出了如下理解：有的哲学话语其实可以回溯到那些无意识地塑造使用者思维的比喻或图像；许多哲学命题是空转轮，里面没有半点思想，而且也不奏效；哲学命题是错位行为。上述三种活动都是概念澄清或是日常语言语法的描绘，其目的在于改变对话者看待问题的视角。因此，"我们的方法"跟卡尔纳普和莱尔等人概念分析的范式截然不认同。①

既然维特根斯坦方法跟卡尔纳普等人概念分析方法不同，那么"我们的方法"跟精神分析相似性体现哪些地方呢？这些相似性体现在：宽泛来说，治疗型哲学跟精神分析同义，为心灵受到纷扰的个体提供治疗；② 具体而言，"治疗型哲学"的首要目的是个体对自己的动机和欲望有意识，意识到这个过程不需要证据和反驳，这个跟弗洛伊德精神分析类似。维特根斯坦跟弗洛伊德一样，都尝试通过个案分析来教会我们某种方法，"治疗型"哲学和精神分析一样，目的在于提高人类福祉。"治疗整体落脚点在于增强人类福祉……治疗型哲学目的是增加自由——正如精神分析目的在于让患者从神经症行为循环中解放出来。"③

---

① Baker P. Gordon, "Wittgenstein's Method and Psychoanalysis", in Katherine J. Morris, ed., *Wittgenstein's Method: Neglected Aspects-Essays on Wittgenstein by Gordon Baker*, Oxford: Blackwell Publishing, 2004, p. 217.

② Ibid. .

③ Ibid. , p. 218.

第三步：《我如何看待哲学》中与精神分析有关的四个特点

首先，哲学问题跟日常生活中的问题是不一样的。比如，"何谓命题？"跟"今天是星期几？"这些不同体现在诸哲学问题是提问者理智不安的标志，它源于提问者理智的"强迫症"或"神经症"，是理智上的情绪或忧虑。贝克在第二篇文章中同样认为治疗型哲学关注个体的诸心理状态。① 哲学不安等心理状态就是我们对类比等的无意识或无知，反映了我们看待事物的方式，是有关语言的错误类比。② 那些类比在"我们的方法"中有双重作用：它们对理解疾病的病因和治疗至关重要。

如何"治疗"这些哲学家呢？按照贝克的理解，哲学治疗类似于精神分析。哲学问题最终是被消解的。"处理这些问题的难点在于，要搞清楚提出这个问题有什么意义；为此，我们需要在提问者的'思维模式'中挖掘出根源（包括前见、偏见）。对这些问题的处理，需要我们富有同情心地、敏感地关注到提出此问题的人的心智特征。这就是一种治疗，哲学家主要扮演治疗师角色。"③ 为了论证此观点，魏斯曼以弗雷格的遭遇为例，弗雷格认为，为了使数学陈述成真，数学对象必须存在。因此，这就迫使弗雷格提如下问题：数是什么？"精神分析式""治疗型"哲学对此解决方案：问题"数是什么？"只能被消解，不能被回答。弗雷格需要精神治疗，这不是给他有关算数和逻辑学课程所能解决的。

其次，根据贝克，在魏斯曼看来，哲学家提出问题的谜团源于提问者看待事物的方式和偏见，这些偏见转而又影响提问者对语词

---

① Baker P. Gordon, "A Vision of Philosophy", in Katherine J. Morris, ed., *Wittgenstein's Method*: *Neglected Aspects-Essays on Wittgenstein by Gordon Baker*, Oxford: Blackwell Publishing, 2004, p. 182.

② Ibid., p. 187.

③ Baker P. Gordon, "'Our Method of Thinking about Thinking'", in Katherine J. Morris, ed., *Wittgenstein's Method*: *Neglected Aspects-Essays on Wittgenstein by Gordon Baker*, Oxford: Blackwell Publishing, 2004, pp. 147 – 148.

使用的理解。"精神分析"在于转变哲学家看待事物的方式，尤其是"对哲学家用于构建他们问题语词的具体使用进行细致的描述"①。类似地，贝克在第二篇文章中认为"治疗型"哲学关注个体哲学家，解决单个哲学家的问题。这类似于精神分析：它在于"怀着改变病人看待事物的观点，对单个病人进行治疗，这种治疗方法是以跟病人进行理性讨论形式进行"②。对同一图像不同视角的描述可被理解为对日常语言不同语法的描述；对语词不同语法的描述，并不在于为提问者/患者提供新发现，而是让他承认先前已近在眼前之物的某种未知模式，或是他对那些他已了如指掌了方面的重新理解。"精神分析"的范式是概念分析，其核心在于语法考察。

转变哲学家看待事物的方式异常困难，但意义重大。视角的转变好比信仰的转变，是自愿的转变。可以是个人的，也可以是多人的，可以是一代人的，也可以是永久的。这是一揽子转变，而非部分或暂时转变。看待事物的视野永远只可能是从某个人的视角出发而来的，改变某人看待事物的方式也只能属于这个个体智能的改变。魏斯曼对此以希尔伯特公理为例：对欧几里得几何公理本质的认识，希尔伯特公理给数学家提供了决定性影响。

再次，在"精神分析式"视角中，哲学讨论的目的在于澄清语言语法，描述那些具有规则的语言。语法考察类似于法庭辩护：律师尝试让法官关注案件某个特征。在整个哲学的精神分析过程中，精神分析师面对的是提问者，他所分析的语言是提问者所使用的语言，他所分析的具体语言的规则也是那个提问者本人创制的规则。通过精神分析，精神分析师让那个提问者意识到他被他自己拟定的

---

① Baker P. Gordon, "'Our Method of Thinking about Thinking'", in Katherine J. Morris, ed., *Wittgenstein's Method: Neglected Aspects-Essays on Wittgenstein by Gordon Baker*, Oxford: Blackwell Publishing, 2004, p. 147.

② Baker P. Gordon, "A Vision of Philosophy", in Katherine J. Morris, ed., *Wittgenstein's Method: Neglected Aspects-Essays on Wittgenstein by Gordon Baker*, Oxford: Blackwell Publishing, 2004, p. 182.

规则纠缠不清。（PI §125）精神分析整个过程与"日常语言"无关，这点从 HISP 其他地方也可以找到论据。

最后，在精神分析治疗型哲学中，好的哲学家在从事哲学研究中处处体现出非凡想象力和创造力。想象力在于：哲学家构建出劝导式类比，想出可供类比之物，以便使那些潜在被忽视的可能性显现出来；创造力在于："治疗型"哲学家需要将需要"治疗"的哲学家心中的想法惟妙惟肖地表达出来的技巧，"哲学家更像是发明家，而非发现家"①。"治疗型"哲学家对某个哲学问题提出的想象力和创造力被魏斯曼归结为哲学"视野"，哲学家要"打破语词建立的牢笼，建立一个看待事物的全新视野"②。HISP 宣扬的哲学研究本质就是治疗型方法，而且是弗洛伊德模型精神分析式的治疗型哲学。类似地，贝克在第二篇文章中同样认为，维特根斯坦"治疗型"哲学中的精神分析特质从 HISP 中以下几点得到了论证："精神分析意味着它是被魏斯曼拿来发展特殊智性治疗的模型。"③

（三）"治疗型"哲学所体现的精神分析模式的六个特征

贝克从魏斯曼后期哲学文本研究出发，得出了"中期"维特根斯坦哲学本质的"精神分析式"解读。"治疗型"哲学秉承弗洛伊德精神分析，有六个特征：

第一，精神分析严格来说是以病人为导向的，它是对单个病人的一种治愈形式。哲学研究与此类似：哲学家通过跟某个特定的人

---

① Baker P. Gordon, "'Our Method of Thinking about Thinking'", in Katherine J. Morris, ed., *Wittgenstein's Method*: *Neglected Aspects-Essays on Wittgenstein by Gordon Baker*, Oxford: Blackwell Publishing, 2004, p. 149.

② Waismann Fredrich, "How I See Philosophy", in Harre Rom. ed., *How I See Philosophy*, New York: St. Martin's Press, 1968, p. 32.

③ Baker P. Gordon, "A Vision of Philosophy", in Katherine J. Morris, ed., *Wittgenstein's Method*: *Neglected Aspects-Essays on Wittgenstein by Gordon Baker*, Oxford: Blackwell Publishing, 2004, p. 179.

进行对话或讨论，这个人正遭受理智困惑或混淆的折磨。通过哲学对话或讨论，哲学家为他提供一种可能看待事物的方式，目的在于提高那个人对他所处问题或情景的理解和应对能力。"哲学研究必须采取对话形式，无论对话者是真的（某个班级的学生）还是虚构的（私人语言的论证中的那个对话者）。"①

第二，治疗型哲学中的哲学讨论不是对抗性的争论②，一切哲学讨论都依赖于对话者自由的承认③，对话者始终都是自由地接受或拒绝任何哲学家提出的建议。（BB §1）在对话中，对话者发现哲学家提出的可能性对他来说是条出路，当这条出路变得显著的时候，对话者开始接受这条建议，心中的石头终于可以落下，心情顿时舒畅；在对话中，哲学家为对话者所提供的诸多比喻或图像，其实这些可以当作哲学家诊断方式中的试金石；概念分析让提出概念的人意识到他所提出的概念在其他系统中是语言的空转。比如海德格尔的"无在无"。概念分析的过程在于不断地追问那个概念使用者有关概念的确切意义。对精神分析而言，"分析师需要不断地逼迫病人回答分析师提出的问题，而且也要不断地切断那些逃避的借口，然而分析师不必对病人的答案作任何判断"④。

第三，治疗型哲学和弗洛伊德的精神分析都是针对患者/哲学家的某种疾病，这种疾病就是患者/哲学家不同种类的内部冲突。"病

---

① Baker P. Gordon, "'Our Method of Thinking about Thinking'", in Katherine J. Morris, ed., *Wittgenstein's Method: Neglected Aspects-Essays on Wittgenstein by Gordon Baker*, Oxford: Blackwell Publishing, 2004, p. 152.

② Baker P. Gordon, "Wittgenstein's Method and Psychoanalysis", in Katherine J. Morris, ed., *Wittgenstein's Method: Neglected Aspects-Essays on Wittgenstein by Gordon Baker*, Oxford: Blackwell Publishing, 2004, p. 213.

③ Waismann Fredrich, *The Principle of Linguistic Philosophy*, Harre Rom, ed. London: The University Press, Glasgow, 1965, pp. 1 – 36.

④ Baker P. Gordon, "Wittgenstein's Method and Psychoanalysis", in Katherine J. Morris, ed., *Wittgenstein's Method: Neglected Aspects-Essays on Wittgenstein by Gordon Baker*, Oxford: Blackwell Publishing, 2004, p. 215.

人的不快是基于他在自身内部所体验到的诸多无法解决的冲突。"① 哲学问题不像象棋中的问题，他们是"个体受到纷扰的心理状态，有其意向对象……"② 这是个人的内部冲突（PI §112）、是深层不安（PI §111）。

第四，在哲学研究和精神分析中的精神分析手段都是严格限定的。这种精神分析是与病人之间面对面的理性讨论过程，这是"对话疗法"（talk-cure）。它一方面不需要服药，另一方面不需要对病人任何非理性的干预。既然维特根斯坦认为哲学问题是个人问题，那么哲学研究必须采取跟单独个体进行对话的方式进行。这样一来，治疗型哲学的本质就是与个体相关的讨论。"该疗法的本质在于讨论，不构建任何证据或反驳，而是举例子……让患者屈从于一连串的问题、让患者浏览一系列例子，或是给患者提供诸多引人入胜的类比。"③ 这种讨论本身就可以被称为理性的，它依靠论证来运行。"为了给患者带来一种态度或看待事物方式的转变，哲学家对患者采取的唯一治疗方案就是跟患者面对面说理。"④ 比如复杂世界中的同一性问题（TS220 §99）、"2＋2＝4"和"这朵玫瑰是红色的"，里面的"是"（is）的混淆。"治疗型"哲学家引入两个符号就可以消除混淆。一个是"属于"（∈）符号，一个是"等号"（＝）符号。

第五，治疗型哲学和精神分析共同之处在于，对患者紊乱病症的治疗都在于使其对自身获得一种认识。这种理解包括"让先前在

① Baker P. Gordon，"'Our Method of Thinking about Thinking'"，in Katherine J. Morris，ed.，*Wittgenstein's Method：Neglected Aspects-Essays on Wittgenstein by Gordon Baker*，Oxford：Blackwell Publishing，2004，p. 153.

② Baker P. Gordon，"Wittgenstein's Method and Psychoanalysis"，in Katherine J. Morris，ed.，*Wittgenstein's Method：Neglected Aspects-Essays on Wittgenstein by Gordon Baker*，Oxford：Blackwell Publishing，2004，p. 212.

③ Baker P. Gordon，"'Our Method of Thinking about Thinking'"，in Katherine J. Morris，ed.，*Wittgenstein's Method：Neglected Aspects-Essays on Wittgenstein by Gordon Baker*"，Oxford：Blackwell Publishing，2004，p，153.

④ Ibid. .

患者那里部分或完全处于无意识的东西在此刻变得有意识，接着按图索骥，找出这些东西的缘由或根基"①。从弗洛伊德的角度看，精神分析师鼓励患者意识到那些他曾经压抑的情感或动机，让患者承认他拥有这些东西，同时再挖掘出缘由。在"治疗型"哲学研究中，哲学家追寻的是类似策略："哲学家鼓励他的患者关注到那些曾经无意识地形成患者自身的思维方面……一旦患者意识到那些东西可被追溯到它们深层的根基上……患者就获得了完满的自我理解。"②"治疗型"哲学家努力让那些无意识的东西变成有意识的东西，以及努力去探求诸概念混淆的缘由，其关键之处在于让人们承认还有其他可能性，这是一种多元主义。③

第六，在两种治疗情景中，患者的自我承认是评判精神分析成功与否的唯一标志。"只有最终被患者承认的才是真的，对患者内心混乱的消除恰好就在于患者对他本人的感觉或者动机的接受，不多也不少。"④哲学治疗方法跟上述两个方面相似，在治疗型哲学中，患者的承认至关重要。通过对话，患者承认了他之前没有意识到的东西，他有了新的看待问题的方式，这就是"面相的观看"："看的面相跟简单视觉感知是不同的，它是患者自愿的。"⑤在"精神分析式"治疗型哲学中，哲学家的接受也同等重要。只有当哲学家清楚地从不同视角去看，他本人的问题才成功地得到了消解。在看某个

---

① Baker P. Gordon, "'Our Method of Thinking about Thinking'", in Katherine J. Morris, ed., *Wittgenstein's Method: Neglected Aspects-Essays on Wittgenstein by Gordon Baker*", Oxford: Blackwell Publishing, 2004, p. 153.

② Ibid., p. 154.

③ Baker P. Gordon, "Wittgenstein's Method and Psychoanalysis", in Katherine J. Morris, ed., *Wittgenstein's Method: Neglected Aspects-Essays on Wittgenstein by Gordon Baker*, Oxford: Blackwell Publishing, 2004, p. 210.

④ Baker P. Gordon, "'Our Method of Thinking about Thinking'", in Katherine J. Morris, ed., *Wittgenstein's Method: Neglected Aspects-Essays on Wittgenstein by Gordon Baker*, Oxford: Blackwell Publishing, 2004, p. 154.

⑤ Ibid..

迷惑性图像的时候（鸭—兔图），只有当看到了新方面的时候，视觉体验才会有所转变。"承认"在"精神分析式"哲学概念和精神分析中都具有同等核心的位置。①

总的来说，哈克从 HISP 中理解到的是哲学研究作为普遍精神分析方法。HISP 中的精神分析方法虽然是魏斯曼提出的，但是，由于维特根斯坦是魏斯曼的导师，魏斯曼的观点在某个方面真实地把握住了维特根斯坦观点，因此，贝克认为 HISP 中的精神分析观点可从维特根斯坦文本中得出。HISP 中的观点反映了维特根斯坦从 1930 年代早期到后期具有主导地位的哲学思想。"精神分析式"解读重要性体现两方面：这能够对维特根斯坦治疗型哲学方法的接受，预设了我们对逻辑和心理学界限的重新定义；这种"治疗型"哲学一直贯穿于中后期维特根斯坦的哲学中，同时这种视角能把后期维特根斯坦哲学联结起来。②

（四）"精神分析式"解读视角的张力

维特根斯坦阐释者认为"精神分析式"解读在维特根斯坦研究中属"非主流"，而主流阐释属于哈克的"正统"解读。也就是说，绝大部分阐释者都不认为维特根斯坦"治疗型"哲学跟弗洛伊德精神分析有核心关联。"精神分析式"解读视角为什么会遭到反对呢？答案在于该解读视角存在许多张力，而且有的无法平息。

1. "精神分析式"解读令人信服吗？

对"治疗型"哲学的"精神分析式"解读，贝克给出的论证虽有效，但它是令人信服的吗？分析哲学强调论证过程有效性，最终所追求的论证必须令人信服。令人信服的论证起码有三要素：论证

---

① Baker P. Gordon，"'Our Method of Thinking about Thinking'"，in Katherine J. Morris，ed.，*Wittgenstein's Method*：*Neglected Aspects-Essays on Wittgenstein by Gordon Baker*，Oxford：Blackwell Publishing，2004，p. 154.

② Baker P. Gordon，"Wittgenstein's Method and Psychoanalysis"，in Katherine J. Morris，ed.，*Wittgenstein's Method*：*Neglected Aspects-Essays on Wittgenstein by Gordon Baker*，Oxford：Blackwell Publishing，2004，p. 219.

过程必须可以识别；论证结构必须符合逻辑推演规则；论证内容必须可信。① 我们分别从这三个视角分析：

首先，对论证过程可识别性而言，"精神分析式"解读不存在明显漏洞。贝克在三篇文章中提出他的目的是要找出维特根斯坦"治疗型"哲学跟弗洛伊德精神分析方法存在的关联，整个论证过程有前提也有结论。前提：1. 维特根斯坦在 1930 年代开始，其哲学研究方法从多个方面体现出"治疗型"哲学特征；2. "治疗型哲学"在很多方面跟弗洛伊德精神分析密切关联或相似。结论：维特根斯坦治疗型哲学非常类似"精神分析式"治疗型哲学，可以从"精神分析"视角理解维特根斯坦"治疗型"哲学。

其次，从论证结构来说，为了论证维特根斯坦"治疗型"哲学的"精神分析式"解读的合理性，贝克找到了两个证据：维特根斯坦的文本和魏斯曼的记录。这两个方面分别为上述视角提供了直接和间接证据。这样看来，也没有反驳之处。但是，贝克在很多地方其实做的只是概括或类比，很多观点只是个人论断。他并没有给出有力论证。举例如下：第一，"哲学的精神在于自由"，对广大哲学研究而言，这是个值得论证还是值得讨论的话题吗？是不是只有从"精神分析式"解读视角，才能明白，只有"治疗型"哲学才给哲学家以自由？难道存在主义哲学中不存在自由吗？这值得商榷。第二，"精神分析式"解读视角宣称维特根斯坦方法是"谈话治疗"，而且只是针对个体有效。有可能存在这样的反驳观点：维特根斯坦"治疗型哲学"针对的是哲学家个人吗？这样的哲学思想难道没有普遍性吗？哲学研究为什么是个人的，而不是公共的事业？难道正义论是个人的哲学研究事业吗？

最后，最值得商榷的是贝克的论证内容。贝克的论据源于两方面：维特根斯坦和魏斯曼文本。然而有关内容使用和可信度值得推敲，其中最值得怀疑的就是魏斯曼的论证。至少有三个疑问需

---

① Martinich A. P., *Philosophical Writing: An Introduction*, 2016, pp. 16–47.

要理清：魏斯曼哲学文本本身就有问题。贝克在论证过程中直接把魏斯曼文本拿来运用而不加说明。就魏斯曼哲学而言，当前研究还存在争议：魏斯曼对维特根斯坦哲学研究的重要性有多大？魏斯曼哲学文本同样存在争议：魏斯曼主要跟维特根斯坦对话、记录并保留了维特根斯坦在 1930 年代早期思想。同时，魏斯曼的记录还包括了维特根斯坦和维也纳小组互动。这些记录多少经过了魏斯曼的加工或修改。因此，无法确认哪些属于维特根斯坦思想，哪些是魏斯曼思想。比如，魏斯曼的"语言层次"观念，该观念部分源于维特根斯坦，部分又是魏斯曼的哲学独创。[1]（具体参阅第五章第一节）

贝克使用了"我们的方法"、DM 和 HISP 来作为"精神分析式"解读证据。这三个文本内容同样存在争议。"我们的方法"真的是指魏斯曼和维特根斯坦在 1930 年代早期所持有的哲学观点吗？托马斯·奥伯丹（Thomas Oberdan）指出，"我们的方法"包括石里克、魏斯曼和维特根斯坦的哲学观点，其中哲学作为语法研究是核心，这不是"精神分析"。

HISP 是魏斯曼于 1956 年发表的论文，贝克没有给读者以任何提示就表明该文内容和观点是维特根斯坦在 1930 年代所持有的，而且是"精神分析式"的。在两人结束合作后将近 20 年岁月中，魏斯曼还是把他与维特根斯坦在 1930 年代的哲学思想再次发表，这其中难道就没有半点改动吗？而且，在 HISP 发表的时候，维特根斯坦已去世，我们怎么能够肯定其内容就是维特根斯坦的？这些疑问在"正统"阐释者那里不断地被提出。（请参阅第三章第六节）

仔细研究 HISP，此处起码有如下不同意见：魏斯曼在 HISP 中的哲学观点根本就不是"精神分析式"的"治疗型"哲学。相反，他尖锐地批判了"治疗型"哲学。魏斯曼起码表现出了三点与"精

---

① 徐强：《弗里德里希·魏斯曼和他的"语言层次说观念"》，《科学技术哲学研究》2018 年第 1 期。

神分析式"解读视角相反的观点:哲学问题不是被消解的,哲学问题本身非常重要;分析哲学强调的概念明晰性并不是哲学研究唯一目标;语言意义并不一定在于语言具体使用,还有历史文化等因素。① 仅仅是魏斯曼哲学文本可信度这点,"精神分析式"的解读视角就值得商榷,它有把魏斯曼和维特根斯坦哲学不加区分就大而化之,并且给魏斯曼哲学扣上"精神分析"帽子的嫌疑。

2. "精神分析式"解读是否过度解读了"中期"维特根斯坦哲学?

贝克为了论证"精神分析式"解读,可谓用煞费苦心。"精神分析式"解读视角很有可能给读者留下这个印象:维特根斯坦"治疗型"哲学运用了弗洛伊德精神分析方法。甚至维特根斯坦研究者也有这种看法。因此,需要思考的是,在解读维特根斯坦"治疗型"哲学过程中,"精神分析式"解读是否存在过度阐释?说"治疗型"在很多方面跟弗洛伊德精神分析方法类似,并不意味着如下理解成立:维特根斯坦"治疗型"哲学运用了精神分析;"治疗型"哲学方法就是精神分析方法。然而,"精神分析式"阐释者不仅没有让其他阐释者远离上述陷阱,反而把他们往里面推,这是贝克不被绝大部分阐释者接受的重要原因。当不了解某个观念的时候,我们拿它跟熟悉的观念相类比,目的是增强我们对那个不熟悉观念的理解。

二 "治疗型"哲学的"正统"解读:综览与张力

与贝克"精神分析式"解读相对的就是哈克的"正统解读"。哈克在 1980 年代早期跟贝克合作阐释 PI,后由于二人有关维特根斯坦在 1930 年代以后哲学研究概念的理解产生分歧,从而终止合作。②

---

① Waismann Fredrich, "How I See Philosophy", in Harre Rom, ed., *How I See Philosophy*, New York: St. Martin's Press, 1968, p. 32.

② Hacker M. S. Peter, "Gordon Baker's Later Interpretation of Wittgenstein", in Kahane Guy, Kanterian Edward and Kuusela Oskari, eds., *Wittgenstein and His Interpreters: Essays in Memory of Gordon Baker*, Oxford: Blackwell Publishing Ltd., 2007, p. 89.

哈克始终坚持从维特根斯坦文本出发，他从 20 世纪末期跟其他阐释者就维特根斯坦哲学产生了影响深远的争论，如批判"数维特根斯坦游戏"。① 就"治疗型"哲学，哈克从不同角度反驳了"精神分析式"解读，提出了"正统"解读。正统解读根据维特根斯坦遗作内容，基础是哈克早期达成的"正统"阐释路径。

作为贝克早期合作者，哈克最早、最深刻地觉察到了贝克阐释方法的变化。哈克注意到，贝克从 1970 年代开始关注魏斯曼，正是受到了这个工作的影响，贝克才形成了"精神分析式"理解，哈克始终以维特根斯坦文本为焦点，对任何"非维特根斯坦"文本异常警觉。"正统"解读视角基础是哈克秉持的"正统"理解，维特根斯坦在 1930 年代认为语言理解不是神秘心理过程，而是符号运算过程；后来维特根斯坦提出"治疗型"哲学，在最后两卷 PI 阐释专著中，哈克就关注了维特根斯坦有关语词意义和理解。"正统"解读萌发背景在于双方有关维特根斯坦 1930 年代哲学方法理解的分歧。

（一）"治疗型"哲学的"正统"阐释的具体论证

哈克和贝克有关"治疗型"哲学的分歧最初发端于 1985 年，后在 1990 年体现在维特根斯坦论思维的阐释中。从那时起，双方分歧逐渐明显。在四卷本阐释中，双方只合作了前两卷，后两卷由哈克独自完成。在哈克完成后两卷过程中，贝克开始关注维特根斯坦和维也纳小组的互动。在 1991 年双方分歧正式公开，贝克"精神分析式"阐释体集中现在《维特根斯坦：忽略之处》。②

1. 对维特根斯坦有关精神分析类比文本的分析

精神分析模型是否如贝克所认为的，从 1930 年代开始在维特根

---

① 徐强：《有多个维特根斯坦吗？——评彼得·哈克和丹尼尔·莫亚－夏洛克的"第三阶段维特根斯坦"之争》，《科学技术哲学研究》2017 年第 3 期。

② Katherine J. Morris，ed.，*Wittgenstein's Method：Neglected Aspects-Essays on Wittgenstein by Gordon Baker*，Oxford：Blackwell Publishing，2004.

斯坦哲学研究中占有统治地位, 甚至在后期也是如此吗? 这是 "正统" 阐释者有关维特根斯坦跟精神分析的关联所关注的问题。不可否认, 哈克也承认维特根斯坦在 1930 年代早期曾把他的哲学方法跟弗洛伊德类比。尽管如此, 在浩瀚遗作中, 维特根斯坦具体提及精神分析的地方只有五处:

第一, MS109 提及了 "精神分析"。我们如何思考命题 P, 如何期待如此那般事情的发生? 哲学任务在于揭示出错误的对比。正是基于对上述思考, 维特根斯坦才相信此处哲学方法类似于精神分析: 把那些无意识的变成有意识的, 两者类似并非外在的。

第二, MS110 和 BT410 提及了 "精神分析"。"我们最重要的任务之一在于把那些思维模式诸特征尽可能刻画并表达出来……读者会说, '是的, 那恰好就是我所意味的'。要找到每个错误的面相……我们只能向别人证明这个错误……使他承认那就是他诸情绪的表达式……因为只有当他承认了这些表达式, 他们才会是正确的表达式 (精神分析)。"① 上述文本主题为 "哲学显示出语言使用过程中的错误类比"。根据哈克考察, 这些文本出现在 1936 年至 1937 年遗作中, 但并没有出现在 PI 中。类似表达还有 PI 第 254 节, 里面根本没有 "精神分析" 字样: "其实在哲学上这只有在我们必须对使用某种特定表达式的诱惑做出确切的心理学说明时才会成为问题。这种情况下, 我们 '受诱惑说的东西' 当然并不是哲学, 但却是哲学的素材。" (PI §254)

第三, 处体现在 MS113 和 MS158 中。维特根斯坦指出数学家或许会对他的处理方案感到惊讶, 因为数学家一直被训练来避免任何类似想法和疑虑。维特根斯坦特别提到, 当使用弗洛伊德精神分析作为类比时, 可以发现该数学家从婴儿期就获得了某种反感。然而

---

① MS (110: 230) . Hacker M. S. Peter, "Gordon Baker's Later Interpretation of Wittgenstein", in Kahane Guy, Kanterian Edward and Kuusela Oskari, eds. , *Wittgenstein and His Interpreters: Essays in Memory of Gordon Baker*, Oxford: Blackwell Publishing Ltd. , 2007, p. 97.

维特根斯坦指出，幼儿从训练中学习算术，我们要澄清对于所有幼儿有关、必须被克服的那些被压抑的疑惑和困难。这里很晦涩，尽管维特根斯坦提及了精神分析。

第四，MS145："意义有其方向，一般过程是没有的。"有人或许会这样说，意义在移动，而所有过程都静止（这是对语法诸多误解的精神分析）。

第五，维特根斯坦在 1938 年的演讲中谈道："跟你所能觉察到的相比，我们所做的事情更类似于精神分析。叔本华：'如果你发现你在非常艰难地尝试去说服某人某事，但却徒劳，告诉自己，你面对的不是智力而是意志（will）问题。"［MS（158：34v）］哈克在维特根斯坦"给石里克的口述"中发现了唯一一处被删除的相关文本。在那里，维特根斯坦简要讨论了海德格尔的无是如何成为无的。上述文本是所有维特根斯坦有关"精神分析"的讨论。PI 根本没有讨论过该概念，当然 PI 讨论了思想的"疾病"（§593）、"治疗"（§254—§255）以及"疗法"概念（§133）。

2. 对维特根斯坦有关精神分析阐释的历史分析

"正统"阐释并不否认维特根斯坦哲学方法在某些方面与精神分析存在重要相似。需指出的是，这种类比出现在 1930 年代早期文本中，但在 1938 年就基本消失了；这种类比极其有限；仅根据上述文本，根本不能得出"精神分析式"阐释："维特根斯坦不仅没有在《哲学研究》中重复精神分析类比，对于任何把精神分析方法扣在他身上的做法，他非常愤怒。"① 谁是"精神分析"阐释的始作俑者？哈克从艾耶尔谈话中找到了答案：维特根斯坦后期哲学思想对他的门徒产生了重要影响，这导致他们把哲学研究视为精神分析，其代表是温斯顿。温斯顿的精神分析式是他自己悟出来的，维特根斯坦的建议最多只能给他某种启发。"这点尤其重要：他（维特根斯坦）

---

① Hacker Peter, "Gordon Baker's Later Interpretation of Wittgenstein", in Kahane Guy, Kanterian Edward and Kuusela Oskari, eds., *Wittgenstein and His Interpreters*: *Essays in Memory of Gordon Baker*, Oxford: Blackwell Publishing Ltd., 2007, p. 98.

没有承认在精神分析具体实践和他处理哲学问题的方法中存在任何亲缘关系。当然,说没有亲缘关系是夸大的。但众所周知,维特根斯坦明显认为该类比弊大于利。"①

据"正统"理解,"治疗型"哲学说法体现在 PI 和遗作中。首先,PI 的"治疗型"方法体现在第 133、255 节。第 133 节指出:"并没有一种哲学方法,尽管的确有许多方法,正如有不同的疗法一样。"接着第 255 小节表明"哲学处理问题就有如治病一般"。类似评论还有第 593 节:"哲学之病的一个主要原因——偏食:人们只用一种类型的例子来滋养他们的思想。"其次,在遗作中没有提出治疗概念,但以下类比确实经常出现:维特根斯坦把哲学问题和哲学困惑跟疾病相比。但是,哈克提醒读者,对上述类比应这样理解:那些看似无法解决的哲学问题应被视为哲学家在用语言进行表达的过程中出现的智力"疾病",而非哲学家的软弱。最后,维特根斯坦在 1930 年代中期指出,"我们的问题"源于语言的错误以及对语言本质的不安等。当然,这跟"精神分析式"阐释所宣称的他们属于个体"理解的疾病"非常不相关。维特根斯坦在 1946 年表明,哲学问题要么根植于语言本质,要么源于人类文明特质。

(二)"正统"阐释对"精神分析式"理解的反驳

要反驳"精神分析式"阐释,首先需要分析"精神分析"视角。

1."正统"阐释对"精神分析式"论证的分析

"精神分析式"阐释把维特根斯坦哲学当作哲学的精神分析。在贝克看来,维特根斯坦的哲学方法和弗洛伊德精神分析不是类比。根据魏斯曼文本,维特根斯坦研究方法基于精神分析模型。

按照"正统"理解,"精神分析"阐释体现了"治疗型"哲学的五个方面:根据弗洛伊德,这种哲学是治疗型的,与牛津日常语

---

① Hacker M. S. Peter, "Gordon Baker's Later Interpretation of Wittgenstein", in Kahane Guy, Kanterian Edward and Kuusela Oskari, eds. , *Wittgenstein and His Interpreters*: *Essays in Memory of Gordon Baker*, Oxford: Blackwell Publishing Ltd. , 2007, p. 98.

言学派相比，这种哲学方法更接近精神治疗；这与个人相关，是针对个人的哲学治疗，PI 被认为是精神分析典范，它不针对任何其他哲学流派；跟精神分析类似，哲学困惑源于哲学家自己，维特根斯坦哲学终极目的在于让哲学家意识到他的偏见、动机和强迫症，这种疗法是面对面的"谈话疗法"，最终结果是让哲学家有自我认识；按照"精神分析氏"理解，哲学对话目的不在于论证的构建，而在于提倡某种可代替的观点和视野；既然哲学困惑源于图像的困惑，那么哲学研究在于为那些受到图像困惑的人提供可替代图像，"精神分析式"阐释对上述理解给出了如下论据：1930 年代早期哲学遗作证明，维特根斯坦在当时的确把他的哲学方法跟弗洛伊德精神分析类比[1]；魏斯曼的 HISP 提出的哲学观念是基于弗洛伊德精神分析模型的治疗型哲学；哈克认为整个 HISP 内容可以被视为是对维特根斯坦"精神分析式"哲学的概述。"从某方面而言，我们的方法类似于精神分析。"[2] 有关证据还体现在"给石里克的口述"中。

　　基于上述理解，哈克提出如下反驳：贝克后期提出的维特根斯坦"治疗型"哲学"精神分析式"阐释受到了魏斯曼研究工作的影响；贝克错误地展示出维特根斯坦式"治疗型"哲学中维斯曼的真实立场，以及在有关文本中，魏斯曼和维特根斯坦思想的关联。按照"正统"阐释，"精神分析式"的阐释是错误的，根源之一就是他们错误地解读了魏斯曼文本以及魏斯曼与维特根斯坦的哲学关联。要反驳"精神分析式"阐释，首先要搞清楚魏斯曼和维特根斯坦的关系。

　　2. 对维特根斯坦与魏斯曼哲学文本关系的澄清

　　对贝克所理解的魏斯曼和维特根斯坦的关系，哈克的反驳体现

---

① Baker M. S. Gordon, "'Our Method of Thinking about Thinking'", in Katherine J. Morris, ed., *Wittgenstein's Method: Neglected Aspects-Essays on Wittgenstein by Gordon Baker*, Oxford: Blackwell Publishing, 2004, p. 155.

② Baker M. S. Gordon, *The Voices of Wittgenstein: The Vienna Circle: Ludwig Wittgenstein and Friedrich Waismann*, London and New York: Routledge, 2003b, p. 277.

在三方面：

首先，贝克夸大了魏斯曼文本的重要性。贝克指出，除非维特根斯坦在文本中亲口否认，那么魏斯曼文本中表达的观点就是后期维特根斯坦观点的权威表述。贝克的方法论并不牢靠，对魏斯曼保留的记录，维特根斯坦从来没有亲自进行过修正和改进，哪怕是维特根斯坦遗作也存在大量未经修改的文本。这样看来，魏斯曼记录中表达那些所谓的维特根斯坦哲学观点可信度值得商榷。魏斯曼文本体现的是维特根斯坦在 1931 年到 1935 年间的思想，与之对应的体现在 BT 及其修改版本中。尽管 PI 中的很多观点源于 BT，但维特根斯坦是把 BT 中有关观点反复修改和提炼以后才放入 PI 的。这可推出：对魏斯曼所保留同时期的类似文本，它没有在后来被维特根斯坦修改，很有可能经过维斯曼修改。如果是这样，维特根斯坦很有可能对那些文本内容不会感到满意；对魏斯曼文本可信度的怀疑并没有指明维斯曼文本一无是处，读者应谨慎使用，最好把这些文本和维特根斯坦文本结合起来使用。哈克认为，要研究维特根斯坦在 1930—1940 年代的哲学思想，最好参考维特根斯坦本人遗作。

其次，"对阐释维特根斯坦哲学来说，维特根斯坦口述给维斯曼的文本不具有权威性，而且维斯曼《语言哲学原理》中的文本也不具有权威性"[1]。促使维特根斯坦在 1938 年决定出版其后期哲学文本主要原因之一就是，当时魏斯曼在剑桥大学用了维特根斯坦早些时候的草稿作为授课内容。在 1938 年版本 PI 序言（TS 225）中，维特根斯坦清楚地表达了这点，这在 PI 中保留了下来："直到前不久，我才真正放弃了在有生之年出版自己著作的念头。这种念头的确又曾不时地复萌，而且这主要是由于我被迫认识到，我的成果（我在讲课、打字稿和讨论中交流过的成果）在流传中遭到各种各样的误

---

① Hacker M. S. Peter, "Gordon Baker's Later Interpretation of Wittgenstein", in Kahane Guy, Kanterian Edward and Kuusela Oskari, eds., *Wittgenstein and His Interpreters: Essays in Memory of Gordon Baker*, Oxford: Blackwell Publishing Ltd., 2007, p. 93.

解、或多或少地被冲淡甚至歪曲了……"（PI 序言 2）这也并不能说明魏斯曼文本一无是处。魏斯曼文本应这样理解：魏斯曼文本中所表达的观点如果在维特根斯坦后期哲学中也表达了类似观点，那么，它就可以被称之为正统；如果魏斯曼文本所表达的观点跟后期维特根斯坦文本观点相反，那么这些不同之处才是读者需要考察之处；如果魏斯曼文本中所认为某些维特根斯坦观点非常重要，而维特根斯坦在后期文本中又对其表示沉默，那些文本才是最应该值得警惕的。

最后，"精神分析式"阐释者认为 HISP 表达的哲学概念是维特根斯坦本人的观念。哈克认为贝克的理解是错误的，他从后期魏斯曼文本和对话录中找到了证据：魏斯曼其实在 1956 年就公开反对过维特根斯坦。魏斯曼在跟亨里希·奈德的对话中说："（维特根斯坦）是他一生中最大的失望。"[1] 晚年魏斯曼直接谴责了维特根斯坦反科学主义——"维特根斯坦——我们时代的先锋思想家；确切地说，他就是引领我们走向谬误的那个人。"[2] HISP 不是在重复维特根斯坦观点，而是在远离维特根斯坦哲学。

哈克列举了五个例子来展现出魏斯曼对维特根斯坦有关思想的远离和反驳。简要概述如下：HISP 表明，并非所有哲学家都支持维特根斯坦的哲学研究在于对概念澄清，那些追求明晰性的哲学家之所以这样做，是因为他们除此以外无话可说；哲学并非只是对语言的批判，因为这缩小了哲学研究范畴，这是对 TLP 第 4.0031 节的反驳："全部哲学都是一种'语言批判'。"相反，哲学研究核心在于视野；维特根斯坦曾把哲学研究比喻成给陷入捕蝇瓶中的苍蝇指出一条出路，魏斯曼在 HISP 中对此观念嗤之以鼻；HISP 指出哲学家的工作在于对所有已知哲学理念的重新检验，"每位哲学家心中都住

[1]　Hacker M. S. Peter, "Gordon Baker's Later Interpretation of Wittgenstein", in Kahane Guy, Kanterian Edward and Kuusela Oskari, eds., *Wittgenstein and His Interpreters: Essays in Memory of Gordon Baker*, Oxford: Blackwell Publishing Ltd., 2007, p.94.

[2]　Ibid..

着一位改革家"①, 这跟维特根斯坦观念相反——哲学在于研究语言实际用法, 不干涉语言实际用法, 魏斯曼表达的是哲学作为改革方式, 而维特根斯坦表达的是哲学在于概念阐明; 维特根斯坦反复强调概念分析方法的重要性, 其一就是通过概念分析指出形而上学命题是无意义的, 相反, 魏斯曼指出, 说形而上学命题无意义, 这本身就是无意义的。

贝克认为魏斯曼在 HISP 中指出魏斯曼的哲学方法是对维特根斯坦精神分析式 "治疗型" 哲学的继承与发展。但根据哈克的考察, 维斯曼根本没有使用有关 "弗洛伊德" 以及 "精神分析" 等有关概念。事实上, 魏斯曼根本就没有把精神分析模式运用到他的哲学文本中, 尽管魏斯曼提及过 "深深的不安" "困惑状态" "内心不满" 等观念, 但他从未把这些概念跟弗洛伊德精神分析联系起来。

如果 HISP 中没有任何弗洛伊德精神分析模型, 那么它是否给出了另外模式呢? 哈克认为魏斯曼提出了 "法庭辩护" 模型: "首先, 他让你看到 (某人看问题) 姿态 (位置) 的弱点, 缺陷和不足之处; 他将其中的不一致揭露出来, 或是指出在整个理论底下藏着许多不自然的观点, 而且我们一旦推行这些观点, 就会导致最严重的后果; 他利用武器库中最强大的武器来解决, 最后只能把问题变成荒谬和无限倒退; 另外, 他向你提供了一种全新看待事物的方法, 而那些反对观点则不能做到。换句话说, 他好像律师一样向你呈现出有关案件的所有事实, 而你就扮演法官角色。你仔细观察这些事实, 往具体处深究, 仔细掂量着正反两方面, 最后作出裁决。"② "法庭辩护" 模型根本不同于精神分析模型。

3. "正统" 阐释对 "精神分析" 阐释的具体反驳

在完成了对 "精神分析式" 阐释的分析和魏斯曼文本澄清后,

---

① Waismann Fredrich, "How I See Philosophy", in Harre Rom, ed., *How I See Philosophy*, New York: St. Martin's Press, 1968, p. 33.

② Ibid., p. 30.

"正统"阐释对"精神分析式"阐释作了具体反驳。

1. 哲学研究首要任务是治疗型的。这点"正统"阐释并无反对意见,但应这样理解:哲学问题源于哲学家的概念混淆和误解,因此哲学问题是概念问题。要解决概念混淆,需要做的是澄清语言的使用和不同用法,消除那些阻止我们清楚地理解语言概念中的错误观念和理解。在误解和误用中,很多不相关概念彼此纠缠。从概念澄清视角来说,哲学研究通过消除哲学混淆以此给哲学家带来健康,这才可以跟治疗相类比。

"治疗型"方法只是众多哲学方法之一,并不存在唯一哲学方法。维特根斯坦同时指出,哲学研究在于阻止人们超越语词意义界限,一旦跨过了这个界限,语言就空转,命题就变成无意义的。通过考察语词不同使用和语法,以此罗列出语词不同使用方式。这样我们就会对语词用法有综览。综览能消除误解,给我们明晰性。"精神分析式"视角虽强调哲学问题源于哲学家对语词意义的混淆,但是它强调了这个视角是主要研究方式,排除了其他研究方法和视角。

2. 哲学研究以哲学家为研究对象,是个体式的。"正统"阐释认为这点完全错误:维特根斯坦根本没有表达过这种观点。PI 肯定不像弗洛伊德著作那样充满着精神分析个案研究,维特根斯坦从来没有把哲学研究当作个人哲学研究,他研究的内容有普遍性。"在本书中的哲学论述,仿佛就是在这些漫长而曲折的旅途中所作的风景速写。"(PI 前言)维特根斯坦虽很少直接提到某些哲学家,但这并不代表维特根斯坦所提出的哲学论题不具有普遍性,比如反对唯我论、反对逻辑主义、反直觉主义等。

维特根斯坦在 PI 中对奥古斯丁语言图像的反驳并不在于反驳奥古斯丁本人。相反,维特根斯坦所反对的是以奥古斯丁观念为代表有关语言本质的观点。① 维特根斯坦对私人语言的论证也并非专门针对罗素、石里克及卡尔纳普等人。相反，私人语言论证所讨论的是唯心主义和唯我论。维特根斯坦把自己当作西方哲学传统的破坏者，由此可见，维特根斯坦哲学并非是以个人为中心的："他所面对的是整个西方哲学传统，很难认为这种哲学是为他的学生和友人准备的。"②

3. "治疗型"哲学是面对面的"谈话疗法"。维特根斯坦确实认为，通过对概念具体使用的分析可以让对话者意识到他心中的所想。但是，这种哲学方法并非"谈话疗法"，从字面意思来说，"谈话疗法"预设了某个真实对话者，维特根斯坦通过与其对话，指出了该谈话者心中存在的误解，以此让对话者意识到他误用了语言。如果是这个意思，那么，维特根斯坦在讲座和跟其他哲学家的对话中或许运用了这种方法。但"正统"阐释者不这么认为：维特根斯坦对罗素的反驳，并不期待罗素的回应；他对弗雷格概念的反驳也不是"对话疗法"，他是通过列论证来实现的。"正统"阐释认为：维特根斯坦哲学文本体现的哲学方法类似于苏格拉底式的对话方法。苏格拉底的对话方法是"助产术"，而维特根斯坦的对话跟"助产术"有重要关联。③ 维特根斯坦关心的问题是找出那些导致哲学家误用和误解语词的根源，"助产术"契合维特根斯坦的目的，能顺利帮助维特根斯坦达到目标，两者是兼容的。

4. 在哲学研究中，既然产生问题的是哲学家本人，那么需要精神分析的对象也是这个哲学家。贝克认为哲学家并不是语言语

---

① 徐强：《论维特根斯坦对"奥古斯丁语言图像"的反驳》，《安徽理工大学学报》（社会科学版）2015 年第 7 期；徐强：《再论维特根斯坦在〈哲学研究〉中对"奥古斯丁语言图像"的反驳》，《海南师范大学学报》（社会科学版）2016 年第 3 期。

② Hacker M. S. Peter, "Gordon Baker's Later Interpretation of Wittgenstein", in Kahane Guy, Kanterian Edward and Kuusela Oskari, eds., *Wittgenstein and His Interpreters*: *Essays in Memory of Gordon Baker*, Oxford: Blackwell Publishing Ltd., 2007, p. 95.

③ 徐强：《信息哲学与"数字维特根斯坦研究"》，《广东外语外贸大学学报》2019 年第 2 期。

法的"受害者",而是他们自己的偏见和独断论的受害者。哈克不同意这点:维特根斯坦在1930年代早期引入精神分析概念的时候,他是把哲学混淆归因于不同语法特征的。"为什么语法问题是如此艰深并且无法消除呢?……那是因为它们跟最古老的思维习惯联系在一起,比如:借着那些最古老的图像,他们被刻画到语言中。"(BT 423)为什么哲学一直没有进步,从古希腊开始,为什么哲学家还在思考同样的问题呢?很大的原因在于我们所使用的语言一直保持原样,它们容易诱导我们重复询问同一个问题。哲学问题并非是偏见和独断论,而是有关语言语法的误解。"哲学是一场战斗,它反对的是用我们的语法作为手段来使我们的理智入魔。"(PI §119)

"精神分析式"阐释对维特根斯坦哲学文本的理解是肤浅的:哈克并没有作出任何论证过程,他只基于自己的理解。这种肤浅理解重要原因就是"精神分析式"阐释者选择文本的片面性:他们只选择那些能够体现出精神分析概念的评论,排开无关评论。假如维特根斯坦哲学果真如"精神分析式"读者所认为的那样,其结果之一就是维特根斯坦哲学在西方哲学中会沦为"非主流"。因为"治疗型"哲学只关心那些受到哲学困惑内心不平静的哲学家;事实并非如此,维特根斯坦考察的很多都是哲学史上的大问题。

"正统"阐释者承认"中期"维特根斯坦的元哲学跟弗洛伊德精神分析存在关联,但是他们有反对"精神分析式"解读。那么,"中期"维特根斯坦的元哲学跟弗洛伊德精神分析存在哪些区别呢?此处关注的是有关"治疗型"哲学的两种解读视角及其争论,并没有考察"治疗型"哲学和"精神分析"具体关联。张巧从"正统"阐释者视角出发,她同哈克观点类似,不赞同"精神分析式"阐释。张巧重点考察了"中期"维特根斯坦对以弗洛伊德精神分析为代表的"坏哲学"的具体批判,维特根斯坦虽自诩为弗洛伊德精神分析的追随者,但是维特根斯坦自始至终从不同角度批判了心理分析,体现在以下三个方面:

第一,弗洛伊德精神分析方法是建立在医生对患者症状的"自由联想"方法的基础上,这种心理分析基于"表象—本质"模式。"维特根斯坦所用的方式是语法考察。在维特根斯坦看来,话语表达中出现的谬误实则是因为我们的话语表达上常常存在着许多结构上的相似之处。正是这种结构上的相似之处让我们以为是某种实质上的相似。"①

第二,根据维特根斯坦哲学,弗洛伊德精神分析方法中有关"意识"和"无意识"的理论建构属语法误用。"弗洛伊德将'无意识'分为两类:描述的'无意识',即它所谓的能够吸收到'意识'之中的'前意识';以及动力学意义上的'无意识'。永远受到抵抗和隐藏的深层的'无意识'。但维特根斯坦正是在这一地方做出批评的,因为'无意识'仅可作为一种新的表达方式……弗洛伊德的错误在于将'意识'和'无意识'都通过他假想的理论模式……这种从形式上是的某种对称的图画隐喻,造成了弗洛伊德又回复到他想摆脱的传统哲学和心理学对意识和无意识的泥淖中。"②

第三,弗洛伊德在精神分析中混淆了"原因"和"理由",这导致其理论沦为一种"说服"的伪科学。通常科学中的理论是基于大量的实验和数据分析得来,而弗洛伊德精神分析几乎不使用实验方法的科学方法。"弗洛伊德为心理活动过找寻的'原因',常常都是通过自由联想偶然得之,而不能达到某种必然性。他提供的解释不能得到证实。"③维特根斯坦指出弗洛伊德为心理现象提供的解释是某种美学解释。

(三)"正统"解读视角的张力

维特根斯坦"治疗型"哲学的两种理解对维斯曼及维特根斯坦

---

① 张巧:《论维特根斯坦对弗洛伊德的心理分析的批判》,《心理学探新》2016年第6期。

② 同上。

③ 同上。

和维斯曼哲学关联的态度截然不同。"精神分析式"解读大部分文本源于魏斯曼，且受到了魏斯曼的影响；"正统"阐释视角关注维特根斯坦哲学文本，没有把魏斯曼文本当主要内容。本书认为哈克对魏斯曼的理解有几点值得商榷：

1. 有关魏斯曼哲学文本的争议

哈克认为贝克夸大了魏斯曼哲学重要性，但他对魏斯曼哲学文本地位却并没有给出准确定位，魏斯曼哲学文本重要性体现在哪些方面呢？我认为这体现在三方面：研究魏斯曼是研究维也纳小组哲学的重要部分；研究魏斯曼的文本能为有关"中期"维特根斯坦哲学思想发展的理解有重要帮助；研究魏斯曼的著作也是非常有意义的。在"正统"维特根斯坦阐释中，魏斯曼的文本历来就不受重视。哈克代表的"正统"阐释并不把魏斯曼文本当作研究维特根斯坦哲学的重要文本，就算他们用了魏斯曼文本，也要拿来跟维特根斯坦对应文本比较验证。魏斯曼的文本不仅不受"正统"阐释者重视，而且归属权在维特根斯坦研究者中也尚存争议。比如，在四卷本阐释中，前两卷把 PLP 列为魏斯曼文本，而后两卷把 PLP 列为维特根斯坦文本。前两卷的第一作者是贝克，而后两卷作者是哈克。魏斯曼文本不受重视的原因之一在于，魏斯曼曾被认为"剽窃"了维特根斯坦哲学思想。① 魏斯曼的误解是维特根斯坦和维也纳学派左、右两翼之间矛盾的产物。魏斯曼在分析哲学，尤其维特根斯坦阐释者那里遭受的误解与低估，部分原因在于这些学者对维特根斯坦和魏斯曼哲学互动历史的认识不清楚，对魏斯曼文本缺乏系统研究。

---

① Hintikka Jaakko, "Ludwig's Apple Tree: On the Philosophical Relations between Wittgenstein and the Vienna Circle", in Stadler Fredrich, ed., *Scientific Philosophy*: *Origins and Developments*, Dordrecht/Boston/London: Kluwer Academic Publishers, 1993, p. 34. 徐强：《对维也纳小组在 1930 年代有关维特根斯坦哲学理解的微观考察》，《自然辩证法通讯》2018 年第 9 期；徐强：《弗里德里希·魏斯曼和他的"语言层次观念"》，《科学技术哲学研究》2018 年第 1 期。

2. 魏斯曼与"中期"维特根斯坦哲学延续性

基于"正统"阐释者对魏斯曼文本怀疑态度和"精神分析式"读者的"滥用",本书提出魏斯曼哲学重要性的第三种视角:魏斯曼文本有助于构建维特根斯坦哲学延续性理念。维特根斯坦主流研究范式为"三分法"。与"三分法"相对的是"延续性"视角:强调维特根斯坦哲学观点整体性及其具体思想发展过程的延续性。在"延续性"视角下,"中期"维特根斯坦研究得到了凸显。当前国外学界存在着"多个维特根斯坦"理念争论的局面,主要是由阐释者对维特根斯坦哲学分期的不同理解所造成。早期阐释者认为维特根斯坦在前后期思想存在本质差异,"中期"文本的重要性并没有得到太多关注。从1980年代开始,随着"中期"遗作问世,有关研究成果逐渐挑战传统二分法,越来越多阐释者提出了维特根斯坦哲学的延续性,包括斯特恩。国内韩林合初步论证了前后期维特根斯坦哲学的延续性。

如何基于遗作及有关文本来论证维特根斯坦有关思想的延续性是当前阐释者面临的问题。"中期"哲学是对"前期"有关理念的批判和抛弃,从而向后期哲学视野的演变。理解好维特根斯坦哲学过渡的前提,就是要全面和深入解读"中期"著作。"中期"哲学是维特根斯坦哲学大厦不可或缺部分,是联结"前期"和"后期"哲学的重要纽带和桥梁。在论证"中期"维特根斯坦具体思想延续发展中,当前有两条路径:"中期"维特根斯坦对"逻辑原子主义"的批判与抛弃;"中期"维特根斯坦语义观点的延续性发展。上述学者使用了维特根斯坦本人遗作,没有涉及魏斯曼文本。因此,从魏斯曼角度来考察"中期"维特根斯坦语言思想的具体发展与演变是有意义的。结合魏斯曼与维特根斯坦的互动历史以及当前研究现状,魏斯曼哲学文本的重要性就体现出来了:通过重点研究魏斯曼所记录的文本,同时结合维特根斯坦有关遗作,深刻研究"中期"维特根斯坦语言思想,这样或许能给其他维特根斯坦阐释者提供新的视角和发现。

　　"正统"阐释者认为维特根斯坦"治疗型"哲学跟精神分析方法是"形似"，而非"神似"，"精神分析式"阐释者却坚持"神似"。到底谁的理解比较客观呢？此争论牵涉到对维特根斯坦中后期哲学思想不同理解，同时也牵涉到维特根斯坦与魏斯曼在1930年代哲学互动历史。本书初步考察了"治疗型"哲学的"正统"阐释，分析了"正统"阐释对"精神分析式"解读的不同反驳，哈克和贝克都是"正统"阐释者代表，两人却对中后期维特根斯坦哲学研究本质的理解存在巨大差异。"正统"阐释真的契合了维特根斯坦哲学思想，而"精神分析式"解读就是"异端"吗？要回答此问题，应把魏斯曼和维特根斯坦文本结合起来，考察"中期"维特根斯坦有关哲学本质思考的诸"面相"。

三　"中期"维特根斯坦哲学的两个面相：《大打字稿》与"我们的方法"

　　回顾两个阐释视角，双方争论核心问题包括"治疗型"哲学方法论跟精神分析到底"形似"还是"神似"？在理解"中期"维特根斯坦哲学中，魏斯曼文本有多大作用？这原本是两个问题，然而双方都把它们搅和在一起了。出于对魏斯曼哲学文本及其哲学重要性的关注，"精神分析式"解读把魏斯曼文本作为重要论据。贝克认为"治疗型"哲学和精神分析方法不仅"形似"，而且"神似"，这样的结果就是两者很有可能等同。基于对维特根斯坦哲学的正统理解，尤其是前后哲学的理解，"正统"阐释者认为"治疗型"哲学跟精神分析不同，无论是从"形"还是从"神"方面。退一步说，"正统"阐释者最多认为双方存在"形似"。两种理解视角都涉及了魏斯曼，然而双方却对魏斯曼文本及重要性的理解表现出迥异，魏斯曼的哲学重要性及其文本地位始终得不到体现。因此，应该从"中期"维特根斯坦文本和魏斯曼有关文本角度，再度考察维特根斯坦在1930年代的哲学观念，以此来回应上述张力。

（一）"我们的方法"：语法研究与综览视角

"我们的方法"理论主要来自维特根斯坦，部分源于石里克，它通过魏斯曼之笔得到了系统表述。[①] 基于文本研究，"我们的方法"中的哲学观念如下：语言的意义本身具有模糊性，这种模糊性源于语言的本质，因此，任何用界限分明的规则来刻画和规定语义的方法是对语言的暴政，这种现象可以通过游戏概念的模糊性得到阐明；哲学研究需要视野的转变：不要讨论游戏规则的具体标准，而要讨论游戏概念；"我们的方法"的落脚点在语言，目的在于通过建构不同事例来获得语言语法图像的综览，可以通过语言具体使用规则的描述来获得综览；哲学研究作为语法研究，语法研究可以获得综览，而综览可以消除哲学家的不安。（有关内容请参第四章第4.2小节）

"我们的方法"突出了语法研究的重要性。语法研究要求我们更多地从不同侧面考察哲学问题，以及构表达哲学问题的语言。多角度考察的视角就是综览，综览的目的在于加深对哲学问题的理解，同时消除我们的不安。

（二）《大打字稿》中的"治疗型"哲学概念

在此，本书使用"精神分析式"类比，从医患关系角度阐释 BT 的哲学概念。（有关内容请参考第四章第4.1小节）维特根斯坦认为，许多传统哲学家都在不同程度上陷入了某种疾病，他从具体哲学问题入手，通过类比、比喻等修辞手法将这些"有病的哲学家"从事哲学所表现出来的各种"症状"表述出来供参考。"有病的哲学家"表现的具体症状如下：维特根斯坦用了轮船甲板上的蒸汽发动机为例来阐明[②]，"有病的哲学家"在面对某个哲学

---

① Baker P. Gordon, ed., *The Voices of Wittgenstein: The Vienna Circle: Ludwig Wittgenstein and Friedrich Waismann*, London and New York: Routledge, 2003b, pp. 277 – 311.

② Ludwig Wittgenstein, *The Big Typescripts: TS 213*, Grant Luckhardt and Maximilian Aue, eds., Oxford: Blackwell Publishing, 2005, p. 306e.

问题时，由于他的视野非常狭隘，没有对整个问题的综览。因此，他总是对这个问题充满不安和困惑。在"有病的哲学家"眼里，哲学问题好比某个无序混乱社会，在这个社会中的每个成员都没有各司其职。① 在这种混乱无序的社会中，我们急需"健康哲学家"的帮助。②"有病的哲学家"总是对某种全新的哲学阐明满怀期待，维特根斯坦认为这种态度是哲学研究的最大障碍。"有病的哲学家"喜欢自吹自擂，相信找到了"人生问题"的解决方法，③喜欢用日常语言表达世界本质，其本质就是逻辑原子主义。④"有病的哲学家"常常对某个哲学问题表现出不安和焦躁，因为他们错误地看待了哲学研究，哲学研究关键在于观念、思维的转变。"有病的哲学家"在做哲学的时候好比无头苍蝇：他胡乱搜寻，不知道出口在哪里。⑤

上述"症状"有相应的"疗法"："治疗型"哲学方法类似于精神分析，目的是指出"有病的哲学家"所犯的错误——他在哲学研究中运用了错误类比。⑥"治疗型"哲学"要让"有病的哲学家"对正在思考的问题获得综览式理解；在"治疗型"视角中，哲学目的在于清楚地描绘语言，对语言的具体描绘就是对语言用法的考察，也就是语法考察。因此哲学研究主要在于语法考察。（有关文本请参考本书第四章第四节）

维特根斯坦认为可以通过上述"疗法"治疗"有病的哲学家"，从而把他们变成"健康的哲学家"。"健康的哲学家"通过描绘语言具体使用从而找到有关哲学问题最佳表达式。"哲学家的工作包括为

---

① 韩林合：《维特根斯坦〈哲学研究〉解读》（下册），商务印书馆 2010 年版，第 1500—1501 页。

② 同上书，第 1501 页。

③ Ludwig Wittgenstein, *The Big Typescripts*：TS 213，Grant Luckhardt and Maximilian Aue，ed.，Oxford：Blackwell Publishing，2005，p. 309e.

④ Ibid. .

⑤ 韩林合：《维特根斯坦〈哲学研究〉解读》（下册），商务印书馆 2010 年版，第 1464 页。

⑥ 同上书，第 1488 页。

某个特殊目的而不断地收集提示物。"①　"健康的哲学家"的工作好比开锁师傅，哲学问题的解决好比开锁，需要技巧。②　"健康的哲学家"的目的是要纠正"有病的哲学家"对语言的误用，让语言回到原初使用语境中③，他们最重要的工作就是转变"有病的哲学家"看待哲学问题的视角，这最具挑战性。"……最容易理解的事情可能会变成最难理解的事情。要克服的不是理智上的一种困难，而是意志上的一种困难。"④

　　基于上文，维特根斯坦认为哲学困难在于观念的转变，在于让哲学家不形而上学地使用日常语言；哲学问题源于日常语言的误用。对错误类比的理清是语法研究——"哲学方法：对于语法的/语言的/事实所做的综览性再现。其目标是：论证之清晰性。公正。"⑤

　　(三)　两种面相的对比

　　在"中期"维特根斯坦哲学概念两种面相中，双方相同之处如下：双方都认为，哲学家理智上的不安源于日常语言的误解和误用；通过考察不同语言游戏可以获得对哲学问题的综览。综览既能够使我们更好地理解和把握哲学问题，又能够消除偏见。哲学问题的消除需要哲学研究视野的转变：从解释视角转变为描述视角，描述视角关键在于对日常语言语词的综览式考察。语法研究的目的在于为哲学家用日常语言进行哲学研究的过程找到提示物，纠正哲学家对语言的误用。

---

　　①　Ludwig Wittgenstein, *The Big Typescripts*：TS 213, Grant Luckhardt and Maximilian Aue, eds., Oxford：Blackwell Publishing, 2005, p. 306e.

　　②　韩林合：《维特根斯坦〈哲学研究〉解读》(下册)，商务印书馆 2010 年版，第 1501 页。

　　③　Ludwig Wittgenstein, *The Big Typescripts*：TS 213, Grant Luckhardt and Maximilian Aue, eds., Oxford：Blackwell Publishing, 2005, p. 311e.

　　④　韩林合：《维特根斯坦〈哲学研究〉解读》(下册)，商务印书馆 2010 年版，第 1527 页。

　　⑤　徐英瑾：《维特根斯坦哲学转型期中的"现象学"之谜》，复旦大学出版社 2005 年版，第 288 页。

双方存在细微差异：维特根斯坦概念分析方法可以通过弗洛伊德精神分析方法更好地理解，魏斯曼只关注维特根斯坦本人观点，他并没有像维特根斯坦那样把概念分析拿来跟精神分析类比；在有关语法研究的阐释中，魏斯曼除了原汁原味的阐释维特根斯坦观点，他还从哲学史中找出相关例子来辩护，魏斯曼哲学研究考虑到了哲学史，维特根斯坦更多地是针对哲学问题本身；魏斯曼突出了明晰性概念的重要性，而这一概念却隐含在维特根斯坦文本中；在"我们的方法"中，魏斯曼的主题是跟维特根斯坦哲学和维也纳小组哲学的综合。

四　对"治疗型"哲学两种解读争论和张力的回应

第一，"中期"维特根斯坦"治疗型"哲学理念或许应归咎于阐释者，维特根斯坦和魏斯曼的文本内容对该概念的形成并不具有决定性。维特根斯坦主要认为哲学问题在于语言的误解及其使用的混淆，因此强调了语法研究的重要性。语法研究能为我们带来对哲学问题的综览。哲学家获得了综览式理解，他的视野同时也会改变。为了让我们更好地理解他的哲学概念，维特根斯坦有时确实认为他的哲学观念可以通过精神分析模型来理解。"精神分析式"解读无疑是从 BT 文本内容获得了灵感，但是他们又走得太远了。从"我们的方法"中又很难得出"精神分析式"解读，因为魏斯曼几乎没提及这个概念。正如"正统"阐释者，从屈指可数的文本得出"精神分析式"理解不仅不具有说服力，而且也过度阐释了维特根斯坦哲学，"精神分析式"解读只能是执拗的理解。

第二，"治疗型"哲学最多跟精神分析"形似"，而绝非"神似"。假如二者"神似"，结果会跟维特根斯坦预言的一样，是弊大于利的：那必将缩小哲学研究范围，尤其是分析哲学。哲学不只是个人的事业，更是增进人类知识的事业；只能让分析哲学招致更多责难和偏见。说二者"形似"的目的在于突出"治疗型"哲学中的概念分析和消解型哲学特征。"哲学家有病，需要治疗"不是字面意思，而是修辞意思。

第三，无论是"正统"阐释，还是"精神分析式"解读，维特根斯坦哲学概念的要义都是相同的。双方都应有如下共识：哲学问题源于哲学家对语言的误用。解铃还须系铃人。问题的解决在于纠正语言的使用，考察语言的不同使用情况，这就是语法研究，目的在于为哲学家提供综览视角。精神分析的解读只是换个角度来重复上述内容：哲学家有"病"，因此需要治疗。病因在于误解和误用语言，因此需要研究语言不同用法。"哲学病"不是头痛胸闷，而是"理智的痉挛"。

第四，根据"正统"阐释者对魏斯曼哲学文本的考察，魏斯曼的文本不能拿来作为"精神分析式"理解的论据。理由如下：魏斯曼对"治疗型"哲学的阐释跟"正统"解读一致，都强调了哲学研究作为语法研究，及综览视角的重要性。贝克似乎高估了魏斯曼，哈克似乎又过度低估了魏斯曼。

HISP 发表于 1956 年，贝克没有给读者以任何提示就表明，该文内容和观点是维特根斯坦在 1930 年代持有的，而且是"精神分析式"的。在将近 20 年以后，魏斯曼还是把维特根斯坦在 1930 年代的哲学思想发表了，难道就没有半点改动吗？HISP 发表的时候，维特根斯坦已去世，我们怎能肯定其内容就是维特根斯坦的？仔细研究 HISP，魏斯曼的观点根本就不是"精神分析式"的"治疗型"哲学观点，他尖锐地批判了"治疗型"哲学。魏斯曼起码表现出了三点与"精神分析式"视角相反的观点：哲学问题不是被消解的，哲学问题本身非常重要；概念明晰性并不是哲学研究唯一目标；语言意义并不一定在于语言具体使用，还有历史文化等因素。[①] 仅魏斯曼文本可信度这点，"精神分析式"解读视角值得商榷，它有把魏斯曼和维特根斯坦哲学不加区分就大而化之地给魏斯曼哲学思想扣上帽

---

① Waismann Fredrich, "How I See Philosophy", in Harre Rom, *How I See Philosophy*, New York: St. Martin's Press, 1968, p. 32.

子的嫌疑。进一步说，两种视角都误解了 HISP。后期魏斯曼不仅批判了维特根斯坦哲学概念，而且抛弃了有关理念，走向另外一种哲学视野。"在哲学中真正的难题不在于找到某个给定问题的答案，而在于发掘出它（问题）本身的意义。"① 语言分析方法可以加深我们对语言和思维关系的理解；哲学研究核心在于哲学视野，在于"看到新的角度"，在于洞察。② HISP 中的哲学理念确实曾受到维特根斯坦哲学的影响，但是双方存在巨大差异，它们是魏斯曼的哲学独创。

第五，客观评价魏斯曼，不仅对两个解读视角，而且对当前维特根斯坦研究都是必要的。魏斯曼研究是研究维也纳小组哲学的重要部分；研究魏斯曼文本能为有"中期"维特根斯坦哲学思想发展的理解提供新视角；研究魏斯曼哲学也有意义，他提出了许多语言哲学理念，比如"语言层次"和"开放质地"。

哈克在批判贝克的"治疗型"解读中存在诸多疑问，同时他也误解了魏斯曼在 HISP 中所表达的元哲学观念。最近，莫里斯也考察了哈克和贝克有关 HISP 中元哲学观点的争论。总的来说，莫里斯的观点跟本书观点大体相似，但也存在细微差异。

第一，阐释者有关魏斯曼后期元哲学观点的争论包括魏斯曼和中后期维特根斯坦元哲学观点两个方面，他们往往把两者放在一起讨论。大部分阐释者忽视了魏斯曼和维特根斯坦元哲学观点的联系与差异。哈克坚持正统解读，认为魏斯曼和维特根斯坦在后期哲学生涯中有关哲学本质的观点存在原理。魏斯曼在竭力远离维特根斯坦哲学，这跟本书所提出的后期维特根斯坦对"中期"维特根斯坦哲学的批判与超越类似。贝克（尤其是后期）逐渐关注到了魏斯曼哲学文本的重要性，他从魏斯曼的文本中总结出了维特根斯坦"治疗型"哲学中所含有的"精神分析"特质。本书认为哈克和贝克对

① Waismann Fredrich, "How I See Philosophy", in Harre Rom, *How I See Philosophy*, New York: St. Martin's Press, 1968, p. 7.

② Ibid., pp. 36 - 37.

维特根斯坦和弗洛伊德哲学的关系是他们争论的核心方面，他们有可能都误解了魏斯曼的元哲学观点。

第二，哈克对贝克有关 HISP 元哲学的理解的批判中，很多观点是值得推敲的。根据莫里斯的考察，哈克的解读和观点存在对魏斯曼和维特根斯坦元哲学观点的忽视之处，而这些却是贝克所竭力要显示的。贝克确实过分强调了"治疗型"哲学的"精神分析"方面，而哈克的解读和批判又忽视了上述方面。莫里斯指出，哈克的诸多批判表现出了他对"治疗型"哲学和弗洛伊德精神分析的本能的偏见。

第三，贝克遭到哈克反对和批评的主要原因在于他过度强调了"治疗型哲学"和"精神分析"理念。莫里斯指出，魏斯曼在 HISP 中真正想要表达的观念在于"视野"和"自由"，在贝克的论述中也表达了类似观点，也就是说，魏斯曼在 HISP 中元哲学观点核心在于哲学"视野"和"自由"，而哈克和贝克都没有注意到这两个关键概念。

第四，后期魏斯曼和后期维特根斯坦的元哲学存在细微差异。魏斯曼在 HISP 中的行文和表述元哲学观点的时候，尽量用美妙的语言来表述。"相反，维特根斯坦的幽默明显具有一种方法论的目的。文体和方法在维特根斯坦的文本中是不可分割的，而在魏斯曼的文本中（至少在 HISP 中），两者的关联并没有那么紧密。"①

第二节　魏斯曼阐释"中期"维特根斯坦
哲学的方法论讨论

此处关注两个问题：基于对魏斯曼有关"中期"维特根斯坦论

---

① Morris J. Katherine, "'How I See Philosophy': An Apple of Discord Among Wittgenstein Scholars", in Makovec Dejan and Shapiro Stewart, eds., *Friedrich Waismann: The Open Texture of Analytic Philosophy*, Cham: Palgrave Macmillan, 2019, p. 125.

"假设"与"证实""实指定义"以及元哲学阐释的文本考察，来检验舒尔特所作的魏斯曼阐释维特根斯坦思想的具体过程中所展现的七个特征；接着，基于对比尝试改进舒尔特的范式，本书总结出有关魏斯曼对维特根斯坦哲学阐释的方法。此处只考察魏斯曼对"假设"和"证实"与中期维特根斯坦的"元哲学观点"的阐释。

一　"假设"和"证实"

在舒尔特所做的魏斯曼对维特根斯坦思想阐释的范式中存在七个特征（具体参阅第 4.1 小节）。舒尔特断言上述七点在所有魏斯曼文本中都可以找到。魏斯曼对"假设"和"证实"的阐释体现在"笔记 1""论假设"和 PLP 中，此处基于这三个文本检验舒尔特的概括：

首先，在"笔记 1"中，魏斯曼的任务是对维特根斯坦有关"假设"和"证实"观点的记录和总结。"笔记 1"中的文本只体现了舒尔特范式中的第 3 点和第 5 点：魏斯曼对维特根斯坦有关"假设"和"证实"的评论进行补充，以便让维特根斯坦的评论变得有条理。魏斯曼还对维特根斯坦的评论进行了更概括和更精确的重塑。即便是这样，舒尔特的范式在"笔记 1"中也显得苍白无力。舒尔特认为他所作的七个特征在所有魏斯曼的文本中体现着，但是根据笔者的考察，在"笔记 1"中并没有如舒尔特所说的那样全部体现。"笔记 1"选自 VW，VW 是由贝克根据魏斯曼的遗作整理出来的。毫无疑问，VW 属于魏斯曼。因此，舒尔特的范式在"笔记 1"中并不奏效。

其次，在魏斯曼《论假设》一文中，舒尔特范式中的七个特点全部都能找到。魏斯曼通过列出一系列不同标题来为维特根斯坦有关"假设"和"证实"的思考提供语境，以此为后续评论设定基调，例如"科学中的假设"和"日常生活中的假设"。读者通过这些标题就知道魏斯曼讨论"假设"时所处的具体语境。有关其他特征的分析笔者在此就不多说了。此处重点关注第 4 个特征：在某些时候，魏斯曼采用了维特根斯坦式观点来对他的阐释作为补充，而在这些地方，维特根斯坦本人并没有使用。

本书有两点反驳：就算是魏斯曼用了维特根斯坦式观点来为他的阐释作补充，那么，现在需要讨论的问题就是，魏斯曼的维特根斯坦式观点在这些地方的运用是否得当？其方式是否具有解释力？例如，在"日常生活中的证实"小节中，魏斯曼采用了维特根斯坦的"症状""假设"作为具有规则性的连续体、能够证实的只是假设的一个截面，和"空转轮"有关思想。这四个概念不仅存在于维特根斯坦文本中，而且也被维特根斯坦像魏斯曼那般使用。另外，在维特根斯坦有关"假设"和"证实"思考中，他的确没有像魏斯曼那样建议我们应该对"假设"有"综览式"考察视角，"综览式"视角被维特根斯坦用在有关语法和不同语言游戏的讨论中。魏斯曼把这个概念用在"假设"的分析中，我认为魏斯曼的做法并无不妥。最后，魏斯曼对于"假设"的意义在于其具体的证实方法的观点，同样也是运用了维特根斯坦有关语词的意义在于其具体使用的观点，笔者认为，魏斯曼把维特根斯坦的意义使用的观点用在"假设"语词意义的讨论中，同样不存在本质差异，也并无不妥。

最后，在 PLP "意义及其证实"章节中，从魏斯曼的文本中同样可以找到舒尔特范式的七个特点。本书在此不一一分析了。本书要反对的是第 6 点："魏斯曼在阐释维特根斯坦的哲学观点的过程中在编造口号"。本书认为这个特点最直接的"证据"就是该章中的第四节："一个陈述的意义在于其证实方法"。这个论断可以被理解为某个哲学口号或理论。但是舒尔特所谓的"编造口号"是消极的，还是积极意义的？"编造口号"指的是在制造某种理论吗？假如我们怀着这样的疑问来阅读魏斯曼，魏斯曼其实已在文中对上述误解进行了反驳：魏斯曼反复强调"一个陈述的意义在于其证实方法"不是某个哲学理论，也不是对陈述意义的定义，而是对陈述意义的描述。魏斯曼当然知道在哲学中编造口号所具有的不良后果。

本书理解是这样的：魏斯曼作为"中期"维特根斯坦哲学发展

和过渡的见证者、阐释者和合作者，同时他受石里克之托，代表维也纳小组跟维特根斯坦合作，正是由于魏斯曼所扮演的特殊角色，才导致他尽量以最简洁的方式来概括维特根斯坦的最新哲学思想，有关陈述意义在于其证实方法就是典型。另外，不同读者也会对同一个哲学论断有不同的理解。"陈述的意义在于其证实方法"跟"语词的意义在于其具体使用"类似，它不是哲学理论，只是对陈述意义的描述，维特根斯坦在 PI 中反复强调了这点。类似地，魏斯曼也反复强调了这个论断只是种描述。从这点上看，魏斯曼和维特根斯坦的哲学观点是相同的。因此，舒尔特的第四个论断略显武断，有贬低魏斯曼的哲学重要性和魏斯曼对"中期"维特根斯坦有关哲学思想的阐释和理解所具有的重要贡献的嫌疑。

二　魏斯曼对"中期"维特根斯坦元哲学的阐释

首先，在魏斯曼阐释的第一步中很难从"我们的方法"中找到舒尔特的七个特征。在魏斯曼的文本中可以找到第 1、2、3、5、7 条特征。第 4 条和第 6 条虽然表面上看可以从文本中找到证据，但笔者并不赞同舒尔特的理解。

此处讨论第 6 点："魏斯曼在阐释过程中还编造口号。"VW 第 309 页有两个标题："我们不可能窥测别人的内心"（原文用引号）和"综览可以消除不安"（原文没有用引号）。根据本书理解，原文用了引号的标题很有可能是魏斯曼从维特根斯坦文本中引用的。"我们不可能窥测别人的内心"的原文很有可能是从维特根斯坦的《关于心理学哲学的最后著作》第一卷中的如下部分中摘录①。"227：这些人不会说，我们不能看见内部，看见心里，而说如果把面部特征遮住，我们就不能看见他们。228：'人们不能看见他的心里。'问题是：是否**他**能看见？（**这一点**规定了这个概念。）229：'人们不能看见这个人的心里。'在这种情况下，其实就是假定他自己能够看

---

① 　这卷被放在涂纪亮主编的《维特根斯坦全集》第十卷中。

见。——是否这就是把这一点告诉我们的那种经验？我可能回答是与不是。"① "人们不能看见他的心里。"维特根斯坦的英文表述是："One can't look into his heart. "② 与维特根斯坦原文对照，魏斯曼的英文表述是："One can't see into another's heart. "③ 从这个对比中我们可以发现，他们二者的陈述存在绝大部分的类似，而且魏斯曼的引号也说明他是从维特根斯坦的文本中摘录的。那么，现在就可以得出两点结论：在魏斯曼阐释维特根斯坦哲学思想的时候，他并不总是在制造口号；魏斯曼并没有直接剽窃维特根斯坦的思想，因为他加了引号，尽管他在这里并没有指出引文具体出处。（再次申明，VW 是贝克从魏斯曼遗作手稿中整理编辑出来的）

现在讨论"综览可以消除不安"。魏斯曼没有用引号，他只是把这个观点作为他阐释文本的主题。在舒尔特的第 4 个特点中我们可以像舒尔特那样宣称魏斯曼是在用维特根斯坦式观点来作为补充，但是，维特根斯坦的确运用了"综览"观点。我们可以把魏斯曼有关"综览"的表述当作哲学口号，也就是舒尔特总结的第 6 个特点。但本书认为，说魏斯曼在阐释维特根斯坦哲学的过程中编造口号是对魏斯曼的偏见和误解：本书并不认为，当魏斯曼在把"综览可以消除不安"当作他的解释文本的主题时，他是在编造口号。编造口号意味着魏斯曼凭空想象缺乏根据，但是魏斯曼所"编造"的口号的确存在一定的根据。

其次，在魏斯曼的第二个阐释步骤中，本书认为舒尔特范式的七个特征中的第 4 点和第 6 点同样值得怀疑。在 PLP 文本中，本书并没有发现魏斯曼在编造口号。在魏斯曼的阐释文本中，舒尔特范

---

① ［奥］路德维希·维特根斯坦：《关于心理学哲学的最后著作》，河北教育出版社 2003 年版，第 49 页。

② Ludwig Wittgenstein, *Last Writings on the Philosophy of Psychology*, *Volume* 1, Von Wright and Nyman H. , eds. , 1998, p. 228.

③ Baker P. Gordon, *The Voices of Wittgenstein*: *The Vienna Circle*: *Ludwig Wittgenstein and Friedrich Waismann*, London and New York: Routledge, 2003b, p. 309.

式的第 7 个特征体现得最明显：魏斯曼把他具体阐释论据归结到某个哲学家。例如，当魏斯曼在讨论哲学作为语法研究时，他列举了物理学家玻耳兹曼的方法论作为经典例子；当魏斯曼在讨论语法图像的建构时，他列举了歌德有关植物变形的学说来作为经典例子；当魏斯曼在讨论语法考察作为对思想的澄清时，他把休谟有关因果关系的分析作为经典例子。本书认为魏斯曼的例证方法跟他所要证明的哲学观点的关联非常契合。

　　基于本书考察和舒尔特的范式，本书总结魏斯曼阐释"中期"维特根斯坦哲学的范式：1. 魏斯曼在阐释维特根斯坦的某个哲学观点时，首先采取旁敲侧击的战术：他构建一个与目标观点相关的语境来开始后续评论；2. 魏斯曼接着为目标观点的正当性辩护；3. 魏斯曼继续添加新评论内容，以此来对目标观点进行补充，从而使目标观点变得富有条理；4. 魏斯曼的补充观点源于维特根斯坦的其他有关哲学观点，以及哲学史上与目标观点有关的哲学观点；5. 魏斯曼接着再对目标观点进行重塑，以便让目标观点得到清楚地表达和理解；6. 魏斯曼在阐释过程中没有编造口号，他只是对目标观点进行了概括和精简表述。

第三节　魏斯曼哲学和有关阐释工作的重要性

　　魏斯曼不仅作为维也纳小组重要成员，他还是"中期"维特根斯坦哲学转型时期的重要见证人和有关哲学思想的阐释者。到目前为止，笔者在本书中至少已经从以下几方面论证了魏斯曼哲学的重要性：

　　第一，魏斯曼作为维也纳小组重要成员，他在小组内部的哲学讨论中客观、真实地向其他小组成员传播了"中期"维特根斯坦的重要哲学思想，例如"中期"维特根斯坦有关"假设"和"证实"的观点。同时，魏斯曼不仅纠正了小组成员对维特根斯坦的哲学观点的某些误解和误用，还为维特根斯坦哲学思想的正当性和合理性辩护。魏斯曼本人并没有剽窃维特根斯坦的哲学观点，他还批判了小组成员的证伪观点。魏斯曼在分析哲学史中所遭受到的误解和低估主要是由魏斯曼在小组和维特根斯坦的哲学对话过程中所处的特殊角色所造成的。

第二，作为 "中期" 维特根斯坦哲学转型时期重要的见证人和阐释者，魏斯曼系统和全面地理解和阐释了维特根斯坦的具体思想（ "假设" 和 "证实"， "实指定义" ）以及元哲学观点。在这些阐释过程中，魏斯曼逐渐吸收和发展了 "中期" 维特根斯坦有关观点。最后，魏斯曼提出了他的 "语言层次" 观念和哲学研究在于对哲学问题获得深刻的洞察和视野的自由化的元哲学思想。

第三，魏斯曼对维特根斯坦的思想的有关阐释的著作（ "中期" ）能够为当前的维特根斯坦哲学阐释工作提供非常重要的帮助和借鉴。本书开头就提出了 "一个维特根斯坦" 以及维特根斯坦哲学发展的延续及其论证。魏斯曼的阐释工作的重要性就体现在 "中期" 维特根斯坦哲学延续性的论证工作中。

维特根斯坦主流研究范式为 "三分法"。与 "三分法" 相对的是 "延续性" 视角：强调维特根斯坦哲学观点整体性及具体思想发展的延续性。在 "延续性" 视角下， "中期" 维特根斯坦的研究得到了凸显，多个维特根斯坦理念相争的局面主要是由阐释者对维特根斯坦哲学分期的不同理解造成的。早期阐释者认为维特根斯坦前后期的思想存在本质差异， "中期" 文本重并没有得到太多关注。从1980 年代开始，随着 "中期" 遗作问世，有关研究成果逐渐挑战传统 "二分法"，越来越多阐释者提出了维特根斯坦哲学延续性，包括斯特恩①和韩林合②。 "多个维特根斯坦" 概念存在的乱象就是 "数

---

① Stern David, "The ' Middle Wittgenstein': from Logical Atomism to Practical Holism", *Synthese*, Vol. 87, 1991, pp. 203 – 226.

② 韩林合：《维特根斯坦〈哲学研究〉解读》（上、下册），商务印书馆 2010 年版。

维特根斯坦游戏"的结果，本书作者曾提出"一个维特根斯坦"理念，该理念重点考虑的是维特根斯坦哲学发展的延续性。①

如何基于遗作及有关文本来论证维特根斯坦思想的延续性是当前阐释者面临的问题。"中期"哲学是对"前期"有关理念的批判和抛弃，从而向后期哲学视野的演变。理解好维特根斯坦哲学过渡的前提，需要深入解读"中期"著作。"中期"哲学是维特根斯坦哲学大厦不可或缺部分，是联结"前期"和"后期"哲学的重要纽带和桥梁。"中期"维特根斯坦思想延续发展已有两条路径："中期"维特根斯坦对"逻辑原子主义"的批判与抛弃，以及"中期"维特根斯坦语义观点发展的延续性，比如奥伯林；徐英瑾从现象学角度考察了"中期"维特根斯坦有关思想，而上述学者几乎没有涉及魏斯曼。结合魏斯曼与维特根斯坦互动历史以及当前研究现状，魏斯曼哲学文本的重要性得到了凸显——通过重点研究魏斯曼的文本，同时结合维特根斯坦有关遗作，深刻研究"中期"维特根斯坦思想，这或许能给其他维特根斯坦阐释者提供新视角和新发现，如"实指定义"。魏斯曼不仅客观阐述了维特根斯坦的思想，同时他的观点也跟维特根斯坦存在区别。②

第四节　魏斯曼在"中期"维特根斯坦哲学研究中的价值

魏斯曼作为"中期"维特根斯坦哲学研究和转变最重要的合作者和见证者，不仅记录下了"中期"维特根斯坦的有关哲学观点（例如"假设"和"证实"），而且还客观系统地阐释了有关观点。

---

① 徐强：《信息哲学与"数字维特根斯坦研究"》，《广东外语外贸大学学报》2019 年第 2 期。

② 徐强：《魏斯曼论"实指定义"》，《自然辩证法研究》2016 年第 4 期。

通过笔者的有关考察和分析，魏斯曼的阐释在"中期"维特根斯坦哲学延续论证中所作的贡献在于以下几点：

第一，通过对魏斯曼有关记录的考察，我们不仅能够真实地再现"中期"维特根斯坦和维也纳小组成员的哲学对话和交流，还可以对小组在1930年代内部哲学会议中有关维特根斯坦哲学观点的不同理解和争论有更清楚的理解。在这些争论中，我们可以清晰地辨认出每个成员所扮演的角色，尤其是"左翼"和"右翼"成员的各种对垒。

第二，通过对魏斯曼有关"中期"维特根斯坦有关"假设"和"证实"思考的阐释，我们可以更清楚地理解"中期"维特根斯坦曾经历过的短暂"证实主义阶段"。在这些讨论中，维特根斯坦的思想不仅跟小组宣称的证实主义观点存在区别，同时他的有关观点还启发了后期魏斯曼的"语言层次"观念。我们也发现了"中期"维特根斯坦和魏斯曼在这个观念上的不同观点。

第三，通过对魏斯曼有关"中期"维特根斯坦对"实指定义"的阐释，我们发现了"中期"维特根斯坦语义观点的发展路径：他同时批判心理主义和逻辑主义理论。在批判了上述两个意义观以后，维特根斯坦在PI中提出语词的意义在于具体使用的观点。这表明"中期"维特根斯坦从心理主义和逻辑主义语义理论，到关注语词具体使用的转变。对语词具体使用的关注，在维特根斯坦有关实指定义的思考中体现在大量语言使用的例子中，这些例子又被称为语言游戏，语言游戏是复杂多样的。在关注语词具体使用过程中，还要考虑到众多非语言因素，这也表明维特根斯坦从询问语词具体使用到对具体动作明晰性考察的过渡。同时我们也发现了魏斯曼和"中期"维特根斯坦在"实指定义"的思考中存在不同。

第四，通过对魏斯曼有关"中期"维特根斯坦元哲学观点的阐释，我们发现了"中期"维特根斯坦跟他早期和后期元哲学观点存在延续性："中期"维特根斯坦仍坚持认为哲学问题源于哲学家对构成哲学问题的日常语言的混淆和误解（无论是语义的还是语用的）。

这同时表明了维特根斯坦在整个哲学生涯中都坚持认为哲学问题源于哲学家对语言的误解和误用；维特根斯坦在 TLP 时期非常激烈地指出哲学研究就是对日常语言的批判（核心是语言分析方法）。在 BT 中，维特根斯坦形成了带有心理分析特征的语言分析方法——语言分析作为"治疗型"哲学的核心方法。在 PI 中，维特根斯坦从心理分析特征的语言分析方法逐渐转变到了以对日常语言的用法为焦点的哲学语法研究。

第五节　本书结语

本书旨在为魏斯曼在分析哲学史中所具有的重要性辩护：魏斯曼对理解维也纳小组发展历史和小组成员与维特根斯坦在 1930 年代的哲学对话与争论的具体立场的重新理解有重要帮助；魏斯曼跟维氏的哲学互动及其阐释文本对于当前的阐释者理解"中期"维氏哲学思想的具体发展提供了不一样的视角。魏斯曼不仅是第一位维特根斯坦阐释者，也是第一位维特根斯坦式哲学家。本书有三条主线："中期"维氏哲学延续性的论证是重估魏斯曼哲学重要性的理论背景；对维氏、魏斯曼和维也纳小组成员在 1930 年代互动的历史考察是笔者对魏斯曼所遭受的忽视的辩护的哲学史背景；魏斯曼对"中期"维氏具体哲学的阐释与发展是魏斯曼哲学重要性的具体展现。

首先，为了论证魏斯曼哲学重要性，笔者提出从"整体"视角理解维特根斯坦哲学。"整体"视角核心论点在于，维特根斯坦整个哲学生涯的哲学观点的发展是动态延续的：他的元哲学观点、思维方式、写作风格在不同时期无本质变化。笔者把 TLP 和 PI 当作维氏哲学两个端点，"中期"文本——《大打字稿》被笔者视为"中期"哲学代表。"中期"维氏哲学延续性的论证有三条路径：他对"逻辑原子主义"的批判与抛弃；他的语义学视角的转变；魏斯曼对"中期"维氏哲学发展的见证以及他对维氏有关思想的阐释。

　　其次，魏斯曼在分析哲学史中所遭受的误解和低估，是由于魏斯曼在维也纳小组跟维特根斯坦对话的过程中，他所处的特殊角色、维特根斯坦和小组成员的争论以及学派"左右两翼"对垒的结果。魏斯曼对于分析哲学的贡献体现在两点：他对"中期"维特根斯坦有关"假设"与"证实""实指定义"以及元哲学观点的阐释，对于现今阐释者对这些观念的理解有重要参考价值；他对"中期"维特根斯坦哲学的发展体现在"语言层次"观念和元哲学观点。"语言层次"包括五个核心概念：逻辑、描述完整性、开放质地、证实和真。"语言层次"观念是受到了"中期"维特根斯坦哲学的重要影响：魏斯曼把维特根斯坦对"证实"的观点逐步发展为"语言层次"观念。后期魏斯曼继承了"中期"维特根斯坦元哲学的以下方面：他仍坚持语言分析方法；仍赞同维特根斯坦有关"哲学不安"和"综览式"视角的观念；从解释视角到描述视角转变的元哲学观点。魏斯曼还对其进行了批判和超越：他并不完全支持哲学问题是消解的而不是被解决的元哲学观点；他并不完全赞同语词的意义在于具体使用的观点，认为哲学研究的核心在于"视野"；语言分析方法在于消除哲学家的不安，转变他们看待问题的视角，而不只是对明晰性的追求。哲学的精髓在于自由。

　　最后，通过对魏斯曼有关"中期"维特根斯坦对"假设"和"证实"思考的阐释的阐释，我们可以更清楚理解"中期"维特根斯坦的"证实主义阶段"：维特根斯坦的有关思想不仅跟维也纳学派的证实主义存在区别，同时其思想还启发了后期魏斯曼的"语言层次"观念；通过对魏斯曼有关维特根斯坦对"实指定义"的阐释的阐释，"中期"维特根斯坦语义观点的发展脉络如下：他先批判心理主义和逻辑主义语义理论，接着在 PI 中提出语词的意义在于具体使用的观点，这体现出了"中期"维特根斯坦从心理主义和逻辑主义语义理论，到关注语词具体使用的延续性的发展和过渡。对语词具体使用的关注在维特根斯坦对"实指定义"的思考中体现在大量的具体使用语言的例子中，也就是语言游戏。在关注语词具体使用过程时，我们还要考虑到众多非语言的因素，这也表明维特根斯坦从询问语词的具体使用到对具体动作的明晰性的考察的过渡。魏斯曼和"中期"维特根斯坦有关"实指定义"的思考存在诸多不同；通过对魏斯曼有关"中期"维特根斯坦元哲学观点的阐释的阐释，笔者发现"中期"维特根斯坦仍坚持认为哲学问题源于哲学家对构成哲学问题的日常语言的混淆和误解，无论是语义的还是语用的。维特根斯坦在 TLP 时期，激烈地指出哲学研究是对日常语言的批判，其核心是语言分析方法；在 BT 中，他形成了带有心理分析意味的语言分析方法——语言分析作为"治疗型"哲学的核心方法论；在 PI 中，维特根斯坦从心理分析意味的语言分析方法逐渐过渡到以对日常语言的用法为关注焦点的语法研究。

本书基本完成了三个目标：第一，为魏斯曼在分析哲学，特别是对维特根斯坦的哲学阐释工作中所具有的重要地位的辩护基本成功；第二，笔者初步提出了维特根斯坦哲学延续性及其论证路径，并且从"中期"维特根斯坦的文本和魏斯曼的有关阐释，初步论证了"中期"维特根斯坦哲学发展的延续性；第三，笔者在本书中初步对魏斯曼的哲学进行了较为系统的论述和研究，尤其是"语言层次"观念和元哲学观点。有关维特根斯坦哲学延续性的论证还有许多工作要做，有关魏斯曼的专题研究才刚开始，这些都需要更多学者来关注。

最后，本书以 HISP 中最后一句话结束：

"语词代表的东西终会消逝，哲学研究将永存。"①

---

① Waismann Fredrich, "How I See Philosophy", in Harre Rom, ed., *How I See Philosophy*, New York: St. Martin's Press, 1968, p. 38.

附录 1　维特根斯坦在 1927 年到 1936 年的遗作目录

[1] **手稿**：从 1929 年 2 月完成的 MS 第一卷开始（MS105），直到 1936 年 8 月完成的手稿第 11 卷（MS116）结束。分别包括：

名称	简介
卷一 MS105	《哲学评论》，1929 年完成，135 页。
卷二 MS106	无日期，1929 年，298 页。
卷三 MS107	《哲学观察》（*Philosophical Considerations*） 最后一个评论完成于 1930 年，300 页。
卷四 MS108	《哲学评论》，1929 年 12 月 13 日到 1930 年 8 月 9 日，300 页。
卷五 MS109	《评论》，1930 年 8 月 11 日到 1931 年 2 月 3 日，300 页。
卷六 MS110	《哲学评论》，1930 年 12 月 10 日到 1931 年 7 月 6 日，300 页。
卷七 MS111	《对哲学的评论》，1931 年 7 月 7 日到 1931 年 9 月，200 页。
卷八 MS112	《对哲学语法的评论》，1931 年 10 月 5 日到 11 月 28 日，270 页。
卷九 MS113	《哲学语法》，1931 年 11 月 28 日到 1932 年 5 月 23 日，286 页。
卷十 MS114	《哲学语法》，第一个评论的日期为 1932 年 5 月 27 日，288 页。
卷十一 MS115	《哲学评论》，第一个评论的日期为 1933 年 12 月 14 日。 《哲学研究》，1936 年 8 月，292 页。
MS139a	有关伦理学的演讲，用英语完成。1929 年，23 页。 b 同样的原稿，已遗失。
MS140	大开面手稿，大约在 1934 年，42 页。
MS141	早期德语版《蓝皮书》的开端，大开面手稿，1935 年或 1936 年间，8 页。

续表

名称	简介
MS142	《哲学研究》卷，1936 年 11 月到 12 月之间，已遗失。
MS142	有关弗雷泽《金枝》的笔记，不同尺寸手稿，1936 年或更晚，21 页。
MS145 C1	大开面笔记，1933 年，96 页。
MS146 C2	1933 年到 1934 年，96 页。
MS147 C3	1934 年，有 96 页，部分用英语完成。
MS148 C4	1934 年到 1935 年，主要用英语完成，96 页。
MS149 C5	对 MS148 的延续，1935 年到 1936 年间，主要用英语完成，96 页。
MS150 C6	1935 年到 1936 年间，主要用英语完成，96 页。
MS151 C7	1936 年，主要用英语完成，47 页。
MS152 C8	1936 年，96 页。
MS153a	袖珍笔记本（口袋型笔记本）注释［*Annotations*］1933 年，339 页。 b 袖珍笔记本，紧随 153a，122 页。
MS154	袖珍笔记本，1931 年，190 页。
MS155	袖珍笔记本，1931 年，189 页。
MS156a	袖珍笔记本 *Circa*：1932 年到 1934 年，121 页。 b 袖珍笔记本，紧随 156a，116 页。
MS157a	袖珍笔记本，1934 年；1937 年，142 页。 b 袖珍笔记本，紧随 157a，1937 年，81 页。
MS182	"感觉予料的私密性"。大约在 1935 年到 1936 年。 散装平板纸，用英语写作，6 页。

［2］打字稿（TS）

名称	简介
TS206	论文："论同一性"，用英语写作，1927 年，3 页，
TS207	有关伦理学演讲，1929 年，10 页。
TS208	基于 MS105—107 以及 MS108 的前半部分，1930 年，97 页。
TS209	《哲学评论》，基于 TS208，1930 年，139 页。
TS210	基于 MS108 后半部分（有 133 页），*Circa* 1930 年，87 页。[①]
TS211	基于 MS109—113 以及 MS114 开头部分，大约在 1932 年，771 页。
TS212	包括从 TS208—211 部分节选，在 1932 年或 1933 年。
TS213	所谓的《大打字稿》（BT），大约在 1933 年，768 页。

---

① 这里表示维特根斯坦打印出来，散发给学生和朋友参阅的文稿。

续表

名称	简介
TS214	三篇论文,大约在 1933 年,有 15 页,包括 a 复合物与事实;b 概念与客体;c 客体。
TS215	两篇论文,大约在 1933 年,有 20 页,包括 a 无穷长;b 无穷可能性。
TS216	论文:"等同和不等同是规定的或规定的结果",大约在 1933 年,6 页。
TS217	论文:"阐释的一般性",大约在 1933 年,有 5 页。
TS218	论文:"一般证明怎么产生特殊证明?"大约在 1933 年,3 页。
TS219	以"必须不能……"为开头,大约在 1932 年或 1933 年,24 页。

[3] 口述

D302	所谓的"给石里克的口述",大约在 1931 年到 1933 年,42 页。
D303	给石里克的口述,从 [常规模式的表达……] 开始,日期不详,11 页。
D304	给石里克的口述,从 [说……有意义吗] 开始,日期不详,4 页。
D305	给石里克的口述,从 [如果我们这样问……] 开始,日期不详,2 页。
D306	给石里克的口述,从 [这样的意思是因为……] 开始,日期不详,2 页。
D307	给石里克的口述,所谓的 Mulder Ⅱ,6 页。
D308	给石里克的口述,所谓的 Mulder Ⅴ,57 页。
D309	所谓的《蓝皮书》,用英文写的,在剑桥大学 1933—1934 学年口述给学生的,124 页。
D310	所谓的《褐皮书》,用英语写的,在剑桥大学 1934—1935 学年口述给安布罗斯和斯金纳的,168 页。
D311	所谓的《黄皮书》,在 1933 年到 1934 学年口述给玛格丽特·马斯特曼(Margaret Masterman)和安布罗斯的。

附录 2　维特根斯坦"中期"哲学研究主题延续性论证的两条路径

路径一　"中期"维特根斯坦对"逻辑原子主义"的批判与抛弃

维特根斯坦对"逻辑原子主义"的批判与抛弃分两个阶段：在第一阶段（1928—1929）中，他在 1929 年《略论逻辑形式》中表达了对 TLP 中的"逻辑原子主义"诸多不满，那就是基本命题的独立性。① 在这个阶段维特根斯坦还是在 TLP 预设的分析框架中思考哲学；在第二个阶段（1931—1931）中维特根斯坦彻底抛弃了"逻辑原子主义"。

第一阶段：颜色互斥问题

颜色互斥问题指从 TLP 视角中产生出的困难：每个基本命题真或假不依赖于其他基本命题的真或假（TLP 4.211）。这可以表述为对明显不可分析陈述进行分析所显示的不相融性问题。假设 a 是视野中一个点。命题 P："a 在时刻 t 是蓝色的。"命题 Q："a 在时刻 t

---

① Ludwig Wittgenstein, "Some Remarks on Logical Form" (1929), in Klagge J. C. and Nordmann Alfred, eds., *Wittgenstein: Philosophical Occasions*, 1912 – 1951, New York: Hackett Publication Company Inc., 1993, pp. 29 – 35.

是红色的。"假设"红色"和"蓝色"有确定的颜色明暗度。很明显,命题 P 和 Q 不能同时为真。因此,这种不相容性(互斥)不是逻辑不可能性(因为是经验的)。从 TLP 角度来说,维特根斯坦只认为这个问题是很明显的:后续分析会从逻辑上成功地揭示出这种不相容性:"在视野上的同一位置上表明两种颜色,这是不可能的,而且是逻辑上不可能的,因为它被颜色的逻辑结构排斥在外……一个质点不能同时有两个速度……它不可能同时处于两个位置……同一时刻处在不同位置的质点不可能是同一的(显然,两个基本命题的逻辑积,既不是重言式也不是矛盾式。在视野里的一个点具有两种颜色,这个说法是矛盾式)"(TLP 6. 3751)。

兰姆西认为维特根斯坦在此描述的分析事实上不能揭示出两个命题的逻辑不相容性;就算把颜色直觉现象还原为有关粒子速度的事实,有关同一个粒子不可能在同一时间存在于两个不同地方的事实仍然看起来是为真的先天综合判断。① 维特根斯坦意识到他没有把分析贯彻到底,以此揭示出这个逻辑矛盾,但是他自信地认为他往正确的方向迈进了一步。在 1916 笔记中,维特根斯坦论道:"一个点不能同时既是红色又是绿色,这点初看起来必然不是一种逻辑不可能性。但是,物理的表达方式就已将其还原为一种动力学的不可能性。人们看到,在红色和绿色之间存在着结构上的差异。物理学甚至于还将它们安排在一个序列之中……一个粒子同一时间不能处于两个位置,这点看起来更像是一种**逻辑的**不可能性。"② 基于粒子

① 兰姆西分别论述和批评了 TLP 中的以下概念:第 2. 1513 小节中的"命题"和"表达形式";第 5. 542 和 5. 512 小节中的"真值表"(471);"逻辑常项"(471—472);"神秘"概念(472—473);"同一性概念"(475)。兰姆西对维特根斯坦的影响是消极的,他并没有对维特根斯坦存在的问题提出过建设性意见,原因是兰姆西英年早逝。Ramsey P. Frank, "Review", *Mind*, Vol. 32, No. 128, 1923, pp. 465 – 478. Ramsey P. Frank, "Critical Notice of L. Wittgenstein's 'Tractatus Logico- Philosophicus'", In *Foundations of Mathematics*, New York: The Humanities Press, 1950, pp. 270 – 286.

② [奥] 路德维希·维特根斯坦:《战时笔记:1914—1917 年》,韩林合编译,商务印书馆 2005 年版,第 236 页。

在同一时间在两个不同地点是不同的，维特根斯坦是在推测有关粒子和空间（包括时间）存在概念上（逻辑上）的真。他并没有采取具体分析来显示这个推测，但他乐观地认为事情早晚会如此。

《略论逻辑形式》（1929）标志着这种乐观主义的终结。维特根斯坦此时认为有的不相容性能被还原为逻辑不可能性。他观点的改变是伴随着他对具有一定程度特质事物不相容性的思考。比如有关音调的声高和颜色亮度。陈述 "A 具有一个精确亮度"，以及 "A 具有两个精确亮度"，我们很难对上述陈述进行逻辑分析。这表明它们共同为真在逻辑上是不可能的。因此最有效的建议就是采用 TLP 描绘的对那些可以用数字计算的精确的量词进行标准定义，也就是单独分析全称量词：

命题 P1：A（事物）有一个精确亮度。

命题 P2：A（事物）有两个精确亮度。

用形式逻辑演绎：

假设（1）B = 亮度

（2）B_x = 某物具有一定亮度 x。

（3）B_y = 某物具有一定亮度 y。

（4）B_z = 某物具有一定亮度 z。

（5）亮度 x、y、z 是不同的。

（6）A_x = 具有亮度为 x 的东西 A。

（7）A_{xy} = 同时具有亮度 x 和 y 的东西 A。

（8）A_{xyz} = 同时具有亮度 x、y、z 的东西 A。

那么，

（9）P1 可被翻译为：存在一个亮度为 x 的东西 A，并且不存在一个既有亮度 x，又有亮度 y 的东西。

（10）P2 可被翻译为：存在一个既有亮度 x 和 y 的东西 A，并且不存在一个既有亮度 x，又有亮度 y，还有亮度 z 的东西。

P1 和 P2 可以被形式化表述为：

（11）P1 = $\exists x\,(Bx\ \&\ Ax)\ \&\ \sim \exists x, y\,(Bx\ \&\ By\ \&\ Axy)$

（12）P2 = $\exists x, y\ (Bx\ \&\ By\ \&\ Axy)\ \&\ \sim \exists x, y, z\ (Bx\ \&\ By\ \&\ Bz\ \&\ Ax\ \&\ Ay\ \&\ Az)$

这个分析起码存在一点疑问：亮度和颜色的关系是什么？是事物具有亮度还是颜色具有亮度？应是某事物（粒子）具有某种颜色，这种颜色具有某种亮度。这个形式分析过程虽然没有涉及亮度和颜色关系的区分，但是实际上这个问题是存在的。从形式逻辑分析可以看出这种方法不能解决问题，问题在于，这个古怪的分析表明当某个事物只有一个亮度的时候，可能会存在一个实质性问题：有关 x 或 y 或 z 的问题。也就是说，存在某个颜色体，正是它跟事物的结合才使事物具有颜色。维特根斯坦认为必须要抛弃基本命题的独立性要求，颜色亮度的实数概念必须进入原子命题内部。因此，某个事物具有一个和两个精确颜色的不可能性是数学的不可能性。数学的不可能性就是逻辑的不可能性，这种要求就跟 TLP 所断言的所有必然性都是逻辑必然性相矛盾："因为别的事件发生了，另一件事情就必定发生，这种必然性是不存在的。只有逻辑的必然性。"（TLP 6.37）

TLP 中"逻辑原子主义"有关原子命题的预设是这样的：原子命题之间是逻辑独立的，一个原子命题的真假跟另一原子命题的真假没有关联。上述有关亮度的问题就是后来阐释者所谓的"颜色互斥"问题：在视阈中的同一个点上面能否同时存在两个不同颜色质点呢？按逻辑原子主义观点，视阈中的同一个点上不能够同时存在两个颜色，这种不相容性是逻辑本质的不相容性。但是视阈中的同一个点上面的颜色不相容性其实是经验上的不相容性，跟逻辑没有关系。

第二阶段：对"一致性"和"分析"概念的反思

与弗雷格和罗素不同，维特根斯坦否定了一致性符号单独所具有的意义。在 TLP 中，维特根斯坦把这些符号当作不完整的，它们可以用下列分析消除：

$$\forall x. \Phi x \leftrightarrow \Phi a \& \Phi b \& \Phi c \cdots\cdots$$

（所有存在某个性质的集合，即所有具有该性质个体的合取。）

$$\exists x. \Phi x \leftrightarrow \Phi a \vee \Phi b \vee \Phi c \cdots\cdots$$

（存在某一性质的集合，即所有具有该性质个体的析取。）

全称（存在）量词等同于所有命题的逻辑积。维特根斯坦对这种观点的不满集中体现在摩尔记录的维特根斯坦在 1932 年剑桥大学米迦勒学期的演讲中："如果全称命题是逻辑和的速记，那么，从 $(x) fx$ 中推演出一个特殊命题 fa 就是直截了当的。但若不是，fa 是如何被推演出来的呢？这里的'推演'指一种特殊种类的推演，正像逻辑积是特殊种类的积一样。而且，尽管 $\exists xfx. fa = fa$ 类似于 $pvq. p = p$，那么在 fx 是逻辑积的速写和不是这种速记这两种情况中，fa 是以不同方式推演的。这样我们就有了不同推演，$(\exists x) fx$ 不是逻辑和，fa 不是推演出来的，就像在真假值的演算中，p 是从 $pvq. p.$ 中推演出来的一样。我曾做过在所有情形中有着相同推演的演算，但这错了。"① 维特根斯坦在 TLP 第 5.101 小节中做了基本命题真值涵项图示，他总共罗列了 16 种可能存在的真值涵项：从重言式到矛盾式。

维特根斯坦接着说："假如我们说：这间屋子里每人都有一顶帽子 = 厄瑟尔（Ursell）有一顶帽子、理查兹有一顶帽子等等。这明显是错误的，因为你不得不添上'而且 a，b，c 等等是这间屋子里的唯一人类'，对于这点我是清楚的，而且我已在《逻辑哲学论》中谈到过。但是，现在假如从罗［素］的'个体'角度来说，例如原子或颜色；然后给这些原子名称，那么就不存在跟'而且 a，b，c 等等是这间屋子里的唯一人类'相类比的命［题］。"② 显然维特根斯坦在 TLP 中不是在犯如此低级错误，他忘了"每个 F 是 G"不能

---

① ［奥］路德维希·维特根斯坦：《维特根斯坦剑桥讲演录》，周晓亮等译，浙江大学出版社 2010 年版，第 125 页。

② 摩尔有关维特根斯坦 1932 年在剑桥大学的演讲笔记，1932 年 12 月 25 日，第 35 条。

被分析为"Ga & Gb & Gc……",就算事实上只有 a,b,c 具有性质 F。

维特根斯坦真正要表达的观点是,TLP 中对一致性概念提供的分析只在罗素语境中才有效,也就是说,a,b,c 被当作原子"个体"。在这个例子中,维特根斯坦才假设并不存在那种需要用来表达补足从句的命题。遗憾的是,维特根斯坦并没有解释为何不存在这种命题。原因可能是这样的:我们实际上预设需要分析的命题是"每个事物都是 G",在这个命题中,我们需要所有必然够格的从句,例如"a,b,c 等等是唯一存在的事物"(也就是 TLP 所宣称的事物),这是无意义产物。因为我们错误地试图把某些只能通过事实来显示的东西用语词来表述。这种分析结果只能是名词,比如代表逻辑和中的符号"Ga & Gb & Gc……"。维特根斯坦已在 TLP 中明确指出"变项名称'x'就是对象这个伪概念的固有符号。凡是正确使用了'对象'('事物''物'等等)一词的地方,在概念符号系统中,都是以变项名称来表述的……凡是错误使用'对象'一词,即将其用作专有概念的地方,就产生了无意义的伪命题……谈论有对象的数是无意义的。这对'复合物''事实''函数''数'等词也同样适用。它们全部表示形式概念,在逻辑符号系统中用变项,而不是用(如同弗雷格与罗素所认为的)涵项或者类来表述。"(4.1272)[1]"形式概念已经随着属于它的一个对象确立。因此,不能把属于一个形式概念的对象和与该形式概念本身一起作为初始概念引入。因此,不能(像罗素那样)把涵项概念和特定涵项一起作为初始概念引进;或者,把数的概念和确定的数一起作为初始概念引进。"(4.12721)导致维特根斯坦抛弃 TLP 中有关一致性概念的分析,是由于他意识到了他并没有对

---

[1] 王平复的中译本《逻辑哲学论》对应的中译文标点错误了。应该是前引号,不是后引号。[奥]路德维希·维特根斯坦:《逻辑哲学论》,王平复译,中国社会科学出版社 2009 年版,第 77 页。

包括无穷个体例子有足够的思考。他早先通过对有穷例子来思考无穷例子，1932 年维特根斯坦认为这种观点是不正确的："在《逻辑 [哲学论]》中存在一个最重要错误……我假装把命题当作逻辑和；但它不是，因为 '……' 并没有带来某个逻辑结果。认为 1 + 1 + 1…… 就是总数，这是错误的想法。它用总数的界限搞混了总数。"①

维特根斯坦在 1932 年逐渐意识到他在 TLP 中混淆了 "无限性小数点" 和 "偷懒小数点"。但在这个混淆之外，还 "存在着更深的错误——把逻辑分析与化学分析互相混淆。我曾认为 '（∃x）.fx' 是确定的逻辑和，我当时唯一不能完成的就是告诉你它是哪个。"② 维特根斯坦曾假设与逻辑和 '（∃x）.fx' 相对应的是某个物体存在的事实，它虽未知，但理论可知。由于维特根斯坦未能成功地实施整个分析过程，还由于他未能对分析的保留物作出充分解释，这个观点就是不可靠的。

维特根斯坦在与魏斯曼 1931 年 12 月 9 日的对话中谈到了他的这种观点是 "独断论"："我以前一直相信，例如，发现原初命题是逻辑分析的任务。我曾写道，我们不可能说明原初命题形式，而且，这也是非常正确的。我明白，无论如何，这里不存在任何假设，而对于那些问题，我们不可能一开始就像卡尔纳普那样，通过假定原初命题由双重关系构成等等来解决问题。然而，过去我确实认为原初命题在将来某个时候会得到说明，只是在近些年，我才摆脱了那些错误观念。"③ 在 1920 年代末期，维特根斯坦否定了 "逻辑原子主义"，他对这种极具理性色彩和抽象特征的思维方法进行猛烈攻击。不久以后，他把早期著作称为 "独断论

---

① 摩尔有关维特根斯坦 1932 年在剑桥大学的演讲笔记，1932 年 12 月 25 日，第 37 条。

② 同上，第 39 条。

③ ［奥］路德维希·维特根斯坦：《维特根斯坦与维也纳小组》，徐为民等译，同济大学出版社 2005 年版，第 144 页。

的"——这个极具有康德意味的语词。具体而言，他此前曾对这个观点非常器重：有可能对我们的语言实施分析，但是他又失败了。

第三阶段：从"逻辑原子主义"到"逻辑整体主义"

既然"逻辑原子主义"存在如此严重问题，那维特根斯坦从1930年代开始是如何设法对这种思想进行补救的呢？斯特恩从维特根斯坦在1930年代的哲学遗作中找到了维特根斯坦哲学发展路径。首先，必须承认维特根斯坦在1929—1935年间的思想变化是非常快的，任何对维特根斯坦在这个阶段哲学发展的划界都不会对理解维特根斯坦哲学有好处："我们可以把1929年年初当作现象学或更复杂的阶段，维特根斯坦在1929年年末又放弃了这些观点。"① 斯特恩把维特根斯坦在1930年代早期哲学当作"逻辑整体论"，这种观点不仅和 TLP 的"逻辑原子主义"相区分，而且也跟 PI 的"实践整体论"相区分。② 维特根斯坦从1929年年末到1945年分别经历了从"逻辑原子主义"到"逻辑整体主义"，再到"实践整体主义"的过渡和转变。这个转变论证了维特根斯坦哲学发展的延续性，尤其是"中期"维特根斯坦，这两个转变就是对上面两步的延续。

维特根斯坦在 TLP 中有关基本命题的思考是独断论。他跟罗素的观点相同：原子命题对应原子事实，原子事实对应最原始、最直接的感觉语料。从1920年代末期开始，维特根斯坦尝试对"逻辑原子主义"最基本层次进行分析，他用"现象学语言"来刻画这个层次。在1929年10月，维特根斯坦又放弃了"现象学语言"："我曾把它称为现象学语言，或'原初语言'，它作为我的目

---

① Stern David, "How Many Wittgensteins?", in Pichler Alois and Simo Säätelä, eds., *Wittgenstein: The philosopher and his works*, Frankfurt: Ontos, 2006, p. 226.

② Stern David, *Wittgenstein on Mind and Language*, Oxford: Oxford University Press, 1995.

标。我现在认为它是不必要的。那些可能和必要的就是从我们的语言中把本质部分与非本质部分分开。"①　（PG §1）"现象学语言"之所以是较弱的论据，有阐释者认为这是因为维特根斯坦在1929年并没有成功地证明"现象学语言"存在的可能性，直到在PI有关私人语言的论证中，他才成功地弥补这个缺陷。②　还有欧洲和亚洲学者认为，维特根斯坦在1929年经历了"现象学"阶段，他们把维特根斯坦和胡塞尔的现象学进行对比分析。③

维特根斯坦有时是在严格意义上使用"现象学语言"，有时又在宽泛使用"现象学语言"。严格意义上来说，"现象学语言"就是对此刻感觉经验的分析。就是从这个意义上来说，维特根斯坦在1929年反复强调这种语言的不可能。从宽泛意义上说，只要可以采取任何方式描述此刻经验内容，那么这种现象学语言就可能，而且必要。因此，"维特根斯坦避开了狭义现象学语言，即对那种可以完全描绘当前经验的人工语言的构建，转向了对我们日常使用语言结构的研究，这种研究仍可以囊括到宽泛意义上的现象学语言理念之中"④。

根据斯特恩的考察，维特根斯坦对"现象学语言"概念最清晰的解释出现在 BT "唯心论"一章。⑤　在"对于直接知觉的再现"

---

①　这里是本书作者的翻译。

②　Hintikka Merrill and Hintikka Jaakko, *Investigating Wittgenstein*, Oxford：Blackwell, 1986, pp. 137 – 172.

③　Spiegelberg Herbert, "The Puzzle of Wittgenstein's Phanomenologie（1929 – ?）", *American Philosophical Quarterly*, Vol. 5, 1968, pp. 244 – 256. Egidi Rosaria, "Wittgenstein's Phenomenological Presentation of Experience", in Haller Rudolf and Puhl Klaus, eds. , *Wittgenstein and the Future Philosophy*：*A Reassessment after 50 Years.* Wien, 2002, pp. 40 – 49. 艾姬蒂的文章被徐英瑾翻译为中文并且作为附录二放在他的书中。徐英瑾有关维特根斯坦中期哲学中现象学的思考是受到了 Spiegelberg 和艾姬蒂观点的重要影响，他是从欧陆现象学视角来考察的。另外，他在书中的维特根斯坦文献主要是基于 BT。本书跟徐英瑾的区别有两点：本书是从正统维特根斯坦阐释者角度来思考维特根斯坦中期哲学延续性；本书对维特根斯坦在中期哲学的过渡的考察主要是从魏斯曼角度出发。

④　Stern David, "The 'Middle Wittgenstein': from Logical Atomism to Practical Holism", *Synthese*, Vol. 87, 1991, pp. 210 – 211.

⑤　徐英瑾翻译了 BT 部分，本书在这里引用的是他的译文。

中，维特根斯坦认为"现象学语言：对于直接的感知的描述，而且无涉于一切假设的补充"[1]（BT §18）。"现象学语言"指对此刻感觉的描述，不需要任何假设。维特根斯坦开始不满意这种论断，但又找不到别的语词来表达这种观念。"现象学语言"是不融贯的，就算是最直接的语言都只能是对当前感觉的再现，当用语言来描述当下感觉经验时，我们就已预设了某语言系统的存在，这好比私人语言的矛盾。这里存在混淆：我对当下感觉的体验（感觉）和我用我的语言来对这种体验的描述（语言）。

无论如何，"现象学语言"继承了 TLP 终极分析理念：我们是依靠语言来描述当下体验，不需要其他任何假设。为了更清楚了理解这个问题的实质，维特根斯坦作了电影隐喻。[2] 论证过程如下：在现象学语言中，假设有种语言可以直接描述当下感觉经验。在电影院中，观众看到的是电影屏幕上的动画，电影屏幕上的动画是通过放映室里的电影胶片转动呈现的。电影屏幕上的动画是连续的，胶片上的图像不是连续的。也就是说，电影屏幕上的画面跟胶片上的画面不同步。电影屏幕可以显示时间先后顺序，胶片上根本没有时间概念（可以倒着放胶片）。对屏幕上发生事实描述的语法是日常语言语法，我们要去描述胶片上发生事实的语法则是另一种语法。问题在于，我们把日常语言语法用到了对胶片的描述之中。维特根斯坦认为在这两种情况下存在着语法的差异：屏幕上的图片跟胶片上面的图片不在同一层面上。

在 1930 年代早期，维特根斯坦开始意识到引起有关当下时刻体验的唯我论可用上述电影隐喻解释，即只有我此刻的体验是真的。因为在唯我论表述他当下直接体验的语言中，"我""体验"和"真的"这些语词语法属于日常语言语法，而有关当下体验的描述语法

---

① 徐英瑾：《维特根斯坦哲学转型期中的"现象学"之谜》，复旦大学出版社 2005 年版，第 298 页。

② Stern David, "The 'Middle Wittgenstein': from Logical Atomism to Practical Holism", *Synthese*, Vol. 87, 1991, pp. 212 – 214.

跟日常语言语法不在一个层面。因此，当我用日常语言语法来描述当下感觉的时候，混淆就产生了：我误用了语言的语法。"若唯心论说什么 '树仅仅是我的表象'，那么我们最好就这样劝解他：表达式 '这棵树' 的意谓，并不等同于表达式 '我关于这棵树的表象' 所具有的意味。若唯心论说什么只有我的表象是实在的（具有实在性），那么他就误用了语词 '实在' 或词组 '具有实在性'。"① 维特根斯坦在这个时期肯定希望能够用语言来表达那些不可说的，能够找到某种语言来揭示出这些现象的语法。问题根本在于日常语言跟实在密不可分："语言自身就是物理世界的部分，因此，语言跟现象并不处于同一层次。"② 1929 年的早些时候，维特根斯坦提出有关物理语言和现象——逻辑语言的关系问题。不久以后，他开始意识到对当下经验的思考存在问题：一门物理语言如何来描述现象？"这种对于**当下**现象的描述——它仿佛会成为我们的一种牢固观念似的——究竟具有怎样的重要性呢？这种重要性是否体现在我们经常会发出的这种抱怨中呢——在我们对某个描述进行阅读的时候，伴随着该阅读而发生的事情却不能够被描述本身所描述？看上去，去专注于这个问题本身就简直是一件幼稚的事情，我们会由此陷入一条死胡同。"③

维特根斯坦很快抛弃了 "现象学语言"。他在 1929 年年末已意识到并不存在 "现象学语言"，即对经验的完全分析，我们必须考察描述经验的日常语言。TLP 表明真值命题逻辑结构已为可说的划界，

---

① Ludwig Wittgenstein, *The Big Typescripts*: *TS 213*, Grant Luckhardt and Maximilian Aue, eds., Oxford: Blackwell Publishing, 2005, p. 355. 徐英瑾：《维特根斯坦哲学转型期中的 "现象学" 之谜》，复旦大学出版社 2005 年版，第 306 页。

② Stern David, "The 'Middle Wittgenstein': from Logical Atomism to Practical Holism", *Synthese*, Vol. 87, 1991, p. 214.

③ Ludwig Wittgenstein, *The Big Typescripts*: *TS 213*, Grant Luckhardt and Maximilian Aue, eds., Oxford: Blackwell Publishing, 2005, pp. 495 – 496. 徐英瑾：《维特根斯坦哲学转型期中的 "现象学" 之谜》，复旦大学出版社 2005 年版，第 301—302 页。

逻辑形式显示出语言和世界的一般关系。"逻辑必须照料自身。"①
假如放弃了逻辑原子主义宣称的命题必须具有真值条件，语言作为
整体就逐渐显露出来："语言必须为自己辩护。"② 逻辑整体主义把
日常语言作为规则系统，例如，形式演算的规则或某个科学理论。

第四阶段：从"逻辑整体主义"到"实践整体主义"

在 1929 年，维特根斯坦否定了"逻辑原子主义"，取而代之的
是"逻辑整体主义"。语言作为运算系统，它是由它自身含有的规则
所刻画的形式系统。在 1930 年中期，维特根斯坦逐渐认为语言规则
更接近游戏规则，游戏规则关注社会语境中的具体活动：一方面，
这个语境包括我们的实践活动以及它们体现的"生活形式"；另一方
面，它包括这些实践所依赖的自然事实。这两方面是遵守规则得以
可能的大背景："就是对那种遵守规则的、社会的以及自然的语境的
重视，才是后期维特根斯坦把语言作为一种实践的主要特点。"③

其实在第三步中，语言逻辑整体主义和后期维特根斯坦有关语
言实践整体主义都强调了语境的重要性，语言所属语境就是整个语
言。这就是为什么两个概念都是整体的：言辞的意义、某个思想不
是独立于语言其他部分的实体，而在于它跟语言其他部分的联系。
维特根斯坦从语言运算模型到语言游戏模型的过渡，从逻辑整体主
义到实践整体主义的过渡，不是急转直下的："维特根斯坦并没有放
弃我们的语言实践是受规则制约的观点，其实他开始意识到受规则
制约的行为只有在那些不能被确切地用规则来刻画的实践背景中才
是可能的。当然也可以认为他的语言概念已变得非常宽泛，甚至囊

---

① ［奥］路德维希·维特根斯坦：《战时笔记：1914—1917 年》，韩林合编译，
商务印书馆 2005 年版，第 236 页。

② ［奥］路德维希·维特根斯坦：《哲学语法》，韩林合译，商务印书馆 2012 年
版，第 40 页。

③ Stern David, "The 'Middle Wittgenstein': from Logical Atomism to Practical Ho-
lism", *Synthese*, Vol. 87, 1991, p. 216.

括了整个人类活动。"①

除了上述延续性，维特根斯坦在 1930 年代语言概念的理解也在剧烈变化。在 1930 年代早期，维特根斯坦常常把语言跟具有形式化系统运算的规则相对比，在后续遗作中维特根斯坦仍保留了这个对比。在这个时候，这个类比已经被用来发现日常语言和运算的不规则性服务。这样一来，维特根斯坦抛弃了语词意义的实体观，即 "意义体"，"意义体" 存在的假说隐藏在有关语词使用的理解中。在 PI 中，维特根斯坦把运算与日常语言作类比，目的是突出语言是受到规则制约的："兰姆西有一次在与我谈话时对我强调说：逻辑是一门 '规范科学' ……在哲学中我们常常将语词的使用与按照固定的规则而进行的游戏、演算加以比较，但是我们却不能说使用语言的人必定在玩这一种游戏……但是，所有这一切只有在人们就理解、意指和思维概念获得了更大程度的清晰性以后才能显露在适当的光线之下。因为这时如下之点也将变得清楚了：什么能够诱导我们（而且已经诱导我）认为，说出一个命题并且意指或理解它的人因此就是在从事一个按照确定的规则进行的演算。"（PI §81）

从 1930 年代中期开始，维特根斯坦在有关语词意义的解释过程中弱化了确切规则所具有的解释力。相反，他强调实践在语词意义解释中所起到的作用：我们实际上是通过列举不同语言例子来解释语词意义，不是靠 "实指定义" 或陈述那些充要条件。维特根斯坦在 PI 中回答了 TLP 中有关命题本质的问题："当被问及什么是一个命题时——无论现在我们是应该回答另一个问题，还是回答我们自己——我们将给出诸例子。"（PI §135）从 135 节开始到后面的一百多节中，维特根斯坦考察了两个问题：语词意义的心理过程和意义在于规则。维特根斯坦的论点是：意义之下并不存在任何心理过程，不管是主观心理过程还是客观规则。

---

① Stern David, "The 'Middle Wittgenstein': from Logical Atomism to Practical Holism", *Synthese*, Vol. 87, 1991, p. 216.

维特根斯坦对意义心理主义的批判最关键要点在于，正如没有任何心理内容的内涵是有意义的，因此，没有绝对规则能决定我们如何前进。所有有关意义的抉择都依赖于具体理解过程，说某规则会决定语词将来使用是错误的，因为我们对规则有不同理解。这种思维最致命的缺陷就是它脱离了具体语境："只有当忽略了语境时，我们才认为有些单独行为或事件才有独立于自身语境的确定意义。语词应用语境的改变就会造成意义的变化，因此，意义不能脱离语境被发现。"①

最后，我们的具体信仰和对语词意义的解释、对遵守规则的理解只有在具体语境、在共同实践背景中才有意义。这些共同实践就是我们所学到的生活技巧和习俗，这一切就是生活形式："存在着这样一种对于规则的把握，它不是一种释义；相反，在一个又一个的应用情形中，它表露在我们称为'遵守规则'的事情中和我们称之为'违反它而行动'的事情中。"（PI §201）"然而为证据提出理由根据，为之辩解终会有个尽头；——但是其尽头并非某些命题直接上我们感到其为真，不是来自我们方面的一种**看**，而是我们的**行动**，因为**行动**才是语言游戏的根基。"② 维特根斯坦在 1930 年代哲学的延续性体现在：他首先批判了"逻辑原子主义"，然后逐渐过渡到"逻辑整体主义"，最后从"逻辑整体主义"逐渐过渡到"实践整体主义"。他对语言规则本质的认识也从严格约定主义过渡到宽松主义。

路径二 "中期"维特根斯坦语义思想发展的延续性

维特根斯坦整个哲学生涯都在关注语词意义问题，但是必须要

---

① Stern David, "The 'Middle Wittgenstein': from Logical Atomism to Practical Holism", *Synthese*, Vol. 87, 1991, p. 217.

② ［奥］路德维希·维特根斯坦：《论确定性》，载涂纪亮等译《维特根斯坦全集》（第 10 卷），河北教育出版社 2003 年版，第 226 页。

清楚，维特根斯坦从来没有发明过某种意义理论：他始终坚持认为哲学是一种活动不是理论。已有学者从维特根斯坦语义学视角来为其哲学延续性辩护。对 "中期" 而言，我们最好去论证维特根斯坦到底批判和抛弃了哪些语义理论，而不是去发掘他到底有哪种语义理论。每个哲学家都可以从他的视角来构建某种语义理论，这些理论的正确与否是很难驳倒的："如果人们想要在哲学中提出提纲，那么人们绝不会就它们而进行辩论，因为所有人都会同意它们。"（PI §128）

　　本书在此运用盖梯尔对 "知识" 概念定义研究范式来研究维特根斯坦对语义的考察。所有语义学家要完成的任务就是用不同理念/语词来填满公式："P 的意义就是＿＿＿＿。"① 这样一来，就产生了不同语义理论，例如，行为主义、心理主义意义理论等。维特根斯坦认为所有这些尝试都是偏离靶心的："意义的某个**理论**这个理念是空洞的，或是语言空转的例子。因为 '理论' 是完美地被理解的语词，'意义' 也是如此，尽管我们认为总会企图把它认为是怪异的。"（PI §93）这两个齿轮不会互相咬合："当这两个理念被放到一起时，它们各自都不会有效运转，因此，整个语言机器就空转。"②

　　语义命题 "P 的意义就是＿＿＿＿。" 一直被哲学家错误地认为是具有某个真的陈述。这类似于 "地毯的颜色是红的"，哲学家的工作是找出跟这个命题意义相对应的客体。在 TLP 中维特根斯坦认为，这种有关意义的语句本身是无意义的，因为跟有意义句子相比，它们并没有图示任何事实。③ 有关意义和意义理论的语句一般来说都不是理论性的，因为它们并不含有任何事实基础；它们属于 "神秘事物"。在 PI 中，维特根斯坦劝告我们要彻底放弃对语词意义的寻求，

---

　　① P 代表 "命题"（proposition）。

　　② O'Brien Dennis, "The Unity of Wittgenstein's Thought", *International Philosophical Quarterly*, Vol. 6, No. 1, p. 49.

　　③ 区分 TLP 中的 "有意义" 和 "无意义"。这里指语言学上的意义，不是形而上学上面的。

转变为关注语词具体使用情形。理解 TLP 和 PI 最根本基础就是，在这两个端点中，维特根斯坦没有提出过任何语义理论。TLP 中的"事实"理念不是对语义命题的填空；同样，PI 中内部感觉的外部行为标准理念也不是对语义命题的填空。

一　维特根斯坦对心理主义意义理论和逻辑主义意义理论的批判

虽然罗素曾表明他的逻辑原子主义思想受到维特根斯坦很大影响，他在 TLP 导言中有关维特根斯坦对意义的心理学理解实际上跟他自己的哲学观点接近的。心理学意义理论是罗素赞同和持有的观点："意义理念总是或多或少地属于心理学方面的……我们不可能达到某种纯逻辑的意义理论。"[1] 罗素对 TLP 的意义理解实际上是他自己的意义理论，奥伯林已经表明，安斯康姆早已论证该书文本根本不支持罗素的观点，维特根斯坦在 TLP 中的意义观点属于"逻辑主义"。

心理学意义理论是直接的因果关系意义理论。语词意义就是外部世界中对应的客体，把语词与客体连结起来的是大脑的心理过程。正如红色客体可以导致我们拥有红色视觉一样，语词"红色"也能够给心灵带来红色视觉。说语词"红色"有意义，等于在作一个有关事实的陈述：某个个别声音通过大脑与世界产生联系。这种分析最后变成最基本感觉预料的分析。顺理成章，罗素就把诸指示代词"这个"替换了语词"红色"，以此来证明语词"这个"跟当下感觉语料相对应。"由逻辑专名构造的语句，经由分析终点的当前经验来得到保证，因此具有某个意义。"[2] 按照这种思路来思考的话，所有逻辑专名不仅有意义，它们在处于大脑与外部世界因果链条中的一

---

① Russell Bertrand, "The Philosophy of Logical Atomism", in Marsh R. C., ed., *Logic and Knowledge*, London: Allen and Unwin, 1956, p. 186.

② O'Brien Dennis, "The Unity of Wittgenstein's Thought", *International Philosophical Quarterly*, Vol. 6, No. 1, 1966, p. 51.

环，而且必须是真的。我们以命题 "这就是如此"（This is thus）为例。按心理学意义理念，这个命题有意义，因为它跟当下意识经验联系。但是，假如要证明这个命题是真的，我们不得不从外部世界中寻求基本语料来予以证实，实际上我们会非常容易混淆 "这个" 和 "如此"。

维特根斯坦和罗素意义理念的核心区别在于，罗素的基本命题是由对个别事实的考虑、直接心理状态以及跟外部世界因果关系构成；维特根斯坦认为逻辑特质在于它只有一种被证伪的方法。① 罗素在跟维特根斯坦的私人通信中，曾询问维特根斯坦在 TLP 中的 "思想" 概念是什么，包括它的构成部分以及它与所图式事实的关系，维特根斯坦告诉罗素，对于思想成分具体是什么他并不清楚，但是他清楚地知道，思想必须具有与语词相对应的成分，或许这个问题属于心理学。但是，这并不表明维特根斯坦赞同意义心理学理论，维特根斯坦的逻辑主义意义理论是基于 TLP 整个讨论框架，基础就是对事实（包括事态）和世界的定义。（参阅 TLP 2.0123—2.0124）客体不是坚实存在的实体，存在的只是事实。当我知道某个事实的时候，我并没有直接接触到感觉语料。也就是说，客体被定义为事态的诸可能性："如果我了解一个对象，那么我也就知道它出现在原子事实中所有的可能性。"（TLP 2.01231）知道客体内部特质也就知道它在事态中发生的可能性。假如命题通过那些跟客体关联的语词来接触实在，这些实在也不是真正的实在或存在物，而是可能事态。

从感觉、行为等角度来弥补语义命题的做法核心就是它只承认某些记号具有意义，而且可以通过这个意义延伸出对外部世界一个为真的事实陈述。这种理念最终产生无限回归悖论：假如要知道某命题是有意义的，必须找到别的有意义命题来支撑。整个过程变成

---

① Engelmann 也关注了罗素心理主义语义学和维特根斯坦的逻辑主义语义学之间的区别。Engelmann M. L., "Wittgenstein's New Method and Russell's The Analysis of Mind", *Journal of Philosophical Research*, Vol. 37, 2012, pp. 283 –311.

无限回溯。对此问题要不就干脆承认这个悖论，要不就承认意义和真同一，以此来中止悖论。维特根斯坦的解决方案是，意义的寻求不应涉及任何命题的真。也就是说，命题"P 的意义就是＿＿＿。"的真，跟这个命题是否具有意义是无关的。"命题的一般形式就是：事情就是如此这般。"（TLP 4.5）也就是说，有关命题 P 意义的任何宣称，并不能显现出事实间的实际配置：它们既不能被证实，也不能被证否，因而严格来说无意义。如果不能对语词或语句意义作出任何真的宣称，那么我们同样缺乏有关意义理论的事实基础，意义理论假设了语词跟事实存在关系。维特根斯坦相信过往哲学从不同角度构建这种语义理论不仅是错的，而且无意义。

二 从心理主义和逻辑主义语义理论到关注语词具体使用的转变

TLP 有关意义的论点在于，它时刻提醒我们语义命题"P 的意义就是＿＿＿。"形式在任何条件下都没有意义。这里存在解释循环：这个命题要有意义，那么它必须要对有些真值条件作出决断。意义的陈述为"真"，只有当这个陈述图式的事实存在或不存在，也就是说，P 是有意义的这点根本不能对任何真条件作出决断，它是重言式。"命题显示它们所说的东西，重言式和矛盾式显示它们什么也没有说。重言式没有真值条件，因为它是无条件地真的；然而矛盾式在任何条件下都不是真的。重言式和矛盾式是缺乏意义的。"（TLP 4.461）假如哲学家的工作在于分析从而把意义变得更清晰，而不是像科学家那样处理某个与事实有关问题，那么，他的分析工作所使用的语言不可能描述任何东西。这样一来，哲学家只能阐释某些问题，只能把语句具有意义的问题说清楚以及语句所含有的诸可能性。哲学家的任务就是分析，这就使哲学成为某种活动而非理论。

TLP 把罗素等人所从事的工作当作毫无疑义，这点使得罗素颇为不满。后来罗素建议构建一种具有不同层级的语言，以此来尝试

填补语义学命题 "P 的意义就是_____。" 这个建议在卡尔纳普的工作中实现了。① 奥伯林表明对卡尔纳普有关思想的研究可以为我们提供衔接维特根斯坦两个哲学端点的桥梁。②

自 TLP 以来，维特根斯坦哲学最大转变就是他逐渐开始思考诸多可能反对观点和具体情形，包括那些能够被正面刻画但又不涉及真之判断情形。在这些情况中，维特根斯坦以前认为应该相信原子命题以及所有对意义进行断定的终极物。不管原子命题多么必要，维特根斯坦并不能给出具体例子。我们也没有把命题分析为原子命题的经典例子。"假如这个诉求是非常松散的，也就是说，意义不在于某个是或否的空间中，而是一个多值空间，也就是存在一系列可能替代值，那么，这时我们就可以提供有关实际例子。一旦对比领域被打开以后，我们不再对命题意义提供某个分析。相反，我们可以建构诸多语言游戏，这些游戏分别代表各种可能反例，在这个过程中我们再来询问提问者他到底是在玩哪个游戏。"③ (PI §20 传递石板的游戏)

我们可以把 TLP 谈论的句子分为三类。事实语句：包括自然科学命题，例如，"桌子是由玻璃做的"。阐述性语句：这些语句陈述了某个客观事实，我们通过对这些事实的接受，以此来显示出这些语句的意义，比如："如果 P 是有意义的，要么 P 的指称是真的，要么就是假的"，如果 "苹果是甜的" 是有意义的，那么要么苹果是甜的，要么就不是甜的。这些语句显然并不图式任何事实，它们并没有作出任何有关事实的论断，因此，也就 "什么也没有说"（重言式）(TLP 6.124)。形而上学语句：这些语句跟事实有关，而且是真的，因为它们的假是不可能或不可思议的。罗素的基本命题就是

---

① ［美］鲁道夫·卡尔纳普：《语言的逻辑句法》，上海外语教育出版社 2012 年版，第 283 节。

② O'Brien Dennis, "The Unity of Wittgenstein's Thought", *International Philosophical Quarterly*, Vol. 6, No. 1, 1966, p. 62.

③ Ibid. .

经典例子。形而上学之所以是伪科学是因为它所陈述的都是先天判断，有关事实的命题是必然为真的。维特根斯坦的解释语言根本就不是有关事实的论断。

三　从询问语词具体使用到对具体动作明晰性考察的过渡

当维特根斯坦开始关注具体语言游戏时，语词意义在于具体使用理念逐渐显露出来。但切不可把"语词的意义就是其使用"作为意义理论。也就是说，切不可用"使用"来填补语义学命题"P 的意义就是＿＿＿＿。"首先，当说语词的意义在于其使用的时候，我们什么也没有说。（假如真的按照字面意义来理解，而不考察语言具体使用情景）在下棋游戏中，我们说某位棋手走了"一步"。语词"一步"的意义不在于这个语词是如何使用的，而是我们在旁边具体观察棋手的动作。在这里，"一步"的意思就是指某个棋子在棋盘上面移动了一格。在这个类比中我们可以发现在对语词意义的理解实际上体现在具体使用该语词的语言游戏中。

其次，语词意义之所以有多重意义，最直接解释就是语词在不同语言游戏中使用。维特根斯坦提醒我们，哲学家的工作是要努力寻找提示物。不仅要想象那些常规语言游戏，还应该想象那些非常规甚至是怪异的游戏。这些方面就是维特根斯坦跟当代日常语言学家的主要区别：维特根斯坦对不同语言游戏刻画的目的是要给我们有关语词意义的理解提供综览，发现它们的差异。（PI §122）维特根斯坦并不关注日常语言的真，而且也不是通过找到某个特别语言游戏来为论证某个理论。具体语言游戏有多种意义，这些意义完全是靠我们如何来跟其他游戏进行对比来理解的，例如建筑工人传递石块的游戏。因此，从语言游戏角度，形而上学语句会被排除在外。在这个语句中没有发生任何游戏，没有任何对比游戏。

维特根斯坦有关日常语言的具体研究方法，跟日常语言学家和科学家对语词意义的研究形成鲜明对比，这也是理解维特根斯坦哲学延续性的关键。哲学不是为某种意义提供真理的理论，因为意义根本就不是有关世界的真理。"意义在于使用而不是具体事实看起来在 TLP 中是隐而未现的。假如我们开始意识到意义是关乎某种活动的东西,而不是去寻求某个真,那么,在 PI 中的语言游戏理念就能够恰当地契合到 TLP 中有关哲学本质的概念中。"①

① O'Brien Dennis, "The Unity of Wittgenstein's Thought", *International Philosophical Quarterly*, Vol. 6, No. 1, 1966, p. 62.

附录 3　魏斯曼生平

　　弗里德里希·魏斯曼（1896—1959），1896年出生于奥地利首都维也纳。他的父亲是俄罗斯犹太人，母亲是奥地利人。魏斯曼家境并不富裕，在维也纳大学本科期间曾随汉斯·汉恩学习数学，跟其他老师学习物理学，于1922年师从石里克开始学习哲学。1936年魏斯曼取得博士学位。从1922年到1936年，魏斯曼担任石里克非正式助手、靠他在维也纳大学图书馆馆员以及在纽拉特的"维也纳成人教育机构"任教师所得的微薄工资艰难度日。

（魏斯曼肖像，引自 Stadler 2015：491）

　　从1924年开始，魏斯曼成为石里克的助手。同时他在这个时期定期组织和参与维也纳小组学术会议。从 1936 年维也纳小组被迫解散直到 1938 年他在英国避难期间，魏斯曼努力把石里克以前的学生和小组成员聚集在一起进行哲学研究。从 1926 年到 1933 年（1936 年彻底结束），魏斯曼（有时候石里克在场）跟维特根斯坦进行哲学讨论和合作。在这段时间魏斯曼不仅记录下来他跟维特根斯坦谈话内容，还给我们提供了有关维特根斯坦当时的哲学思想较为客观的阐释。在石里克遇害以后，魏斯曼因为各种原因失去了他在维也纳大学图书馆的工作（大部分因其犹太血统）。

通过波普尔的介绍（波普尔于 1937 年移民新西兰），魏斯曼在 1937 年作为政治难民移民到英国并在剑桥大学执教。魏斯曼从 1937 年到 1939 年间在剑桥大学担任哲学讲师。当时维特根斯坦也在剑桥，尽管他们当时都在一个学校，魏斯曼跟维特根斯坦并没有进行过很多有关哲学的交流。（维特根斯坦刻意避免跟以前的追随者见面）由于没有能够申请到剑桥大学正式教职（这个教职是摩尔退休以后空缺的，后来毫无争议地给了维特根斯坦。）魏斯曼在友人的建议下于 1939 年取得了牛津大学教职。（在这个时间魏斯曼曾经作为英国同盟的敌人被审查和关进监狱）在牛津大学工作期间，魏斯曼最后成为牛津大学科学哲学副教授（Reader）。由于魏斯曼在哲学上的建树，他于 1955 年当选为不列颠皇家学会会员（Fellow of British Academy）。魏斯曼晚年非常孤独和凄惨：一是由于他性格孤僻不善于社交；二是由于他的妻子和孩子相继自杀。魏斯曼于 1959 年 11 月 4 日病逝于牛津。①

---

① Brian McGuinness, Max and Hedi Lieberman et. al. , "Tributes to and Impression of Fredrich Waismann", in McGuinness, McGuinness F. Brian, ed. , *Friedrich Waismann-Causality and Logical Positivism*, Springer/Dordrecht/Heidelberg/London/New York: Springer, 2011, pp. 17 - 31.

附录 4　魏斯曼在 1927 年到 1932 年间和维特根斯坦的哲学对话概览

日期	讨论形式	主题
1927①	对话（C）②	
06—20	C	世界语（Esperanto），同一性③
07—04	C	世界语，直觉主义
07—11	C	维特根斯坦对石里克有关宗教和伦理学的反对
08—06④	C	反对科学通俗化
1928	在 VAEI 中的教学	几何学等
1929		
12—18	C	数学；几何学等
12—22	C	唯我论；证实；言语与世界等

---

　　① 在 1927 年以前，魏斯曼是石里克的助手，他主要负责组织"周四研讨会"。他在 1921 年开始在"维也纳成人教育机构"（简称 VAEI）工作。Stadler Friedrich, *The Vienna Circle: Studies in the Origins, Development, and Influences of Logical Positivism*, Springer-Verlag/Wien, 2001, p. 746.

　　② 魏斯曼和维特根斯坦在这个时期的对话分别被收录在两本书中：WWK 和 VW。

　　③ 这个条目引自卡尔纳普的日记。Stadler Friedrich, *The Vienna Circle: Studies in the Origins, Development, and Influences of Logical Positivism*, Springer-Verlag/Wien, 2001, p. 428。

　　④ 这个条目引自卡尔纳普的日记。"维特根斯坦强烈反对将科学通俗化。魏斯曼和维特根斯坦都反对神秘主义。"转引自 Stadler Friedrich, *The Vienna Circle: Studies in the Origins, Development, and Influences of Logical Positivism*, Springer-Verlag/Wien, 2001, p. 428。

续表

日期	讨论形式	主题
12—25	C	时间；"整体" Ⅱ，光学空间等
12—30	C	物理学和现象学①
1930		
01—02	C	基本命题等
01—05	C	积极（正）命题和消极（反）命题
03—22	C	证实；盖然性；论假设 I
06—19	C	形式主义，类比，同义反复
09—25	C	多变的；证据；实数等
12—17	C	论石里克的伦理学；价值；宗教；义务等
12—30	C	不矛盾（Noncontradiction）；希尔伯特证明
1931		
01—01	C	弗雷格和维特根斯坦；独立性等
01—04	C	证实；论假设 Ⅱ，补充等
09—21	C	意向；演算
12—09	C	独断论；无限；几何学中的概括性
1932	C	命题与实在；论假设 Ⅲ

---

①　在 1929 年的最后一次对话中包含了两个条目，主要内容如下：对上次在 25 号的对话的补充；几何作为句法 Ⅱ；物理学和现象学；颜色系统；反胡塞尔；论海德格尔等。Ludwig Wittgenstein, *Ludwig Wittgenstein and the Vienna Circle: Conversations Recorded by Friedrich Waismann*, McGuinness F. Brian, ed., Oxford: Blackwell, 1979, pp. 59 –73.

附录 5 石里克小组有关魏斯曼和维特根斯坦的讨论概览：1927—1932

日期	发言人和主题
1927	
7—7	卡尔纳普和汉恩有关卡尔纳普的算术以及维特根斯坦对兰姆西同一性概念定义
1928	
5—10	魏斯曼：算术基础
5—24	对魏斯曼数学观点的讨论
1929	
1—24	卡尔纳普读兰姆西
5—30	魏斯曼论盖然性
6—6	魏斯曼论盖然性 II
6—13	魏斯曼论语言本质
6—21	魏斯曼论原子句子
1930	
1—30	门格尔论直觉主义
2—13	石里克论外在/内在关系；对维特根斯坦有关意义观点的讨论
3—6	卡尔纳普（？）论"橙色介于红色和黄色之间"①
3—20	卡尔纳普（？）论颜色
5—8	魏斯曼谈维特根斯坦对罗素的哲学反叛
5—15	魏斯曼论数的概念（反对罗素）

① 这里的问号原文就有，表示具体发言者身份不清楚，是一种猜测。

续表

日期	发言人和主题
5—22	魏斯曼（继续上次讨论）
6—12	魏斯曼谈论有关哥尼斯堡会议的计划
6—26	魏斯曼
7—3[①]	魏斯曼
1931	
2—5	石里克论自然科学和伦理学；对魏斯曼《论题》的讨论
2—12	对汉恩和魏斯曼有关原子句子观点的讨论
2—19	继续上次讨论，还包括纽曼和考夫曼
2—26	卡尔纳普：物理主义和句法构造
5—5	卡尔纳普论物理主义（行为主义）
5—7	卡尔纳普：序言和论魏斯曼的《论题》
5—21	讨论魏斯曼的《论题》
6—3	石里克读巴卫克和维尔（Bavink/Weyl）；讨论魏斯曼在《论题》中对同一性的观点
6—11	卡尔纳普论元逻辑
1932	
1—14	卡尔纳普和弗兰克部分讨论卡尔纳普的"消除形而上学"

---

① 斯塔德勒在这犯了个（印刷？）错误。他的日期是 6 月 3 日，实际上按照时间先后顺序应该为 7 月 3 日。请参阅 Stadler Friedrich，*The Vienna Circle：Studies in the Origins，Development，and Influences of Logical Positivism*，Springer-Verlag/Wien，2001，p. 240。

附录6 魏斯曼《我如何看待哲学》中译本

本书原载于 *Contemporary British Philosophy*，Ⅲ，edited by H. D. Lewis，London，1956 年，第 447—490 页。后来载于魏斯曼文集 *How I See Philosophy*，By F Waismann，edited by Rom Harre，Macmillan，1968 年第一章 *I How I See Philosophy*，第 1—38 页。本书参照 Haree 版本翻译出来。

本书主要探讨了哲学的本质、方法和目的。首先，哲学不是科学。科学尝试从实验的角度来对世界进行阐释。而哲学的本质是要让我们对某个问题、概念获得深刻的洞察。传统哲学所尝试构建理论体系，提供某种公理或者证明某个理论的工作应该寿终正寝，取而代之的是以非教条主义的态度来做哲学。其次，哲学的方法在于对我们借以探讨哲学问题的语词进行深刻的分析，不断发掘出这些哲学问题本身所具有的意义。对语词的使用的分析主要是为了展示出主题，从而对整体获得某种概览。逻辑宿命论是站不住脚的，我们必须放弃排中律，加入三值逻辑。哲学问题不是被解决的，而是被消解的。哲学家的工作就是只作描述，而不做解释。最后，哲学的目的是为了缓解人类理智的痉挛，逃脱语言形式的控制，从而转变我们的心智图景。哲学与语法有密切关联，对语法的分析就是为了获得某种全面的"视野"。

我如何看待哲学

魏斯曼

【1】哲学是什么？我不知道，而且我也不能提供一套相关的公式对其定义。只要我一坐下来思考这个问题，我的脑海中立刻就会涌现出一大堆**想法**①。这些想法互相纠缠在一起，有的还互相对立，使我不能对它们作出公正的判断。对此我只能来做一次尝试，而且是非常不充分的。（我的方法类似于绘画）我将会对我所见到的地貌进行粗略的勾画，寥寥几笔带过从而形成一张素描。在这个过程中，我在追溯一些思想足迹的同时又避免进入某个精心编织的论证。

也许，说哲学不是什么反而要比说哲学是什么要更容易些。对于像现在大家都在从事的哲学研究这一事业而言，我要说的第一件事情就是，哲学非常不像科学，这点可以从三个方面来理解：在哲学中是不存在论证的；不存在定理；而且也没有任何问题可以用"是"或"否"来判定。在说到不存在论证的时候，我的意思并不是说不存在论据。论据当然存在，而且一流哲学家都是以其论据原创性而被公众所认可；论据只有对那些不是以这种方式工作的人而言才不存在，比如数学或科学领域。

世界上有许多事情是不能被论证的：物质对象，他心，外部世界的存在，归纳的有效性等。哲学家们试图证明所有的事情都存在的时代已经一去不复返了：（比如）灵魂不朽，这个世界是所有可能世界中最好的，至于其余的世界则被"不可反驳"的论证所否定，这些论证往往还伴有唯物主义、实证主义的味道以及其他不含这些观点的论证。证明，反驳——这些在哲学里面都是将死之词，尽管 G. E. 摩尔仍"证明"了一个令人迷惑的世界的存在。除了说他是上帝面前伟大证明者之外，我们还能说什么呢？

---

① 原文用斜体，本书统一用粗体表示。

　　然而说在哲学里面没有论证这一点本身可以被**证明**吗？不行。因为这样一个证明，如果它是可能的话，则会靠它自身的存在来建立起它要反驳的东西。但是为什么我们要假设哲学家们都有如此低的智商以至于他们不能学习过去的事情？就像以前人们试图建造永动机的尝试，虽然屡屡失败，而最后却给物理学带来了某些积极的东西一样，我们花费精力去构建某个哲学"体系"的事业持续了数个世纪，然而到最近已经变得不流行了，这种做法已经寿终正寝了。我认为这就是为什么今天那么多哲学家们放弃了斯宾诺莎式的华丽风格，不再把他们的想法投入演绎模式中去做哲学的部分原因。

　　我在本书中所要展现的是一种对哲学十分错误的看法，即认为哲学的目的是提供原理，但非常遗憾的是它未能达到此目的。当人们意识到哲学家们所关心的是一些其他不同事物的时候，（哲学的）① 整个概念就变了——（哲学的目的）既不是发现新的命题，也不是对错误的（命题）进行反驳，也不是像科学家一样（对命题进行）检验和再检验。首先，证明需要（一定的）前提，不管这些前提是在过去什么时候被建立起来的，哪怕是暂时的，（与之相关的哲学）讨论随后就会开始挑战（那些前提），（从而）使整个过程往更深的深层转化。哪里没有证明，哪里就没有原理。（我们可以写下一连串被柏拉图或康德"证明"过的命题：强烈建议读者去尝试写一下②，权当消遣）③ 欧几里得的哲学体系是基于一些合适的"公理"，而有关建立这种哲学体系的尝试的失败，我认为它的原因既不在于某个小事故，也不在于某些流言蜚语，而是深深地根植于（他的）哲学的本质中。

　　然而（确实）存在（哲学）问题；（还有论证）④。的确，与其

---

　　① 原文中并没有括号，译文中的括号以及里面的内容是译者为了使译文更加通顺而添加的，特殊情况译者会指出。译者对自己补充的内容所可能引起的问题负责。

　　② 这里的小括号及其内容是译者添加的。

　　③ 这里整个括号是原文本来就有的。

　　④ 同上。

他人相比，哲学家是这样一个人：在面对那些（哲学）问题的时候，其他人仅仅看到（解决该问题）的寻常的坦途，而哲学家们则把它们意识为它们仿佛是在构建我们的概念的过程中的许多隐藏的突破口。

（难道只有哲学）问题而没有答案吗？（这是一个）显然奇怪的抉择。当我们近距离观察它们的时候，那种奇怪（感）也许会减少。考虑两个著名的例子：阿基里斯与龟（赛跑的故事），以及当圣奥古斯丁面对（人类）记忆的（相关）事实时（所表现的）惊奇。他（奥古斯丁）所惊奇的不是（人类）记忆的某些非常突出的特性，而是（世界上）存在着称为记忆的东西。某个感觉印象，比如某种气味或是味道，在我们面前浮现随后又消失。它一会儿在这里，而下一刻它又溜走了。然而在记忆的陈列中，当它消失的时候有关它的暗淡的复本却被储存了下来。每当我渴望它们的时候，我可以从那里（记忆的陈列中）把它们拽出来，它们（感觉印象）就像，但是又特别不像原初的（气味或味道）——像瞬时印象一样，但它们又不像是易消失的：（在此）瞬息易逝（的东西）被俘获，而且已经获得了延续性，但是谁又能够说出这种变化是如何发生的呢？

在此处我们感觉到记忆的相关事实在某种程度上被神秘化，而（我们用）普通问题去询问（记忆的相关）信息却不会；而且**当然**这不是一个与事实相关的问题。（那么）它是什么（问题）呢？

从柏拉图到叔本华，哲学家们都一致同意他们的哲学研究是源于怀疑①。引起（哲学家们怀疑）的不是那些深邃罕见的东西，确切地讲，是那些摆在我们面前显而易见的东西：记忆、运动等普通观念②。[柏拉图："马"是什么意思？是一匹个别的马吗？不，它

---

① "Wonder"是一个多义词，这里可以理解为怀疑、惊愕、惊奇，魏斯曼在这里表达的有点模糊。

② "Idea"是一个多义词，可以表示观念、概念、理念，这里或许魏斯曼所表达的是"概念"的意思，有待商榷。

可以涉及**任何**马；（它是指）**所有**的马，即（马）整个类吗？不，因为我们可以说到这匹或那匹马。但是如果它意味着既不是一匹单个的马，又不是所有的马，那它的意思**是**什么？]当理念论者开始反思他所拥有的（东西）的时候，他（的哲学基础）恰恰以同样的方式被动摇，用叔本华的话来说："他不认识什么太阳，什么地球，而永远只是眼睛，是眼睛看见太阳；永远只是手，是手感触着地球。"①那么，（我们）可以说除了我们自己的意识以外，（我们）什么也不知道了吗？

当看到这些问题的时候，我们的心灵之眼②似乎变得模糊起来。好像一切东西，甚至那些本该绝对清楚的，都开始变得光怪陆离，而不像它通常的面目了。为了将那些对这些问题而言看似特别的东西展示出来，人们也许会说与作为某些心里深深的不安的种种表征相比，它们算不上什么大问题。花点时间试着把自己放进当奥古斯丁对他所着魔的问题所提问时所处的思维框架里面：测量时间如何可能？时间包括过去、现在和将来。过去不能被测量，它已经消逝了；将来不能被测量，它还没有到来；现在也不能被测量，它没有广延。奥古斯丁当然知道时间是怎么被测量的，而且这不是他所关心的。困扰他的是测量时间何以**可能**，（由于）过去的一小时不能被搬过来和现在的一小时放在一起作对比。或者从这个角度来看：测量过的属于过去，正在测量的属于现在，那怎么可能？

就像他（奥古斯丁）那样考虑这类问题的哲学家给我们留下了某个印象，即他看起来好像（对某种事情）深感不安。他好像要竭尽全力去抓住某些东西，而这些东西又在他的能力范围之外。表达这些问题的语词自身并没有完全把真正的要点公之于众——它们可能，也许会被更巧妙地被描述成为对（那些）令人费解（的东西）

---

① 这句话不是本书译者所译。出自石冲白的译本，《作为意志和表象的世界》，商务印书馆 1982 年版。

② "Mind's eye"直译为"心灵之眼"。

的退缩。在一次连续的火车旅途中，如果你突然看见了刚才错过的车站，你会感到恐惧，或许还伴有轻微的眩晕。那正是哲学家所恰好感觉到的，当他问自己"当然时间可以被测量；但是怎么去测量呢？"直到目前为止，事情就像他曾掉以轻心地越过那些问题一样，而此刻，突然间，他注意到它们（那些问题），同时惊慌地问自己，"但是那怎么可能？"这类问题只有当我们被它们的事实所混淆的时候，只有当与它们相关的（东西）让我们感到惊异的时候，我们才会去问。

当康德忽然发现几何学的存在是一个谜的时候，我想他已经对这类问题已经有所察觉吧。我们在这里拥有清晰透明的命题，正如大家所愿望的那样，它看起来是先于所有经验的；同时它们又被奇迹般地应用于现实世界中。那怎么可能呢？在不借助经验帮助（的情况下），心智能够以某种晦涩的方式真正地对现实事物的特性有所洞察吗？以这种方式去看的话，几何学就会笼罩上一层令人纷扰的气氛。①

我们所有人都经历过这种时刻，有些非常普通的事物突然间变得怪异起来，从而引起我们的注意——例如，当时间作为某种奇特的东西出现的时候。它们在我们这种心智的框架下并不经常发生；而当我们以某种特别的方式去看的时候，这种情况就会发生，它们就像魔术般令人意想不到地发生变化：它们以一种令人困惑的表达出现在我们面前，于是我们就开始想去知道它们是否可能是那些我们全部现实生活中所已知的东西。

"时间在流逝"，我们（常常这样）说——这是个自然的，纯粹的表达式，然而这其中却怀有危险。用牛顿的话来说，它（时间）以某种速率"匀速地"流逝。这个（表达式）能意味什么？当某些东西移动的时候，它们以某种确定的速度移动（而且速度的意思是：

---

① "Disturbing air"直译为"打扰人的空气"，暂且译为令人纷扰的气氛。

在时间中的变化率)①。我们在问时间的变化速度是多快的，即去问时间变换的速度是多少，（这）就是去问不可问的问题。再用牛顿的话来说，它（时间）流逝着，并且"与任何外部的事情没有关联"。我们怎样去理解呢？不管世界上发生了什么，时间依然在流逝吗？正如叔本华所坚信的那样，甚至假如天堂和世间的所有事物都突然静止了，时间还是在流逝吗？如果要是不这样的话，他说过，时间就会随着钟表的停止而停止，随着钟表的运动而运动。怎么会这么奇怪：时间以同样的速率流逝而又没有速度，甚至在时间中没有任何事情发生的时候，它仍然在流逝。这个表达式在另外一个方面也令人困惑。"我永远不能赶上过去的我或是将来的我"，有人可能会这样说："不管我思考，或察觉，或开口说语词'现在'的时候，我就是属于当前；因此我就**总是**属于当前。"他可能会把此刻想象成一座桥，而他好像站在桥上对桥下的"时间之河"喃喃自语。时间正在桥下滑过，但是"现在"却没有参与这个运动。曾经的将来变成了现在（正好在桥下）②，然后又变成了过去，而那个旁观者，即"自己"或"我"，则总是属于此刻。他会感觉"时间从'**此刻**'流过"是个极具表现力的隐喻。的确如此，这听起来挺有道理——然而当他忽然注意自己的感觉的时候，这就不对劲了。他开始意识到："可是时间的确马上又会飞走不见了吗？"（疑问：我们怎样才能成功地浪费时间？答案：用这种方式，比如——（我们可以通过）试图闭上双眼或是目空一切地死盯着我们的前方，以此去抓住此刻，好像它要一掠而过似的)③ 他现在也可以用一种不同的方式去看待事情。他将自己看成是在时间中朝向未来前进，这种方式就是一种主动式的见解，这就恰似在其他时候它也许会把自己看作顺着溪流漂移而不管他喜欢与否一样。"准确说到底是什么在移动呢——是时

---

① 这个括号以及括号内的内容是原文就有的。

② 同上。

③ 同上。

间中的事件还是此时此刻呢?"他可能会这样想。在第一种情形中,
这对他而言好像时间在运动而他则静止站立;在第二种情形中好像
他在时间中移动。"确切地说这是怎么回事?"他也许会带有某种质
疑的口吻问道:"难道我是一直在此刻吗? 难道是此刻一直在躲避
我?"这两种情形都在某种程度上是真的;但是它们又互相矛盾。我
们再次重申,"此刻是什么时候呢?"问这个问题有意义吗? 是的,
毫无疑问;但是,如果"现在"仅仅是某个固定点,而就是从这个
固定点开始,我们对任何事件确定日期(的活动)最终才能获得意
义,但这又如何**能够**办到呢?

　　因此他就被(问题)来回拖拽着:"我总是在现在,然而此刻
又从我指缝中溜走;我打算在时间中向前走——不是,我是被溪流
带着往下漂。"他这是在用不同的图像(来表达),(这些图像)每
个都十分适合(那个)场景;可是假如他尝试把所有图像结合起来
运用,那些图像之间又会互相冲突。"时间真是个奇怪的东西",他
或许会面带疑惑地自言自语,"时间究竟是什么?"——(他就这
样)期待着,也许是半信半疑地,问题的答案会将时间背后所隐藏
的本质显露出来。萦绕在知识分子脑海里的是许多深层的不安——
对时光流逝的不可避免性的恐惧,以及强加给我们的所有对生命的种
种反思。此刻所有这些疑虑通过这个问题被释放出来,即"时间是什
么?"[**顺便说下**,这也是一个提示,仅一个答案是远不够的——(一
个答案)① 是永远不会把所有这些怀疑消除的,那些疑虑将再度从
不同层面中爆发,而且还是以同样形式的语词表达出来。]②

　　既然我们都知道时间是什么,但是又说不出来它是什么,这
(让人觉得)很神秘;恰是因为它的飘忽不定而抓住③了我们的想象
力。我们越是多看它几眼,我们就越是被它所迷惑:它看起来好像

----

①　此处括号及其内容是译者添加的。

②　此处括号及其内容是原文就有的。

③　"Catch"是多义词,是"抓住",还是"吸引"呢?

满是矛盾。"时间是什么？这个由运动所构成的而恰好不需要任何运动着的东西是什么呢?"（叔本华）① 把它弄个底朝天是多么的有趣！"在我的掌心，我已经获得了对一切本质而言最有说服力的，最高深的，最飘忽不定的东西——时间。"（洛根·皮尔萨尔·斯密斯② 论沙漏）（时间）对于雪莱而言，它是"神秘莫测的海！岁月就是它的浪"，是"无边的洪水"；对于普鲁斯特③ 而言——不如这样吧，为什么不留点（想象空间）给读者呢?

　　"时间"的**名词**形式促使我们为此而寻找答案，这不就是神秘所在吗? 由于我们对名词形式的深刻体验，这种观点如此诱人，几乎使得我们不可抗拒地转过身去寻求某个名词的"对应物"。我们正吃力地想去抓住由语言晦涩而形成的影子，对我们的语言形式的错误类比导致我们理智上的不快（当涉及语言的时候，这种不快变得尤为突出）④。"所有的声音，所有的色彩……（都会）引起（许多）模糊但是又精确的情感，或者，用我更喜欢的思维方式，（我）把这些在我们（心中）这种精确的无实体的力量在我们心中所留下的脚印叫做情感。"（叶芝⑤）

　　然而这是一个平淡无奇的答案：不要问时间是什么，只问**语词**"时间"是如何被使用的。说的倒是很轻巧；因为如果哲学家纠正了

---

　　① 此处的括号及其内容是原文就有的。

　　② 洛根·皮尔萨尔·斯密斯（1865—1946），是一个小说家和批评家，出身于美国，后取得英国国籍。因擅长使用格言警句而出名，同时也是研究 17 世纪神学的专家。他的著作《词与习语》使得他成为英语语言正确使用的权威，最为人们所记忆的是他的自传《风风雨雨》（*Unforgotten Years*）。

　　③ 马塞尔·普鲁斯特（Marcel Proust，1871—1922），法国 20 世纪最伟大的小说家，意识流小说的先驱与大师。代表作为长篇巨著《追忆似水年华》。其他作品还有长篇小说《让·桑德伊》、短篇小说集《欢乐与时日》等。

　　④ 此处的括号及其内容是原文就有的。

　　⑤ 叶芝（William Butler Yeats，1865—1939），亦译"叶慈""耶茨"，爱尔兰人，剧作家，神秘主义者。

语言的使用，日常语言就"有形式变化的优势"，（好比我们）和利希滕贝格①谈话，因此我们就能更新（这个谈话）对他而言所产生的魔力，（我们好像在）诱惑他去追影子。或许只有当我们（将注意力）转到拥有十分不同结构的语言（的时候），那种翻译的可能性完全被阻断了。"对于那些属于乌拉尔—阿尔泰语系（这种语系中的主语—概念结构发展的最不完善）②的哲学家而言，他们很有可能会用不同的眼光去'看世界'，而且（我们也会）发现他们的思维和那些属于印欧语系或穆斯林的人们是不同的。"（尼采）

【2】在这点上我们或许还可以提醒自己，像"问题"和"答案"，"难题"和"解答"这些语词总是不在它们最平常的意义上被使用。显而易见的是，为了找到解决困难的出路，我们经常不得不做些不同寻常的事。某项行动指南被引入，从而解决了某个政治问题，小说家们的问题也许会通过（他们）创作出一些表达他们小说中主角们的内心深处的想法和感觉的种种写作策略来解决；（对于）画家的问题就是如何向观众展示画布上的每一笔或勾画的深度和它们之间的关联，文体学家的问题就是要（寻求一种）很好地表达出事物（的方法），（这样使得他的文风）既不显得俗套，又不会变成陈词滥调；有上千种技术问题需要被解答，不是靠发现真理，而是靠某种实际所取得的成就（来实现的）；当然还有所谓的"社会问题"。在哲学中，真正的难题不在于找到某个给定问题的答案，而在于发掘出它（问题）本身的意义。

为了让我们看清对这种"难题"的"解答"的具体内容，让我们从阿基里斯的例子开始。根据芝诺（的论述），阿基里斯至今还在不停地追赶乌龟。假设阿基里斯奔跑的速度是乌龟的两倍；假设乌龟从 1（这个点）开始爬，那么阿基里斯的奔跑过程将会相继覆盖

---

① 利希滕贝格（1742—1799）是 18 世纪下半叶德国的启蒙学者，杰出的思想家、讽刺作家、政论家。

② 此处的括号及其内容是原文就有的。

点 1，1/2，1/4，1/8……（由于）这是个无穷的数字序列：因此他就永远追不上乌龟。"胡扯！"（数学家的声音）①，"无穷数字序列的总和是有穷的，就是 2，那么问题就解决了"。尽管这完全是真的，但他（数学家）的评论并没有答到点子上。这个解答并没有拔掉难题上的刺儿，那个令人不安的想法，换句话说，就是说无论我们在那个数字序列上走多远，也还是会有后继项出现，就是说在赛跑中乌龟会一直领先，哪怕（阿基里斯与乌龟之间的距离）变得越来越小，但是这个（距离）永远不会消失：永远**不可能**出现严格的 0 存在的时候。我认为，就是例子的**这种**特征，（由于）我们对它的不理解才会使我们陷入困惑。

但是我们从这个角度考虑下，假如我们把同样的例子应用到有关一分钟的（概念）争论上面，那么我们就不得不陷入同样的困境。一分钟的消失先是从半分钟的消失开始，接着是一刻钟的消失，接着是 1/8 分钟的消失，**以此类推，以至无穷**。这就是一个无尽的过程，一分钟永远没有尽头。我们马上就会有这种形式的论证，（我们）犯了一个大错误：我们早已将"永不"的两种意义搞混了，一种是从时间上而言的，而另一种是非时间上的。当然我们可以正确地说序列 1，1/2，1/4，1/8……永无终点，在这个意义上的"永不"跟时间毫无关联，它全部的意思就是说在这个序列中不存在最后一项，或者（用同样的话来说效果也一样）② 对于该序列中的任一项而言，不管离它的后继项有多远，我们都可以根据"对半分"的简单规则构造出一个后继项：这就是"永不"在这里的意义所在。相比而言，当我们在说，例如，人类永远不能找到可以长生不老的东西，在这里"永不"的意思是"绝不（在任何时候都不能）"③。通过运用规则而形成新的序列项，从而使这个序列持续下去的可能

---

① 此处的括号及其内容是原文就有的。
② 同上。
③ 此处的括号及其内容是译者补充的。

性的存在的数学断言，可看出这一过程并没有对在时间中发生的实际事情做了任何的陈述。这个错误理应明显：当我们在这样说的时候，既然起点会变得越来越小但是又永远不能消失，那阿基里斯就永远不能追到乌龟了，（在这里）我们从数学上的，**非**时间①的"永不"的概念跳进了与时间相关的"永不"的概念里面了。要是我们的语言有两个不同的单词来标识②这些意思的话，也许这个混淆就永不会产生，而且世界也会对其中某个最引人入胜的悖论变得更贫乏③了。但同样的单词，作为某个缘由，还是会被用来表达不同的意思。结果就是：产生诸如此类的戏法。当我们的注意力被分散的时候，与此同时，"在我们的内心之眼"里，随着阿基里斯在加速前进，我们的眼睛也死死地盯住他，每只眼睛都睁得大大的，寸步不离地注视着他和乌龟之间距离的逐渐缩短，因为这种感觉是无害地用来去欺骗另一种（感觉），因而使得那种感觉从我们的注意力中溜掉了。

当我们用其他关键词项来展示这种迷惑的时候，上述那种陷入谬误之路在这里也有效。正如在序列中"总是"存在后继项，例如，当我们对整个赛跑过程进行细分，而开始下一步（语词"总是"恰好看起来是纯洁无瑕无可挑剔的）④ 的时候，我们就已经陷入圈套之中了，我们总结到乌龟将"总是"领先阿基里斯，永远被它的追求者所追赶着。

困惑的种类是繁多的：有某种对怀疑的偏执——我是否能知道他人也有经验，他们所见的、所听到的和感觉到的也和我一样吗？我能确信记忆不会总是欺骗我吗？对于记忆，真的有物质客体，而不仅仅存在"有关"它们的感觉表象吗？有某种像怀疑般的不安——数字所具有的是什么类型的存在呢？某种像焦虑般的怀疑——我们真的是自由的吗？这个怀疑有不同的形式，我应当把其

---

① 原文是"non-temproral"，暂且译为"非时间的"。
② 原文是"mark"，即做标记，暂且译为"标识"。
③ 原文是"poorer"，更为贫乏。
④ 此处的括号及其内容是原文就有的。

中一种单列出来以供讨论——那个问题，换句话说，当涉及将来时态的陈述时，排中律是否会迫使我们得出某种逻辑宿命论①呢（?）②这就是个典型的论证。如果对此刻而言，我将在明天做某件确定的事情，例如，跳进泰晤士河，那么，不管我怎样奋力反抗，像疯子似的拳打脚踢予以抵抗，然而当那天到来的时候，我（还是会）不由自主的跳进水里；反之，如果这个预言在此刻是假的，那么不管我将做出什么努力，不管多少次我尝试鼓起勇气，激励自己，（我还是会在河岸边），朝下望着水面，对自己数着"1（秒），2（秒），3（秒）——"，那么跳进水里对我来说是不可能的。可是预测的真假它本身就是一个必然真理，因为这是由排中律所断言的。这个看似吃惊的结果遵循（某种规律），因为既然我明天应该做什么在现在已经被决定了，那么（我的）整个将来也会在某种程度上被固定了，逻辑上被注定了。不管我做什么，不管我决定用何种方式去做，我仅仅是沿着一条已经被清楚标识的路线前进而已，它指引我通向事先被安排好的命运。实际上，我们都是牵线木偶。如果我们不准备吞下**那个**（逻辑宿命论）苦果，那么——在"那么"之中尚存一丝微弱的希望——有一个可供替代的选择向我们敞开。我们只需要宣布放弃对于这种类型的陈述相对应的排中律，转而借助于普通逻辑学的有效性，那么一切就会让人满意。对于此刻而言，我们拥有的对将会发生的描述既不是真的也不是假的。（这种类型的论点实际上是由卢卡西维奇③提出的，他提出在二值逻辑"真"和"假"的基础上可以加上"可能的"，从而形成对我们有利的三值逻辑）

这条出路足够清楚了。问题的发问者已陷入众多哲学家们曾出错的问题之中：（他们总是喜欢）在停止思考问题之前就给出答案。他知道他在问什么吗？他假设如果有某个涉及将来的事件在此时没

---

① "logical predestination"，即逻辑宿命论。

② 按照文章的写作思路，这里应该是一个疑问句，所以译者添加了问号。

③ *Polish Logic* 1920 - 1939, edited by Storrs McCall（Oxford, 1967），Papers Ⅰ，Ⅱ and Ⅲ. 这里的内容是原文就有的。

有作出决断的话，不管它是真还是假，要是该事件发生了，相关的命题就会进入某种新的状态之中，那就是它是真的。但是我们如何将从"悬而未决"到"真的"的过程搞清楚呢？是一下子还是渐进式的呢？在哪一刻命题"明天要下雨"将会成为真的？是当第一滴雨落到地面上的时候吗？假如天不会下雨，那什么时候这个命题变成假的呢？恰好当一天结束的时候，即十二点整？假如这个事件**已经**发生了，那个命题就**是**真的，它（这个命题的真）会永远持续下去吗？如果是这样，它用的是什么方法呢？这个命题会一直保真而不被打扰，是每时每刻，不分昼夜的吗？甚至是没有人理会的时候也是如此吗？它的真是否仅仅存在于当它被考虑的时候？如果是那样的话，它的真会保持多久呢？恰好等于它被思考的时间吗？我们不会知道怎样去回答这些问题；这并不是由于我们自身的无知或愚昧，而是因为在这里语词"真"和"假"的运用出了差错。

如果我说，"我曾到过美国是真的"，我就是在说我曾经去过美国，别无其他。在说语词"＿＿＿＿是真的"的时候，这跟我对我自己说这个话负责是不同的事情，它并不关心当前的论证。关键点在于，当我用"＿＿＿＿是真的"这些语词开头做陈述的时候，我没有对我所给你的事实信息**添加**任何东西。**说**某个事情是真的不是在**使**它成真：参照罪犯正在法庭上撒谎，但是每当他用谎言的时候，他把手放在胸前，这就是在说真话。

语词"真"和"假"的刻画性使用①之所在，以及那些逻辑决定论辩护者未能注意到的就是这点。当语词确定地具有判定和否决的效力的时候，"＿＿＿＿是真的"和"＿＿＿＿是假的"，这些语词就不是描述性的。假如某人说，"太阳明天会升起是真的"，它的全部意思就是说太阳明天要升起：他不是在自命不凡地把他所说的额外的关于真的描述拿来在我们面前炫耀。但是假如他换种说法，"太阳明天会升起对于**当前**而言是真的"，归结起来，无非像是在说"从现

---

①　"characteristic"，这里翻译为"刻画性的"。

在开始太阳明天会升起";这是没有意义的胡话。去问,像那些喜欢打哑谜的人一样,"对于**当前**而言如此这般的事情将会发生是真的还是假的?"这不是那类可以用某个答案就能解决的问题:它本身(这)**就是**答案。

严格来说,这就给那些被称为"恒真"①的东西提供了线索。它的要点在于:对于从句"_____是真的",它不允许插入某个具体时间。当我们在平安夜里说"钻石是纯碳"这样的命题是真的,这就像是说它在巴黎是真的,而在西非古城廷姆卡图不是真的这种冷笑话一样。(这并不意味着我们不能在某种特定的场合下那样讲,"是的,它曾在当时是真的",因为我们可以不用语词"真的"就可以清楚地对它进行释义)②

现在我们说当哲学家想要解决某个问题的时候,他一定不能做的事情就是:给出某个答案。哲学问题不是被解决的:它**被消解了**。"消解"包含什么呢?这就在于我们得弄明白我们用来提问的那些语词的意义,那样的话我们就将(那些语词的意义)施加在我们身上的魔咒给解除了。通过回想起语言的使用或者说只要我们**能够**从(语词)的规则中提炼出它们的用法,困惑就会被移除,(对于那些)规则(而言):因此它(困惑)就**是**某种有关语言使用的困惑,或是有关规则本身的困惑。就是在这里,哲学和语法相遇了。

还有更深的一点需要阐明。当我们谈论某个给定的断言的时候,例如,"天正在下雨",对于我们而言这是真的,那就是我们很难逃脱一些"关于"那个断言的印象,即它具有与真实有关的特性。做出如此这般的陈述,就是在说比原初断言所蕴含的**更多**的东西,即天正在下雨而且这个断言是真的。尽管如此,那样还是会造成古怪的后果。因为从何种意义上说这个断言说的更多呢?首先考虑下(我们)在何种情况下会说两个给定的命题其中一个要说的比另外一

---

① 原文是"timelessness of truth",字面意思就是说不具有时间性的真,即"恒真"。

② 此处的括号及其内容是原文就有的。

个"更多"显得合适。"这是红色"要比"这是有颜色的"说得多，因为原因很明显，任何人都可以从第一个陈述中总结出第二个陈述，反之则不然；类似地，"今天是星期三"要比"今天是一个工作日"说得多。（这其中的）标准会表露自身，假设给定两个命题 p 和 q，如果命题 p 要比 q 说得多，前提是 $-p \cdot q$① 是有意义的且 $p \cdot -q$ 矛盾②。持有观点"p 是真的"的人们要比说"p 是真的"的人们（命题 p 表示，例如，"天正在下雨"）所表达更多的意思，他们现在或许就会面临去解释他们那样说的根据的挑战了。他恰好是在刚才所解释的那个意义上去使用语词"更多"的吗？如果是这样，那奇怪的后果就会接连发生，即那个观点必须要**使得**断言 $-p \cdot p$ 的和取**有意义**，那就是说，在我们的例子里——"天正在下雨不是真的，而且天正在下雨"。既然这显然不是他心中所想的那样，那么他到底要**表达**什么意思呢？我们不是在和他作对；我们只是想提醒他注意他一直所使用的语词，他对语词的那些使用都是在非哲学的语境下，然后我们指出，如果他坚持仍然想要在这个意义上去使用那些语词，那么他想要说的就会把他带到荒谬的境地。我们所做的所有事情都是在使他对自己的实践有充分的意识，我们避免任何断言，怎么解释是他的事情，不是说他不能这样做。在对给定陈述赋予真值的过程中，他可能会说，他也许想表达要么（1）这个赋值是"根据事实"或是与此相关的某类东西；要么（2）他**知道**这个命题是真的。在第一种情况下，他面临着同样的两难，也就是说，这必须使得说"这不是根据天在下雨的事实，而且天在下雨"这个断言有意义；在第二种情况中，产生了一个新难题。一方面，对于语词"＿＿＿＿是真的"，当它被不同的人说的时候，就会意味着不同的东西；另一方面，这对于那些宿命论者而言显得更加致命了，当他（宿命论者）在这个意义上去建构他们的语词的时候，他连他自己脚下的泥土都

---

① 这是符号逻辑的表达方式，即 p 和 q 的逻辑和。

② $-q$ 表示 q 的否定。

挖空了。没有人会去担心那些问题，假如他明天会写封信对于现在而言是假的，那么随后对于他要写信的事情就会变得真的不可能了，因为他被这种思路所阻碍了，逻辑上的阻碍。既然陈述"现在是假的"在新的意义上表示"他还不知道"的话，那就不会有什么后续事情发生了，因而整个问题就蒸发掉了。

我之所以会对这个混乱的研究深入某种程度，那是因为在阐明这个问题的过程中所运用的方法展示了（方法本身）许多有趣的特点。第一，我们不会**强迫**我们的对话者。我们让他自由选择，接受或是拒绝他对语词的任何使用方式。他也许会脱离（语词的）日常用法——语言并不是触不可及的——假如只有靠这种方法他才能解释自己的话。他甚至还可以在不同时候对同一个表达式以不同的方式来使用。我们唯一所坚持的就是他应当意识到他正在做什么。如果我们严格地贯彻这个方法的话，即对论证进行仔细检查，问他（语词的使用者）在每个步骤中他是否想要以某种特定的方式去使用某个表达式，如果他不想，那么我们就给他提供可替代的选择，但是我们要把决定权留给他，并且只是指出相应选择的后果会是什么，（这样的话）争论就不会产生了。在这个过程中，只有当某个步骤被忽略了，以至于看起来我们已经做了一个断言的时候，争论才会出现，而这就好比给世界上增添了一个带来不和的新苹果。这将是以非教条主义来做哲学的真方法，这个方法的难点在于我们要以某个方式去展示（我们从事的哲学活动的）主题，而这种方式极易（和其他方式相）混淆——（我们通过）将那些例子归类，通过一些中间环节将不同的方法连接起来，这样我们就可以对（问题）整体获得某种清楚的概览①。

第二，我们并不使用论据来对任何"哲学观点"进行证明和反驳。正如我们没有意见，我们所能做的就是从事情自身的角度去看

---

① "A synoptic view"：既可以翻译为"概览"，也可以翻译为"综览"，与维特根斯坦的"overview"相似。

待它们。

另外，我们只作描述；我们不"解释"。演绎论证意义上的解释不能满足我们，因为这只是把问题"为什么恰好是这些规则而不是那些规则？"往后推一步了。照那个方法做，我们不会**想**去给出理由。我们做的全部事情就是来对规则进行描述或制成一个规则表。在这样做的时候，我们不会有任何发现：语法中不会有任何发现。语法是自治的而且不受现实的支配，光靠给出理由**不应当**使我们满意，因为这些理由好像是（对问题的）束缚，（表明问题）已经到终点，而且它导致了许多不能被进一步解释的东西的产生。在语法中我们从来不会问"为什么"？

但难道这不就是哲学自身"消解"的结果吗？哲学消除了那些**可以**用这种方式消除的那些问题。尽管不是所有这些问题：那些形而上学家们一直在渴求从天上照下来一束光芒，好有助于他们去了解世界是如此这般存在的奥秘，或让那些不可理解的事实变得可以理解，或是（让我们理解）关于"生命的真谛"——就算这些问题**可能**被显示出它们缺乏清楚的意义或全部都不具有意义，我们还是不能使它们**沉寂**下来。这种方法对于减轻我们的惊慌失措无能为力，（然而）存在一些廉价的东西可以用来"揭穿"它们，心灵的不安是不能够被逻辑所平息的，因而哲学不是被消解的。哲学从它们所摧毁的那些重要的问题（向我们表明），它（哲学）配得上它对我们人类的重要性和它的伟大。哲学推翻一切偶像，而正是这些偶像的重要性才赋予了哲学的重要性。

现在也许我们可以看清楚为什么那些为了找到问题模式的适合答案的工作失败了，这是**注定**会失败的。它们不是真的去询问信息，而是"稀里糊涂地感觉像问题"（维特根斯坦）①，当地面打扫干净的时候它们就会像鲜花一样凋零。如果哲学想前进，这不是靠往它的清单里增加新的命题就能办到的，而是靠转变整个（人类的）心

---

① 此处括号及其内容原文就有的。

智图景，靠降低那些困惑我们，使我们苦恼的问题的数量，哲学就是这种结果。这样构建的哲学就是某种伟大的解放（人们思想的）力量。哲学的任务就是，用弗雷格的话说："通过（正确的）使用我们的文字语言，（对哲学问题进行分析），以此来揭示那些所产生的困惑，而且这是几乎是不可避免的，这样我们就将那些受到语词暴政的精神释放出来。"

【3】什么，光是批评难道就没有实质性内容吗？莫非哲学家就是迷雾驱散者吗？如果他所擅长的都是这些，我对此深感抱歉而不得不把他留在他自己（设计）的装置里。幸运的是，事情并非如此。哲学问题，如果被深究的话，是可以产生某些积极的东西。例如，它使我们对语言理解更加深刻，可以让我们对物质客体、他心等问题采取怀疑的态度。也许第一个反应可以这样来讲：这些怀疑是（语言的）空转。通常说来，如果我要怀疑我是否应该完成这篇文章，过了一段时间之后我的怀疑就会终止，我再也不能继续对此怀疑下去，怀疑注定会消逝。但是怀疑论者所产生的疑虑却永远不会消逝。这些是怀疑吗？它们是伪问题吗？只有当我们用孪生标准①，即常识和日常用语来进行判断的时候它们才会那样显示。真正的麻烦要深刻得多：它（那些问题）源自于那些怀疑论者对那些事实所提出的质疑，而那些事实则是语言使用的基础，那些经验的恒久特性使得概念构造成为可能，而这些概念构造则是我们使用大部分普通语词的积淀。假设你非常清楚地看到了你面前的一个物体，比如，一根管子，当你正打算要去把它捡起来的时候，它立刻就化成了空气，接着你也许会感觉到，"主啊，我要疯了"或其他类似的感觉（除非整个情景是那样，即你有理由怀疑它是些精明的把戏）②。然而怀疑论者就会对此穷追不舍地问道，要是这种经历十分平常呢？

---

① 原文是"twin standards"，魏斯曼应该要表达的是"double standards"，即"双重标准"，译者为了真实的表达作者内容，暂且翻译为里"孪生标准"，但是这样会让人费解。

② 此处的括号及其内容是原文就有的。

对于将构成我们有关固体的核心观念的相关的不同感觉经验之间的连接相**分离**开来，对于去**撤销**语言已经做的——对物的范畴进行分类，所有这些你都准备好了吗？那时候你会愿意生活在一个现象学家的由不同的颜色板，以及附带的感觉语料理论（所构建）的天堂里，生活在一个无对象的、无实体的世界里面吗？在那种情况下去说，"瞧，它现在正在桌子化"① 就会是一个笑话（因为甚至在弱化的动词形式"桌子化""椅子化"中，都有某个物质范畴的元素的存在）。那就是为什么怀疑论者努力用一种对于这个目的而言的不适当的语言去表达他自己的原因，当他说他对如此这般的**事实**怀疑的时候，他是在以令人误导的方式来表达自己：他的怀疑插得如此之深以至于它们影响到了语言本身的构造。因为他所怀疑的东西已经体现在语言的具体表达形式之中，例如，凝结在物质词②的使用过程中。当他尝试冲破那些深陷的褶皱层的时候，他在表达他的疑虑的时候就把语言给破坏了——这样造成的结果就是他看起来是在说无意义的话。他不是在（做正确的事情），但是为了使他的怀疑被完全表达出来，语言首先不得不进入熔炉之中。（从已经长期被建立起来的范畴——物、因果、位置——这些都得变革这点上，我们可以获得对现代科学所需要的东西的一瞥。这个工作所需的东西不亚于建构一些新的语言，而不是用旧语言来表达新的事实）③

　　如果我们用这个方式去看待问题的话，怀疑主义的态度就会有新的见解。他（怀疑主义者）所考虑的各种可能性是在我们目前的经验领域之外的。如果这些怀疑被严肃地对待，它们就会变成（有意义的）观察，这些观察会对语言的基础带来新的值得深究的启示，而这些启示会（向我们）展示出哪些可能性是向我们的思想所敞开

---

①　原文用的是"tabling"，魏斯曼在这里是把名词动词化了，即"变成桌子"，为了符合汉语的习惯，译者将其翻译为"桌子化"。

②　原文是"thing-word"，直译为"物质词"。

③　此处的括号及其内容是原文就有的。

（尽管不是对日常语言而言）① 的，并且假如我们的经验的质地与它本身有所不同的话，它（这些观察）也会向我们显示我们所追寻过的路径。这些问题不是虚假的：它们使得我们去注意那些我们当前所体验的经验，同时使得我们去注意在那些背景中语言自身是如何去适应的；它们显示出那些存储在我们对语词和句法形式的使用过程中，尚未被测量的经验总和。

　　另外，比起消解，问题的解决可能会进入另外一个事业领域中：它可能会转变成科学问题。例如，弗雷格的探究是由某些哲学动机引起的。换句话说，他想找到有关算术真理本质问题的确切答案——它们是分析的还是综合的，是**先验**的还是**后验**的。他从这个问题开始，并且不遗余力地去追寻，（渐渐地）他把有关整个科学本质问题的煤矿给发掘出来了；后来他继续前进，他使用了一种新的工具、一种逻辑，（逻辑）从精密度、使用的范围以及解决问题的能力这些方面来说都大大地超越了之前任何的以逻辑命名的东西，而且（弗雷格所从事的工作）的主题对于我们这个时代揭示出了许多新的出乎意料的东西。正确地说，由于康德术语表达的不准确性，这也导致了弗雷格在开始从事解决问题的时候也没有给出准确的定义。

　　（我们可以）花一整章的篇幅来写关于（哲学）问题的命运，它们的奇怪的冒险和转变——它们是如何变成其他问题的，或者在这个过程中又被保留下来，或者不被保留，或者和原来一样。原初的问题也许会像梦幻演出中的某个角色一样被分饰或重叠。我仅举出几个例子：逻辑能够被完全用某种形式化方法来刻画，例如，不用带入像语言的使用和所有与其相伴的那些附加观念吗？算术能够被任何这样的方式所刻画，即完全靠"从其内部而来的"东西吗？或者任何翻译，包括那些像**跟屁虫一样**②的经验论证者们吗？这些问

----

① 此处的括号及其内容是原文就有的。

② 原文是德语"Erdenrest"，这个词是由"erden"（地球）以及词尾"-rest"（尾巴）构成的，字面意思是"地球的尾巴"，译者采取意译，将其翻译为"跟屁虫一样的"。

题已经引起了有关数学的形式化翻译的广泛研究。对逻辑直觉能够进行多远的质问是正确的，这个质疑已经被分成许多不同的问题，包括逻辑类型理论、选择公理等，而且它还将我们带到了一个更基础的问题，也就是说，与从直觉主义者们发展出的推理系统出发相比，普通逻辑本身是"正确的"吗（?）① 或者再说，在数学中是否存在不可判定的问题，不是在哥德尔的严格意义上，而是在绝对意义上的不可判定吗？存在对概括的自然限制吗？观看这类问题是如何从科学家的成果中产生的是一件有趣的事情，它们不太精确，有时候又有点模糊不清，那些新的和更好被定义的问题将（这类问题）自身分开，那些上层问题②——弗雷格的**出类拔萃**的哲学问题——衍生出某个哲学家的成果。

现在其他一些东西还需要引起注意——这些问题是如何变得不仅精确，而且清楚（这两者不是一回事）③ 的。我这样来解释，用所有自然数所表示的无限性和用空间的所有点所表示的无限性具有可比性吗？那就是说，其中一个可以被认为是比另外一个更少，或相等同吗？当它被第一次问到的时候，那个问题没有清楚的意义——或许根本就没有意义。然而这个问题却指导着康托尔富有创见的研究。在集合论被发现的时候——或者我可以说"被发明"吗？——这个问题扮演着某种路标的角色，而这些路标隐约地指向我们思想中某些尚未被标识的区域。这样说或许可以最好的对问题进行刻画，它从特定的方向指引着我们的想象力，激励着我们往新的方向研究。这些问题不是被"消解"：它们是被解决的，不仅从现存的思维系统中，而且是靠建构一个新的概念系统——例如集合论——在那个系统里面我们所打算的和模糊期待的意义被全部实现了。因此，它们对于这种系统的建构而言就是刺激的本质，它们从还没有意义的事

① 这里的问号是译者添加的。
② 原文是"parent question"，即更高一级的问题。
③ 此处的括号及其内容是原文就有的。

物指向有意义的事物。

这些问题是我们的心智朝新视野迈进的旅途中的第一步。别无其他，哲学家通过给世界带来新型问题以此来展示他们的过人天赋。对提问的酷爱将他与众人区别开来，同时这也给了他们应得的社会地位。有时候他的问题不是那么清晰，这也许是因为人们没有花多少心思在那个问题上面。没有什么比清晰的思维更能够保护我们以免作出发现了。谈论明晰性固然很好，但是当我们过于沉溺于这种谈论的时候，这很可能扼杀了那些处于萌芽阶段的活生生的思想。这恐怕就是逻辑经验主义的悲剧之一，而这种结果并没有被其创始人所预料到，它只是对于它的一些后继者们显得比较突出。瞧瞧这些家伙，一个个被某个清晰的神经症操控着，被恐惧所困扰着，瞠目结舌地不停地自问，"噢，这个（东西，语词等）现在来说有恰当的意义吗？"让我们想象那些科学的先锋们，开普勒、牛顿、非欧几何的发现者们，力场、潜意识、物质的波或管它什么的发现者们，设想他们在每个步骤都问自己那个问题——这会是一种损耗我们的创造力的最确定无疑的方式。任何伟大的发现者都不曾按照这个格言行事，"凡是能说的都能说清楚"。而且有些伟大的发现甚至是从那种原始的雾气中浮现出来的。（我们要花点精力来讲雾气。对于我而言，我始终对此表示怀疑，那就是明晰性是那些无话可说的人的最后庇护所）①

伟大的思想者同时也是伟大的发问者。对于这点有个例子，那就是康德提出的问题"几何学何以可能？"只有通过"公理方法"的使用，这个问题的解决之门才能向我们敞开。鉴于几何学公理可以有许多不同解释，而且对这些公理的某种特殊解释与其演绎目的是不相关的，希尔伯特将属于公理的逻辑形式和属于它们的直观（或其他）② 内容分开，并且通过宣称："一个点、一条直线等等，可以

---

① 此处的括号及其内容是原文就有的。

② 同上。

成为任何满足公理的东西"，这样一来他就转变了整个问题的研究方向。由于演绎工作仅取决于关系，在其中基本条目彼此一一对应，而不在于我们用来链接它们的相关"内容"，而且由于这些关系在公理中被完全地罗列出来了，那么只要能充分满足演绎工作的需要，公理整体就能决定什么是"点""线"等。这种技术的出现使得语词"几何学"，正如康德所理解的那样，实际上涵盖了两个完全不同的学科，数学几何和力学几何。康德的困惑就是源于他未能区分这两者。"只要数学定律涉及实在，那它们就不确定；然而它们一旦被确定下来，它们又不能涉及实在"（爱因斯坦）①。康德的功绩在于**看到**了问题所在，而不在于对该问题的解决。

但是这里一个新的问题又冒出来了：我们如何知道满足某个被给予的问题的东西呢？更概括地讲：答案怎样与问题相符？当前的这类问题（"什么是正确的时间？"）②已经由它们的形式向我们展示了它被期待的答案的类型。打个比方说，它们好比一张待填的空白支票；但也不总是如此：奥古斯丁的问题，"时间的测量何以可能？"或康德的问题，"几何学何以可能？"却并不能向我们描绘出其答案的形式。在问题和答案之间并不存在**明显**的联结，至多我们可以说它们像问"什么是点？"这类的问题一样。希尔伯特的观念——利用几何学公理可以共同地为基础概念提供"隐定义——（它）出乎意料地被首次提出；在这之前没有人想到过；与此相反，许多人曾有过不安的感觉，就好像它是对问题的逃避而不是解答，这些焦虑不比弗雷格曾经所展示的焦虑少多少。他（弗雷格）坚信问题仍未被解决。

现在我们可以做些事情使得像弗雷格那样的人去明白公理化方法可以提供正确的解答吗？例如，这种解答能够向他**证明**吗？尽管它本来应该很明显，我们现在必须要注意的是这种证明不能被给予，

---

① 此处的括号及其内容是原文就有的。
② 同上。

它之所以不可能是因为他，即提问者，一开始就已经转向反方向因而是从不同的角度看问题了。我们需要一种对看待事情的整个方式的转变。实际上，对任何被这种问题所感到迷惑而且拒绝接受希尔伯特的解决方案的人们而言，他们这样做只能向我们表明他已经深深地陷入由问题被提出的表达形式所产生的深渊之中。他既始于同时又止于问题"一个点是_____"。我们需要为他提供帮助以使他脱离深渊，更重要的是，当他在这些问题中感到"痉挛"的时候，我们尽量使他转变他的观点，而这些需要做的事情（东西）**是某种讨论工作**，而不是某种证明。

弗雷格的表现跟某个对问题着迷的人来说没什么两样，"时间是什么？"我们可以建议将这个问题转变为"时间"这个词是如何被使用的问题（这也许会将他带回现实）①。难道我们没有在欺骗他吗？看起来我们是在为**某个**问题提供解答，但是这却不是他的问题所需要的答案。他也许会怀疑我们是在拿我们库存里的次品欺骗他，他原先的问题仍然还是一个谜。这就跟弗雷格很相似：他把针对那些问题，比如"点是什么？""数是什么？"仍然悬而未决的情况当作是某种丑闻。

在讨论的目的，证明的缺失这两个例子中，任何一个都可以用来改变提问者的态度。例如，我们可以对相似，或特别相似的案例进行仔细检查，从而指出解答的形式并不总是跟问题相关；凭借着我们对这些事例的耐心检查，我们对问题所做的类比的广阔背景将会缓慢地发生变化。关于语言的广阔视野的出现将松动语言的衡量标准，那些标准是如此的根深蒂固以至于它使我们看不清楚它们是为何而设立；而且这个工作要是做的有效的话，我们就可以使得像弗雷格那样为了找到适合模型的答案而苦苦追寻，不遗余力的人们从迷梦中惊醒。论据就是以某种讨论的方式被使用的，尽管不像证明那样，但是这更像是某种方法，让他看到那些他之前未曾注意过

---

① 此处的括号及其内容是原文就有的。

的东西：例如，可以用来驱除错误的类比，用来强调与其他事例之间的相似性，因而以这种方式给他带来一些东西，像视角的转变。尽管如此，要想为他提供错误的建议，或威吓他让他诚心接受那个建议，这种方法是不存在的：当所有东西都说清楚了且做完了的时候，那剩下的就靠他拿定主意了。

　　但是，与缓解理智的痉挛相比，还有许多更紧要的事情（需要处理）——那就是如何逃脱语言形式的控制。我们常常只是一味地顺着由对（问题的）同样的表达模式所雕琢的渠道行进（思考）——好像我们说，"时间在流逝"，是让人出乎意料那般，还有当我们面临（例如）着奥古斯丁的悖论的时候，我们好像一下子就被这种自满所震惊。现存的语言，它只是给我们提供了某种特定的墨守成规的表达模式，（这样一来）它就给我们创造了许多几乎不可能被打破的思维习惯。这种模式就是，例如，印欧语系里面的施动者——行动框架。这些（语言模式对我们思维习惯的）影响程度也许可以从笛卡尔的结论中推测出来，（笛卡尔）从我思中推出了思维主体的存在，即我在，并且它（我在）不同于我思，（因为）我在是我思的主体（施动者）——这个结论之所以对我们而言显得那么自然和令人信服是因为它是由整个语言的重要性所支撑着的。弗雷格对于问题"数是什么？"的沉迷是另外一个例子。弗雷格论到，正如我们可以说**数字 5**，（那么）5 就必须是某个实体的专名，它是某种柏拉图式的晶体，它由确定的冠词所表示。（我的一个中国学生曾告诉我，弗雷格的问题在汉语中是没法问的，那里的"5"仅仅是作为语境中的一个数字来使用的，就像"5 个朋友""5 艘船"等)① 再次强调，当我们说某个给定的陈述是真的时候，我们看起来是在说某些"与它相关"的东西——这就是存在主词——谓词陈词滥调的魔力的证据。确实，（我们）非常强烈地受到诱惑去以这方式来建构它（我们的思维模式），换句话说，用陈述来描述陈述，以

---

① 　此处的括号及其内容是原文就有的。

至于对于我们而言，要（对其）产生不同的解释这种观念几乎不可能发生。我们必须要注意到它的重要性，即在这样做时我们把表达式同化成许多类比形式；但是对于我们意识到这些类比一点也不需要呈现给我们的精神而言，这一点也十分重要：如果它们是以一种晦暗的、不可言喻的方式被觉察到的话，对我们来说这就够了。这种模式好像成千上万的清晰的类比一样对我们产生影响：它们对我们起作用，有人也许会说，就像一个力场、一个语言力场一样，从特定的方向来吸引我们的内心。还有，我斗胆加上一点，正是因为这些类比（所具有的）转瞬即逝的、半成品式的、影子般的本质才会使（我们）几乎不可能逃脱它们的影响。假如我们被它们欺骗了，这是我们的错。哲学家理应学会警惕那些（类比）的形式所呈现的诱惑，以免落入圈套，而不是对日常言语的大肆鼓吹。用一个图像来解释：正如一位游泳健将必须具备逆流而游的能力那样，哲学家应该必须掌握那种其难度难以言表的即用 "高层次语言进行思维的"① 艺术，以此来反对当前所盛行的陈词滥调。

现在我们讨论另一点。当我们劝阻像弗雷格那样的人的时候，看起来我们是在妨碍他去达到他所追求的目标。我们的讨论是何他的研究相冲突吗？如果是这样，（它）以何种方式呢？（它）并没有以任何可以被清楚地定义的方式；这是由于他还没有清楚地意识到他所致力的东西，而且这些讨论都会渐渐使他从不同的角度来看待事物。这种转变是怎样引起的？好吧，首先他拿这个问题和其他（问题）相类比，接着这些类比就挨个被摧毁了；更精确地说，在讨论的过程中我们看到了它们（这些问题）是误导人的。当整个概念背景的范围发生变化的时候，他开始看到他提问题的方式不对劲，即他在这里所达到的成就不再令人满意。他之所以放弃不是因为他竭尽全力去尝试了，而是因为这（一切尝试）都是徒劳的，他现在开始厌倦了：不，他放弃是因为他从不同（的角度来）"看"问题。

---

① 原文是 "thinking up-speech"，译者将其翻译为 "用高层次语言进行思维"。

那么**这**包括什么呢？喏，这包括他现在很好地意识到了那些误导他的类比的事实，他从某个不同的语言背景来看待这个问题（"图形从不同的背景来看，有时会变"）①，他（身上的）某种紧张感消失了，于是他如释重负地说道，"是的，事情就是那样"。

哲学家用语言这块棱镜对事物进行思忖，由于他们受到（比如）某些类比的误导，突然间以一种奇特的眼光来看待事物。只有挖掘出它们从中生长的泥土，我们才能处理这些问题。我们所要做的就是去彰显那些问题从中自我分离的思维背景，以此达到对不同问题之间互相转换的那些关键概念的更好的理解。这并不是说它（问题）从当前的意思上被解决了，不如说我们用一种既深刻又富有洞察力的分析将那些引起问题的因素给移除了。这个过程的精髓在于它将提问者引向某个新方向——而且这种引导是在他自然默许的前提下进行的。他同意被这样引导，因而结果就是他放弃了自己的研究。对于任何人，如果他们不愿意追随问题的新方向，我们不勉强；我们只能扩宽提问者的视野，缓解他的偏激感，引导他凝视新方向：但是所有这些只有在他的许可下才能够达成。

借助批判性的分析我们尝试抵消语言所带来的影响，或者说（这样的结果一样）② 我们也可以帮助提问者一开始就对他所探求的东西的本质获得更加深刻的洞察——使他看清楚问题中的概念和表达模式。和给他提供一些公理的证明相比，更为重要的是改变他看问题的视角；或者更像是丰富他的洞察。洞察不能被用来嵌入某个公理之中，这就是为什么那个方法注定要失败的更深层的缘由所在：洞察不能被证据所彰显。

这样做所产生的结果就是问题的提出者，在我们讨论问题的过程中，不得不对此作出大量的**决断**。这就使得哲学研究过程与逻辑（的研究过程）是如此的不同。比如说，他把这个事例和其他相似的

---

① 此处的括号及其内容是原文就有的。

② 同上。

事例拿来做对比，并且对这些类比的分量作出**判定**。那就是说，他想从多大程度上接受这些类比完全由他自己决定：他不必像奴隶般盲目地追随问题的足迹。

在科学领域中充满了这类问题。恰当地说，它们不是科学问题，但是它们却考验着科学家；它们是哲学问题，然而它们却不考验哲学家。

我在这部分文章中想要表达的以及尚未表达的，或是只表达了一半的观点（可以总结）如下：

（1）哲学不只是对语言的批判：如果我们那样去建构哲学的话，它的目标就太狭隘了。哲学的工作就是对**所有**的偏见进行批判，消解和超越，厘清所有那些思维教条以及约束那些思维模式，无论它们是源于语言或是其他方面。

（2）哲学中最重要的就是不断地进行突破以达到某种**深刻的洞察**——这是某种积极的东西——而不仅是去驱散迷雾以及对伪问题进行揭露。

（3）洞察不能被嵌入公理中，而且它也不能被彰显。

（4）哲学论证全都不具有逻辑**强制性**：它真正地展示出实际所发生的事情——（这些事情）就是那些悄无声息的，缓慢发生着的对整个思维领域范畴的破坏（过程）。

（5）它们的目的就是要让我们大开眼界，使我们从新的角度去看待事物——从某个不被误解所阻隔的广阔的观点（来看）。

（6）哲学和逻辑的本质区别在于逻辑给我们带来**束缚**而哲学则让我们自由：在哲学讨论中，我们一步一步地被引导，转换我们的视角，比如说从一种解决问题的方法过渡到另外一种方法，而且这是建立在我们一致同意的基础上的——这种方法与那些从特定给予的前提来推导出公理的方法是极为不同的。误用康托尔的话人们也许会说：哲学的精髓在于它的自由。

【4】存在着一种对哲学的见解，即哲学是某种智力的练习，哲学问题可以用论证来解决。而且如果人们知道问题的解决方法之后，

这些问题就会被一劳永逸地解决了。在我看起来奇怪的是，尽管如此，我并不能找出一些真正无懈可击的论证；更重要的是，我们刚才所讨论的例子必须让我们对是否**可以**找到令人信服的论证表示怀疑。出于这种困境，我倾向于得出某种新颖的，并且略带吃惊的结论：哲学问题不能被论证所解决。没有哲学家曾证明过什么，整个宣称都是虚假的。我所要说的就是这点，哲学论证不是演绎的；因此它们就不是严密的；那么它们就不能证明任何东西，但是它们有效力。

在进入问题讨论之前，我想向读者展示，首先，是十分笼统的，即严密的论证在哲学中的应用这种观点是多么的让人难以置信。首先从那些最能干的人所不同意的臭名昭著的事实中，我们早就该看到这种令人担忧的迹象，即那些对于人们来说是无可争辩的东西在其他人眼中看起来则毫无影响力。对于清晰的思维系统而言，这种差异是不可能的。它们在哲学中的存在是重大的证据，它们表明那些论证在数学和精确科学领域中不具有逻辑严密性。

其次，论证，从它们被思考的方式来说，必须包括推理，而且推理必须始于某处。那么哲学家现在从哪里开始寻求他的前提呢？从科学那里吗？那么他就会是在"做"科学，而不是哲学。从那些日常生活的陈述中吗？从特殊例子那里吗？这样的话，他就永远不能越雷池一步。从普遍陈述中吗？如果是这样，许多问题就要以奇怪的形式冒出来。他凭什么从"许多"过渡到"全部"？（"归纳使人变成傻子"——威廉·布雷克）[1] 他能够确信他的前提是如此地被清楚确切地陈述出来以至于任何怀疑的幽灵都不能悄悄混进来吗？他能够确信这些前提所包含的内容都是实打实的，而不是分析性的，空洞伪装的定义以及诸如此类的东西吗？他能确信这些都是真的吗？（他如何**办到**呢？）[2] 而且就算是假设，不是这种情况，而是所有这

---

[1] 此处的括号及其内容是原文就有的。

[2] 同上。

些要求都满足了，当这些前提开始奏效并产生结果的时候，在他面前还是会有另外某个任务若隐若现：他能对他怎样操作那些项目确信吗？（他如何**办到**呢?)① 当我说逻辑的一般规则经常在自然语言中出毛病的时候，我不是在泄露天机——这是一个许多逻辑书籍都极力掩盖的事实。确实，日常语言中的语词是如此的富有弹性，以至于任何人都可以为了满足他的虚妄而任意拉伸它们的意义；正是因为这样它们的"逻辑"被搞砸了。（对于某种"自然逻辑"有大量的视野："我们知道我们**不开心**；因此我们**是**不开心的。我们**知道**我们是不开心的；因此我们是**伟大的**。"——帕斯卡尔。"如果她已经死了，她就死了"：这蕴含了她还没有死吗？如果是这样，是用的什么规则呢？"要是我相信我的十足愚蠢是理所当然的"：这个能，或不能蕴含我对此不相信吗？自然语言含有自身的逻辑问题，而且非常之多)②

　　这个问题将我引入另一点。日常语言只是没有达到"严格性"，即逻辑严格性，来对它里面的公理进行切分。它需要某种类似的金属物，从中雕琢出演绎系统，比如欧几里得的系统。难道是日常语言吗？假如我们从得出结论开始的话，它很快就变"软"而且起毛，不知道飘到哪儿去了。你也许就像在乳酪**蛋奶酥**上刻浮雕一样。（我的观点就是：语言是可塑的，它屈从于意志从而去表达，哪怕是以某些晦涩作为代价。确实，它（语言）怎么可能用来表达任何东西而又不会避免落入俗套呢？如果逻辑学家们有他们的方法的话，语言就会像玻璃那般的清晰透明了，但是同样也会像玻璃般易碎：那么，我们去制造一把玻璃做的斧头，而我们只要一使用它就坏了，这样有什么好处呢？)③ 语言不是严谨的。那就是为什么在哲学中猎寻前提是危险的，取而代之的是，我们只是对基础进行仔细检查，

---

① 此处的括号及其内容是原文就有的。
② 同上。
③ 同上。

然后站在一旁说道：瞧。

　　大部分哲学争论，让我们忽略斯宾诺莎式的构建方式，取决于这些要点，即什么"能够"和什么"不能够"被说或是哪类问题可以"合适地"以及哪类问题也许会"不合适地"提出来。对于阐明诸如某个特定的隐喻是否"自然"，某个特定的措辞是否"合适"等这些问题所花费的技术和奇思妙想已经够多的了。对于像这种考虑，例如上述那些事例，一方面要很明显地考虑到对风格的适合；另一方面又要增添论证的力度，如果我们想要将它悄悄地消除，这是不对的。因为这种考虑确实在我们看待主题的时候扮演了非常真实和具有决定性的角色，在我们对其仔细检查的过程中，通过对以某些关键观念为中心的不同表达模式的检查和对比，例如，"想象力""记忆""愉快"，我们就对通常所谓的这些观念的"逻辑"获得了第一道光芒。现在，这些事物能够被证明吗？例如，我们能够证明某个特定的措辞是"符合"的吗？（记住，不存在像一个"有很好形式的公式"那样的定义）① 没有哲学家曾以此为目的，在它身上花时间。每个人都用这种方式来使用语词，因而他就对其放任不管；这样做就是对的。我们**可以**随便给出理由吗？就是在这个刚开始的节骨眼上，这个观念就已经有点空洞了。

　　"喏，这就在于日常语言的使用。"非常棒；但是尽管如此，这不是说人们"不能"以不同方式来使用语言。我为此阐明："凝固的音乐"——这个表达式"告诉"你什么了吗？也许没有；但是像"建筑术是凝固的音乐"（歌德）② 就是很好的表达式。说"武器全是由生锈的记忆组成的"听起来怪怪的，除非你在普鲁斯特的文章的语境中。甚至在那些令人害怕的逻辑学家面前"理解的意志"也不会退缩；相反，它会转化他们，从明显的胡说中拼命拧出新意。

---

　　① 此处的括号及其内容是原文就有的。

　　② 同上。

("伴有过度光线的黑暗""帕拉图式的清晰的晦暗"——我们这里用柯勒律治的两个例子来提醒读者)① 对于为什么我们常常用矛盾来表达自己存在着303种缘由,而且这些都是可以理解的。

结果:我们不能证明下述事例,某个被给予的表达式是否自然,某个隐喻是否适当,某个问题是否恰当(或不可以问)②,某个系列的语词是由表现力的(或缺乏意义)③。没有一个能被论证。

其他两点增强了我们所说的。我们经常在哲学讨论中所做的根本就不是论证,仅仅只是制造一大堆问题而已——莱尔运用了一种巧妙绝伦的方法。确实,众多令人困惑的问题的同时涌出当然不能被描述成某种论证,**更不用说**是某种逻辑论证了,这仍旧只能让人们转过身去,畏畏缩缩,对它们的观点避而不谈。最后,尽管在表面上看,哲学家所从事的工作似乎和逻辑学家的大相径庭,比如,对论证中任何松散的连接的测验或是构造某种论证,这不该误导我们。因为如果他要是能构造出严密的论证的话,那么构建论证的公理又是从哪里来呢?他拿什么向我们展示他的劳动成果呢?

对于任何这些被提出的问题,我都不是任意的;如果我们想尝试对这个事情获得某种清晰无偏颇的观点,这些问题自身会强加给我们。难道这些困难不该源于哲学的本质吗?

【5】现在我将开始考虑哲学论证,特别是那些被认为是含有决定性进展的,考察它们是否能够给我们提供任何意见来对这里所倡导的观点做出修正。这里只有少许经典的例子。其中之一就是休谟的著名论证,即因果的关系和根据与后果的关系具有本质的不同。现在,这个"证明"包括什么呢?他使我们想起我们总是已经知道的:即当我们断定根据而否认后果的时候,这就是自我矛盾的,而当我们假设某个特殊事件,那个"原因",也许后面不会跟着它的通

---

① 此处的括号及其内容是原文就有的。
② 同上。
③ 同上。

常效果而是其他事件的时候，并没有这种矛盾出现。如果这样被问"这是一个证明吗？"那他是在说什么呢？这当然不是能够从某个演绎系统中可以找到的那种证明。某些非常相同的东西也被应用到了贝克莱的论证之中了，当他告诉我们，任凭他如何努力，他始终不能够在心中想出一个有关三角形的抽象观点，那个三角形没有特别的形状，这跟他所能理解的一个没有素质的人的情况没多大差别。这是个证明吗？他将显而易见的东西指出来了。(这只需要一个天才来看就够了)①

要是用我自己的论证来反驳逻辑宿命论的话，这不是很严格的。决定性的步骤在于密切关注他和其他事例之间形成的某种特定的类比。这是类比，不是逻辑。类似地，用来反驳芝诺的论证也不是确凿的。(我没有多余的篇幅来延伸这个讨论)②

现在让我们再看两个例子，一个是现今哲学家所流行使用的那类论证，另外一个来自亚里士多德。

当我们说某人，他"看到"或"听到"一架飞机，或是他"描述"或"觉察出"天空中有一只云雀，再或者他"品尝到"或"闻到"叉烧，我们不会把他描述成他在从事某个活动。"看到"不是一种可以被阐明的动作，例如，我们可以关注一个事实，即我们不用连续现在进行时。我们说"我看到时钟"，而不是"我正在看时钟"（保留摩尔的观点，他够奇怪地，常说他"正在看见他的右手"）③，但是说"我正在看着时钟，听着它的嘀嗒声"是完全正确的，而且其他事例也是如此。再次说明，说"我已经忘了邮寄信件"是恰当的，没有人会说"我已经忘了去查看信箱"。当你看着我的时候，如果我问你，你的看是容易的还是困难的，快速的还是缓慢的，认真的还是马虎的，你是在故意看还是你现在看完我了，这些问题

---

① 此处的括号及其内容是原文就有的。
② 同上。
③ 同上。

是没有意义的。因此，这就可以证明，理解（观察）不是在做事（这个论证是我自己在演讲中使用的）①。

这个论证不是确凿的，因此我们要在这点上花工夫。尽管它听起来很怪异，"我已经完成了看你"**也许会**被说出，可是这只有在非常特殊的情况下。假如一个人的视力受损，不能把人脸当作整体来看，他或许不得不扫视脸部，通过一点点去寻找那些刻画性痕迹之后他或许会说，而且是心领神会地，"现在我已经完成看你了"。我们有时候也会处于某种比他好不了多少的境遇，正如在镁光灯下，我们看着一些场景，随后开始抱怨，"太快了，我领会不了"。那么看起来这个事例和正常的事例之间并不存在程度上的差别。怪异的例子，当然了；然而对于那些们公理运用到略显与众不同的曲线中，从而导致公理系统崩溃的数学家而言，你有何感想呢？

下一个例子我选择愉快点的。亚里士多德在批评柏拉图②的时候，他指出如果愉悦是在时间中进行的过程的话，我就可以很快地或很慢地享受事物了——这个论证从他的破坏力而言几乎可以称得上是一颗炸弹。当然，用这些语词来表达是非常奇怪的而且听起来也荒谬。然而，如果我竭力去想象的话，我或许能构思出一整套情景，在这种情景里面说此类事物就全然不会显得不自然了。当聆听音乐的时候，例如，当我的思绪紧随着某个缓慢而优雅的乐章的时候，我对它的欣赏从很多方面显得与从聆听某个激动人心的乐曲所获得的感受不同。如果缓慢优雅或是激昂令人陶醉的乐曲进入我们的聆听过程，那么我对它的欣赏情况就会发生变化。假如我说，在第一种情况下，我就像沐浴在阳光中，或是像抿一口红酒那般悠闲地欣赏；在另一种情况下，我好像是被突然带走，气喘吁吁地跟着它猛冲，我对它的欣赏就如海上的狂风暴雨那般猛烈——这听起来像纯粹的胡说吗？因此这看起来确实在愉悦中存在时间因素。

---

① 此处的括号及其内容是原文就有的。

② Aristotle, *Nicomachean Ethics*, Bk, x, ch. 3. 这是魏斯曼自己的引用。

在哲学家的弹药库中最厉害的武器当属**归谬法**和有关无穷倒退的论证。在我们开始对这些论证形式进行评估之前，让我们好好地考虑下它们是如何在它们的家园里奏效的，即数学。

让我们选择一个典型的证明事例即$\sqrt{2}$是无理数。如果它是有理数，那么我们就可以找到两个整数，例如m和n

$$m^2 = 2n^2 \tag{1}$$

我们可以继续论证。正如m^2是偶数，那么m就必须是偶数；因此$m = 2m_1$。替换的结果就是

$$2m_1^2 = n^2 \tag{2}$$

因为n^2是偶数，那么n就必须是偶数；因此$n = 2n_1$。替换的结果就是

$$m_1^2 = 2n_1^2 \tag{3}$$

假如有两个整数即m和n存在并且处于关系（1）中，那么它们就必须有一半处于同样的关系（3）中，而且这些关系又有一半处于同样的关系中，以此类推**以至无穷**；这分明就是不可能的，m和n是有限的。因此试验性假说（1）不可能成立，因而$\sqrt{2}$不可能是有理数。证明完毕。这是对无线倒退的反驳的一个模板。

这种类型的论证已经被运用到数学之外。尽管如此，当我们走近对其仔细观察的时候我们就会犹豫。一个例子可以展示我的犹疑。有人提出一个论证以反对力学模型。如果说物质的延展性可以用分子之间相互作用的电磁力来解释的话，那么用力学媒介所具有的延展性去解释电磁力就没意义了，这就是所谓的"以太"。这样做就是在绕圈子：延展性是用电磁力来解释的，而电磁力又用延展性来解释；然而那些去打破这个循环的尝试是基于以太的延展性是由于不同以太粒子之间的"电磁力"互相作用的结果这种假设，而且对那些次级以太的延展性的解释就会被推到无穷还原步骤的深渊。因此力学工程就面临着一个两难困境，它的两个宣言都同样是致命的。

这是个可怕的论证——是吗？我可以想象出一个勇敢的战士对

这个注定失败的事业所作出的反击："这完全不是倒退。是的,以太是有延展性的,尽管如此,这并不是从弹簧的特性的意义上而言的:物质的延展性可以归结于电磁力,然而对于以太的延展性,由于它是理论的最终假设,不能被进一步归纳了。"就是这点使得论证失败。

但是这不能令人信服,有人也学会这样说。我同意;我还不那么愚蠢以至于为保留力学模型及其残余进行辩护。我的观点只是去看清楚这个"反驳"是否使人折服。**它不能**。对于这种模型的倡导是不会从它的位置中驱除出去的。我们会看到,总存在某种摆脱两难困境的出路——如果喜欢你可以蜿蜒而出——这可以衬托论证。在这种情况下,它仅仅向我们展示出对于这类模型抱住不放会变得非常不自然。但是说某事物是不自然的不是在说它是逻辑上不可能的;而这就是该论证应当确立的在前面所引用的数学证明中,没有漏洞可以让我们蜿蜒而出。整个演绎过程就是"一个固若金汤的链条",而恰恰所需的论据中有待考察的东西却不是那样的。

现在考虑一个相似论证。我们已经说过,不存在像意志力的东西。意志力是理论学家们用来提供原因的,它不仅用来解释我们(无意识地)① 做事情,而且也用来解释心理过程或运算,例如控制某个冲动,注意某个事情等。这样做的结果就是,意志的行动就被假设为某种东西,即它的出现使得某个行为"主动地",或那样——以某种方式,以某些深不可测的方式——"使得自己被翻译"成为某种身体的或心理的行为。总而言之,意志力被认为既是所发生事件的原因也是效果,心理的或是物理的。现在这个困境:如果扣动扳机是我的"想去扣动扳机"的心理行为的结果的话,那么这个心理行为本身又是什么呢?它是被意愿的还是不被意愿的?如果它是不被意愿的,那它就不能被叫作主动的,因而就不是一个意志力了;如果它是被意愿的,我们就不许假设,根据这个理论,这个意愿是

---

① 此处的括号及其内容是原文就有的。

从先前的某个行为所获得的，简而言之，"意愿以达到扣动扳机的意愿"，那么这又要从另外一个意愿开始，**无穷倒退**，这样就使我的行为永远不可能开始了。

尽管这个论证是巧妙绝伦的，它在此所带来的（后果）从逻辑上说是致命的。它真的证明了意愿行为假设包含一个无限倒退吗？相信这个行为的人没有必要一窝蜂地顺从。问意志力是否本身是主动还是被动的行为，人们会说，这就是胡说。只有某个**行为**才能被称作主动的或被动的，不能这样去来说意志行为。这就好比如下论点，即意志力的行为是一个意志力行为，而且不涉及任何先前的意志力行为，这至多就像为了回忆起某个事物我必须首先回忆起我要去回忆的，而在我们能够这样做之前我必须回忆起我想回忆那些我想回忆的，以此类推**以至无穷**。就好比我能够回忆起某个事物而不需要召集某个被称为回忆我想要去回忆的事物的行为，因此我的扣动扳机的行为也许就是某个意志行为的直接结果，而不是某个高级意志行为的后继，因此这整个论证就明显地被粉碎掉了。

这不是意味着降低这个论证的地位或是贬低它的效力，而只是当我们看清楚它所具有**何种效力**。如果这是有说服力的，它就会运用它的破坏力，它就会将许多有关心灵的事实和陈述，不仅仅是与意志力相关——包括意愿和意欲等，这些都要废除。确实，那些论证恰好可以被构建来"处理他们"。意向：尽管我们还不能清楚的将这类东西分成简单的"行为"，但是它似乎以某种方式将我们在付诸行动之前内心所发生的东西"相连"——例如考虑、计划、犹豫、选择。我或许会，让我们这样讲，意图从某个给予的论证中找出瑕疵，当随后我在心中对其反复考察之后，这就会成为我的意图的结果。有些心理操作**可以**从某个意图中产生，它们是"被意图的"。那么意图本身又是什么呢？它是被意愿的或是不被意愿的呢？如果意图不是被意愿的，它就不是意图，如果它是被意愿的，它就必须是缘于另外一个意图，然后这又是来自另外一个，**以此类推，永不休止**。意欲的例子也是同样相似。假设我感到对某个特定的东西有欲望,那么这个意欲自身是被意欲的或是不被意欲的呢?两个答案都会导致荒谬。

如果论证的强度在于它的结构的话,借助于它的破坏性效果,当它自身的某些有关其他方面的项目被互相交换之后,它就会被应用于其中,例如用"意志力"表达"意图"——当然前提是其他某些特定的对于论证有关键作用的情景是相同的。尽管第一个论证有效,最起码说,非常有理,但是没有人会被它的漫画式风格所欺骗。因此,假如它**有**任何效力,它又不能归功于它的结构,因而它不能属于某种逻辑类型。这意味着对那种心理推力的存在的反驳;但是到那个时候我们应该牢记,对于事物不存在的证明总是某种冒险的生意。"没有人曾证明阿波罗或阿佛洛狄忒不存在",我们已经注意到了;此外,太多的砝码也许不需要被放在这个特例上。无论如何,那些干扰我们的就是这种事例,即论证能够被投射到伪演绎的模式中。正如前面讨论所展示的那样,这不是一个孤立的事例。没有哲学论证是以论证完毕结尾的。不管多有效力,它从不强加于人。哲学里面不存在恃强凌弱,既不是用逻辑之棒,也不是用语言之棒。

【6】在对哲学家们所使用的论证力量上,我抛出了这么强有力的怀疑,看起来我要对它们的任何价值都要加以否定,但这不是我的意图。就算它们缺乏逻辑严密性,这当然不会阻碍那些原创的思想者成功地使用它们,或是阻碍他们将那些之前没有见到的或是看清楚的东西显示出来。所以在我已经讨论过的例子里:有些东西在那个论证中**是**被看到了,有些东西**是**被搞清楚了,尽管或许并不十分符合证明者所想的那个意思。如果是这样,某些非常重要的东西在这个图像中被遗漏了。

或许我们的反驳已经将哲学论证不公正地对待了。它们,正如我已经希望表明它们是相当错误的那样,从某种严格的意义上说被假设成为某种证据和反驳,但哲学家所做的则是另外一回事。**他构建一个事例**。首先,他让你看到(某人看问题)姿态(位置)的弱点,缺陷和不足之处;他将其中的不一致揭露出来,或是指出在整个理论底下藏着许多不自然的观点，而且我们一旦推行这些观点，就会导致最严重的后果；他利用武器库中最强大的武器来对其解决，最后只能把问题变成荒谬和无限倒退。其次，他向你提供了一种全新的看待事物的方法，而那些反对观点则不能向他揭露。换句话说，他好像律师一样将有关案件的所有事实向你呈现，而你就扮演法官的角色。你对这些事实仔细观察，往具体处深究，仔细掂量着正反两个方面，最后作出裁决。可是在通往作出裁决的路上你不是在对某个演绎方法进行效仿，你只能像高等法院里的法官那样行事。作出某个决定，尽管是理性过程，这非常不像从给定的前提中得出结论，这也恰好非常不像做加法那样。我们说，法官作出判决的过程意味着与运用一套机械般的呆板规则相比，他需要运用敏锐的洞察力。没有计算机可以从事法官的工作而且也不会有——这是个看似琐碎但是非常重要的事实。当法官作出了某个决定，这也许，而且事实上经常发生，是一个理性结果，然而这不是可以靠演绎来获得的；这不是光靠遵循如此这般的规则（就能达到的）：它需要洞见、判断。现在我们说，为了作出判决，你像一个法官一样，你不是在执行一系列形式逻辑演绎步骤：你得使用洞察力，例如，发现关键点。诸如这些考虑使得我们看清楚在"理性"的使用过程中的明显之处，即这个术语与那些可以通过演绎构建的（术语）相比有更加广阔的使用范围。说论证可以是理性的，而且又是不可演绎的不是一种矛盾，因为它也会不可避免地变成与其相反的事例，换句话说，我们可以宣称一个演绎论证不需要是理性的。

　　这就改变了整个图景。需要强调的是，哲学家可能看到某个重要的事实，然而对于运用形式论证（的方法）来将它们演绎出来却无能为力。尽管他的论证是不符合逻辑的，但是这丝毫不会减少那些论证所包含的合理性。让我们返回到我们前面的例子中，我们为了反对意志力所使用的论证，尽管它不像它所宣称的那样具有逻辑破坏力，无论怎样它还是有种难以抗拒的力量。现在它是因何而起的呢？这不需要很多聪明人来为此寻找答案。就是那些许许多多整理得当的例子，它们出现在论证之前，以及它们所具有的巧妙的分析，将整个生命的基础框架变得栩栩如生；同时凭借着心理推进力和身体运动的关联被允许保持某种神秘感的事实，（为我们的理解）大大的提供了帮助。对于这种姿态的不满意，连同那些所积聚的众多无法回答的问题以及那些十分突出的例子——这些都使得论证具有如此说强大的服力。

　　你从阅读莱尔或维特根斯坦中有什么发现呢？大量的例子，它们之间有很少甚至没有逻辑关联。为什么有这么多例子呢？它们为自己发言；它们常常比麻烦制造者还更透明；它们每个都能作为类比；只要它们在一起，它们就能照亮我们整个语言背景，同时它们具有这种效果，即它们可以把我们面前的事例带到它们所产生的光亮之下，使得我们可以看到这些事例。确实，被适当整理的例子常常要显得更加具有说服力而且，尤其是，要比那些看似精巧的论证具有更加持久的效果。我们不是说"论证"所提供的（东西）是没有价值的：归谬法总是可以指出思想中的某个结，无限倒退也是这样的。但是它们仅仅**指出**（问题）。真正的力量在于那些事例。所有的论证，在一本好的哲学书籍中，可以被消除，而它的说服力却丝毫也不会失去。在哲学里面，对论证严密性的寻求如同去寻找我们声音的影子。为了预先防止出现误解，否则这真会产生，我不得不承认一点：论证从小范围来讲，它仅包含少许逻辑步骤，也许是严密的。我的评论的主旨就是对于整个哲学观点这个概念而言——从赫拉克利特到尼采或布拉德利——从来就不是一个有关逻辑步骤的事情。某种**世界观**，像这些中的任何一个或是甚至像维特根斯坦的新思路那样，是从来不会被"到达的"，尤其是它不是被演绎出来的，而且一旦它被发现，靠严密的逻辑推理对它既不能证明也不能反驳；尽管论证也许在使它们变得易于接受的过程中扮演了角色。就算是这样，然而它还是被许多作者所鄙弃。

　　剩下需要被问的就是：如果哲学家的观点不能源自于任何前提，那他怎样才能达那点呢？他怎么样才能达到那个没有路可以通达的地方呢？这把我们引入某个全新而且是更深层次的问题。

【7】我们问："在哲学中你的目标是什么？"然后我们这样回答，"我们给苍蝇显示飞出捕蝇瓶的路线"。就是……喏，在某处兑现我们的承诺，我压住我本打算要说出的话；或许这就是例外。关于哲学存在着一些令人激动的东西，如果从负面解释的话，这个事实就难以理解。它（哲学）不是某个"澄清思想"或"纠正语言使用"或任何其他那些该死的东西。那它是什么呢？哲学包括许多东西，没有一个公式可以将它们全面囊括在内。但是，如果有人问我只用一个词来表达它（哲学）的最本质特征的话，我会毫不犹豫地说：视野。在任何哲学的核心之处能称得上这个名称的就是视野，而且就是从那里它才迸发出来，形成可见的模样。当我说"视野"，我是这样意味的：我并不是要将其浪漫化。哲学的特征就是要（让我们）看透传统与习俗中的死壳，打破那些将我们束缚在遗传的偏见上的枷锁，从而获得一种全新的更宽广的看待事物的方法。我们总有这种感觉，即哲学理应向我们展示出它所隐藏的。（我对这种观点所隐含的危险并不是那么不敏感的）① 然而从柏拉图以降到摩尔以及维特根斯坦，每位伟大的哲学家都被某种视野的感觉所指引：如果没有它（的帮助），就没人能够为人类思想提供新的方向或是给（人类）打开一扇窗户让他们去看到那些尚未被见到的事物。尽管他可能是个好的技术人员，但是他不会在思想史上留下足迹。具有决定性意义的是一种新颖的看待事物的方式以及，伴随着它的，那种要将整个智力图景转变的意志。这就是真正的东西而且其他每个事物都屈从于它。

假设某个人对普遍接受的看法反感，他感到它"狭隘"的范畴；当他开始相信（这点）的时候，不管正确或是错误，他把自己从这些见解中解放出来了；当他回过头去看这些让他着迷的偏见时，他就会有一种瞬间涨知识的感觉；或者当他开始相信的时候，不管是

---

①　此处的括号及其内容是原文就有的。

正确的还是错误的，他就已经处于有利的位置，从那里他可以看到
事物可以被安排成清晰有序的模式，而那些长久以来的难题就魔法
般地消失了。如果他是一个具有哲学头脑的人，他自己就会把事情
解决，然后，或许，还试图将他所描画的东西告诉给他人。那些他
将提供的论据，他将作出的攻击，以及他将提出的建议都是为了某
个结果所计划的：说服其他人按照他自己的方式去看待事物，改变
整个舆论气候。① 尽管对于某位局外人而言他好像是在提出各式各样
的论证，这不是关键点所在。关键的是他已经从一个新的视野来看
待事物了。与此相比，任何其他东西都是次要的。论据的出现只是
为了给他所见到的（东西）提供支撑。"夸夸其谈，不是每个哲学
家（都是那样），等等。"可是，人们从哪里才能获得做哲学的姿
态②假如不是从那些大师们那里呢？除此之外，一旦传统向我们屈
服，总是有足够的余地留给专家们来将它们缩减成一些"零星的抵
抗"。尽管这使人不快，在那些精心设计的，如此灵巧合理的论证背
后，还有别的东西在活动着，那就是某种要将整个思维方式转变的
意志。为了论证他的观点，哲学家会，近乎是违背他的意愿般地，
凭借着把他要攻击的偏见所建立的基础的谬误揭示出来，逐渐铲除
流行的思想范畴和陈词滥调；不仅如此，他也会一直进行下去，直到
对那些令人满意的标准自身进行质疑。从这个意思来讲，哲学就是对
标准的再检验。在每个哲学家心理住着一位革命者。这就是为什么对
于科学中的任何进步而言，当它触动了标准的时候，这就会让人感觉
到它的哲学意义的原因，从伽利略到爱因斯坦以及海森伯格。

　　如果这其中存在任何真理的话，逻辑和哲学就会散发出新的光
芒。现在的问题不是形式逻辑与不那么形式的或非形式逻辑之间的
冲突，也不是技术活动与日常概念之间的冲突，而是一些根本的差

---

　　① 原文是"climate of opinion"，我们将其翻译为"舆论气候"。
　　② 原文是"bearings"，即作为一个哲学家所具有的那种做哲学的举止、姿态，
我们将其翻译为"姿态"，魏斯曼所用的是口语化的表达方式。

异。这就是获得结论与看见，或使得某人去看见某个新视野之间的差异。

让我们把事情集中起来讲，哲学论证要比逻辑论证同时做得多和做得少：说做得少就是它永远不会建立任何结论；做得多是说假如它成功的话，它不仅只是建立起某个孤立的真理，而是造成我们整个视野的改变，那样的结果就是，正如那些事例那样，如此这些看似神秘的零星论点要么就被带进我们的视野之内，要么就到我们的视野之外。阐明还有必要吗？在处理因果概念的时候，一旦休谟揭示出他的前辈们的错误之后，他已经把任何想要沿着斯宾诺莎的路径思考的那种方式变得不可能了，而对于我们来说，斯宾诺莎的世界就好像月亮一样奇怪。假设你正注视着一幅拼图：起初你只能从中看出迷宫般的线条；然后，就在一刹那间，你识别出一张人脸。你现在还能，在已经发现那张脸的情况下，像先前那样看待那些线条吗？明显不能。正如众多迷宫般的线条一样，那些被休谟理清的混乱也是如此：对过去的气氛的再次体验，重回到迷雾之中已变得不可能——这就是理解哲学史的最大困难之一。就是因为这个原因才使得我们这个时代所产生的语言（分析）技术将过去伟大的思辨系统终结了。

哲学就是一种解除思维习惯的尝试，用不那么拘谨和限制性的（东西）来代替。当然，这些或许在时间中自身会僵化，随之而来的结果就是对进程的阻碍：康德，尽管对他同时代的人而言像是**一台粉碎万物的机器**①，仍然自豪地高举他的范畴表——这对我们而言是过分狭隘了。昔日的解放者也许会变成今天的暴君。

我们现在可以看到，哲学家不是在做逻辑学家所做的事情，虽然他有点不那么胜任，但是他做的事情的总和是完全不同的。一个哲学论证不是对某个逻辑问题的**趋近**，而且后者也不是哲学家所奋

———————

①　原文是德语 "der Alleszermalmer"。英语对应表达是 "crusher of everything"，即粉碎万物的机器。

斗去实现的理想。哲学不是形式逻辑中的某项运算，哲学论证不是逻辑推理中的链条，（它们）只是一些笨拙的逻辑推理，我们也不能花心思去把它们重塑成（逻辑）演绎模式。目前我们在此所混淆的就是，科学家的目的是找出新的真理，而哲学家的目的则是为了获得洞见。正因为它们两者是如此的不相称，那么对于哲学家不能身披逻辑学家的盔甲（去与哲学问题作斗争）也就不足为奇了。即使是逻辑学家本人在战斗的时候（也不能如此）。关于数学中的排中律的矛盾是两个项目之间的冲突，其中双方各自的概念都被定义得清晰准确。因而这看起来不存在强有力的论证来解决这个冲突。假如哲学中的麻烦源于我们日常概念的松散本质是真的，那样的话，为什么这种冲突又会从最精确的科学中爆发呢？

从来就不曾有过任何绝对令人信服的理由来将排中律（中的两个项目）分离，（要么）接受达尔文主义，放弃托勒密体系或是宣布放弃因果原理。如果我们可以将这些事物中的任何一个演绎出来，那么怎么还老是会有关于"未知的原因"的党羽存在呢？他们和那些不幸的相信有圆的方的存在的那些人一样，把自己的时间浪费在已经被显示为逻辑上不可能的事业上一样吗？真相是，这种类型的冲突不能被解决，不是彻底的，既不是引证事实证据，也不是靠逻辑演绎。它们双方都，当然，把论据引入了争论之中，然而它们（对于事情的解决而言）并不是决定性的。它们是没有输赢的争论，让人骑虎难下。这就是（我们在哲学中）典型的处境，一个在人类思想史中循环的主题。

不管在什么时候，只要科学到达某个关键阶段的时候，即基本概念变得不确定又被当作解决的方法的时候，某种奇怪的争论就会爆发出来。我们应该对这个起码的事实进行反思，不管气质、视野等方面存在多大的差异，顶级科学家都会参与其中，把这当作义不容辞的。现在那些（哲学）主角们（领军人物）公开或是隐秘地尝试去做的就是要把他们同行科学家的视野争取过来，好让他们按照他的思维方式来思考；从某种程度而言，他们的论证是对改变整个智力态度的一些尝试，这样的话他们就具有哲学家的气质了。这难道是巧合吗？

【8】到目前为止我一直在谈"看到某个新的方面"，却没有尝试对这个术语进行解释。我希望现在开始做这些，尽管只是给出一两个例证来敷衍了事。例如，笛卡尔是解析几何的发现者，但是他能够对此进行探寻吗？说他花了多年时间去寻找这个东西，听起来是彻头彻尾的荒谬。我们在这个事例中想要说的就是：寻找解析几何是不可能的——首先因为它不是被看到的，其次它又是被发现的。但是如果他不去寻找，他怎么能发现呢？这引导我们直接击中问题的要害。①

首先让我们对一个完全是想象的例子进行考虑。正如弗雷格建构的那样，一个命题演算中出现了两个初始概念，即"否"以及"或"。后来谢弗发现整个演算可以基于一个概念（他的"竖线"的功能）。这是属于那种发现呢？假设弗雷格，在某个具有求知欲的偶然情况下，把他所有的逻辑公理以下述形式书写出来

$$- \ (\cdots) \ \text{V} \ - \ (\cdots)②$$

这就是说作为两个否定的析取，但是他仍然错误地认为他使用了**两个**符号来表达这些法则，即"－"和"v"。现在让我们想象其他正在看这些公理的人突然被某种东西所触动，即某种东西，从我们的假设中，从弗雷格的符号系统中逃掉了，换句话说，这个公理只有一个相同的结构因而它们只需要一个符号来表达。他的发现具体包括哪些呢？这在于他从新的角度来看待这个公理，在于他从它们当中解读出一个新的结构。要紧的就是他的理解：只要他没有从

① 翻译尽量避免歧义，因为原文先后用了短语"seek for"，和单词"seen"，它们的意思都有重叠。单独用"seek"的意思就是去找寻某个东西。我们要去"找寻"（seek for）某个东西，然后我们开始"寻找"（seek），当我们"看到"（see）这个东西的时候，我们就"找到"（seek/find）到它了，而这个东西就被发现了（find）。

② 在译文中，"－"表示逻辑中的"否定"概念，即"非"，"V"表示逻辑中的"析取"概念，即"或"。

旧的（系统中）看到新的系统结构的话，他还没有把握到它。人们或许会看到这个公理却没有观察到谢弗所观察到的东西，即同一结构的出现。**这**属于发现，不是采用某种特殊符号来把旧的连接起来。例如，如果谢弗仅仅指出在所有这些法则的结构中有一个常见的东西的循环出现，而没有提供他的"竖"的概念的话，这本身就已经足够了；那不具有本质的重要性。

　　这个例子也许会向我们解释什么是"看到新的角度"。看到如此这般的角度常常就是某个新的发现的要点。如果你看着那个公理，只要你从它们之中注意到新的结构，它们看起来像是马上就要变化——这种现象跟我们看某幅图画相似，也就是说，我们从不同的角度来看某个描绘出的立方体，一会儿像是立体的而且跃然纸上，一会儿像是空洞的而且向内聚敛。某种模式突然就"跳进"另一种模式。同样在我们的例子里也是，尽管也有些不同；但是那种新的角度，一旦它被描画出来，它能够被稳定地持存在脑海中，而且没有那种感知上的不稳定性。在公理中对某个新的模式的理解看起来要比某个视觉经验事实上包含更多的东西，总之与第一眼所显现的相比，这与它更接近。看到和解释，看到和思考似乎在这里融合在一起。

　　假如现在我们问，对于**看到**那个新的视角对任何人是否可能，我们该如何回答呢？喏，说某个事物**能够**从某种新的方式去看，只有当它**被用这种方式所看到**的时候，我们才能理解。只有当这个视角已经闪现出来而且之前没有过的时候，我们才能说某个视角是可能的并且被见到：**那**就是为什么发现不能被预料的原因，哪怕找最伟大的天才也不行。它总是不请自来，而且正如我们所看到的那样，正如一道光线突然从天而降。

　　举另外一个例子，数学演算

$$(5+3)^2 = 5^2 + 2 \cdot 5 \cdot 3 + 3^2$$

同时也是下述演算的证明

$$(2+3)^2 = 2^2 + 2 \cdot 2 \cdot 3 + 3^2$$

这既是又不是——取决于你怎样看它。中项 2 是一个"结构上的" 2，它不仅源于特殊的数字，而且也源于计算的一般形式而言，它会给你留下印象吗？对于那些只是在猜想特殊数字的人而言，如果他从某个新的方式来看待这个特别的总和，他也许可以被理解成是在说代数运算，就像某个普遍法则的表达式一样。(将代数的发现比作某种数学计算)①

对于这些显得或多或少有点琐碎的（东西）而言，它们和笛卡尔、爱因斯坦以及希尔伯特的（东西）没什么两样。它们不能探求（某些东西）爱因斯坦的同时性观念中所存在的概念之间的鸿沟、希尔伯特的公理化方法。尽管这些发现总的来说有不同的次序，但是它们潜在的原理是相同的。他们之中没有一个曾"达到"他的观点，因为他根本就不是在旅行。它们不是探索，它们是某种创立（像毕加索)②。那就是在诸如这类发现中所经常展示的那样，它们的整个方法是非常错误的——好像它们是某种"方法"或"过程"的结果，好像那些伟人们靠逻辑推理所得出的解决方法一样。这就将那个最本质的事物所遗漏了——那种**非推论式**的闪闪发光的新视角。看见的时刻是不能被预测的，它们也不能被强力意志所计划，强迫、控制或召唤。

在我所说的东西中存在真理吗？我不会为此辩护。相反，让我提醒你对于那些你对熟悉的事物所做的观察。说哲学不是被造出来的，它自己会发展，这种观点是臭名昭著的。你不是在选择某个迷惑，你是在被它们吓得半死。不管是谁，只要他花点时间对哲学中的某些晦暗的问题进行思考，他将会注意到那种解决，当它来的时候，让人出乎意料。它的被发现不是通过拼命地朝它努力就能实现的。发生的只是他一下子从某个新的视角来看待事物——好像是某种遮挡他视野的帷幕被拉开了，或者好像那些标准从他的眼中跌落，

---

① 此处的括号及其内容是原文就有的。

② 同上。

使得他惊讶于自己的愚蠢，即他对那些之前就一直在他面前的平常之事置若罔闻。这跟发现事物不是很像，这更像是使我们那些过分扩张的先入为主的概念变得成熟。

在哲学领域我将给出一个有关视野的例子：维特根斯坦从他的时代中看出了一个错误。在那个时候，大部分哲学家认为正如希望和恐惧，或打算、意味和理解这类事物（东西）的本质能够通过某种内省来发现，但是其他人，特别是心理学家们，希望通过实验的方法来获取答案，而这些心理学家们对于它们实验的结果所意味的东西只有模糊的概念。维特根斯坦改变了整个方法，他说：这些语词的意义在它们被使用的方式中显示自身——理解的本质在语法中显示自身，不是在实验中。这在当时是一个相当棒的启示，而且是忽然间就从他那里萌发出来的，根据我的回忆。

我在这里所倡导的观点就是每一种哲学的生活中心是一种视野，而且应该视具体情况而被判定。在哲学史中真正重要的，需要被讨论的问题不是莱布尼茨或康德所做的是否是一致的，而是在于它们所构建的体系的背后的东西。在此我将对形而上学讲几句话来作为结尾。

说形而上学是无意义的这本身就**是**无意义的。它至少在过去对于那些体系中的很大部分所扮演的（角色）没有认识。为什么会这样，为什么它们会在人类心灵中占据位置，我不会在此讨论。形而上学家好比艺术家，是他们所处时代的触角。（里尔克有首诗就是讲这个的①）② 关于那些伟大的形而上学家们有某些幻想，好像他们有能力超越他们时代的地平线去看事物。举个例子，笛卡尔的工作，已经产生了许多无休止的形而上学的诡辩，而这确实是一个我们值得拿来反对它本身的东西。然而如果我们注意这个精神而不是去注

---

　　①　"This is probably refers to *Die Sonette an Orpheus*, Part 1, No. 12（ED.）." 这个引用是原文就有的。

　　②　此处的括号及其内容是原文就有的。

意那些我非常倾向于去说的存在某些宏伟庄严的东西的话，（我们就会获得）某种对本职领悟的先知视角，某种在最近的时候才出现的对科学领域所取得的成果的大胆的预测。真正可以称得上是笛卡尔的后继者的是那些将它的哲学转化成具体行动的人们，不是斯宾诺莎或马勒伯朗士，而是牛顿以及对自然的数学描绘（的那些人）。仅靠吹毛求疵来继续前人的事业，来谈论什么是实体以及它如何被定义，这样做是不得要领的。这是一个巨大的错误，哲学在他们那里就会消失。语词代表的东西迟早会消逝，（哲学）研究则会永存。①

---

① 原文是"what goes into the word dies, what goes into the work lives"，魏斯曼在这里使用了排比修辞，而且句尾还押韵。

参考文献

中文文献

陈荣：《维特根斯坦对石里克哲学思想的影响分析》,《内蒙古农业大学学报》(社会科学版) 2011 年第 6 期。

韩林合：《〈逻辑哲学论〉研究》, 商务印书馆 2007 年版。

韩林合：《维特根斯坦〈哲学研究〉解读》(上、下册), 商务印书馆 2010 年版。

洪谦、还学文：《关于逻辑经验主义——我的个人见解》,《哲学译丛》1978 年第 5 期。

洪谦、纪树立：《论"断定"》,《哲学研究》1986 年第 4 期。

洪谦：《艾耶尔和逻辑经验主义》,《哲学研究》1991 年第 1 期。

洪谦：《关于逻辑经验论的几个问题》,《自然辩证法通讯》1989 年第 1 期。

洪谦：《论逻辑经验主义》, 商务印书馆 2014 年版。

胡欣诣：《反证实主义的"证实主义"——新分析法学哲学品格辨析》,《哲学分析》2017 年第 8 期。

江天骥、段秀芳：《可证伪性、可批评性和科学方法》,《世界哲学》2007 年第 2 期。

江天骥：《当代西方科学哲学》, 武汉大学出版社 2009 年版。

江天骥：《论逻辑经验主义的认识论》, 武汉大学出版社 2009 年版。

江天骥：《五十年来的科学哲学——从逻辑经验主义到历史主义》(上),《江汉论坛》1989 年第 4 期。

江天骥：《五十年来的科学哲学——从逻辑经验主义到历史主义》（下），《江汉论坛》1989 年第 5 期。

江天骥：《西方科学哲学的新趋向——最近几十年来的科学哲学（1951—现在）》，《自然辩证法通讯》2000 年第 4 期。

江天骥：《语言用法与意义、理论的证实或反驳、观察和科学基础》，《自然辩证法通讯》1999 年第 4 期。

江怡：《维也纳小组在中国的命运》，《世界哲学》2009 年第 6 期。

李晓飞：《法律的规范性解析》，《东南大学学报》（哲学社会科学版）2015 年第 S1 期。

林孝文：《语言、法律与非确定性——哈特的法官自由裁量权理论研究》，《中南民族大学学报》（人文社会科学版），2015 年第 2 期。

楼巍：《轴心命题与知识——第三阶段的维特根斯坦与知识论重塑》，《哲学研究》2012 年第 1 期。

王健平：《语言层次理论与现代逻辑和科学的发展》，《学术研究》2006 年第 8 期。

王堃：《自然语言层次的伦理政治效应：荀子"正名"伦理学的元语言研究》，中国文联出版社 2018 版。

王晓阳：《从私人语言论证到物理主义纲领：维特根斯坦与维也纳学派》，《学术月刊》2014 年第 11 期。

徐强：《〈逻辑哲学论〉两英译本翻译优劣性考察——兼评马克·约瑟夫修订版》，《翻译教育与研究》2018 年第 3 辑。

徐强：《卑尔根大学维氏档案馆的研究：历程及影响》，《自然辩证法研究》2017 年第 6 期。

徐强：《对维也纳小组在 1930 年代有关维特根斯坦哲学理解的微观考察》，《自然辩证法通讯》2018 年第 9 期。

徐强：《弗里德里希·魏斯曼和他的"语言层次说"》，《科学技术哲学研究》2018 年第 1 期。

徐强：《论〈逻辑哲学论〉中的哲学观》，《延安大学学报》（社会科学版）2015 年第 3 期。

徐强：《魏斯曼论“实指定义”》，《自然辩证法研究》2016 年第 4 期。

徐强：《信息哲学与“数字维特根斯坦研究》，《广东外语外贸大学学报》2019 年第 2 期。

徐强：《有多个维特根斯坦吗？——评彼得·哈克和丹尼尔·莫亚 - 夏洛克的“第三阶段维特根斯坦”之争》，《科学技术哲学研究》2017 年第 3 期。

徐强、桑田：《论维特根斯坦对“奥古斯丁语言图像”的反驳》，《安徽理工大学学报》（社会科学版）2015 年第 4 期。

徐强、桑田：《再论维特根斯坦在〈哲学研究〉中对“奥古斯丁语言图像”的反驳》，《海南师范大学学报》（社会科学版）2016 年第 3 期。

徐英瑾：《维特根斯坦哲学转型期中的“现象学”之谜》，复旦大学出版社 2005 年版。

张锦青：《字词意义都是字词使用吗？——维特根斯坦《哲学研究》探微》，《武汉大学学报》（人文社科版），2016 年第 3 期。张巧：《论维特根斯坦对弗洛伊德的心理分析的批判》，《心理学探新》2016 年第 6 期。

［奥］弗里德里希·魏斯曼：《语言层次》，李真译，载《逻辑经验主义》（上卷），商务印书馆 1982 年版。

［奥］路德维希·维特根斯坦：《逻辑哲学论》，张金言译，中国社会科学出版社 2009 年版。

［奥］路德维希·维特根斯坦：《维特根斯坦读本》，新世界出版社 2010 年版。

［奥］路德维希·维特根斯坦：《维特根斯坦全集》（1—12 卷），涂纪亮等译，河北教育出版社 2003 年版。

［奥］路德维希·维特根斯坦：《维特根斯坦与维也纳小组》，徐为民等译，同济大学出版社 2005 年版。

［奥］路德维希·维特根斯坦：《文化与价值》，唐少杰译，译林出

版社 2014 年版。

［奥］路德维希·维特根斯坦：《哲学研究》，韩林合译，商务印书馆 2015 年版。

［奥］路德维希·维特根斯坦：《哲学研究》，李步楼译，商务印书馆 2010 年版。

［法］彭加勒：《科学与假设》，李醒民译，商务印书馆 2006 年版。

［美］卡尔·亨普尔：《关于认知意义的经验主义标准：问题与变化》，载马蒂尼奇《语言哲学》，商务印书馆 1998 年版。

［美］拉塞洛维茨：《弗洛伊德与维特根斯坦》，载张志林等选编《多维视角中的维特根斯坦》，华东师范大学出版社 2005 版。

［美］鲁道夫·卡尔纳普：《世界的逻辑构造》，上海译文出版社 2009 年版。

［美］鲁道夫·卡尔纳普：《语言的逻辑句法》，上海外语教育出版社 2012 年版。

［美］威拉德·蒯因：《经验主义的两个教条》，载马蒂尼奇《语言哲学》，商务印书馆 1998 年版。

［美］威瑟斯布恩，《多维视界中的维特根斯坦》，郝亿春等译，华东师范大学出版社 2005 年版。

［英］H. L. A. 哈特：《法律的概念》，许家馨等译，法律出版社 2011 年版。

［英］雷·蒙克：《维特根斯坦传 – 天才之为责任》，王宇光译，浙江大学出版社 2011 年版。

［英］罗素：《我的哲学发展》，江苏文艺出版社 2010 年版。

［英］玛丽·麦金：《维特根斯坦与〈哲学研究〉》，李国山译，广西师范大学出版社 2007 年版。

英文文献

Ambrose Alice, "Finitism and the Limits of Empiricism", *Mind*, Vol. 46, 1937.

Ambrose Alice, "Finitism in Mathematics", *Mind*, Vol. 44, 1935.

Anscombe G. Elizabeth, *An Introduction to Wittgenstein's Tractatus*, London: Hutchinson University Library, 1959.

Arrington L. Robert, "Representation in Wittgenstein's Tractatus and Middle Writings", *Synthese*, Vol. 56, 1983.

Baker P. Gordon and Hacker M. S. Peter, *Wittgenstein: Rules, Grammar and Necessity; Essays and Exegesis of § § 185 – 242, Volume 2 of An Analytical Commentary on the Philosophical Investigations*, Oxford: Blackwell, 2009.

Baker P. Gordon and Hacker M. S. Peter, *Wittgenstein: Understanding and Meaning*, 2nd edition, Oxford: Blackwell.

Baker P. Gordon and Hacker M. S. Peter, *Wittgenstein: Understanding and Meaning, Volume 1 of an Analytical Commentary on the Philosophical Investigations*, Oxford: Blackwell, 1980.

Baker P. Gordon, ed., *The Voices of Wittgenstein: The Vienna Circle, Ludwig Wittgenstein and Friedrich Waismann*, London and New York: Routledge, 2003b.

Baker P. Gordon, *Wittgenstein, Frege and the Vienna Circle*, Oxford: Basil Blackwell, 1988.

Baker P. Gordon, "A Vision of Philosophy", in Katherine J. Morris, ed., *Wittgenstein's Method: Neglected Aspects-Essays on Wittgenstein by Gordon Baker*, Oxford: Blackwell Publishing, 2004.

Baker P. Gordon, "Friedrich Waismann: A Vision of Philosophy", *Philosophy*, No. 783, 2003a.

Baker P. Gordon, "Our Method of Thinking about 'Thinking'", in Katherine Morris, ed., *Wittgenstein's Method: Neglected Aspects-Essays on Wittgenstein by Gordon Baker*, Oxford: Blackwell Publishing, 2004.

Baker P. Gordon, "Verehrung und Verkehrung: Waismann and Wittgenstein", in C. G. Luckhardt, ed., *Wittgenstein: Sources and Perspectives, Ithaca: Cornell University Press, 1979.

Baker P. Gordon, "Wittgenstein's Method and Psychoanalysis", in Katherine J. Morris, ed. , *Wittgenstein's Method: Neglected Aspects-Essays on Wittgenstein by Gordon Baker*, Oxford: Blackwell Publishing, 2004.

Bakhale S. W. , "Relation of Body-mind statements", *Indian Philosophical Quarterly*, Vol. 1, 1974.

Bazzocchi Luciano, "On Butterfly Feelers: Some Examples of Surfing on Wittgenstein's Tractatus", in Pichler Alois and Hrachovec Herbert, eds. , *Wittgenstein and the Philosophy of Information*, Francfurt/Paris/ Lancaster/New Brunswick: Ontos Verlag, 2008.

BiletzkiAnat, (*Over*) *interpreting Wittgenstein*, Dordrecht: Kluwer Academic Publishers, 2003.

Bix Brian, "H. L. A. Hart and the 'Open Texture' of Language", *Law and Philosophy*, Vol. 10, No. 1, 1991.

Bix Brian, "Waismann, Wittgenstein, Hart, and Beyond: The Developing Idea of 'Open Texture' of Language and Law", in Makovec Dejan and Shapiro Stewart, eds. , *Friedrich Waismann: The Open Texture of Analytic Philosophy*, Cham: Palgrave Macmillan, 2019.

Black Max, *A Companion to Wittgenstein's Tractatus*, Ithaca NY: Cornell University Press, 1964.

Blumberg A. E. and Feigl Herbert, "Logical Positivism—A New Movement in European Philosophy", *The Journal of Philosophy*, Vol. 28, No. 11, 1931.

Bouwsma O. K. , ed. , *Wittgenstein: Conversations 1949 – 1951*, Indianapolis: Hackett, 1984.

Butler Ronald J. , "Language Strata and Alternative Logics", *Australasian Journal of Philosophy*, Vol. 33, No. 2, 1955.

Carnap Rudolf, "Die physikalische Sprache als Unversalsprache der Wissenschaft", *Erkenntnis*, Vol. 2, 1931.

Carnap Rudolf, *The Unity of Science*, London: Kegan Paul/Trench and Teubner Company, 1934.

Chalmers David, *Constructing the World*, Oxford: Oxford University Press, 2012.

Cheung C. Leo, "Logical Atomism", in Glock Hans-Johann and Hyman John eds. , *A Companion to Wittgenstein*, Oxford: Wiley Blackwell, 2019.

Coliva Annalisa, "Waismann on Belief and Knowledge", in Makovec Dejan and Shapiro Stewart, eds. , *Friedrich Waismann: The Open Texture of Analytic Philosophy*, Cham: Palgrave Macmillan, 2019.

Conant James and Bronzo Silver, "Resolute Readings of the Tractatus", in Glock Hans-Johann and Hyman John, eds. , *A Companion to Wittgenstein*, Oxford: Wiley Blackwell, 2017.

Crary Alice and Read Rupert, eds. , *The New Wittgenstein*, New York. Routledge, 2000.

Davis Steven, Book Review of "Principles of Linguistic Philosophy", *Dialogue*, Vol. 6, 1968.

Engelmann Mauro, "Wittgenstein's 'Most Fruitful Ideas and Srafa", *Philosophical Investigations*, Vol. 36, No. 2, 2013.

Eugen Fischer, " 'Linguistic Legislation and Psycholinguistic Experience': Redeveloping Waismann's Approach", in Makovec Dejan and Shapiro Stewart, eds. , *Friedrich Waismann: The Open Texture of Analytic Philosophy*, Cham: Palgrave Macmillan, 2019.

Fleming Donald and Bailyn Bernard, *The Intellectual Migration: Europe and America: 1930 – 1960*, Ithaca NY: Belknap Press/Harvard University Press, 1969.

George Pitcher, *The Philosophy of Wittgenstein*, Englewood Cliffs: Prentice-Hall, 1964: 8.

Glock Hans-Johann, *A Wittgenstein Dictionary*, Oxford: Blackwell,

1996.

Hacker M. S. Peter, "*Gordon Baker's Later Interpretation of Wittgenstein*", in Kahane Guy, Kanterian Edward and Kuusela Oskari, eds. , *Wittgenstein and His Interpreters: Essays in Memory of Gordon Baker*, Oxford: Blackwell Publishing Ltd. , 2007.

Hacker M. S. Peter, "Wittgenstein on Grammar, Theses and Dogmatism", *Philosophical Investigations*, Vol. 35, 2012.

Hacker M. S. Peter, *Insight and Illusion: Themes in the Philosophy of Wittgenstein*, Oxford: Clarendon Press, 1986.

Hacker M. S. Peter, *Wittgenstein: Meaning and Mind, Volume* 3 *of an Analytical Commentary on the Philosophical Investigations*, Oxford: Blackwell, 1990.

Hacker M. S. Peter, *Wittgenstein: Mind and Will, Volume* 4 *of an Analytical Commentary on the Philosophical Investigations*, Oxford: Blackwell, 1996.

Hacker M. S. Peter, "Wittgenstein on Ostensive Definition", *Inquiry*, Vol. 18, No. 3, 1975.

Haller Rudolf, *Questions on Wittgenstein*, London: Routledge, 1988.

Hallett Garth, *A Companion to Wittgenstein's Philosophical Investigations*, Ithaca, NY: Cornell University Press, 1977.

Harre Rom, ed. , *The Principle of Linguistic Philosophy*, Glasgow: The University Press, 1965.

Harre Rudolf, "Grammatical Therapy and the Third Wittgenstein", *Metaphilosophy*, Vol. 39, 2008.

Hart H. L. A. , *The Concept of Law*, Oxford: Clarendon Press, 1961.

Heuer Ulrike, "Motives and Interpretations", in Makovec Dejan and Shapiro Stewart, eds. , *Friedrich Waismann: The Open Texture of Analytic Philosophy*, Cham: Palgrave Macmillan, 2019.

Hintikka Jaakko, "Ludwig's Apple Tree: On the Philosophical Relations between Wittgenstein and the Vienna Circle", in Stadler Fredrich, ed. , *Scientific Philosophy*: *Origins and Developments*, Dordrecht/Boston/London: Kluwer Academic Publishers, 1993.

Hutchinson Phil, "What's the Point of Elucidation?", *Metaphilosophy*, Vol. 38, 2007.

Jha Shri Anirudha, "Linguistic Analysis—A Bankrupt Philosophy", *The Indian Philosophical Quarterly*, 1960.

Kahane Guy Kanterian Edward and Kuusela Oskari, eds. , *Wittgenstein and His Interpreters*: *Essays in Memory of Gordon Baker*, Oxford: Blackwell Publishing Ltd. , 2007.

Katherine J. Morris, Edward Kanterian and Oskari Kuusela, eds. , *Wittgenstein's Method*: *Neglected Aspects-Essays on Wittgenstein by Gordon Baker*", Oxford: Blackwell Publishing, 2004.

Kenny Anthony, *The Legacy of Wittgenstein*, Oxford: Basil Blackwell Publisher Ltd. , 1984.

Kenny Anthony, *The Wittgenstein Reader*, Oxford: Wiley-Blackwell, 2006.

Kirwan Christopher, "Augustine's Philosophy of Language", in Stump Eleonore and Kretzmann Normann, eds. , *The Cambridge Companion to Augustine*, Cambridge: Cambridge University Press, 2001.

Klagge James and Nordmann Alfred eds. , *Ludwig Wittgenstein*: *Philosophical Occasions*, 1912 – 1951, New York: Hackett Publication Company Inc. , 1993.

Koethe John, *The Continuity of Wittgenstein's Thought*, Ithaca and London: Cornell University Press, 1996.

Kraft Victor, *The Vienna Circle*, New York : Philosophical Library, 1953.

Limbeck-Lilienau Christoph, "Waismann in the Vienna Circle", in Makovec Dejan and Shapiro Stewart, eds. , *Friedrich Waismann*: *The Open*

Texture of Analytic Philosophy, Cham: Palgrave Macmillan, 2019.

Machery Edouard, *Philosophy Within Its Proper Bounds*, Oxford: Oxford University Press, 2017.

Makovec Dejan and Shapiro Stewart, eds. , *Friedrich Waismann: The Open Texture of Analytic Philosophy* Cham: Palgrave Macmillan, 2019.

Makovec Dejan, "Introduction: Waismann's Rocky Strata", in Makovec Dejan and Shapiro Stewart, eds. , *Friedrich Waismann: The Open Texture of Analytic Philosophy*, Cham: Palgrave Macmillan, 2019.

Manninen Juha, "Waismann's Testimony of Wittgenstein's Fresh Starts in 1931 – 1935", in McGuinness F. Brian ed. , *Friedrich Waismann-Causality and Logical Positivism*, Springer/Dordrecht/Heidelberg/London/New York: Springer, 2011.

Martinich A. P, *Philosophical Writing: An Introduction*, West Sussex: Wiley Blackwell, 2016.

McGinn Marie, *The Routledge Guidebook to Wittgenstein's Philosophical Investigations*, New York: Routledge, 2013.

McGuiness F. Brian, ed. , *Fredrich Waismann: Philosophical Papers*, Dordrecht: D. Reidle Publishing Company, 1977.

McGuinness F. Brian ed. , *Friedrich Waismann-Causality and Logical Positivism*, Springer/Dordrecht/Heidelberg/London/New York: Springer, 2011.

McGuinness F. Brian, "Waismann: The Wandering Scholar", in McGuinness Brian, ed. , *Friedrich Waismann-Causality and Logical Positivism*, Dordrecht/Heidelberg/London/New York: Springer, 2011.

McGuinnessF. Brian, "Waismann: The Wandering Scholar", in McGuinness F. Brian, ed. , *Friedrich Waismann-Causality and Logical Positivism*, Springer/Dordrecht/Heidelberg/London/New York: Springer, 2011.

Michael Friedman, "The Re-evaluation of Logical Positivism", *The Jour-*

nal of Philosophy, Vol. 88, No. 10, 1991.

Monk Ray, *The Duty of Genius*, New York: The Free Press, 1992.

MorrisJ. Katherine, " 'How I See Philosophy': An Apple of Discord A-
mong Wittgenstein Scholars", in Makovec Dejan and Shapiro Stewart,
eds. , *Friedrich Waismann: The Open Texture of Analytic Philosophy*,
Cham: Palgrave Macmillan, 2019.

Moyal-SharrockDaniéle, "Introduction: The Idea of A Third Wittgen-
stein", in Moyal-Sharrock Daniéle, ed. , *The Third Wittgenstein: the
Post-Investigation Works*, Hampshire: Ashgate, 2004.

Naess Arne, *Pluralism of Tenable World Views*, Netherlands: Springer,
2003.

Nelson O. John, "Is the Pears-McGuinness Translation of the Tractatus
Really Superior to Ogden's and Ramsey's?" *Philosophical Investiga-
tions*, Vol. 22, No. 2, 1999.

Neurath Marie and Cohen Robert, eds. , *Otto Neurath: Empiricism and
Sociology*, Boston: D. Reidel Publishing Company, 1973.

Nyíri J. C. , "Wittgenstein's New Traditionalism", *Acta Philosophica Fen-
nica*, Vol. 28, 1976.

O' Brien Dennis, "The Unity of Wittgenstein's Thought", *International
Philosophical Quarterly*, Vol. 6, No. 1, 1966.

Priest Graham "Waismann on Fiction and Its Objects", in Makovec Dejan
and Shapiro Stewart, eds. , *Friedrich Waismann: The Open Texture of
Analytic Philosophy*, Cham: Palgrave Macmillan, 2019.

PriorN. Arthur, "Contemporary British Philosophy", *Philosophy*, Vol.
33, No. 127, 1958.

Rundle Nede, *Wittgenstein and Contemporary Philosophy of Language*,
Oxford: Basil Blackwell, 1990.

Sandis Constantine, "Producing A Justification: Waismann on Ethics and
Science", in Makovec Dejan and Shapiro Stewart, eds. , *Friedrich Wa-*

ismann：*The Open Texture of Analytic Philosophy*, Cham：Palgrave Macmillan, 2019.

Schilpp P. Arthur, ed. , *The Philosophy of Rudolf Carnap*, New York：Open Court, 1999.

Schroeder Severin and Tomany Harry, "Friedrich Waismann's Philosophy of Mathematics", in Makovec Dejan and Shapiro Stewart, eds. , *Friedrich Waismann*：*The Open Texture of Analytic Philosophy*, Cham：Palgrave Macmillan, 2019.

Schroeder Severin, *Wittgenstein*：*The Way out of the Fly-Bottle*, MA：Polity Press, 2006.

Schulte Joachim, "Waismann As Spokesman for Wittgenstein", in McGuinness Brian F. ed. , *Friedrich Waismann——Causality and Logical Positivism*, Springer/Dordrecht/Heidelberg/London/New York：Springer, 2011.

Schulte Joachim, "WhatIs A Work by Wittgenstein？" in Pichler Alois, and Säätelä Simo, eds. , *Wittgenstein*：*The Philosopher and His Works*, Frankfurt：Ontos, 2006.

Schulte Joachim, "Wittgenstein's Nachlass：The Bergen Electronic Edition", *Grazer Philosophische Studien*, Vol. 65, 2002.

Shapiro Stewart, *Vagueness in Context*, Oxford：Oxford University Press, 2006.

Sluga Hans-Johann and Stern David, eds. , *The Cambridge Companion to Wittgenstein*, Cambridge University Press, 1996.

Stadler Friedrich, *The Vienna Circle*：*Studies in the Origins, Development, and Influence of Logical Empiricism*, Cham/Heidelberg/New York/Dordrecht/London：Springer, 2015.

Stadler Friedrich, *The Vienna Circle*：*Studies in the Origins, Development, and Influences of Logical Positivism*, Wien：Springer-Verlag, 2001.

Stern David "Wittgenstein in the 1930s", in Sluga Hans-Johann and David G. Stern, eds. , *The Cambridge Companion to Wittgenstein*, 2nd edition. Cambridge: Cambridge University Press. 2017.

Stern David, “How Many Wittgensteins?”, in Pichler Alois and Simo Säätelä, eds. , *Wittgenstein: The Philosopher and His Works*, Frankfurt: Ontos, 2006.

Stern David, “The ‘Middle Wittgenstein’: from Logical Atomism to Practical Holism”, *Synthese*, Vol. 87, 1991.

Uebel Thomas, “Wittgenstein and the Vienna Circle”, in Glock Hans-Johann and Hyman John, eds. , *A Companion to Wittgenstein*, Oxford: Wiley Blackwell, 2017.

V. A. and Shanker S. G. , eds. , *Ludwig Wittgenstein: Critical Assessments. Volume Five: A Wittgenstein Bibliography*, London/Sydney/Wolfeboro/New Hampshire: Croom Helm, 1986.

Waismann Fredrich, “A Logical Analysis of Probability”, in McGuiness F. Brian, ed. , *Fredrich Waismann: Philosophical Papers*, Dordrecht: D. Reidle Publishing Company, 1977.

Waismann Fredrich, “How I See Philosophy”, in Harre Rom, ed. , *How I See Philosophy*, New York: St. Martin's Press, 1968.

Waismann Fredrich, “Hypotheses”, in McGuiness F. Brian, ed. , *Fredrich Waismann: Philosophical Papers*, Dordrecht: D. Reidle Publishing Company, 1977.

Waismann Fredrich, “Language Strata”, in Harre Rom, ed. , *How I See Philosophy*, New York: St. Martin's Press, 1968.

Waismann Fredrich, “The Concept ofIdentity”, in McGuiness Brian, ed. , *Fredrich Waismann: Philosophical Papers*, Dordrecht: D. Reidle Publishing Company, 1977.

Waismann Fredrich, “The Relevance of Psychology to Logic”, in Feigl Herbert and Sellars Wilfrid, eds. , *Readings in Philosophical Analysis*, New York: Appleton-Century-Crofts, INC, 1949.

Waismann Fredrich, "Verifiability", in Harre Rom, ed. , *How I See Philosophy*, *New York*: *St.* Martin's Press, 1968.

Waismann Fredrich, *Introduction to Mathematical Thinking*: *The Formation of Concepts in Modern Mathematics*, New York: Dover Publications Inc. , 2003.

Whiteley C. H. , "Meaning and Ostensive Definition", *Mind*, Vol. 65, 1956.

Williamson Timothy, *Vagueness*, London: Routledge, 1994.

Wilson Mark, *Wandering Significance*, Oxford: Oxford University Press, 2006.

Wittgenstein Ludwig, *The Blue and Brown Books*, Oxford: Basil Blackwell, 1960.

Wittgenstein Ludwig, "Some Remarks on Logical Form (1929)", in Klagge C. James and Nordmann Alfred, eds. , *Philosophical Occasions*, 1912 – 1951, New York: Hackett Publication Company Inc. , 1993.

Wittgenstein Ludwig, *Last Writings on the Philosophy of Psychology*, *Volume* 1, Von Wright and Nyman H. , eds. 1998.

Wittgenstein Ludwig, *Philosophical Investigations*, West Sussex: Blackwell Publishing Ltd. , 2009.

Wittgenstein Ludwig, *Philosophical Remarks*, Oxford: Basil Blackwell, 1975.

Wittgenstein Ludwig, *The Big Typescripts*: *TS* 213, Grant Luckhardt and Maximilian Aue, eds. , Oxford: Blackwell Publishing. 2005.

Wittgenstein Ludwig, *Tractatus Logico-Philosophicus*, Joseph, A. Marc, ed. Toronto: Broadview Press, 2014.

Wittgenstein Ludwig, *Tractatus Logico-Philosophicus*, London and New York: Routledge and Kegan Paul, 1974.

Wittgenstein Ludwig, *Tractatus Logico-Philosophicus*, London and New York: Routledge, 2001.

Yablo Stephen, *Thoughts: Papers on Mind, Meaning, and Modality*, Oxford: Oxford University Press, 2008.

ZhangXueguang, "Wittgenstein in China", *Philosophical Investigations*, Vol. 38, No. 3, 2015.

索　引

406

《论确定性》 11,26,61,406

《逻辑、语言、哲学》 65,109,138,
141

《逻辑哲学论》 2,26—28,32,38,
40—42,44,57,58,94,95,108,110,
112,125,136,137,139,223,397,
398

M

描述 13,36,41,43,47—49,52,
54—56,60,77,78,80,115,117,
172,181,184,188—191,193,194,
196,201,207,208,214—218,220,
222,225,226,236,240,248—251,
255,256,265—267,269,270,274,
276,277,279,280,285,288—290,
292,293,295,297—299,303—305,
310,311,328,334,335,348,368,
372,374,380,381,388,394,401—
404,411,420,424,432,433,437,
445,452,453

明晰性 62,80,83,189,208,229,
241,242,262,263,267,271,316,
319,320,336,356,363,365,375,
376,386,388,389,412,442

命题 6,7,10,13,26—39,41,42,
44,46—48,59,77,78,81,95—101,
106—108,110—113,117,124—
126,128,131—134,139,147,165—
184,186—192,194—201,203—

205,207—212,216,221—225,248,
250—252,256,262,268,274,277—
279,282,284—293,295,297—299,
302,305,310,312,317,319—321,
330,333,346,347,358,364,365,
394—400,404—412,417,422,425,
433—435,437,465

莫里兹·石里克 2,135

N

内蕴几何学 276,287

P

评论 10,11,38,40,41,45,54,62,
67,74—77,102,107,108,112,130,
162,177,179,185,187,207,221,
239,292,327,344,360,367,379,
383,390,391,430,460

苹果树 121,147

R

日常语言 34—36,39,40,55,59,
60,78,85,97,99,115,117,125,
168,176,183,190—192,195,196,
210,213,223,224,226,231,246—
248,250,251,261,264—269,277,
287,305—307,309—311,313—
316,318,322,325,327,335,341,
345,346,348,349,360,373,374,
386,387,389,402—405,412,413,
429,439,450,451

82,83,86—88,91,110,135,151,154—164,177,198,199,201,204,206—216,222,227,236,241—243,252,265—273,284,290,297,304—309,318,333,334,337,338,340—342,349,356,367,369—371,374,375,377,378,380,381,383—386,388,389,393,400,406

综览   17,27,53,78,80,186,207,214,232,236,244,248,251,252,255,257,258,265—267,269,270,295—298,306,311,316,319,334—336,339,356,365,371—376,380—382,388,412,436

《哲学研究》   2,7,13,26,33,45,46,49,54,55,57,58,64,148,222,243,359,390,391

后　记

　　本书有三条主线互相纠缠：维特根斯坦哲学延续性的论证，尤其是"中期"维特根斯坦；维特根斯坦、魏斯曼以及维也纳小组在 1930 年代的互动；魏斯曼对"中期"维特根斯坦哲学的阐释与发展的考察。如何把它们融洽地结合在一起，以及如何突出第三条主线，这是作者在行文中面临的巨大考验。如果把握不好三条主线的主次关系，很有可能导致对某条主线的偏废。笔者不得不承认，早在开始撰写本书之前，就有专家担心本书题目太大、涉及面太广，且缺乏深度。他们建议只选一条主线展开。但作者还是固执己见，坚持把三条主线放在一起。因为，本书始终认为对魏斯曼在分析哲学中具有重要地位的重估工作，必须要考虑到他和维特根斯坦的合作历史；考虑到他的阐释工作对于现今维特根斯坦哲学阐释的意义。假如本书对三条主线的主次关系拿捏不清，读者可能会有如下批评：关于维特根斯坦哲学延续性的论证还不成功；文中突出中后期对早期的批判和哲学思想的转变，这恰恰强化了多个维特根斯坦形象。

　　维特根斯坦哲学延续性的提出是基于"一个维特根斯坦"理解，这也是本书中有关维特斯坦哲学理解的根基。本书并非要逃避上述责难：第一，维特根斯坦哲学延续性是考察维特根斯坦哲学和魏斯曼对"中期"维特根斯坦思想阐释和发展考察工作的本体。笔者在本书中是要考察魏斯曼是如何对"中期"维特根斯坦哲学进行阐释和发展的，本书关注点并不在于如何去全面和深入地论证维特根斯坦哲学延续性。第二，其实本书也用了很多篇幅来阐明维特根斯坦哲学延续性及其对两种论证方式（他对"逻辑原子主义"的批判与抛弃；他的语义观点的转变）的阐明。或许读者认为，本书的重点应该在于如何解释这些批判和转变。其实本书文中通过研究魏斯曼对"中期"维特根斯坦哲学思想，包括"假设"和"证实""实指定义"以及元哲学观点，这三个角度已经揭示了"中期"维特根斯坦曾经历过的"证实主义阶段"以及他语义视角的转变。"中期"维特根斯坦元哲学观点跟他早期和后期观点并无本质转变，也就是说，维特根斯坦哲学是个内部有差异而没有冲突的系统：他的元哲学立场是一贯的。其中的批判和转变部分应该解释为延续性理念的补充——他早期致力于形式语义学，后期则致力于日常语言的语义学。

本书是基于我博士论文《论魏斯曼对"中期"维特根斯坦哲学的阐释与发展》而来的。本书的出版同如下个人和单位的支持与鼓励是分不开的。感谢我的家人和朋友，感谢你们对我的关心和爱护；感谢我的博士培养单位和博士指导教师，包括武汉大学哲学学院、维多利亚哲学系；感谢国家留学基金委给我出国留学深造的机会；感谢国家社科规划办资助本书作为优秀博士论文出版；最后感谢我的导师朱志方教授在百忙之中抽出时间为本书写序，感谢郑州轻工业大学王铜静博士的校对，感谢中国社会科学出版社的有关同志为本书的出版所付出的辛劳。

徐　强

2019 年冬于重庆东海长洲